Marianne Krüll

Käthe, meine Mutter

Marianne Krüll

Käthe, meine Mutter

Für Charlotte, meine Enkeltochter, die am 18. Oktober 1999 auf die Welt kam, zwei Tage vor dem 25. Todestag meiner Mutter Käthe und drei Wochen nach Abschluss der ersten Fassung des Manuskripts.

Christel Göttert Verlag

1. Auflage März 2001

Lektorat: Bettina Bremer

Gestaltung: Christine Traiser, Darmstadt

Titel: Christine Traiser

Fotos: Aus dem Privatbesitz der Autorin

Virchowstr. 21, D-65428 Rüsselsheim

ISBN 3-922499-52-X

Inhalt

Vorbemerkungen

Dies ist die Geschichte meiner Mutter Käthe, die im Jahre 1911 geboren wurde und 1974 starb. Ihr Leben war unauffällig, und auch ihre Vorfahren lebten, den jeweiligen Zeiten entsprechend, »einfach« und »bescheiden«. Es gab keine glamourösen Ereignisse, auch keine Selbstmorde wie in den Familiengeschichten von Sigmund Freud oder Thomas Mann, mit denen ich mich zuvor beschäftigt hatte. In der Familie meiner Mutter schrieb niemand große Werke, wurde niemand berühmt.

Warum also ihre Geschichte erzählen? Ich denke, dass die Lebens- und Familiengeschichte einer unscheinbaren Frau nicht weniger interessant ist als die von Berühmtheiten. Denn rühren uns deren Geschichten nicht vor allem deshalb an, weil sie unseren eigenen, glanzloseren Geschichten in vieler Weise ähneln? Ich meine, jede Lebensgeschichte ist es wert, erzählt zu werden.

Doch ich hatte noch andere Gründe, die Geschichte meiner Mutter aufzuschreiben: Es war mir wichtig, sie als Geschichte einer Mutter-Tochter-Beziehung zu erzählen, und zwar als Geschichte einer Tochter, die die Geschichte ihrer Mutter rekonstruiert. Ich wollte beim Schreiben nicht so tun, als könnte ich die Geschichte meiner Mutter »objektiv« erzählen, sondern es blieb mir immer bewusst, dass ich als Tochter mit meiner subjektiven Sicht ihr Leben betrachte, dass es sich letztlich also um meine eigene Geschichte handelt.

Das ist zwar auch der Fall, wenn man über andere Menschen biographisch arbeitet: Als ich über Sigmund Freud oder Thomas Mann schrieb, habe ich indirekt auch von mir erzählt. Denn meine Auswahl der Geschichten, ihre Verknüpfung untereinander, die Gewichtung und Wertung der Bedeutung einzelner Aspekte waren nie »objektiv«, sondern immer gefärbt durch meine eigene Geschichte.

Dennoch: Die Geschichte von fremden Menschen aufzuschreiben, ist einfach im Vergleich zum Schreiben über die eigene Mutter oder die eigene Familie. Denn ich selbst komme in dieser Geschichte vor, als Kind, als Jugendliche, als erwachsene Frau. Vieles, was diese »Mariannen« dachten und taten, kann ich heute kaum noch nachvollziehen. – Und auch meine Mutter war für mich damals eine sehr andere Frau als zu späteren Zeiten oder jetzt nach ihrem Tod. Diese anderen Menschen wiederzufinden, die wir beide, meine Mutter und ich, damals waren, mich in sie hineinzuspüren und zu erahnen, wie sie fühlten und dachten, wie sie sich gegenseitig wahrnahmen, war für mich beim Schreiben die größte Herausforderung.

Dazu habe ich die Form der direkten Anrede an meine Mutter gewählt, so als würde ich sie befragen oder ihr manchmal auch Geschichten erzählen, die sie selbst nicht kannte. Gelegentlich musste ich auch die Marianne von damals fragen, was wohl in ihr vorging – fremd, wie sie mir inzwischen geworden war.

Wie fast alle Mutter-Tochter-Beziehungen war auch die meine nicht unbelastet. Nach einem Zerwürfnis mit meiner Mutter in meiner studentischen »Revoluzzer«-Zeit anfangs der sechziger Jahre hatte ich den Kontakt zu ihr fast völlig abgebrochen. Als sie, unversöhnt mit mir, elf Jahre später ganz plötzlich starb, quälten mich schwere Vorwürfe, an ihrem Tod mit schuld gewesen zu sein. Ich hatte das Gefühl, dass sie vielleicht nicht so früh gestorben wäre, wenn es zwischen uns nicht zu diesem Bruch oder wenn es wenigstens noch zu einer Versöhnung gekommen wäre.

Hauptmotiv für meine Spurensuche nach dem Leben meiner Mutter war daher mein Wunsch, mich von diesen Selbstvorwürfen zu befreien, was mir auf meiner Reise in die Vergangenheit auch gelang. Denn ich fand eine mir unbekannte Frau, die meine Mutter auch gewesen war – als junge Frau, als Jugendliche, als Kind. Und ich ging noch weiter zurück, trug alles zusammen, was ich über das Leben ihrer Eltern und Voreltern erfahren konnte. Auch die Geschichte meines Vaters und seiner Herkunftsfamilie bezog ich in meine Spurensuche mit ein. Ich fragte Verwandte und Bekannte, entdeckte mir bis dahin unbekannte Briefe und Aufzeichnungen, versenkte mich in alte Fotos, las und studierte alles Schriftliche, was meine Mutter und mein Vater aufbewahrt und hinterlassen hatten. Ich suchte die Orte auf, versuchte die Häuser zu finden, in denen sie gelebt hatten. Und manchmal war mir, als schwebten ihre Geister über mir und lenkten meine Schritte und meine Wahrnehmungen.

Wie schon in den Familien der berühmten Männer, über die ich geschrieben hatte, entdeckte ich nun in meiner eigenen Familie, wie die Schicksale der Menschen in den Vorgenerationen mit denen der Nachfahren verbunden waren, wie sich bestimmte Familienkonstellationen, Lebensthemen, ja sogar scheinbar »zufällige« Ereignisse über mehrere Generationen hinweg wiederholten, und vor allem, wie einige Muster in den Lebensgeschichten meiner Vorfahren bis in mein Leben und in die Beziehung zu meiner Mutter hineinwirkten. Das ganze Leben meiner Mutter und auch ihr Tod erschienen mir nun als Teil eines dynamischen, Generationen überspannenden Familiennetzes, das uns beide verstrickte, nicht zuletzt auch, weil es in dramatische zeitgeschichtliche Ereignisse und in die gesellschaftlichen Rahmenbedingungen und Rollenvorgaben des Patriarchats eingebettet war und ist.

Ursprünglich hatte ich nicht die Absicht, diese Geschichte zu veröffentlichen. Doch nachdem mein Vater 1993 gestorben war, spürte ich einen starken Drang, dies zu tun. Ich ließ andere Projekte liegen und machte mich an die Arbeit. Das Aufschreiben war wie ein nochmaliges Abschreiten meines Weges in die Vergangenheit und wieder zurück, den ich bereits Jahre zuvor im Rahmen eines therapeutischen Prozesses gegangen war. Es war wie eine Gratwanderung, denn es ist eben doch ein großer Unterschied, ob man etwa seinem Tagebuch die Geschichte der eigenen Mutter anvertraut, ob man im geschützten Raum einer therapeutischen Situation oder einer Selbsterfahrungsgruppe Familiengeheimnisse aufdeckt oder ob man daraus einen Text macht, den Fremde lesen werden.

Die ausgewählten Fotos sollen dazu beitragen, die Personen in ihrem Äußeren lebendig werden und vielleicht auch Hintergründiges aufscheinen zu lassen. Mit den Familientafeln am Ende des Buches wird es möglich, die verwandtschaftlichen Zusammenhänge auf einen Blick zu überschauen.

Ich wünsche mir, mit dieser Geschichte der einen oder dem anderen Leserin oder Leser eine Anregung zu geben, sich ebenfalls einmal auf eine Spurensuche nach der Geschichte der eigenen Mutter zu begeben. Es ist ein guter Weg, um »die Mutter in mir« zu finden und mit ihr Frieden zu schließen. Wenn man diesen Weg mit der noch lebenden Mutter gehen kann, wie ich bei mehreren meiner Freundinnen miterleben durfte, ist dies ein großes Glück. Doch auch, wenn die Mutter schon tot ist, kann es gelingen.

Dank

Viele Personen meiner Familie haben mir ihre Geschichten erzählt und mir damit oder auf andere Weise bei der Materialsuche geholfen. Ich danke ihnen sehr dafür. Einige von ihnen haben das Manuskript oder die Teile, in denen sie erwähnt sind, gelesen und sind mit dem, was ich geschrieben habe, einverstanden: Christine Höppner, Sibylle Krüll, Juliane Krüll, Helmut Krüll, Helene Höppner, Frieda Höppner, Charlotte Czerny, Marta Saatze, Ulrich Adalberts, Gregor Höppner, Michael Höppner, Thomas Höppner, Eva Hermann, Ursula Krüll, Irene Schwarz, Ursula Pauen-Höppner. Ich habe mich sehr gefreut, von ihnen zu hören, dass meine Geschichte für sie Anstöße geliefert hat, über sich und ihre Position in unserem gemeinsamen Familiennetz auf neue Weise nachzudenken. Ich danke allen für ihre Hinweise, die ich in die Endfassung einarbeiten konnte. Dank auch dafür, dass ich ihre Namen unverändert im Text verwenden durfte. Bei anderen im Text vorkommenden Personen habe ich die Namen verändert, um sie selbst oder ihre Nachfahren nicht zu belasten.

Wie schon beim Schreiben meines Buches über die Familie Mann war Elizabeth (Echi) Dacak Behrens auch bei der langwierigen Geburt dieser Geschichte meine Hebamme. Ich danke ihr sehr für ihre liebevolle Begleitung und konstruktive Kritik. Auch meine Freundinnen Dr. Ilse Zilch-Döpke, Dr. Kristine Schneider, Gabriele Johannsmann, Dorothee Marzinzik, Ulla Schmidt und last, but not least, Silke Schalkhäuser haben das Manuskript gelesen. Für ihre stützenden und anregenden Kommentare herzlichen Dank!

Mein ganz besonderer Dank gilt Christel Göttert, meiner Verlegerin, der es gelingt, mit ihrem Verlagsprogramm die Vision einer frauen- und damit menschenfreundlichen Welt auch in unseren, wenig hoffnungsvollen Zeiten aufrechtzuerhalten. Im Verein mit ihren Mitarbeiterinnen Bettina Bremer und Katja van de Rakt half sie mir, dieser Vision auch in meinem Buch Kraft zu geben.

Und schließlich danke ich allen Menschen, die mir in schwierigen Zeiten als TherapeutInnen oder gute FreundInnen beratend und helfend zur Seite gestanden haben. Weil es so viele sind, nenne ich keine Namen. Ohne sie wäre dieses Buch in dieser Form nicht entstanden.

Mutter Anna aus dem Spreewald

Beginnen wir mit der Geschichte deiner Mutter Anna Perko, der Bauerstochter aus dem Spreewald, die, wie so viele junge Frauen in jener Zeit, nach Berlin ging, um in der großen Stadt ihr Glück zu finden. Sie war neunzehn Jahre alt, als sie Ende 1905 oder Anfang 1906 ihre Heimat, das kleine Dorf Maust bei Cottbus, etwa 150 km südlich von Berlin, verließ.

Der Spreewald ist eine Landschaft von eigenartigem Reiz mit seinen vielen Seen, Mooren und Teichen, verbunden durch träge dahinfließende Kanäle und kleine Flüsse, auf denen man sich unter den tief herunterhängenden Zweigen der Uferbäume mit flachen Kähnen fortbewegt. Maust liegt im südlichen Teil des Spreewalds, wo es große schilfumwachsene Teiche gibt, in denen noch heute Karpfen und andere Fische gezüchtet werden. Es ist ein kleines, idyllisch am Rande der Teiche gelegenes Dorf ohne Kirche, dafür aber mit einer Wassermühle am Hammergraben, in der die Bauern früher ihr Korn mahlen ließen. Sie ist heute ein hübsches Ausflugslokal.

Im Sommer 1997, mehr als neunzig Jahre später, reiste ich auf den Spuren deiner Mutter von Berlin über Cottbus nach Maust. Ich fuhr mit der Bahn, wie wahrscheinlich auch die junge Anna, als sie, in umgekehrter Richtung fahrend, ihre Heimat verließ. Während der Fahrt dachte ich daran, welch große Hoffnungen sie wohl damals erfüllt haben mochten, als sie im Zug nach Berlin saß und sich ausmalte, wie ihr neues Leben sein würde. Als ich dann in Cottbus aus dem Zug stieg, stellte ich mir vor, wie sie vielleicht an derselben Stelle auf dem Bahnsteig von ihren Eltern Abschied genommen hatte, die sie mit dem Pferdefuhrwerk bis Cottbus begleitet hatten.

Mich erwartete zwar kein Pferdefuhrwerk am Bahnhof, doch hatte ich mein Fahrrad im Zug mitgenommen und radelte nun die zehn oder zwölf Kilometer nach Maust, vielleicht auf denselben Nebenstraßen zwischen Feldern und Wiesen entlang der Spree, durch kleine Dörfer, über Kanalbrücken und Deiche am Ufer von spiegelglatten Seen, auf denen auch sie damals gefahren war.

In Maust angekommen, wurde ich von einem Storchenpaar mit lautem Schnabel-Klappern begrüßt. Die beiden hatten sich ein Nest auf einem Wagenrad gebaut, das auf einer langen Stange hoch über den Dächern der Häuser angebracht war. Mir war, als sei die Zeit stehen geblieben. Denn die Mauster Störche hatten mich schon als Kind beeindruckt, als ich 1944 während des Krieges einige Wochen dort verbrachte. Auch das war inzwischen dreiundfünfzig Jahre her! Seitdem hatte ich Maust nicht wiedergesehen.

Ich radelte zur Dorfmitte mit dem Kriegerdenkmal, das ich sofort wiedererkannte, las darauf die Namen der im Ersten Weltkrieg gefallenen Brüder deiner Mutter – und dann stand ich vor dem Hof der Perkos. Von Verwandten wusste ich, dass er in DDR-Zeiten von einer Landwirtschaftlichen Produktionsgenossenschaft (LPG) als Maschinenpark genutzt worden war und dass sich die Gebäude in ziemlich heruntergekommenem Zustand befanden. Von außen sah alles noch recht gut erhalten aus, doch wenn man genauer hinschaute, war das tatsächliche Ausmaß des Verfalls erschreckend. Mir vorzustellen, welchen Schmerz deine Mutter Anna empfunden haben würde, wenn sie ihr geliebtes Elternhaus in diesem Zustand hätte sehen müssen, war bitter.

Ich fotografierte das Dach mit den zerbrochenen Ziegeln, die Fassade mit dem abbröckelnden Putz, den Giebel, an dem die Jahreszahl 1909 noch zu erkennen war, und versuchte, durch die Drahtmaschen des Zaunes Aufnahmen vom Innenhof zu machen. Da öffnete sich plötzlich das Tor zum Nachbarhof und – ich wollte meinen Augen nicht trauen – ein Pferdegespann kam herausgefahren. Auf einer uralten, eisernen Heuwendemaschine saß ein Mann, der mir wie eine Erscheinung des wiederauferstandenen Reinhold Perko, des Bruders deiner Mutter, vorkam. Denn genauso war Onkel Reinhold, wie auch ich den damaligen Besitzer des Hofes nannte, in meiner Kindheit mit seinem Pferd und irgendeinem Ackergerät vom Hof auf die Felder gefahren. Ich durfte sogar manchmal mit auf dem Bock sitzen.

Der Mann war der Besitzer des Nachbarhofes und kannte die Perkos von Kind an. Er hatte Schlüssel für das Eingangstor und die Gebäude, und so konnte ich alles mit ihm besichtigen und meine Erinnerungen in mir aufsteigen lassen. Da war das Wohnhaus mit den Steinstufen vom Hof in den Flur und dann in die Küche, wo der Herd noch an seinem Platz stand, daneben sogar noch einige halbverrottete Küchenmöbel. Von der Küche ging es in die Gaststube, wo der Tresen mit den glänzenden Zapfhähnen gestanden hatte. Nichts war mehr davon vorhanden, doch mir war, als hätte ich immer noch die abgestandene, nach Rauch und altem Bier unangenehm riechende Luft in der Nase, wenn am Morgen die Gaststube geputzt wurde.

Und dann kam man in den großen Saal, der von der Straße her den Haupteingang hatte. Der Nachbar erklärte mir, dass es seinerzeit der schönste und größte Tanzsaal weit und breit gewesen sei. Durch die blinden, zum Teil zerbrochenen Fenster schien die Sonne. Vorn an der Bühne hing ein halbzerrissener Vorhang. Verblichene Girlanden waren an der Decke befestigt, der Parkettfußboden wellte sich überall. Doch ich sah ihn erfüllt mit Leben, mit Musik, mit tanzenden Paaren auf einem fröhlichen Fest. Aber in diesem Saal, so erinnerte ich mich, hatte ich damals auch Aufführungen von Nazi-Filmen gesehen.

Wieder draußen im Hof stiegen andere Erinnerungen in mir auf: Die Kühe und Schweine im Stall waren mir als Kind unheimlich, ebenso der ständig bellende und tobende Kettenhund in seiner Hütte, vor dem ich große Angst hatte. Die Gebäude existierten noch, und als wir an ihnen vorbei in den Obstgarten hinter der Scheune traten, sah ich mich mit Tante Marie, Onkel Reinholds Frau, Fallobst aufsammeln oder, neben ihr hockend, Unkraut in den Gemüsebeeten ausrupfen.

Während unseres Rundgangs erzählte mir der Nachbar die traurige Geschichte des Niedergangs des Perkoschen Hofes. Ich erfuhr auch, dass die jetzigen Besitzer des Hofes Nachfahren aus einer Nebenlinie sind und leider kein Interesse am Erhalt des Anwesens haben, so dass die Zukunft des Elternhauses deiner Mutter ungewiss ist, was mich sehr traurig macht. Mir war, als hättest du mir, als hätten mir deine Mutter Anna, ihr Bruder Reinhold, die Eltern Elisabeth und Friedrich Perko, sowie alle anderen Ahninnen und Ahnen der Perkos diese völlig überraschende und geradezu magische Begegnung mit dem Nachbarn beschert.

Kehren wir nun zurück in die Zeit vor etwa einhundert Jahren, als deine Mutter Anna noch in Maust lebte.

Wie die meisten Bewohner des Spreewalds gehörten auch die Perkos zu dem slawischen Volksstamm der Sorben oder Wenden mit einer eigenen, dem Tschechischen, zum Teil auch dem Polnischen ähnlichen Sprache. Anna, ihre Eltern und Geschwister sprachen miteinander Wendisch. In späteren Jahren führte Anna ihre mangelnde Beherrschung der deutschen Schriftsprache auf ihre geringe Schulbildung, aber auch darauf zurück, dass sie als Kind nur Wendisch gesprochen hatte. – Perko ist übrigens ein schöner wendischer Name und heißt auf Deutsch »Feder«.

Die Perkos besaßen in Maust einen Hof von 34 Morgen, davon 16 Morgen Wald, was für damalige Verhältnisse und in Anbetracht des sehr fruchtbaren Ackerbodens ein stattliches Anwesen darstellte, zumal die Gastwirtschaft mit dem großen Saal dazugehörte. Hier wurde Anna als viertes von insgesamt elf Kindern am 11. August 1886 geboren.

Emma, die jüngste Schwester deiner Mutter Anna, die nur wenige Jahre älter war als du, hat mir viel aus ihrer Kindheit in Maust erzählt und mir in Briefen Fragen über ihre Eltern und Geschwister beantwortet. Sie forschte für mich auch auf Standesämtern und in Kirchenarchiven, zu denen ich als Westdeutsche in DDR-Zeiten keinen Zugang hatte. Wie gut, dass ich sie noch vor ihrem Tode befragte, denn aus ihren anschaulichen Berichten über das Leben in ihrem Elternhaus kann ich jetzt für meine Geschichte schöpfen. Allerdings hat sie als Jüngste die Eltern und das Leben auf dem Hof ganz anders erlebt als ihre älteren Geschwister. Welche Erfahrungen ihre fast zwanzig Jahre ältere Schwester Anna in ihrer Kindheit gemacht hatte, wusste auch sie nicht. Wir haben gemeinsam versucht, uns davon ein Bild zu machen.

Als Anna 1886 geboren wurde, besaßen ihre Eltern den Hof erst seit vier oder fünf Jahren. Die Vorgeschichte, die zum Erwerb des Hofes führte, habe ich von Emma erfahren. Ich kannte diese Geschichte bis dahin noch nicht und war sehr berührt, weil ich darin so viele Ähnlichkeiten mit deiner eigenen Geschichte entdeckte. War die ungewöhnliche Geschichte deiner Großmutter Elisabeth Perko vielleicht so etwas wie ein unbewusstes Modell für dein eigenes, lebenslanges Streben nach Hausbesitz?

Elisabeth kam auf einem großen Hof in Maust zur Welt. Sie war das einzige überlebende Kind ihrer Eltern. Zwei Geschwister starben im Säuglingsalter, als Elisabeth drei und fünf Jahre alt war. Ihre Mutter hatte aber bereits sechs Kinder aus einer ersten Ehe.

Als Elisabeth zwölf Jahre alt war, starb ihre Mutter. Der Hof wurde von den Miterben verkauft, und Elisabeth musste mit ihrem Vater nach Dissenchen, einem benachbarten Dorf, ziehen. Hier erhielt der Vater auf dem Hof seines Stiefsohnes ein Altenteil, das heißt, eine Wohnung, ein Stück Land und etwas Vieh, um sich selbst zu versorgen. Obwohl er erst fünfzig Jahre alt war, sah er seinen Tod kommen und machte sich Sorgen um die Zukunft seiner einzigen Tochter. Zwar waren die Halbgeschwister freundlich zu ihr, doch war nicht abzusehen, ob sie es auch nach seinem Tode noch sein würden und ob Elisabeth das ihr zustehende Erbe wirklich bekommen würde. Und so beschloss er, ihr einen Mann zu finden, der für sie sorgen würde. Es war der neun Jahre ältere Friedrich Perko, ein Maurer und Landwirt aus Dissenchen, den er für sie auserkor. Sie heirateten 1879, Elisabeth war siebzehn Jahre alt.

Die Halbschwestern deiner Großmutter sollen weinend gesagt haben, dass man doch dieses Kind nicht verheiraten dürfe. Doch sie erklärte später deiner Tante, ihrer Tochter Emma, dass es das Beste für sie gewesen sei. Denn als ihr Vater tatsächlich im Jahre 1881, also nur eineinhalb Jahre nach ihrer Hochzeit starb, sei sie gut versorgt gewesen.

Mit seiner jungen, reichen, fleißigen und noch dazu hübschen Elisabeth hatte dein Großvater Friedrich Perko das große Los gezogen. Und Elisabeth konnte mit ihrem Friedrich auch zufrieden sein. Er war ein grundgütiger Mensch und scheint sie sehr geliebt zu haben. Er stand hinter ihr, und so konnte sie ihre ehrgeizigen Lebensziele erreichen.

Friedrich Perko hatte sechs Geschwister. Seine Eltern hatten offenbar schon früh, in der Mitte des vorigen Jahrhunderts, die Zeichen der Zeit erkannt und für die Söhne eine Zukunft außerhalb der Landwirtschaft vorgesehen. Wie Friedrich hatten auch drei seiner Brüder ein Handwerk erlernt. Der älteste Bruder war sogar Lehrer geworden und unterrichtete in Berlin an einer Schule. Ich glaube, dass dieser väterliche Familienhintergrund für deine Mutter Anna und ihre Geschwister von Bedeutung war und ihren Drang in die Stadt mit bestimmte.

Dein Großvater Friedrich arbeitete als Maurer und musste die weiten Wege zu seinen Arbeitsstellen zu Fuß zurücklegen. Er konnte deshalb seinen Hof nur nebenher bewirtschaften, so dass Elisabeth die gesamte Arbeitslast trug. Sie scheute die viele Arbeit nicht, war aber mit dem Hof ihres Mannes in Dissenchen nicht zufrieden, wie mir Emma erzählte. Die sehnsüchtige Erinnerung an den Hof in Maust, auf dem sie geboren und mit ihrer Mutter glücklich gewesen war, ließ sie nicht los. In Dissenchen war der Boden sandig, und nichts wuchs darauf so gut wie in der fruchtbaren Erde von Maust. Elisabeth wollte zurück nach Maust, wollte dort leben, wo ihre Mutter begraben war.

Und da kam für deine Großmutter das große Glück: Ein oder zwei Jahre nach ihrer Hochzeit hinterließ ihr ein Bruder ihres verstorbenen Vaters eine Erbschaft von 800 Talern. In Maust stand gerade ein Hof zum Verkauf, und so überredete sie Friedrich, sich in Maust einzukaufen. Es war zwar nicht der Hof, auf dem sie geboren war, sondern ein ziemlich heruntergekommenes Gehöft mit Gastwirtschaft, das der Vorbesitzer durch seine Alkoholsucht nicht mehr halten konnte, so dass es versteigert werden musste. Doch für Elisabeth erfüllte sich der Wunschtraum ihres Lebens: Sie kehrte als Bäuerin nach Maust zurück.

Emma meinte, dass es deinem Großvater Friedrich schwer fiel, von Dissenchen fortzugehen. Doch er liebte seine Frau und erfüllte ihr diesen Herzenswunsch. Er verkaufte seinen Hof und behielt nur ein Stück Wald in Dissenchen, zehn Kilometer von Maust entfernt. Zusammen mit den Feldern in Maust bewirtschafteten sie 34 Morgen, wofür sie ein Pferd halten mussten. Sie galten damit als angesehene Bauern im Dorf.

Den Hof wieder instand zu setzen, bedeutete für beide jahrzehntelange harte Arbeit und eine hohe Schuldenbelastung, die auf Jahre ihre Einkünfte schmälerten. Sein Maurerhandwerk kam Friedrich gut zustatten, er konnte mit eigenen Händen die Gebäude wiederherstellen und neue errichten. Im Jahre 1909 waren die Arbeiten für die neue Gaststube und den großen Tanzsaal abgeschlossen. Die Hochzeit deiner Mutter wurde dort ein Jahr später groß gefeiert.

Dein Großvater genoss es, so meinte Emma, nicht mehr für fremde Leute als Maurer tätig sein zu müssen, sondern als freier Mann seine Arbeit selbst einteilen zu können. Er liebte die Feldarbeit mit seinem Pferd, das er – so Emma – »wie ein Menschenkind« versorgte. Auch der Kuhstall, in dem anfangs wahrscheinlich nur zwei oder drei Kühe zu füttern und zu melken waren, zählte zu seinen Aufgaben, während deine Großmutter die Schweine, das Federvieh und dann den Garten versorgte. Und dazu kam die Arbeit in der Gastwirtschaft, an der sich wahrscheinlich beide beteiligten, obwohl ich davon ausgehe, dass deine Großmutter einen größeren Teil übernahm.

Aber vor allem war es ihre Aufgabe, sich um den Haushalt mit der wachsenden Kinderschar zu kümmern. Alle eineinhalb bis zwei Jahre bekam sie ein Kind. Fritz wurde als zweiter nach Marie 1882 bereits in Maust geboren. Dann folgte die Tochter Elisabeth 1884 und darauf im Jahre 1886 Anna, deine Mutter.

Kurz vor Weihnachten 1887 wurde das fünfte Kind geboren, Luise, die im Mai 1889, also mit eineinhalb Jahren, an Lungenentzündung starb. Auch wenn Kindersterblichkeit in jener Zeit noch sehr verbreitet war und kaum eine Familie davon verschont blieb, denke ich, dass deine Großmutter unter dem Tod dieses Kindes litt. Vor allem, weil sie selbst als Dreijährige und dann noch einmal als Fünfjährige miterlebt hatte, wie ihre beiden Geschwister starben. Da wenige Jahre darauf auch ihre eigene Mutter gestorben war, hatte der Tod schon sehr früh in ihrem Leben eine große Bedeutung. Ich stelle mir vor, dass deine Großmutter beim Tod ihrer kleinen Tochter Luise an diese Schmerzen aus ihrer Kindheit erinnert wurde.

Und sicher hat auch die dreijährige Anna davon etwas gespürt – wie Kinder immer alles mitempfinden, was ihre Mutter tief berührt. Hat sie dir jemals vom Tod dieser kleinen Schwester erzählt? Hast du mit ihr oder mit deiner Großmutter Elisabeth das Grab auf dem Mauster Friedhof besucht?

Der Kindersegen auf dem Perko-Hof nahm auch nach dem Tod der kleinen Luise kein Ende. Christiane wurde im März 1890, zehn Monate danach, geboren. War es für deine Großmutter ein Trost oder nur wieder eine neue Belastung? Danach kamen drei Jungen, Martin (August 1892), Reinhold (Februar 1894) und Wilhelm (August 1896), und dann wieder ein Mädchen, Pauline (November 1897), genannt Lina, zur Welt. Bei dieser zehnten Geburt war Elisabeth 35 Jahre alt. Wie schon erwähnt, bekam sie mit 42 dann noch ein letztes Kind. Emma wurde, wie sie mir sagte, als Nesthäkchen der Liebling ihres Vaters.

Ich fragte Emma, sozusagen als Expertin, denn sie war von Beruf Hebamme, was sie von den vielen Geburten ihrer Mutter hielt und vor allem, ob Elisabeth wirklich so viele Kinder gewollt hatte. Emma meinte, dass ihre Mutter wegen ihrer Jugend die körperliche Belastung der vielen Schwangerschaften und Geburten gut verkraften konnte. Und dann seien damals auf dem Lande Kinder als gewinnbringende Arbeitskräfte betrachtet worden, bei der Ernte, bei der Arbeit im Garten, beim Füttern oder auch im Haushalt beim Putzen und in der Küche. Ihre Mutter hätte später immer betont, dass es ihnen ohne die Mitarbeit der vielen Kinder nicht gelungen wäre, den Hof aufzubauen und die Schulden, die sie aufnehmen mussten, abzuzahlen.

Dennoch frage ich mich, ob sich deine Großmutter nicht doch bei jeder erneuten Schwangerschaft wünschte, sie und ihr Friedrich hätten besser »aufgepasst«. Ob nicht auch ihr früher Tod mit nicht einmal 63 Jahren eine Folge der vielen Geburten war?

Ich versuchte, von Emma zu erfahren, ob sich deine Großeltern geliebt hatten. Sie antwortete: »Meine Mutter war leidenschaftlich, Vater war ein Mann von ruhigem Blut. Aber bei allem, was ich sehen konnte, sie waren sich Ergänzung. Zärtlichkeiten im Beisein der Kinder gab es bei meinen Eltern nicht. Nie aber hat Vater die Mutter jemals gerügt. Im andern Falle war die Mutter beflissen, das Essen und alles, was das Leben forderte, dem Vater zur Zufriedenheit zu machen. In solchem Betragen sah ich ihre große Liebe.« Und dann erzählte sie: »Beim Tode meiner Mutter sah ich bei meinem Vater Tränen (sonst weinte er nie). Es war erschütternd, als er sagte: ›Mein Lieschen, mein liebes Lieschen.‹«

Auf meine Frage, ob die unterschiedlichen Temperamente ihrer Eltern zu Spannungen geführt hatten, antwortete deine Tante Emma: »Wenn meine Mutter an dem zu ruhigen Ehemann nicht gelitten hat, so halfen ihr dabei zehn lebende Kinder. Und mit Kindern ging es ja gleich nach einem Jahr los. Für Langeweile und zu vielem Nachdenken war kaum Zeit. Dann war sie nicht nur die Landfrau, sondern auch die Gastwirtin. Viele Leute kamen zu ihr. Mit ihnen konnte sie manches Gespräch führen, auch viel dabei lernen. So war ihr Leben ausgefüllt. An Plänen hat es auch nicht gefehlt, oft musste gebaut werden.«

Du hast deine Großmutter noch gut gekannt, denn du besuchtest sie oft in Maust und warst vierzehn, als sie starb. Was gäbe ich darum, dich fragen zu können, ob du auch die starke Ähnlichkeit des Charakters zwischen ihr und dir wahrgenommen hast. Wie du war deine Großmutter lebhaft, leidenschaftlich, unternehmungslustig, hatte Ziele, die sie mit großer Energie auch in die Tat umsetzte. Sie war als Gastwirtin kommunikationsfreudig, hatte viele Freunde, war interessiert an Neuem. Hast du sie gemocht? Hat sie ihre kleine Enkeltochter Käthe aus Berlin auch gern gehabt?

Sogar äußerlich warst du deiner Großmutter ähnlich, so scheint es mir jedenfalls, wenn ich das einzige Foto betrachte, das von deinen Großeltern Perko existiert und das ich im Nachlass deiner Mutter fand. Emma kannte es nicht und war tief berührt, darauf ihre Mutter Elisabeth zu erkennen, die damals etwa 42 Jahre alt war und wahrscheinlich sie, ihr jüngstes Kind, gerade geboren hatte. Der Mann mit dem Schlapphut im Hintergrund ist, so vermutete sie, Friedrich Perko, dein Großvater.

Die Großeltern Elisabeth und Friedrich Perko, ca. 1906

Was hast du von ihm gehalten, dem ruhigen, schweigsamen, grundehrlichen und treuen Mann, der ausführte, was die Großmutter wollte, offenbar aber nicht mürrisch oder widerwillig, sondern aus Liebe und Dankbarkeit für die Zuneigung, die sie ihm schenkte? Hast du deinen Ehemann, meinen Vater, nach dem Bild dieses Großvaters ausgewählt? Es ist für mich frappierend, die Ähnlichkeit der Rollenmuster in deiner und in der Ehe deiner Großeltern zu erkennen, wobei sich dieses Muster auch noch in anderen Zweigen unserer Familie wiederholt.

Emma, die Jüngste, sah die Beziehung zwischen deinen Großeltern allerdings möglicherweise in einem allzu rosigen Licht. Hätten die älteren Geschwister, hätte deine Mutter Anna eine andere Beschreibung gegeben, in der auch die Schattenseiten zur Sprache gekommen wären? Denn mir fällt auf, dass keine deiner Tanten in ihrer Ehebeziehung glücklich wurde. Die drei, die auf dem Land blieben und Bauern heirateten, hatten es in ihren Ehen schwer, wie Emma mir anhand vieler Beispiele deutlich machte. Und auch die drei, die in die Stadt gingen, darunter deine Mutter Anna, wurden von ihren Ehemännern schlecht behandelt. Sie allerdings ließen sich scheiden. Hatte hier die Stärke und Willenskraft deiner Großmutter Elisabeth auf die Töchter ausgestrahlt?

Und dann frage ich mich, ob Emmas Berufswahl – sie wurde Hebamme – vielleicht damit zusammenhing, dass deine Großmutter doch nicht so viele Kinder wollte. Hatte Emma den Wunsch, in unbewusster Verbundenheit mit ihrer Mutter, anderen Frauen beim Kinderkriegen und auch beim Verhüten oder sogar beim Abbruch einer Schwangerschaft zu helfen?

Doch greifen wir nicht vor, sondern betrachten wir zunächst die Familie deiner Großeltern Perko in Maust, in der deine Mutter mit ihren Geschwistern heranwuchs. Hier noch einmal deine Tante Emma: »Unsere Mutter hatte uns im Gehorsam fest in der Hand. Mein Vater brauchte dazu nichts zu tun. Gehorsam war uns Selbstverständlichkeit. Vom Morgen bis zum Abend sorgten sie für ihre Kinder. Wenn ein Kind wieder neu kam, hat der Vater das Beste und Teuerste gekauft, so er doch sonst ganz sparsam lebte und nichts ausgegeben werden sollte, was nicht nötig war.« Und sie beteuerte: »Diese Eltern kannten nur die pflichttreue Arbeit für ihre Kinder, für sich selbst nur das Essen und die anständige Kleidung. Kein Opfer war ihnen für ihre Kinder zu groß.«

Emma hat als jüngstes Kind die Aufbauphase in Maust nicht miterlebt. Deine Mutter Anna dagegen musste mit ihren älteren Geschwistern wahrscheinlich kräftig mit anpacken. Ich denke, dass Anna auch schon früh ihre kleinen Geschwister hüten musste und sie deshalb für die Schule wenig Zeit hatte. Sie besuchte nur die Schule in Maust, in der alle Dorfkinder in einer Klasse unterrichtet wurden. – Auch ich ging übrigens 1944 während meines Aufenthalts in Maust in diese Schule.

Emma meinte, dass deine Mutter immer fröhlich bei der Arbeit war, sich nie beklagte und gern tätig war, vor allem draußen im Freien. Emma war davon überzeugt, dass es für Anna besser gewesen wäre, auf dem Land zu bleiben und sich mit einem Bauern zu verheiraten, weil sie dann wahrscheinlich glücklicher geworden wäre als in der Stadt.

Auch deine Großmutter hätte es wohl lieber gesehen, wenn alle ihre Töchter Bäuerinnen geworden wären, auf jeden Fall hatte sie das für ihre Tochter Elisabeth geplant. Doch Elisabeth war die erste der Perko-Töchter, die nach Berlin ging. Deine Mutter Anna folgte ihr als nächste.

Die Hauptstadt des Reiches und kaiserliche Residenz Berlin übte in jener Zeit auf sehr viele junge Menschen aus dem näheren und weiteren Umland eine große Anziehungskraft aus, weil sie sich ein besseres Leben in der Stadt erhofften. Emma erklärte mir, dass besonders die jungen Mädchen, ganz anders als noch in der Generation davor, die Chance hatten, selbständig Geld zu verdienen, anstatt auf die Ehe zu warten und bis dahin als Magd auf dem elterlichen oder einem anderen Hof zu arbeiten.

Annas um zwei Jahre ältere Schwester Elisabeth machte ihr vor, wie gut man als Hausangestellte leben konnte. Elisabeth hatte zunächst im Heimatdorf bei den

Besitzern der Mauster Wassermühle als Kindermädchen gedient. Danach verließ sie Maust, um auf Empfehlung einer Jugendfreundin in einer schlesischen Kleinstadt Hausangestellte bei einer Gräfin von Finkenstein zu werden. Emma erzählte mir die Geschichte so: »Diese von Finkensteins legten Wert darauf, ein Mädchen in der Spreewaldtracht anzustellen, die andere Kleidung nannten sie eine gewöhnliche zivile, die wollten sie nicht. Meiner Schwester Elisabeth gefiel es dort sehr gut, ihr Ziel war, sich dort als Kammerzofe auszubilden. Das wurde vereitelt, indem meine Mutter sie nach ihrer Meinung gut verheiraten wollte. Ein junger, hübscher Mann mit einer mittelgroßen Landwirtschaft hat sich in meine Schwester Elisabeth verliebt, als sie einmal zu Besuch daheim war. Meine Schwester wollte davon nichts wissen, sie fühlte sich inzwischen der Landarbeit entfremdet, so sagte sie nein. Da hat meine Mutter List angewendet, es wurde ein Telegramm geschickt: sofort kommen, Mutter sehr krank. Meine Schwester war nun ihre Stelle los, doch hat sie nicht den Landwirt geheiratet, sie ging nach Berlin. Die Residenzstadt war damals für alle Landwirtstöchter in unserer Gegend ein begehrter Wunschtraum. Man wollte Bildung lernen, nicht dümmer sein als die Stadtleute.«

Es ist deutlich zu erkennen, dass deine Großmutter eine sehr energische Frau war, die meinte, das Glück ihrer Tochter steuern zu müssen. Sie war davon überzeugt, dass es ihr auf dem Land besser gehen würde als in der Stadt. Doch Elisabeth hatte einen größeren Dickkopf als die Mutter und setzte sich durch.

Interessant war für mich, aus Emmas Bericht zu erfahren, dass die schöne Spreewälder Tracht der Sorben offenbar nicht nur zum Kirchgang am Sonntag getragen wurde, sondern dass sie auch sozusagen als »Dienstkleidung« für die jungen sorbischen Mädchen von ihrer städtischen Dienstherrschaft erwünscht war. Ob deine Mutter Anna in Berlin auch noch in Tracht ging? Ein entsprechendes Foto habe ich leider nicht gefunden.

Dorffest in Maust vor dem Gasthof der Perkos, 1906

Zu Hause trugen alle Perko-Töchter noch sorbische Tracht, wie Emma bestätigte. Es gehörte sich, dass die jungen Frauen das Sticken und Nähen lernten, um sich ihre Trachtenkleidung selbst anzufertigen, was offenbar in der Gemeinschaft mit anderen Mädchen in der »Spinnstube« während des Winters geschah. Deine Mutter Anna soll eine besonders gute Hand fürs Sticken gehabt haben.

Die Schwester Elisabeth war also bereits in Berlin, als auch deine Mutter Anna in die große Stadt aufbrach. Anders als Elisabeth hatte Anna bei ihrem Weggang aus dem Elternhaus keinen Streit mit deiner Großmutter. Deine Mutter war offensichtlich sanftmütiger als ihre Schwester. Vor allem aber hatte deine Großmutter zu dieser Zeit andere Sorgen. Sie war ja mit 42 Jahren noch einmal schwanger geworden und hatte ihre letzte Tochter Emma im Juli 1905, also 25 Jahre nach der Geburt ihrer ältesten Tochter Marie, geboren.

Und diese Tochter Marie war ebenfalls schwanger – Mutter und Tochter bekamen fast zur gleichen Zeit ein Kind! Der Vater von Maries Kind, August Derdulla, war ein verwitweter Landwirt und Fleischer mit drei Kindern, dessen Haushalt sie führte. Emma ist davon überzeugt, dass ihre Schwester diesen Mann nie wollte und von ihm sexuell missbraucht, wenn nicht gar vergewaltigt wurde. Dennoch heiratete sie ihn, als sie von ihm schwanger wurde, denn unehelich Mutter zu werden, war in jener Zeit eine solche Schande, dass Frauen es vorzogen, ihren Vergewaltiger zu heiraten, wenn er dazu bereit war. Fünf Monate nach der Hochzeit wurde ihr Kind geboren. Marie bekam noch vier weitere Kinder und lebte sehr unglücklich, weil der Mann sie prügelte und auch nicht einmal wirtschaften konnte, so dass sie auf die Unterstützung deiner Großeltern angewiesen war.

Für deine Mutter war das Schicksal ihrer Schwester Marie sicherlich eine Warnung, bloß nicht auf dem Lande zu bleiben und einen Bauern zu heiraten, sondern wie Schwester Elisabeth ihr Glück in Berlin zu suchen. Und deine Großmutter ließ ihre Tochter Anna ziehen.

Mutter Anna Perko, ca. 1908

Deine Mutter war eine hübsche Frau mit einem feinen Gesicht und dicken dunkelblonden Haaren, die sie hochgesteckt auf dem Kopf trug. In Annas Fotoalbum fand ich ein leider undatiertes Foto, das aber aus der ersten Zeit in Berlin stammen könnte. Sie ist darauf als eine etwas rundliche junge Frau zu erkennen, die in ihrem feinen, vermutlich selbst genähten Kleid stolz in die Welt schaut.

Und so stelle ich mir vor, wie eines Tages im Jahre 1905 oder 1906 die 19-jährige Anna, aus Cottbus kommend, mit klopfendem Herzen am Anhalter Bahnhof in Berlin von der Schwester empfangen wurde und sich dann mit ihr in den Trubel der Großstadt stürzte. Vielleicht hatte deine Mutter schon vorher einmal ihre Schwester in Berlin besucht, hatte also die Betriebsamkeit der Großstadt bereits kennen gelernt, dennoch muss für sie das Gefühl, nun selbst hier leben zu dürfen, überwältigend gewesen sein.

Anhand von Postkarten, die sie aufbewahrt hatte, konnte ich feststellen, dass Anna in den ersten Jahren mehrmals ihre Stelle wechselte, dass sie aber auch von ihrer »Dienstherrschaft« in die Ferien mitgenommen wurde, also offensichtlich freundliche Menschen gefunden hatte. Das Leben der Dienstmädchen im Berlin jener Jahre war nicht leicht. Sie wohnten meist zu mehreren in einer Dachkammer. Oft schliefen sie in einem winzigen Verschlag neben oder sogar über der Speisekammer in der Küche. Sie bekamen wenig Geld und hatten kaum Freizeit.

Doch im Vergleich zum Landleben bot die Stadt viele Vorzüge. Es ging den jungen Frauen meist darum, eine Ausbildung zu erlangen, also nicht »dümmer als die Stadtleute« zu sein, wie Emma es ausdrückte. Deine Mutter machte eine Lehre als Fleisch-Verkäuferin, »Fleischermamsell« nannte man diesen Beruf. Und auch Emma ging später nach Berlin, um Hebamme zu werden.

Das feine Leben, die Annehmlichkeiten, die es auf dem Land noch nicht gab, waren für die jungen Frauen eine weitere Verlockung. Und schließlich suchten sie das sehr viel freizügigere Leben in der Stadt, die vielen Möglichkeiten, sich zu vergnügen, auch um dabei vielleicht einen passenden Ehemann zu finden. Die Heirat mit einem reichen oder wenigstens gut verdienenden Mann war wohl für viele das eigentliche Ziel in der Stadt. Ich vermute, dass auch deine Mutter Anna nach »Höherem« strebte und einen Mann suchte, der ihr bürgerlichen Wohlstand bieten konnte, wobei sie Arbeit und kräftiges Mit-Anpacken gewiss nicht scheute.

Als sie, etwa ab 1907, nicht mehr als Hausmädchen, sondern als Küchenhilfe und später dann als gelernte Fleischermamsell im Restaurant des Neuen Schauspielhauses am Nollendorfplatz arbeitete, hatte sie vermutlich mehr Freizeit für

Vergnügungen. Auf einer Postkarte vom Februar 1908 fragte nämlich die Schwester Elisabeth, ob Anna am Sonntag Zeit hätte, mit ihr auszugehen. Vielleicht trafen sie sich im Gasthaus zum »Spreewald«, in dem sich, wie mir Emma erzählte, die Jugend aus dem Spreewald vernügte. Und vielleicht ließ sich deine Mutter auch von Richard Schiddel, den sie auf ihrer Arbeitsstelle im Neuen Schauspielhaus kennen gelernt hatte, dorthin begleiten.

Doch ehe wir uns ihm zuwenden, werfen wir noch einen Blick zurück in das Elternhaus deiner Mutter. Als sie nach Berlin ging, lebten von den Schwestern noch Christiane, Pauline und die kleine Emma auf dem Hof, von den Brüdern Martin, Reinhold und Wilhelm. Fritz, der Älteste, war Bäcker geworden und hatte in eine Bäckerei im Nachbardorf eingeheiratet. Ich kannte ihn nicht und hatte auch bisher nicht erfahren, dass er der Liebling deiner Großmutter war. Emma schrieb mir: »Fritz war knapp mittelgroß, hatte dunkle Augen wie die Mutter, auch dunkles Haar. Er war als Bäcker äußerst gewandt und flink. Im Umgang mit Menschen zeigte er viel Humor, darum war er auch beliebt.« Sie meinte: »In dem ältesten Sohn Fritz hat Mutter gewiss ihr eigenes Temperament wieder erlebt. Bei dem ruhigen Ehemann fand sie im gleichbeschwingten Sohn ihre Eigenart, was sie wesensverwandt stimmte.«

Ob auch deine Mutter ihren Bruder Fritz besonders gern hatte? Sein Foto, das ihn in Uniform zeigt, stand immer auf ihrer Kommode. Ich frage mich deshalb, ob es ein Zufall war, dass deine Mutter ihren zukünftigen Ehemann Richard Schiddel im selben Jahr kennen lernte, in dem ihr Bruder Fritz heiratete. Richard, so scheint mir, war deinem Onkel Fritz in vielen Zügen ähnlich. Als Richard sie umwarb, war es vielleicht für deine Mutter Anna so, als erfüllte sich ihr geheimer Mädchentraum: einen Mann zu finden, der so war wie ihr Bruder Fritz?

Wer war dieser Richard Schiddel, in den sich Anna verliebte? Schauen wir uns seine Geschichte an.

Vater Richard aus Westpreußen

In Schulitz, einer Kleinstadt an der Weichsel nahe Bromberg im damals deutschen, heute polnischen Westpreußen, wuchs dein Vater Richard Schiddel auf. Dort besaßen seine Eltern Emilie und Karl Schiddel einen Bauernhof. Geboren wurde er am 11. Februar 1883 in Crossen, einem kleinen Dorf etwa zehn Kilometer von Schulitz entfernt, wo er bis zu seinem sechsten Lebensjahr lebte. Warum es zum Ortswechsel kam, werde ich noch berichten.

Wie den Geburtsort deiner Mutter habe ich diese sehr viel ferner gelegenen Stätten der Kindheit deines Vaters, die ich bis dahin nicht kannte, ebenfalls besucht. Du warst wahrscheinlich nur ein einziges Mal im Jahre 1915 als Vierjährige in Schulitz, als deine Mutter mit dir die etwa vierhundert Kilometer lange Reise von Berlin nach Schulitz und zurück unternahm. Ich fand nämlich eine Postkarte deines Vaters, die er aus dem Krieg an Anna nach Schulitz schickte. Denkbar ist, dass deine Mutter ihren Schwiegereltern einen Besuch abstattete, um dich als Enkelin vorzustellen. Hattest du von diesem Besuch eine Erinnerung an deine Großeltern bewahrt? Kurz darauf, 1917 und 1919, starben sie beide nacheinander. Danach bist du, soweit ich weiß, nie mehr dort gewesen.

Und nun, im November 1998, konnte ich ohne Einreiseerlaubnis oder Visum, was vor dem Fall der Mauer unmöglich gewesen wäre, am Bahnhof Zoo einen EuroCity-Zug besteigen, der mich in drei Stunden von Berlin nach Poznan (Posen) brachte, und nach zwei weiteren Stunden war ich über Bydgoszcz (Bromberg) in Solec Kujawski, so der polnische Name für Schulitz, angekommen. Während der Fahrt dachte ich daran, wie viel umständlicher und mühsamer ihr gefahren seid – du das eine Mal mit deiner Mutter und dein Vater sehr viele Male – und für dieselbe Strecke mindestens doppelt so viele Stunden brauchtet.

Ich ließ meine Gedanken aber noch weiter in die Vergangenheit schweifen: Im Zusammenhang mit meiner Spurensuche hatte ich mich gerade mit der wechselvollen Geschichte Westpreußens beschäftigt, jenem Gebiet zwischen Oder und Weichsel, das jetzt draußen im grauen Novemberdunst als eintönige, flache Landschaft an mir vorbeihuschte. Diese historischen Studien sollten mir helfen zu verstehen, mit welcher Berechtigung die Schiddels eigentlich von ihrer »deutschen

Heimat« Westpreußen sprechen konnten. Was ich dabei herausfand, stimmte mich sehr nachdenklich.

Denn »deutsch« war dieses Gebiet nur sehr kurze Zeit im 13. und 14. Jahrhundert gewesen, und zwar durch die Unterwerfung und Kolonisierung der einheimischen slawischen Völker, wie der »Pruzzen«, von denen sich übrigens der Name »Preußen« herleitet. An dieser Kolonisation waren deutsche Fürsten – Albrecht der Bär, Heinrich der Löwe –, vor allem aber der während der Kreuzzüge gegründete »Deutsche Orden« beteiligt, einer der vielen Ritterorden, die in jener Zeit entstanden. Viele Städte, darunter mehrere im späteren Westpreußen, wurden im 13. Jahrhundert vom Deutschen Orden gegründet, die Marienburg wurde der Sitz des »Hochmeisters«. Klöster und Festungen wurden gebaut, Bauern- und Bürgerfamilien, Mönche und Nonnen kamen ins Land, deutsche Rechtsformen und landwirtschaftliche Neuerungen wurden eingeführt.

Auch wenn in unseren Geschichtsbüchern die Kolonisierung des Ostens als besonders lobenswerte zivilisatorische Leistung des Deutschen Ordens dargestellt wird, dürfen wir nicht vergessen, dass es sich hier um Eroberungen handelte, um die gewaltsame Unterjochung von ganzen Völkern und die grausame Tötung vieler Menschen, die in den Augen der »Herrenmenschen« minderwertig waren. Die vielen Aufstände und Kriege der polnischen Bevölkerung gegen die Ordensherrschaft sprechen eine deutliche Sprache.

1466 besiegten die Polen den Deutschen Orden, dem nur das Kerngebiet, das spätere Ostpreußen, verblieb. Westpreußen wurde Teil des nunmehr von der Ostsee bis zum Schwarzen Meer reichenden polnischen Königreiches. Trotz dieser Unterwerfung behielt der Deutsche Orden so viel Autonomie, dass Großmeister Albrecht von Hohenzollern ihn 1525 in ein protestantisches, weltliches Herzogtum umwandeln konnte. Aber das Königreich Polen und damit auch Westpreußen blieben katholisch. Im 17. Jahrhundert gelang es Friedrich Wilhelm I, dem »Großen Kurfürsten«, Brandenburg und Ostpreußen zum protestantischen Königreich Preußen zu vereinigen. Das zwischen den beiden Landesteilen liegende Westpreußen blieb polnisch und katholisch – ein Pfahl im Fleische für die preußischen Könige.

Als 1772 das Königreich Polen in der Folge des Siebenjährigen Krieges aufgeteilt wurde, kam Westpreußen unter die Herrschaft Preußens. 1815, nach dem Sieg über Napoleon, mit dem sich Polen verbündet hatte, wurde das Königreich Polen von den Siegern vollkommen zerschlagen und Preußen vereinnahmte noch einmal weitere polnische Gebiete, so die Provinz Posen südlich von Westpreußen.

Wenn man die historischen Zusammenhänge genauer betrachtet, wird einem schnell bewusst, dass auch die nun folgende Enteignung oder Vertreibung der polnischen Bevölkerung ein großes Unrecht war, das den in diesem Gebiet lebenden Menschen erneut angetan wurde. Westpreußen hatte mehr als dreihundert Jahre lang zu Polen gehört. Davor waren während der zweihundert Jahre andauernden Ost-Kolonisation durch den Deutschen Orden die dort lebenden slawischen Völker unterdrückt, verdrängt und auch gemordet worden. Doch die herbeigerufenen deutschen »Kolonisten«, die das Land unter der Herrschaft preußischer Adliger besiedeln sollten, deuteten die Geschichte anders. Sie betrachteten sich als die wahren Herren Westpreußens, das nun wieder von ihnen in Besitz genommen wurde.

Ein solcher deutscher Kolonist war auch Jakob Schiddel, der Großvater deines Vaters. Er war ein Schäfer aus Pommern und kam Anfang des 19. Jahrhunderts mit einem Grafen in das neu zu besiedelnde Gebiet. Leider habe ich nichts über ihn als Person erfahren können, doch stelle ich mir vor, dass auch er sich als »Herrenmensch« fühlte, der das Recht hatte, sich über andere »niedrigere« Menschen zu erheben und ihr Land zu beanspruchen, denn diese Ideologie gab ihm eine Rechtfertigung für das Unrecht, an dem er beteiligt war. Hier liegen, so meine ich, die Wurzeln der ausgeprägten deutsch-nationalen, hurra-patriotischen und militant protestantischen Weltanschauung der Schiddels, die besonders dein Vater Richard mit Vehemenz vertrat. Sie verachteten die katholischen Slawen, noch mehr die Juden, die seit vielen Generationen im polnischen Reich eine Zuflucht vor den Verfolgungen in Deutschland und Österreich gefunden hatten. Denn Antisemitismus passte selbstverständlich in diese Ideologie.

Und ebenso selbstverständlich eilten Richard und seine Brüder 1914 freiwillig und mit Begeisterung zu den Fahnen. Nach dem Ende des Ersten Weltkrieges und der Vertreibung der Deutschen aus dem 1919 polnisch gewordenen Westpreußen gehörten sie zu den Anhängern der Dolchstoß-Legende, die besagte, dass die »Feinde im Innern« den Sieg verhindert hätten. Und 1939 bejubelten sie dann auch

Hitlers Einmarsch in Polen, der ihnen ihre »Heimat« zurückerobern sollte. Doch 1945 mussten sie ihren Traum endgültig begraben. Martha, Richards Schwester, die als letzte der Schiddel-Geschwister mit ihrer Familie in Schulitz geblieben war, um den Hof der Eltern zu halten, musste alles aufgeben und floh in Richtung Westen.

Ich schaute aus dem Fenster des fahrenden Zuges und stellte mir vor, wie die alte Martha mit ihrer Tochter und deren Kindern dort auf der Landstraße neben der Eisenbahnlinie in einem Flüchtlingstreck vor den sowjetischen Truppen nach Westen geflohen war. Ich sah aber auch vor meinem inneren Auge, wie bei Kriegsbeginn die deutschen Truppen auf eben dieser Landstraße in Polen einmarschiert waren – wie sie in den Dörfern, die ich hin und wieder im Nebeldunst auftauchen sah, Terror und Tod verbreitet hatten. Ich sah, wie dein Vater und seine Brüder, vierzig Jahre zuvor, im Ersten Weltkrieg, siegesgewiss nach Osten marschiert und geschlagen zurückgekommen waren – wie dieses weite Gebiet über Jahrhunderte hinweg immer wieder Kampfplatz von Eroberungsfeldzügen von West nach Ost und Ost nach West gewesen war. Die Lebensgeschichten der hier lebenden Menschen – darunter die deiner Schiddel-Verwandten – waren davon geprägt.

Bevor ich mich auf meine Reise nach Schulitz begab, hatte ich mir von deiner Kusine Marta, die auf dem Hof in Schulitz groß geworden war und dort bis 1945 gelebt hatte, eine genaue Wegbeschreibung und ein Foto geben lassen. Sie hatte ihre Heimat in den siebziger Jahren noch einmal besucht, wusste aber nicht, ob die Gebäude jetzt – mehr als zwanzig Jahre später – immer noch existierten.

Als ich in Solec Kujawski/Schulitz aus dem Zug stieg, fing es an zu schneien. Erst fielen nur einzelne Flocken, dann immer mehr und schließlich befand ich mich in einem so dichten Schneegestöber, dass ich meinen Versuch aufgab, den ehemals Schiddelschen Hof, oder was davon noch übrig war, anhand der Wegbeschreibung zu finden. Ich beschloss, in Schulitz zu übernachten, um am nächsten Tag bei hoffentlich besserem Wetter weiterzusuchen. Ich wandte mich an eine Frau, die gerade in ihr Auto steigen wollte. Obwohl sie kein Deutsch sprach, verstand sie, was ich wollte, lud mich in ihr Auto ein und fuhr mit mir gut drei Kilometer vor die Stadt zu einer modernen kleinen Hotelanlage, die vor dem Fall des Eisernen Vorhangs ein Schulungszentrum gewesen war. Der junge Portier konnte auch keine mir vertraute Sprache, doch zehn Minuten später stand eine freundliche junge Frau, Studentin der Anglistik in Bydgoszcz, vor mir, die er aus der Nachbarschaft per Telefon gerufen hatte. Sie war glücklich, mit mir Englisch sprechen zu können. Und als ich ihr mein Anliegen erklärte und die Adresse und Wegbeschreibung zeigte, lachte sie: »Das ist von hier nur zwei Straßen entfernt!« Beim Licht der Straßenlaternen, es war inzwischen dunkel geworden, stapften wir in tiefem Schnee zunächst durch eine Neubausiedlung, dann durch ein kleines Waldstück und schon standen wir vor dem ehemaligen Gehöft der Schiddels. Es waren keine zwei Stunden seit meiner Ankunft vergangen!

Leider waren die alten Gebäude vor drei oder vier Jahren abgerissen worden, der Besitzer hatte sich stattdessen ein modernes Haus gebaut. Dennoch war ich glücklich, an diesem Ort zu stehen und mir vorzustellen, wie dein Vater als kleiner Junge mit seinen Brüdern an einem ähnlich verschneiten Winterabend hier im Hof einen Schneemann gebaut hatte, wie er im Sommer auf den Weiden rundum mitgeholfen hatte, das Vieh zu versorgen, wie er auf dieser Straße durch die Felder und den Wald – die jetzt dazwischenliegende Siedlung gab es damals noch nicht – ins Zentrum von Schulitz gelaufen war.

Am Abend luden mich die Eltern meiner freundlichen Dolmetscherin zum Abendbrot ein. Der Tisch bog sich unter der Fülle von delikaten hausgemachten polnischen Spezialitäten. Und am nächsten Tag nahm sich ihr Vater, der als Forstangestellter sehr ortskundig war, einige Stunden frei, um mit uns in das etwa zehn Kilometer von Schulitz entfernt gelegene Crosny (Crossen) zu fahren, wo der erste Schiddelsche Hof gestanden hatte. Meine Begleiterin und mein Begleiter kannten die Stelle an der Landstraße genau, denn auch hier waren die Gebäude erst vor wenigen Jahren abgerissen worden. Sie hatten zuletzt als Lagerraum gedient.

Es hatte aufgehört zu schneien. Die Sonne schien und verzauberte den Wald, durch den wir fuhren, in ein Märchenland. Die Äste der Bäume bogen sich unter der Schneelast, im Gegenlicht funkelten und blitzten die Schneekristalle, silbrige Nebelschwaden tanzten über einem Bach – wieder war mir, als sei ich von meinen Ahninnen und Ahnen umgeben.

In einer Biegung der Straße hielten wir. Trotz des Schnees konnte man die Erhöhung, auf der die Gebäude gestanden hatten, deutlich erkennen. Hier also hatten Emilie und Karl Schiddel ihre Landwirtschaft mit dem Gasthof geführt, hier war dein Vater Richard als ihr siebentes Kind – von insgesamt neun – geboren. Und da, im Schnee nur als Vertiefung zu erkennen, war auch der Bach, in dem zwei der Söhne als Kinder ertranken. Hier war wahrscheinlich auch Karls erste Frau gestorben, die ihm eine Tochter hinterließ, so dass er insgesamt zehn Kinder hatte.

Es ist seltsam: Wenn man am Ort des Geschehens steht, gewinnen die Geschichten, die man gehört hat, plötzlich Farbe und Leben. Onkel Paul, der jüngste der Schiddel-Geschwister, hatte mir viel von seinen Eltern und Geschwistern, vor allem von Richard, deinem Vater, erzählt. Wie bei den Perkos, wo es die jüngste, nachgeborene Schwester deiner Mutter war, von der ich ihre Familiengeschichten erfuhr, war es bei den Schiddels der jüngste Bruder deines Vaters, der mir Auskunft gab. Er wurde übrigens 97 Jahre alt. Zum Glück habe ich ihn noch wenige Jahre vor seinem Tod befragt und das Gespräch auf Tonband aufgenommen. Auf diese Weise habe ich den westpreußen Dialekt, den auch dein Vater sprach, für mich bewahrt. Sie redeten in einer gedehnten Sprechweise mit langgezogenen Vokalen, rollendem R und einem leichten Sing-Sang im Tonfall.

Dein Großvater, Karl Schiddel, der Sohn des »Kolonisten« und Schäfers Jakob Schiddel, war Fleischer, beziehungsweise »Schlächter«, wie es auf den Dokumenten heißt. Er hatte im Jahre 1869 mit 31 Jahren zum ersten Mal geheiratet. Seine Frau war neun Jahre jünger und starb mit 23 Jahren nach der Geburt ihres ersten Kindes, der Tochter Olga.

Karl heiratete sofort wieder, und zwar die zwölf Jahre jüngere Emilie Lüdtke. Sie war als uneheliches Kind geboren, was in jener Zeit für Mutter und Kind eine große Schande war. Bezeichnenderweise hat Emilie ihren Kindern nie von ihrer Herkunft erzählt. Paul entdeckte erst viele Jahre nach ihrem Tod im Zusammenhang mit dem von den Nazis geforderten »Arier-Nachweis«, dass auf der Geburtsbescheinigung seiner Mutter kein Vater angegeben war. Ich denke, dass auch dein Vater erst sehr spät erfuhr, dass seine Mutter von unehelicher Geburt war. Paul gelang es, einiges über den leiblichen Vater seiner Mutter zu erfahren: Er wusste seinen Nachnamen und dass er Eisenbahner war. Paul vermutete, dass er für seine uneheliche Tochter Alimente oder die Mitgift in die Ehe bezahlte.

Emilie und Karl hatten zusammen neun gemeinsame Kinder: 1872, genau neun Monate nach der Hochzeit, wurde Oswald geboren. Dann folgten zwei Söhne, deren Namen Paul nicht erinnerte, weil sie schon mit fünf oder sechs Jahren starben. Sie hatten in der Gaststube heimlich die Alkoholreste in den Schnapsgläsern geleert, waren ohnmächtig geworden und mit dem Gesicht in den kleinen Bach am Haus gefallen und ertrunken. Dein Vater Richard hat diese schreckliche Geschichte nicht miterlebt, weil er erst acht bis zehn Jahre nach diesen beiden Brüdern geboren wurde. Paul meinte, dass die Abneigung deiner Großmutter gegen den Wirtshausbetrieb, die später sehr deutlich wurde, mit diesem tragischen Tod der beiden Kinder zusammenhing.

1877 wurde Gustav geboren, danach 1879 Karl, 1881 die einzige Tochter Martha und 1883 Richard, dein Vater. Er war also elf Jahre jünger als sein ältester Bruder Oswald und sogar dreizehn Jahre jünger als die Halbschwester Olga. Nach ihm wurden noch zwei Söhne geboren: Max 1888, fünf Jahre nach Richard, und zuletzt Paul im Jahre 1890.

Von deinen Großeltern Emilie und Karl existiert nur ein Foto, das sie als alte Menschen mit 60 und 70 Jahren zeigt. Es ist Teil des großen Familienfotos, das 1910 anlässlich der Goldenen Hochzeit einer der Schwestern deines Großvaters in Bromberg aufgenommen wurde. Ich erhielt es von deinem Onkel Paul, der sehr stolz auf dieses Foto war und mir ausführlich von den Lebensschicksalen der darauf abgebildeten Personen berichtete. Würdevoll sitzen dein Großvater und deine Großmutter in der ersten Reihe mit ihren beiden Enkelinnen, deinen Kusinen Else und Lotte, auf dem Schoß.

Die Großeltern Emilie und Karl Schiddel mit den Enkeltöchtern Lotte und Else, 1910

Wie Richard seine Eltern erlebte, konnte ich nicht mehr rekonstruieren. Paul, der Jüngste, hatte Angst vor dem Vater, bewunderte ihn aber zugleich über alle Maßen. Noch in seinen Erinnerungen formulierte er: »Er war ein gottesfürchtiger Mann und hatte die Gabe, durch sein Wort zu vernichten. Ich habe immer Furcht vor ihm gehabt und bin oft unter Mutters Schürze gerannt.«

Karl Schiddel war zwar gelernter Fleischer, doch er hatte keinen Laden, sondern schlachtete Vieh auf den Höfen der Bauern. Außerdem war er Trichinen-Beschauer, das heißt, es war seine Aufgabe, das Fleisch der Tiere auf Schädlingsbefall zu untersuchen. Er scheint stolz auf diese verantwortungsvolle Tätigkeit gewesen zu sein, denn auf einigen Dokumenten gab er sie als Berufsbezeichnung an. Er war geistig rege und hatte ein großes Wissen als Kräuter- und Heilkundiger, das er wahrscheinlich von seinem Vater Jakob, dem Schäfer, vermittelt bekommen hatte und an seine Kinder weitergab. Paul erinnerte sich, dass sein Vater ihm und seinen Geschwistern die menschlichen inneren Organe an einem geschlachteten Schwein erklärte, was ihn als Kind sehr beeindruckte.

Wegen seines Berufes war dein Großvater viel unterwegs. Er war allseits beliebt, weil er einer der wenigen Schreibkundigen war und in wohlgesetzten Worten Briefe, auch für andere, formulieren konnte. Bei den Polen war er ebenfalls geschätzt, da er Polnisch sprach. Die Polen vergötterten ihn, meinte Paul. Auch Russisch beherrschte er.

Allerdings war dein Großvater nicht nur allgemein, sondern auch in besonderer Weise bei Frauen sehr beliebt. Paul erinnerte sich, dass sein Vater, »immer wenn er genug Geld hatte«, nach Königsberg fuhr, wo er, wie Paul vorsichtig andeutete, wahrscheinlich eine Geliebte hatte. Als Schankwirt in seiner Gaststube in Crossen hatte seine joviale Art die schädliche Folge, dass er lieber seinen Gästen Runden ausgab und mit ihnen trank, als von ihnen abzukassieren. Das war der Grund, so meinte Paul, weshalb deine Großmutter ihren Mann dazu brachte, den Hof mit der Gastwirtschaft in Crossen zu verkaufen und in Schulitz einen Hof – und zwar ohne Gastwirtschaft – zu erwerben. Obwohl dein Großvater damit überhaupt nicht einverstanden war, setzte sie sich durch. Ich denke, sie wollte nicht, dass sie und ihre Kinder durch den Leichtsinn ihres Mannes ins Verderben gerieten.

Auf derselben Landstraße – damals wahrscheinlich nur ein Sandweg –, auf der ich mit meiner freundlichen Übersetzerin und ihrem Vater durch die verschneite Märchenlandschaft von Schulitz nach Crossen und zurück gefahren war, hatten die Schiddels ihr Hab und Gut mit Pferd und Wagen in ihr neues Zuhause geschafft. Dein Vater Richard war fünf oder sechs Jahre alt, sein Bruder Paul wurde dort als letztes Kind geboren.

Auch wenn deine Großmutter sich durchgesetzt hatte, dein Großvater rächte sich auf seine Weise: Er rührte auf dem Hof in Schulitz keinen Finger mehr. Vielleicht war das der Grund, weshalb sie auf dem neuen Hof kein Glück hatten und der Schuldenberg nicht abnahm, sondern wuchs. Für alles trug Emilie die Verantwortung. Die Pferdezucht, mit der Schulitzer Fuhrunternehmen beliefert werden sollten, misslang. Einmal starben fünf Pferde durch verseuchtes Wasser, wie Paul mir erzählte. Die Kinder, vor allem der älteste Sohn Oswald, wurden von Emilie zur Mitarbeit herangezogen. Dein Vater Richard beklagte sich einmal in einem Brief an dich, den ich in deinem Nachlass fand: »Meine Eltern brauchten uns in der Landwirtschaft. Wir mussten vom 6. Jahr an Kühe hüten, dabei habe ich Schularbeiten gemacht. Uns ist niemals gesagt worden: lernt, das werdet ihr mal gebrauchen. Eine Hilfe bei Schularbeiten gab es nicht, denn die älteren Geschwister mussten auch arbeiten.«

Deine Großmutter war offenbar eine sehr starke, zielstrebige Frau und sie verlangte auch von anderen viel. Ich denke, sowohl ihre Kraft als auch ihre Härte lassen sich durch ihr Streben erklären, ein besseres Leben zu führen als ihre »sitzengelassene« Mutter. Und dieses Ziel hatte sie erreicht: Sie war verheiratet und verstand es, »ihren Mann zu behalten«. Mochte Karl auch draußen andere Frauen haben – sie hatte die Macht über ihn und die Kinder in ihrem Hause, sie bestimmte, ob ein Haus verkauft und ein anderes gekauft wurde. Dein Großvater gab zwar ihrem Drängen nach, erlaubte sich dafür jedoch viele Freiheiten.

Emilie schaffte es sogar, den schuldenbeladenen Hof zu retten. Denn 1903 überschrieb sie ihn der Tochter Martha, die gerade geheiratet hatte. Das war ungewöhnlich, denn in der Regel erbte der älteste Sohn. Oswald fühlte sich benachteiligt, so versicherte mir eine seiner Töchter, deine Kusine Meta – von ihr wird noch viel die Rede sein. Er machte Mutter und Schwester den Vorwurf, ihn enterbt zu haben. Dein Onkel Paul meinte, dass deine Großmutter ihrem Sohn Oswald nicht traute, weil er wie der Vater zu viel trank und erst später als Familienvater »ordentlich« wurde.

Eine weitere Erklärungsvariante, die mir am meisten einleuchtet, stammt von deiner Kusine Marta, der gleichnamigen Tochter deiner Tante Martha, die mir die Geschichte der Übergabe des Hofes an ihre Mutter so erzählte: »Meine Mutter hatte sich 1903 von ihren Eltern die große Schuldenlast von 15 000 Mark aufladen lassen in einer Zeit, wo man nur mit Pfennigen gerechnet hat. Mutti wollte nicht, dass ihre Eltern Dorf-Arme werden und hat aus lauter Mitleid diesen großen Schuldenberg auf sich genommen. Mein Vater war 31 Jahre und hatte im Bergwerk sich Geld gespart, so hat ein Mann die beiden zusammengekuppelt. Ganz altes Haus, alter Stall und niemand von unseren ganzen Verwandten kann mitfühlen, wie schlecht wir es mal gehabt haben.« Und sie meinte: »Meine Mutter hat Haus, Stall, Scheune gebaut, die Maschinen alle angeschafft und 18 Jahre noch die Großeltern versorgt. Wenn mir jemand im Leben leid tut, dann ist es meine Mutter. Über 40 Jahre von früh bis spät gearbeitet und über Nacht war alles durch den Zweiten Weltkrieg verloren. Es tut mir bitter weh und ich mag nicht zurückdenken.«

Wenn wir dieser Geschichte Glauben schenken, dann war Emilies Entscheidung, den Hof an ihre Tochter zu vererben, sehr pragmatisch: Martha hatte einen Mann mit Ersparnissen geheiratet, so konnte der Schuldenberg leichter abgetragen werden und Emilie und Karl konnten auf dem Hof bleiben. Oswald, der kein Geld »erheiratet« hatte, wäre nicht imstande gewesen, den Hof zu halten.

Ich finde es bemerkenswert, dass niemand, mit dem ich über diese Erbgeschichte sprach, davon ausging, dein Großvater habe mit der Hofübergabe etwas zu tun gehabt. Einhellige Meinung war, dass deine Großmutter erneut ihren Kopf durchgesetzt habe. Ich aber sehe darin die enorme Stärke einer Frau, die es wagte, mit vernünftigen Gründen Traditionen zu durchbrechen.

Doch kehren wir noch einmal zurück in die Kindheit deines Vaters: Wie mag er als Fünf- oder Sechsjähriger den Weggang aus Crossen und den Neuanfang in Schulitz erlebt haben? Zunächst einmal war das Leben in der Kleinstadt viel aufregender als auf dem Dorf. Schulitz hatte einen Hafen, in dem Holz aus den weiten Wäldern Westpreußens verschifft wurde. Die Baumstämme wurden zu Flößen zusammengebunden und dann die Weichsel hinuntergetrieben. Oswald, der älteste Schiddel-Sohn, wurde übrigens später Flößer auf der Weichsel. Schulitz war auch Bahnstation. Paul erinnerte sich, wie er zuschaute, wenn die mit Pferden oder, im Spätherbst, mit kreischenden Gänsen beladenen Waggons rangiert wurden. Vielleicht ist Bruder Max später Eisenbahner geworden, weil auch ihn solche Eindrücke prägten. Und ich glaube, dass auch dein Vater nicht so weit in der Welt herumgekommen wäre, wenn die Familie nicht nach Schulitz und damit in die Nähe der großen Stadt Bromberg gezogen wäre.

Wie hat Richard wohl die Spannungen zwischen seinen Eltern erlebt? Dein Onkel Paul konnte mir darauf keine Antwort geben, der Altersunterschied zwischen beiden Brüdern, sieben Jahre, war zu groß und er selbst hatte diese Ereignisse nicht einmal mitbekommen, weil er erst in Schulitz auf die Welt kam. Paul erinnerte sich nur an fröhliche Raufereien mit Bruder Richard: »Ach, mein seliger Bruder Richard! Ich musste immer das Bett anwärmen und das war immer so kalt. Einmal ritt ich auf Bruder Richard und die Kellertür war offen. Wir beide stürzten in den Keller. Da sangen wir beide: ›Der Mond, der scheint so helle, Paul und Richard reiten im Keller.‹«

Paul bewunderte auch Richards Schwimmkünste, er konnte lange und tief tauchen. Wahrscheinlich hatte dein Vater in der Weichsel trainiert. Dass er auch ein »sehr tüchtiger Turner« gewesen war, wie Paul mir vorschwärmte, wusste ich gar nicht. Das erklärt wahrscheinlich, weshalb er deine Sportlichkeit später unterstützte und förderte.

1897 oder 1898 wurde Richard Lehrling bei einem Schlächtermeister in Schulitz, demselben, bei dem schon sein vier Jahre älterer Bruder Karl gelernt hatte. Richard trat also in die Fußstapfen von Vater und Bruder. Nach seiner Lehre wahrscheinlich 1902 oder 1903 heuerte er als Fleischer auf einem Schiff an und fuhr damit bis nach Argentinien. In einem der wenigen Briefe, die ich von ihm erhielt, schwärmte er noch als alter Mann von diesem Lebensabschnitt: »Das Schönste in meinem Leben war die Christliche Seefahrt auf den Kap-Dampfern als Schiffsschlachter. Als ich das erste Mal über den Äquator fuhr, wurde ich vom Schmutze der nördlichen Halbkugel gereinigt und mit dem geheiligten Linienwasser auf den Namen Delphin getauft. Das erste Taufwasser wurde abgewaschen. Die Fahrgäste wurden sehr feierlich getauft und spendeten hundert Mark für die Besatzung.«

Vater Richard Schiddel, ca. 1910

Paul erinnerte sich an die Briefe, die Richard nach Hause schrieb und in denen es von spanischen Brocken wimmelte. Auch später machte er sich den Scherz und sagte zum Abschied »hasta la vista« oder beendete mit diesem spanischen Gruß seine Briefe.

Dein Vater Richard war also der Abenteurer in der Geschwisterschar, denn er war der einzige, der eine richtige Weltreise unternahm. Eiferte er damit seinem Vater nach, der zwar nicht zur See gefahren war, aber als Trichinenbeschauer viel unterwegs war und hin und wieder das Abenteuer in

Königsberg suchte? Auch Richard, so stelle ich mir vor, suchte in seinen bewegten Junggesellenjahren nicht nur das Abenteuer der Äquatortaufe, sondern noch viele andere – darunter auch erotische – Abenteuer. Schließlich war Richard, wie Bruder Paul mit Anerkennung betonte, ein »sehr hübscher Kerl«.

Wie lange er unterwegs war und ob er mehr als diese eine Reise unternahm, weiß ich nicht. Jedenfalls kam er im Anschluss an seine Zeit als Schiffsschlächter nach Berlin, wo sein Bruder Karl sich mit seiner Frau Alwine mit einem Fleischergeschäft am Stuttgarter Platz in Charlottenburg etabliert hatte. Das Geld dazu hatte vermutlich Alwine in die Ehe eingebracht.

Auch Bruder Gustav, der das Frisörhandwerk gelernt hatte, war schon verheiratet. Die Mitgift seiner Frau Emma hatte es ihm ermöglicht, in der westpreußischen Stadt Graudenz den »modernsten und größten Frisörsalon des Ostens«, so Paul, zu eröffnen. Paul konnte mir viel von diesem Geschäft erzählen, denn er selbst hatte bei Bruder Gustav seine Lehre als Frisör absolviert.

Nun war es auch für Richard an der Zeit, sich eine Frau zu suchen – möglichst eine mit viel Geld wie es seinen Brüdern gelungen war. Zunächst arbeitete er als Schlächter in der Küche des Neuen Schauspielhauses am Nollendorfplatz. Und dort, wie wir schon wissen, begegnete er Anna Perko, die ihm die ideale Partnerin zu sein schien. Sie hatte Fleischermamsell gelernt, was sehr gut zu seinem eigenen Beruf passte, sie war fleißig und noch dazu sehr hübsch. Vor allem aber kam sie von einem, wie er meinte, reichen Bauernhof – er glaubte wohl, das große Los gezogen zu haben.

Jedesmal, wenn ich mich in die Geschichte(n) der Schiddels und der Perkos vertiefe, staune ich über die vielen Ähnlichkeiten der Personen und Strukturen in deinen Herkunftsfamilien:

Auf beiden Seiten hattest du starke, lebensfrohe, energische Großmütter. Obwohl sie beide eine schwierige und verlustreiche Kindheit hatten – Emilie Schiddel-Lüdtke als uneheliches Kind und Elisabeth Perko-Lehnig als frühe Mutter-Waise –, haben sie ihr Leben in die Hand genommen und in beeindruckender Weise ihre vielen Kinder und den bäuerlichen Haushalt versorgt. Beide waren bestrebt, die Chancen der neuen Zeit wahrzunehmen und in ihren Ehen und mit ihren Kindern ein anderes, besseres Leben zu führen als ihre Eltern.

Auch wenn deine beiden Großväter sich wenig ähnlich waren – Friedrich Perko treu und fleißig, ruhig und schweigsam; Karl Schiddel redselig, gesellig, trinkfreudig und ein Frauenheld –, in der Beziehung zu ihren Ehefrauen gab es Parallelen: Beide überließen ihren Frauen die Entscheidungsgewalt, sie waren keine allesbestimmenden Patriarchen wie die meisten Männer in ihrer Generation.

Bei den Perkos wie bei den Schiddels spielte das Streben nach Grundbesitz und das Vererben eine große Rolle, vor allem bei den beiden Großmüttern. Ich vermute, dass hier die Wurzeln deiner eigenen Sehnsucht nach einem eigenen Haus liegen, die dein ganzes Leben prägte.

In beiden Familien war man stolz auf die eigene Herkunft. Bei den Perkos war es die Bodenständigkeit, denn schon seit Generationen waren sie als Landwirte in der Cottbusser Gegend ansässig, bei den Schiddels bestand der Stolz darin, als Kolonisten »deutsches Land zurückgewonnen« zu haben.

In beiden Familien wirkte die Stadt Berlin als außerordentlicher Magnet. Allerdings zogen bei den Perkos die jungen Töchter in die Stadt, während es bei den Schiddels die Söhne waren. Die jungen Leute suchten ihr Glück in der Stadt – manche fanden es, anderen gelang es nicht, neue Wurzeln zu schlagen.

Warum haben deine Eltern es nicht geschafft, ein gemeinsames Leben aufzubauen? Da war doch so viel Ähnlichkeit in ihren Herkunftsfamilien, da waren gemeinsame Ziele für ihr Leben – was trieb sie auseinander? Es ist für mich so schwer zu verstehen, weshalb die Ehe deiner Eltern schon gleich nach deiner Geburt, acht Monate nach der Hochzeit, gescheitert war und damit der große, dunkle Schatten auf dein Leben fiel, den du nie abschütteln konntest.

Anna und Richard in Berlin

Als Anna Perko und Richard Schiddel sich in Berlin begegneten, fieberte die Stadt im Rausch der Gründer-Jahre. Überall wurde gebaut. Wo noch vor wenigen Jahren Wiesen und Felder waren, wuchsen die fünf-, sechs-, siebenstöckigen Mietshäuser in die Höhe mit ihren prächtig-protzigen Fassaden nach vorn und drei, vier oder noch mehr dunklen Hinter- und Seitenhäusern nach rückwärts. Die elektrischen

Straßenbahnen hatten bereits die Pferdebahnen ersetzt, Autos fuhren hupend auf den breiten Straßen.

Beide suchten hier ihr Glück, und als sie sich trafen, glaubten sie, es gefunden zu haben. Richard scheint die hübsche Bauerstochter aus dem Spreewald sehr geschickt umworben zu haben. Später sah es so aus, als habe er sie verführt, weil er auf eine reiche Mitgift spekuliert hatte. Diese Geschichte hörte ich von vielen Seiten, auch du hast sie mir so erzählt. Bevor ich mich auf meine Spurensuche begab, hielt ich sie für die »Wahrheit«.

Jetzt scheint es mir so, als ob deine Eltern am Anfang ihrer Beziehung eine zarte, vielleicht sogar stürmische Liebe füreinander empfanden, die erst später von deiner Mutter geleugnet wurde. Denn zu meiner großen Überraschung fand ich in ihrem Nachlass einige Postkarten von Richard an sie aus der Frühzeit ihrer Begegnung, die mein Bild von ihrer Beziehung sehr veränderten.

Es sind nicht so sehr die Postkarten selbst und das, was Richard darauf schrieb, was mich beeindruckte, sondern die Tatsache, dass deine Mutter Anna diese Postkarten in ihrem wunderschönen, mit Jugendstil-Ornamenten und einem silbrigen Metallverschluss verzierten Fotoalbum aufbewahrte. Denn nach der Trennung ihrer Ehe, so meinten alle, die sie kannten, existierte dieser Mann nicht mehr für sie. Warum aber hob sie seine Liebesgrüße an sie auf? Ist das nicht ein Zeichen dafür, dass sie sich doch an den Richard der frühen Zeit ihrer Begegnung weiter erinnern wollte? Und warum vernichtete sie diese Karten auch nicht in ihrem späteren Leben, sondern hinterließ sie dir als Vermächtnis über ihren Tod hinaus?

Kanntest du diese Postkarten schon von früher oder waren sie für dich eine ebensolche Überraschung, als du sie nach dem Tod deiner Mutter fandst, wie für mich, als ich sie in deinem Nachlass entdeckte? Auch du hast sie nicht weggeworfen, so dass sie jetzt als Dokument deines »Anfangs vor deinem Anfang« vor mir liegen.

Eine der Karten vom 8.12.1907 ist an »Fräulein Anna Porku« gerichtet. Richard wusste also damals noch nicht, dass seine spätere Frau »Perko« hieß. Als Adresse ist auf der Postkarte angegeben: »Schöneberg. Neues Schauspielhaus«. In der Großküche dieses Theaters war Anna, wie wir schon wissen, als Küchenhilfe beschäftigt. Sie scheint in dieser Zeit ihre Lehre als Fleischermamsell absolviert zu haben, ob vor oder nach ihrer Begegnung mit Richard, konnte ich nicht erfahren.

Richards erste Karte vom Dezember 1907, die also zweieinhalb Jahre vor ihrer Hochzeit geschrieben wurde, hat er nicht unterschrieben. Es ist eine Ansichtskarte aus Leipzig, die aber in Berlin abgeschickt wurde. Es steht darauf nur ein Satz: »Ungenannt doch Wohlbekannt.« Und auch auf einer weiteren Postkarte, leider ohne Datum, spielte Richard mit ihr ein schalkhaftes Versteckspiel. Sie ist an »Anna Perko« gerichtet – er hatte also inzwischen ihren Namen richtig zu schreiben gelernt – und auch wieder an das Neue Schauspielhaus adressiert. Er schreibt: »Ein getreues Herz zu wissen, ist des höchsten Glückes Preis. Der ist selig zu begrüßen, der ein treues Herze weiß. Liebe Grüße ?«

Obwohl der Text mit einem Fragezeichen statt des Namens unterzeichnet ist, hat sich der Sender diesmal zu erkennen gegeben, denn unter der abgelösten Briefmarke steht: »Dein lieber Richard!« Ich stelle mir vor, wie Anna mit klopfendem Herzen die Briefmarke ablöste, wohl wissend, wer ihr diese Karte geschickt hatte.

Auf der Vorderseite ist ein neckisches Foto eines jungen Paares in einer Waldlichtung abgebildet. Sie schaut ihn fragend an, er blickt verführerisch zu ihr zurück. Der gedruckte Text lautet: »O Jugend wie bist du schön. O du Jugendzeit, o du rosige Zeit, Du Leben im Tal und auf Höh'n, Wo die Welt so offen, das Herz so weit. O Jugend, wie bist du so schön, so schön.«

Sind das nicht bezaubernde Liebesgrüße deines Vaters an deine Mutter? Kann ich aus der Tatsache, dass Anna sie während ihres ganzen Lebens aufbewahrte, schließen, dass sie sich damals geliebt haben? Ich möchte es so sehen und mir vorstellen, dass deine Mutter diesem munteren, flinken und weitgereisten jungen Mann von ganzem Herzen zugetan war, der in seinem Charakter und Temperament offenbar ihrem Bruder Fritz, dem Liebling deiner Großmutter, ähnlich war. – Allerdings wird es dann noch schwieriger zu verstehen, weshalb die Ehe deiner Eltern scheiterte und ihre Liebe nicht gehalten hat.

Bis auf diese Postkarten deines Vaters fand ich nichts Schriftliches von deiner oder deiner Eltern Hand über diese Frühzeit ihrer Ehe. Deshalb sind wieder deine Tante Emma und Onkel Paul die Hauptquellen für mein Wissen, obwohl beide damals nicht dabei waren, denn Emma lebte als Kind bei ihren Eltern in Maust und Paul als junger Mann im Geschäft seines Bruders Gustav in Graudenz. Beide waren selbstverständlich parteiisch: Emma stand auf der Seite ihrer Schwester, Paul hatte

Mitgefühl für seinen Bruder. Doch scheint mir, als ob mir diese doppelte Sicht eine Chance bietet, näher an die »wahre« Geschichte zu kommen, die eben nicht eindeutig war, sondern, wie das Leben überhaupt, auf vielfältigste Weise betrachtet werden kann.

Schon über die Dauer der Bekanntschaft zwischen deinen Eltern gibt es keine Eindeutigkeit: Emma meinte, dass sie sich nur sehr kurz vor der Hochzeit kennen gelernt hatten. Nach den Postkarten, die ich fand, müssten es jedoch über drei Jahre gewesen sein. Was haben sie in dieser Zeit zusammen unternommen? Hat Richard um sie geworben? Hat Anna gezögert oder war sie ihm sogleich zugetan? In Emmas Augen war ihre Schwester das Opfer von Richards egoistischen Verführungskünsten. Sie erklärte mir: »Zu Hause war sie die hübsche, fröhliche Gastwirtstochter. Sie hatte auch nette Verehrer. Aber was konnte sie mit dem Wissen aus der kleinen Dorfschule in Berlin beginnen? Für einen Haushalt in Berlin bei den verwöhnten Herrschaften von damals hatte sie noch keine Grundlage, wie die Schwester Elisabeth sie schon hatte. Ihre Vorstellung von Berlin wird mehr ein Traum gewesen sein, nicht aber die Wirklichkeit. Mit Männern hatte sie doch auch noch keine Erfahrung. Sie hat Richard Schiddel vertraut, gewiss auch Neigung empfunden.«

Emma mag Recht haben mit ihrer Einschätzung, dass ihre Schwester Anna ein naives Pflänzchen vom Lande war. Doch wenn Anna schon drei Jahre in Berlin gelebt hatte, konnte sie bereits eigene Erfahrungen gesammelt haben. Außerdem hatte sie auch von den negativen Erfahrungen ihrer Schwester Elisabeth und der Kusine Marie Perko gelernt und vor allem hatte sie mit Richard zwei oder mehr Jahre im selben Betrieb gearbeitet. Hat sich Richard wirklich so verstellt? Rückblickend urteilte Emma: »Ich kann mir schon denken, wenn sie dem Richard Schiddel in ihrer Unschuld von zu Hause erzählte, dass der gleich in ihr sein Ziel verwirklicht sah: Frei werden von jedem Druck, ein eigenes Geschäft haben und wenn das Geld fehlen sollte, muss die Frau es aus der Gastwirtschaft zu Hause holen. Als nun Richard Schiddel das schmucke Anwesen der Anna in Maust mit den Augen sah, da jubelte er innerlich und freute sich, über allen seinen Brüdern zu stehen mit seinem guten Fang. So wurde die Sache schnell perfekt. Es wurde eine Hochzeit im großen Tanzsaal gefeiert, da war alles dran.«

Am 23. September 1910 fand diese große Hochzeit im neuen, gerade ein Jahr zuvor fertig gestellten Tanzsaal der Perkos in Maust statt. Anna war 24, Richard 29 Jahre alt. Leider habe ich kein Hochzeitsfoto deiner Eltern gefunden. Ob Anna alles, was sie an ihre Ehe hätte erinnern können, vernichtete? Es existiert lediglich ein Foto von beiden, das, so vermute ich, kurz vor der Hochzeit in Berlin aufgenommen wurde. Eine deiner Kusinen gab es mir. Obwohl man von einem gestellten Foto keine Rückschlüsse auf den Seelenzustand der Abgebildeten ziehen darf, finde ich, dass Anna und Richard zufrieden und stolz in die Welt schauen.

Die Eltern Anna und Richard, 1910

Sowohl deine Tante Emma wie auch dein Onkel Paul konnten sich an diese Hochzeit noch gut erinnern. Die fünfjährige Emma streute die Blumen, als das Brautpaar in die Kirche trat. Der zwanzigjährige Paul war besonders davon beeindruckt, dass man das Brautpaar mit Geldmünzen bewarf, ein sorbischer Brauch, der Glück und Segen bringen sollte.

Da es in Maust keine Kirche gab, fuhr die Hochzeitsgesellschaft wahrscheinlich in Pferdefuhrwerken die fünf Kilometer von Maust nach Peitz auf den schmalen Wegen zwischen den Teichen hin und zurück – das Brautpaar mit den Brauteltern in einer geschmückten Kutsche vorneweg. Anna, denke ich, trug Spreewälder Tracht in einer besonders festlichen Form. Auf dem Hof in Maust waren die Tische im Tanzsaal festlich gedeckt, man speiste Selbstgeschlachtetes mit Gemüse aus dem eigenen Garten. Bier und Wein wurden von der Theke herübergetragen. Ich bin sicher, dass Mutter Perko stolz und glücklich war in dem neuen Tanzsaal eine so prächtige Hochzeit für ihre Tochter ausrichten zu können.

Richards Eltern scheinen nicht aus Schulitz angereist zu sein, einige seiner Brüder waren jedoch zugegen und offensichtlich von den Festlichkeiten sehr beeindruckt. Alles sah nach Wohlstand und Vermögen aus. Richard schien es mit seiner Frau genauso gut getroffen zu haben wie Gustav und Karl. Dazu war Anna viel hübscher als ihre Schwägerinnen.

Emma meinte allerdings, dass die Eltern Perko sich eigentlich eine solche Feier gar nicht leisten konnten. Sie schrieb mir: »Von meinem Vater weiß ich, er war nicht für die große Hochzeit. Doch Richard Schiddel wünschte das, er wollte seinen Verwandten zeigen, wie fein er sich verheiratet hat. Vermutlich hat der liebe Schwiegersohn seinen Schwiegervater bald anpumpen wollen, um sich einen Fleischerladen aufzumachen.«

Davor soll dein Großvater gewarnt haben. Emma schrieb: »Mein Vater hat vor einem zu frühen Geschäft gewarnt. Sie sollten beide erst noch das Nötige dafür verdienen. Wahrscheinlich hat man meinen Vater als einen dummen Bauern abgetan, jedenfalls wurde mit dem Laden begonnen.«

Ohne auf die Warnung seines Schwiegervaters zu hören, eröffnete Richard sofort nach der Hochzeit in Berlin am Chamissoplatz in Kreuzberg ein Delikatessen-Geschäft. Wie dein Großvater vorausgesehen hatte, wurde das Geschäft eine Pleite. Aber es kam noch schlimmer: Ebenfalls sofort nach der Hochzeit gab es zwischen Anna und Richard ein Zerwürfnis, bei dem es, wie es scheint, um ein anderes Thema als den geschäftlichen Misserfolg ging. In einem Brief, den dein Vater wenige Jahre vor seinem Tod an dich schrieb, las ich: »Das Furchtbare, was ich seit dem Hochzeitstage verbringen musste, ist so erniedrigend, dass ich keine Worte dafür habe. Ich habe eine Aufklärung mit dir vermieden, weil ich dir die Mutter nicht nehmen wollte.«

Was mag er wohl damit gemeint haben? Ohne irgendwelche konkreten Anhaltspunkte zu haben, bin ich nur auf Vermutungen angewiesen: Hatte diese »Erniedrigung« damit zu tun, dass Anna mit dir schwanger war? Du bist am 25. Mai 1911, also genau acht Monate nach der Hochzeit, geboren. Bist du ein »echtes« Acht-Monats-Kind oder wurdest du vor der Hochzeit deiner Eltern gezeugt? – Seltsamerweise konnten sich weder deine Tante Emma noch dein Onkel Paul an das genaue Datum der Hochzeit in Maust erinnern, obwohl gerade Paul mich mit seinem phänomenalen Datengedächtnis beeindruckte.

Bis ich mir die Hochzeitsurkunde vom Standesamt in Peitz besorgt hatte, nahm ich deshalb an, dass du der eigentliche Grund für die Ehe deiner Eltern warst, dass deine vorzeitige Existenz sie zu einer »Muss-Ehe« gezwungen hatte. Vieles von dem, was sich dann später zwischen ihnen abspielte, hätte für mich eine plausible

Erklärung gehabt. So war es aber nicht. Die Ehe war von beiden geplant worden, bevor Anna schwanger wurde. Doch Richards Bemerkung, dass Anna ihn »erniedrigt« hätte, könnte trotzdem mit dem fehlenden Monat zwischen Hochzeit und Geburt zusammenhängen. Wenn du nämlich vor der Hochzeit gezeugt wurdest, ist es denkbar, dass Anna zum Zeitpunkt ihrer Hochzeit wusste, dass sie schwanger war, und dem ihr gerade angetrauten Richard vorwarf, sie vor der Ehe zum Beischlaf verführt zu haben, so dass sie – für alle nachrechenbar! – nicht als »Jungfrau« vor den Altar getreten war.

Wir können uns heute kaum noch vorstellen, welche Angst die jungen Frauen in damaligen Zeiten hatten, ihre »Ehre« zu verlieren, wenn sie dem Drängen des Mannes, auch wenn sie ihn liebten, nachgaben. Dem Schicksal ihrer Schwester Marie, die von einem ungeliebten Mann geschwängert wurde und heiraten musste, um von der Gesellschaft nicht als ledige Mutter ausgestoßen zu werden, war Anna entgangen. Doch ich glaube, Anna schämte sich, dass da ein Schatten des Verdachts, ihre »Keuschheit« nicht bis zur Hochzeit bewahrt zu haben, auf sie gefallen war.

Wie ging Anna mit diesem berechtigten oder unberechtigten Verdacht um, eine, für damalige Verhältnisse, schwere Sünde begangen zu haben? – »Da tät ich mich der Sünde fürchten« war ein Ausspruch deiner Mutter, den man in ihrem späteren Leben jedesmal von ihr hörte, wenn sie über größere oder kleinere moralische Verfehlungen von sich oder anderen Menschen sprach. Denkbar ist also, dass Anna Richards sexuelles Begehren abwies – für ihn eine »Erniedrigung« –, weil sie ihrerseits sich durch sein vorangegangenes Verhalten erniedrigt gefühlt hatte oder auch weil sie sich schämte, ihm nachgegeben zu haben. Gab es also in ihrer Ehe von Anfang an schwerwiegende Missverständnisse im Zusammenhang mit der Sexualität?

Vieles, was Emma mir über die Moralvorstellungen in der Perko-Familie erzählte, deutet darauf hin: »Nie habe ich im Elternhause ein zweideutiges Gespräch gehört, auch keinen zweideutigen Blick gesehen. Auch bei den großen Schwestern und Brüdern nicht. Es gibt nirgends einen Punkt, wo etwas von Sex vorgekommen ist. In der Schule – ich war damals zehn Jahre alt – klangen die ersten Worte diesbezüglich an mein Ohr. Ich fand sie schmutzig und alles in mir war Abwehr. Heute möchte ich sagen: Das war ja das Schöne in meinem Elternhaus, es ging alles so sauber und gut zu.«

Wenn sogar Emma, zwanzig Jahre jünger als ihre Schwester und noch dazu Hebamme von Beruf, auch im hohen Alter Sexualität für »schmutzig« hielt, stelle ich mir vor, dass Anna in ihrer Jugend noch viel zurückhaltender war.

Richard dagegen kam aus einem Elternhaus, in dem eine recht freizügige Atmosphäre herrschte und sich der Vater viele Freiheiten erlaubte. Die Schiddel-Brüder führten ein ziemlich loses Mundwerk untereinander. Sogar in seinem Gespräch mit mir hat sich Paul nicht geniert, anzügliche, ja sogar zotige Bemerkungen und Witze loszulassen. Wenn ich mir vorstelle, dass Richard als Bräutigam seine Braut und ihre Familie mit derartigen, ihm harmlos erscheinenden Bemerkungen schockierte, kann auch das ein Grund für Annas abweisende, für ihn erniedrigende Reaktion gewesen sein.

Bruder Paul meinte, dass Annas Eifersucht die Ursache für das eheliche Zerwürfnis gewesen sei. Er erklärte mir: »Der Richard war doch ein hübscher Kerl, hatte so was an sich. Da kamen dann die Mädels, die Wirtschafterinnen in den Laden, er zwinkerte ihnen zu. Und die Anna, die machte ein Theater – also unmöglich! Er hatte nichts gemacht, aber sie konnte das nicht ertragen. Das war die Eifersucht.«

Mit ihren Moralvorstellungen konnte Anna die Flirts ihres Mannes mit hübschen Mädchen nur abscheulich finden. Richard wiederum fand ihre Reaktion auf sein »harmloses« Verhalten anderen Frauen gegenüber absurd. Es kam zu ständigen Streitereien zwischen ihnen. Einmal beobachtete Paul, wie Anna sich aufregte und »ein Riesentheater« machte, als Richard seinen nackten Fuß auf einen Stuhl setzte. Offenbar hatte deine Mutter ein anderes Verhältnis zur Nacktheit. Oder ekelte sie sich vor ihrem Mann? Paul bemitleidete seinen Bruder und konnte sehr gut verstehen, dass er mit ihr nicht auskam.

Wenn sie doch wenigstens im Geschäft Erfolg gehabt hätten! Vielleicht wäre dann ihre Ehe zu retten gewesen. Emma sah das auch so: »Hätte sie nun in Berlin als Ehefrau ein gutes Geschäft mit stabilen Einnahmen erlebt, sie würde mit Fleiß und Treue jedes Opfer bringen, den Mann und auch die Käufer im Geschäft zufrieden zu stellen. Ich kann mir die Anna vorstellen, wie sehr sie den Eltern und Geschwistern beweisen wollte, wie tapfer und tüchtig sie ist.«

Doch Richard, so meinte Emma, sei kein Geschäftsmann gewesen. Er habe versucht, mit »List« und »Betrug« sein Unvermögen zu überspielen: »Die beiden haben noch nie ein solches Geschäft gehabt, es gehören doch langjährige Erfahrungen zu einem solchen Unternehmen. Richard Schiddel verfügte wohl über eine Portion List. Doch war er kein erfahrener Kaufmann. Er wollte, wer weiß was, ging aber etwas schief, dann spielte er verrückt und kannte keine Grenzen. Beharrlichkeit war nicht seine starke Seite, er verließ sich auf das Spekulieren. Damit stand er ganz im Gegensatz zu meiner Schwester. Er machte sich über ein bisschen Betrug keine Gedanken, erwartete, die Frau solle mitmachen, was sie nicht tat und auch nicht wollte.«

Emma stand ganz auf der Seite ihrer Schwester, die sie nur als armes Opfer sah. Aber ich glaube nicht, dass Richard nur ausbeuterische Absichten mit dieser Ehe verfolgte, sondern wirklich enttäuscht war, wie wenig sie in seinem Sinne zupacken und das Geschäft in Schwung bringen konnte. In seiner Sicht lag es an Anna, dass sie keinen Erfolg hatten, weil sie nicht so geschäftstüchtig war wie beispielsweise die Schwägerin Alwine in der Fleischerei seines Bruders Karl am Stuttgarter Platz in Charlottenburg.

Anfangs, als sie in ihrer Verliebtheit nur schöne Zukunftspläne schmiedeten, hatten sie nicht bemerkt, wie sehr sie sich in ihren grundlegenden Überzeugungen und Lebenseinstellungen unterschieden. Aus der Enttäuschung heraus gab es dann nur noch wechselseitige Vorwürfe. Sie verstrickten sich, ohne dass sie es eigentlich wollten, bis hin zu schlimmen Ausbrüchen Richards. Die hochschwangere Anna soll tatsächlich von Richard nach Maust geschickt worden sein, um Geld zu holen. Als sie mit leeren Händen zurückkam, scheint Richard seine Enttäuschung an ihr ausgelassen und sie geprügelt zu haben. Emma beschrieb die Situation so: »Alles wurde nur eine Pleite, die Frau wurde eben geprügelt, sie konnte doch nach Haus gehen und Geld holen. Die Ehe zwischen Anna und Richard Schiddel wurde hier – in dieser Zeit bereits – ver- und zerprügelt. Denn was meine Schwester mir an Misshandlung und Brutalität aus dieser Zeit erzählte, das reicht, um jedes Vertrauen zu diesem Mann zu verlieren. Es hätte damals gleich ein Ende für immer sein sollen, so soll man nicht mehr zusammenleben.«

Nach deiner Geburt, so erinnerte sich Emma, kam Anna mit dir als Säugling im Arm nach Maust ins Elternhaus, in der Hoffnung, die Unterstützung der Eltern für eine Trennung zu bekommen. Doch die Eltern wiesen sie ab. Emma erläuterte mir den Grund: »So etwas wie eine Ehescheidung war in den Augen meiner Eltern eine ganz große Schande. Sie lebten nach christlichen Grundsätzen und da hatte sich jeder zum Guten zu bequemen. Nach einer Erregung, die normal war, hatte sich jeder zu vergeben.«

Deine Mutter scheint sich diesen elterlichen Grundsätzen gebeugt zu haben. Sie kehrte mit dir nach Berlin zurück, allerdings wurde sie von ihrer vierzehnjährigen Schwester Lina begleitet, die ein Jahr im Haushalt deiner Mutter lebte, um auf dich, das Baby, aufzupassen, während Anna weiter im Laden stand.

War deine Mutter von der Reaktion ihrer Eltern enttäuscht oder stimmte sie ihnen zu, weil sie selbst nach den »christlichen Grundsätzen« leben wollte? Fühlte sie sich vielleicht sogar schuldig und nahm sie ihr weiteres Leben mit dir etwa als Buße auf sich? – Fragen, die mir in den Sinn kommen, doch die mir niemand mehr beantworten kann.

Käthes Geburt

Dein Leben begann also schon vor deiner Geburt mit einer schweren Belastung: Selbst wenn du noch ein Kind der Liebe warst, spätestens bei deiner Geburt waren deine Eltern zutiefst zerstritten. Deine Mutter wollte wahrscheinlich noch gar kein Kind, jedenfalls nicht zu einem so frühen Zeitpunkt. Ich bezweifle, dass die junge Anna während ihrer Schwangerschaft überhaupt liebevolle Gedanken auf dich richten konnte. Man sagt, dass Ungeborene die Gefühle ihrer Mutter erspüren und als gespeicherte »Erfahrungen« mit auf die Welt bringen. Ich glaube, dass dies die tiefste Verletzung in eurer Beziehung war, die ihr nie überwinden konntet und die dein Leben gezeichnet hat bis zu deinem Tod.

Und wie war deine Geburt am 25. Mai 1911 »vormittags um fünf ein viertel Uhr«, wie es in der Geburtsurkunde heißt? Dort steht auch, dass du in der Wohnung Körnerstraße 56 in Steglitz zur Welt kamst und dass eine Hebamme zugegen war. Ob deine Mutter sonst noch Beistand hatte? Hielt eine ihrer Schwestern oder eine Freundin ihr die Hand? Und wo war Richard? In jener Zeit war es nicht üblich, dass Männer bei den Entbindungen ihrer Frauen dabei waren.

Meist durften sie das bereits bekleidete Kind nur anschauen und erfuhren, ob es ein Junge oder ein Mädchen war.

Selbstverständlich bin ich bei einem meiner Berlin-Besuche zur Körnerstraße gepilgert und habe das Haus Nummer 56 gesucht. Es existiert nicht mehr, nicht einmal die Hausnummer gibt es noch, wahrscheinlich hat man die Grundstücke neu aufgeteilt, nachdem die Häuser im Krieg zerstört worden waren. Dennoch stand ich dort, wo ich deine Geburtsstätte vermutete, und dachte an dich.

Wie lange deine Eltern dort gewohnt haben, weiß ich nicht. Die Körnerstraße in Steglitz liegt weit entfernt vom Chamissoplatz in Kreuzberg, wo sie, nach Onkel Pauls Erinnerung, ihr Geschäft hatten. Wie hat deine Mutter dich versorgt? Musste sie schon gleich nach der Geburt wieder in den Laden? Nahm sie dich mit, um dich tagsüber zu stillen, oder ließ sie dich in der Obhut ihrer jungen Schwester Lina in der Wohnung zurück, die ja ein Jahr lang bei Anna im Haushalt half?

Die Spuren deiner Kindheit sind verwischt. Aus den wenigen Dokumenten und Fotos, die ich fand, lassen sich nur wenige Anhaltspunkte gewinnen. Auch aus den Vornamen, die du bekamst, und den Taufpaten, die für dich gewählt wurden, versuche ich, Rückschlüsse zu ziehen. Namengebung und Patenwahl sind fast immer von großer Bedeutung für das Leben eines Menschen, weil die Eltern damit zum Ausdruck bringen, wie wichtig oder auch unwichtig ihr neugeborenes Kind für sie ist. Deine Taufpatinnen waren Christiane Perko und Marie Derdulla, zwei Schwestern von Anna, die in Maust lebten und sicherlich zur Taufe am 16. Juli 1911 nach Berlin kamen. Aus Richards Familie wurde kein Pate für dich gewählt. Ein Zeichen dafür, dass deine Eltern zerstritten waren?

Käthe, 1914

Üblich war es damals, einem Kind die Namen seiner Taufpaten zu geben. Doch du wurdest nicht Marie oder Christiane genannt, sondern auf den Namen »Anna Käthe« getauft, wobei der damals sehr moderne Name »Käthe« dein Rufname wurde. Warum? Ich meine mich zu erinnern, dass du mir irgendwann einmal beiläufig gesagt hast, deine Mutter hätte für dich gar keinen Namen gewusst und dann »Käthe« gewählt, weil ihre Kusine Marie Schmidt schon eine Tochter Käthe hatte. Ein Zeichen dafür, dass du ihr unwichtig warst? Oder dafür, dass sie auch dir diesen modernen Namen geben wollte, um zum Ausdruck zu bringen, dass du in eine neue Zeit geboren wurdest und dort deinen Platz finden solltest?

Was weiß ich sonst noch aus dieser frühen Zeit nach deiner Geburt? Emma erzählte mir von einer Abtreibung, die deine Mutter Anna zwischen 1912 und 1913 hatte. Emma glaubte, dass Anna kein zweites Kind von einem Mann wollte, der sie verraten hatte, dass aber auch die wirtschaftliche Notlage, in der sie steckten, bei der Entscheidung gegen ein weiteres Kind eine Rolle spielte. Wie furchtbar muss deine Mutter unter diesem Entschluss gelitten haben, denn nach ihren Moralvorstellungen war dies eine schwere Sünde. Wie hat sie diese Bürde getragen? Wem hat sie sich anvertrauen können? Unter welchen Bedingungen waren damals überhaupt Abtreibungen möglich? Ich vermute, dass sie es illegal machen musste und sich damit auch noch körperlichen Gefahren aussetzte. Hat sie dir jemals davon erzählt, etwa zu dem Zeitpunkt, als auch du einen Abbruch gemacht hast?

Ob Richard überhaupt von dieser Schwangerschaft etwas erfuhr? Er hatte nämlich 1912 oder 1913 seine Familie verlassen, nachdem das Geschäft aufgegeben worden war. Emma wusste nicht mehr, wie lange er fort blieb; es können einige Monate, auch ein ganzes Jahr gewesen sein. Er arbeitete als Saison-Koch im Ostseebad Heringsdorf, während Anna in Berlin eine Stellung als Verkäuferin annahm. Du warst zwischen einem und zwei Jahren alt und wurdest tagsüber einer Frau in Obhut gegeben.

In der Zeit, als dein Vater Richard nicht bei euch lebte, war deine Mutter Anna, so meinte Emma, mit ihrem Leben zufrieden. Der Mann, mit dem sie sich nicht mehr verstand und der ihr das Leben schwer gemacht hatte, war weg und sie hatte ein wenig eigenes Geld, über das sie verfügen konnte, um sich einen Teppich und andere Kleinigkeiten zu leisten. Ihr wohntet in der Kantstraße 96 in einer Wohnung im Gartenhaus. Richard soll für dich Unterhalt gezahlt haben, die Miete wurde jedoch von Annas Eltern bezahlt.

Doch Richard kam zurück, nicht weil Anna ihn rief – dazu war sie zu stolz, wie Emma meinte –, vielmehr kehrte er reumütig heim. Und in diesem einen Jahr bis zum Kriegsausbruch scheinen Anna und Richard relativ harmonisch zusammengelebt zu haben, weil die Last des Geschäfts sie nicht mehr bedrückte.

Wenn ich mich in dich, die zwei- bis dreijährige Käthe, hineinversetze, dann denke ich, dass dies die erste wirklich glückliche Zeit in deinem Leben war: Deine Eltern waren beide da und offenbar gut zueinander. Ich stelle mir vor, dass dein Vater mit dir spielte, so wie er damals auch mit seinem kleinen Bruder Paul in Schulitz gespielt hatte, den er auf seinem Rücken reiten ließ. Ja, ich denke, dass er ein lustiger Vater für dich war; vielleicht meine ich dies aber auch nur, weil ich ihn viele Jahre später als meinen Großvater so erlebte. Entscheidend war für dich, denke ich, dass deine Eltern friedlich miteinander waren und die Hoffnung hatten, dass ihr Leben doch noch gut würde.

Ich habe die Fantasie, dass in dieser Zeit deine Liebe für den Vater erwachte, die später, wie ich meine, zu jener unstillbaren Sehnsucht nach dem »richtigen« Mann wurde – unstillbar, weil dein Vater Richard ja nicht blieb, sondern immer wieder verschwand. Dein Vertrauen in die Welt war brüchig, du kanntest nicht jenes sichere, selbstverständliche Urvertrauen, das nur entstehen kann, wenn wir in diesen ersten Jahren unseres Lebens Geborgenheit in der beständigen Liebe unserer Eltern erleben dürfen.

Vielleicht ist das Foto, auf dem du im Mantel mit einem Schleifenmützchen auf dem Kopf neben einer großen Puppe zu sehen bist, aus dieser glücklichen Zeit. Ich stelle mir vor, dass deine Eltern daneben standen, als das Foto von ihrer »Puppe mit der Puppe« aufgenommen wurde.

Ein Foto vom Sommer 1914 zeigt dich inmitten einer großen Schar von Kindern im Kindergarten. Warum warst du im Kindergarten? Hatte Anna wieder eine Arbeit angenommen? Du warst erst drei Jahre alt.

Mir fällt auf, dass du in deinen ersten drei Lebensjahren sehr viel von anderen Menschen – der jungen Schwester deiner Mutter, einer Kinderfrau, von Kindergärtnerinnen – betreut wurdest. Hast du deine Mutter vermisst? Wie war es, wenn sie zu dir zurückkehrte? Konnte sie sich dir dann liebevoll zuwenden? Man weiß, dass die stundenweise Trennung von der Mutter für ein Kleinkind keine Probleme mit sich bringt, wenn es gut versorgt ist und wenn die Mutter glücklich ist, die Betreuung dann wieder zu übernehmen.

Käthe mit Puppe, ca. 1914

Ich frage mich jedoch, ob deine Mutter es in diesen Jahren geschafft hatte, ihre negativen Gefühle dir gegenüber abzubauen oder ob sie dir immer noch insgeheim vorwarf, deinetwegen bei einem ungeliebten Mann geblieben zu sein – ob sie dir also die Liebe geben konnte, die du brauchtest. Auch diese Frage muss unbeantwortet bleiben.

1914 verließ euch dein Vater erneut. Diesmal, weil er in die Kaserne einrückte – denn nun gab es Krieg.

Kindheit im Ersten Weltkrieg

Du warst zu Beginn des Ersten Weltkriegs drei Jahre alt – genauso alt wie ich, als der Zweite Weltkrieg begann. Ich habe viele und lebhafte Erinnerungen an die Kriegszeit, du konntest dich sicherlich auch erinnern. Allerdings hast du mir nie davon erzählt. Wieder bin ich darauf angewiesen, mir aus den spärlichen Zeugnissen, die ich in deinem Nachlass fand, ein Bild von deinem Leben und Erleben in jener Zeit zu machen.

Vater Richard wurde 1914 sofort und freiwillig Soldat, wie auch seine fünf Brüder. Er schickte euch Postkarten, die Mutter Anna in ihrem Fotoalbum aufbewahrte. Dies ist für mich wieder ein Zeichen, dass sie trotz allem an ihrem Richard hing, sonst hätte sie sie irgendwann in ihrem Leben vernichtet. Die erste, vom Oktober 1915, ist eine Ansichtskarte aus Abremont bei Verdun in Frankreich. Sie zeigt das Innere einer zum Teil zerstörten Kirche. Auf der Rückseite schrieb er: »Liebes Frauchen und Töchterchen! Umseitige Kirche war ich seiner Zeit drin wie die Sprenggranate krepierte und nur teilweise die Decke durchschlagen hat. In der Kirche waren Leichtkranke untergebracht, welche kurz vorher die Kirche verlassen hatten. Mit vielen herzlichen Grüßen dein lieber Mann und Vater Richard.«

In einem Geschichtsbuch lese ich über das fürchterliche Kriegsgeschehen nach: »September bis November 1915 Herbstschlacht in der Champagne« und dann: »Februar bis Juli 1916 Kampf um 'die Hölle von Verdun'. Nach deutschen Anfangserfolgen zwingen große Verluste zum Abbruch der Schlacht.« Dein Vater war dabei, aber nicht im Schützengraben in den vordersten Reihen, sondern als

»Armier-Soldat« im »9. Armier- Bataillon der 3. Kompanie Hofmeister«, wie er auf einer Postkarte vom Frühjahr 1916 als Feldpostadresse angab. Das war, wie ich mir sagen ließ, eine Versorgungseinheit, der Richard vermutlich als Koch angehörte. Diese Karte von 1916 schickte er nach Schulitz, wo Anna offenbar mit dir bei seinen Eltern zu Besuch war. Wie sehr muss sie, müssen seine Eltern, um deinen Vater gebangt haben!

Anna hatte ihm kurz zuvor eine Postkarte geschickt mit einem Foto von euch beiden in Sonntagskleidung, das in einem Park im Freien aufgenommen wurde. Anna hat ein »Fotografengesicht« aufgesetzt, ernst und ein wenig unsicher. Du schaust schalkhaft, fast aufmüpfig am Fotografen vorbei. Doch die Mutter hält dich fest an der Hand, es sollte ein feines Foto werden für den Vater im Krieg. – Ich liebe dieses Bild und hatte es jahrelang vor mir auf dem Schreibtisch stehen. Der Text, den sie ihrem Richard ins Feld schrieb, amüsiert und rührt mich zugleich: »Mein liebes süßes Männchen! senden die besten Grüße Kätchen und ich, gleichzeitig unsere Aufnahme vom Lietzensee, kann mir aber nicht gefallen und verbleibe mit vielen Grüßen dein liebes Frauchen Annchen und Kätchen.«

Mutter Anna und Käthe, 1915

Wie schade, dass die Briefe deiner Mutter, die sie ihm ins Feld schickte und für die er sich auf seinen Postkarten bedankte, nicht erhalten sind. Dann könnte man beurteilen, ob diese zärtliche Anrede nur eine Floskel war oder ob sie ihrem »lieben, süßen Männchen« auch in ihren Briefen liebevolle Zärtlichkeiten schrieb.

In der Zeit der schlimmsten Kämpfe, März 1916 und Oktober 1917, schrieb er auf zwei Postkarten aus Frankreich, dass es ihm gut ginge und er »gesund und munter« sei. Doch Anfang 1918 wurde er verwundet. Auf einer Postkarte mit dem Absender eines Feldlazaretts ohne Ortsangabe, aber vermutlich immer noch aus Frankreich schrieb er, dass er bald operiert werden würde. Ob er das Glück hatte, wegen dieser Verwundung die letzten Kämpfe nicht mehr mitmachen zu müssen?

Offenbar kam er mehrmals während des Krieges auf Urlaub zu euch nach Berlin. Wie groß muss deine Freude dann gewesen sein! Du warst ja inzwischen ein »großes« Mädchen und konntest schon vieles verstehen, was er dir erzählte. Zeigte er dir, dass er stolz auf sein Käthchen war und dich lieb hatte? Oder gab es keine solche Idylle, wie ich sie mir ausmalen möchte, sondern war da gleich wieder Zank zwischen den Eltern? Wie auch immer, dein Vater musste nach jedem Urlaub wieder fort in den Krieg.

Und wie war dein Leben während der vielen Monate, die du mit Mutter Anna allein warst? So schwer und sorgenvoll diese Kriegsjahre auch für deine Mutter und dich gewesen sein mögen, mir scheint, dass sie dennoch eine gute Zeit in deinem Leben waren. Anna hatte ihren Richard in der Ferne wieder lieb gewonnen. Sie arbeitete und verdiente Geld, du wurdest im Kindergarten versorgt. Mit den Verwandten gab es wechselseitige Besuche. Ich denke, dass ihr Geburtstage und Feiertage oder auch das besondere Ereignis, wenn einer der Männer aus dem Krieg auf Urlaub kam, gemeinsam mit Festessen gefeiert habt, so wie es Anna auch in ihrem späteren Leben liebte, ihre Verwandten zu besuchen oder zu sich einzuladen.

Ihr wohntet weiterhin in der Wohnung Kantstraße 96 in Charlottenburg, die Anna bezogen hatte, nachdem Richard sich 1912 oder 1913 kurz von ihr getrennt hatte. Dort im Hinterhaus in der zweiten Etage, so die Adresse auf den Postkarten, hast du deine frühe Kindheit verbracht. Onkel Paul erinnerte sich, dass die Wohnung nur aus einem Zimmer und der Küche bestand. Auch dieses Haus existiert heute nicht mehr, es wurde durch einen Neubau ersetzt. Es sah aber wahrscheinlich nicht viel anders aus als das Nebenhaus, das den Bombenkrieg überstand. – Bei einem meiner Berlin-Besuche ging ich durch die Toreinfahrt dieses Nachbarhauses in den Hof und ließ wieder meine Fantasie spielen: In einem solchen Hof hast du mit den Nachbarkindern gespielt, während Mutter Anna von oben aus dem Fenster sah. Viel Licht gab es im Hinterhaus nicht. Stand damals auch so ein Baum im Hof, so dass da wenigstens ein bisschen Grün vor den Fenstern war?

Ganz in der Nähe, am Stuttgarter Platz, wohnte Tante Alwine, die Frau von Richards Bruder Karl. Wie so viele Frauen in den Kriegszeiten, führte sie das Fleischergeschäft allein weiter. Ihr Sohn Hans, übrigens auch ein Einzelkind wie du, war drei Jahre älter und vielleicht damals dein Spielgefährte. Denn vom

Sommer 1919, also kurz nach Kriegsende, fand ich einen Postkartengruß, den er aus den Ferien an der Ostsee an »Fräulein Kätchen Schiddel« schickte. Warum hast du diese Karte aus dem Nachlass deiner Mutter aufbewahrt? Warst du vielleicht in deinen Vetter Hans ein bisschen verliebt?

Eine andere Karte, die Alwine und Hänschen aus diesem Urlaub an euch schickten, zeigt beide zusammen mit anderen Leuten am Strand. Tante Alwine trägt einen ziemlich offenherzigen, gestreiften Badeanzug und liegt lässig, den Arm abgestützt, im Sand. Hänschen mit kurzgeschorenem Kopf und abstehenden Ohren, sehr lustig und munter dreinschauend, liegt hinter ihr, den Arm auf ihre Hüfte gelegt. Alwine ist braungebrannt und schaut fast aufreizend in die Kamera. – Welch ein Unterschied zu dem Bild, das dich mit deiner Mutter im Lietzensee-Park zeigt! Vielleicht warst du gern bei deiner Tante, die offenbar so viel freizügiger war als deine Mutter.

Mit ihrer Schwester Elisabeth, die mit einer Tochter, etwas jünger als du, in Berlin lebte, verstand sich deine Mutter nicht sehr gut, wie mir Emma erzählte. Viel Kontakt hattet ihr aber mit Annas Kusine Mariechen Schmidt aus der Perko-Linie. Sie war die Tochter eines Lehrers, der aus dem Spreewald nach Berlin gekommen war, hatte selbst einen Oberlehrer geheiratet und war – nach ihrer Scheidung – Handelsschullehrerin geworden. Ihre Tochter hieß auch Käthe. Sie war das Mädchen, nach der du wahrscheinlich benannt wurdest.

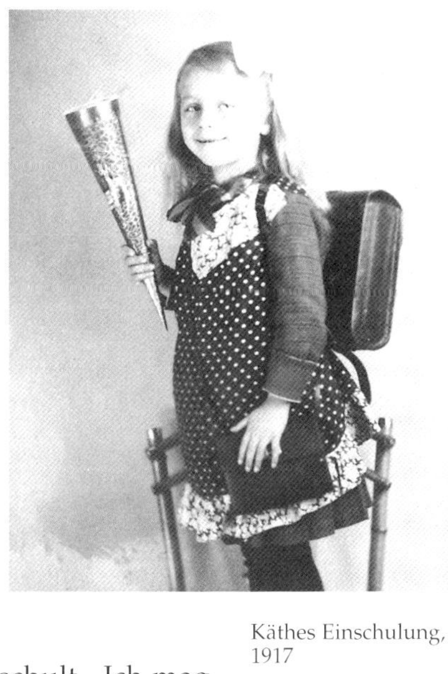

Käthes Einschulung, 1917

Tante Mariechen in Wilmersdorf war gebildet, und du spürtest wahrscheinlich, dass deine Mutter sie schätzte, weil sie gern selbst so viel Bildung gehabt hätte. Du bekamst von Tante Mariechen Geschenke; ich glaube, ein goldenes Armkettchen, das du immer gern trugst, war von ihr. Leider habe ich sie nicht mehr kennen gelernt, denn sie starb wenige Jahre nach meiner Geburt. – In diesem Hause fandst du, so glaube ich, ein Vorbild für viele deiner eigenen Wunschträume, vor allem für den Weg, sie zu verwirklichen: Schulbildung.

Noch während des Krieges, zu Ostern 1917, wurdest du eingeschult. Ich mag dein Gesicht, du schaust aufgeweckt, sogar ein bisschen frech in die Kamera. Du gingst gern in die Schule und warst, zum mindesten in den ersten Jahren, eine sehr gute Schülerin. Deine Zeugnisse hast du in einer Zeugnismappe gesammelt und aufgehoben, was auch ein Zeichen dafür ist, wie wichtig dir die Schule war. – Ich habe übrigens meine Zeugnisse genauso sorgfältig aufbewahrt. – Dein erstes Zeugnis vom Winterhalbjahr 1917/1918 weist dich als siebente von 48 Schülerinnen aus. Ein Jahr darauf warst du sogar die Beste der Klasse, und so blieb es bis zum Wechsel aufs Lyzeum. Mutter Anna unterschrieb die Zeugnisse im März und September 1918, woraus ich schließe, dass Richard noch nicht zurückgekehrt war. Danach steht seine Unterschrift auf deinen Grundschulzeugnissen.

Wann immer sie konnte, so stelle ich mir vor, fuhr deine Mutter mit dir nach Maust, um ihre Eltern und Geschwister zu sehen und um wieder einmal Erde unter den Füßen und in den Händen zu haben. Manchmal bist du auch allein in Maust geblieben, wenn der Kindergarten oder die Schule in Berlin geschlossen waren und deine Mutter zur Arbeit musste. Deine sechs Jahre ältere Tante Emma hat dich, das Stadtkind, unter ihre Fittiche genommen, wie sie mir erzählte. Ich sehe dich, wie du mit Emma und der Großmutter Elisabeth im Garten Unkraut gejätet und Obst gesammelt hast – so wie ich als Kind im Jahre 1944 mit der Tante Marie. – Immer kamt ihr aus Maust mit Körben voller Gemüse, Obst, auch Wurst und Fleisch, wenn gerade geschlachtet worden war, zurück nach Berlin.

Auch in der Perko-Familie waren alle vier Söhne Soldaten geworden. Vielleicht warst du gerade in Maust zu Besuch, als im Sommer 1916 und dann noch einmal im Sommer 1917 die schlimme Nachricht vom »Heldentod« der beiden Söhne Martin und Wilhelm eintraf. Martin wurde fünfundzwanzig, Wilhelm nicht einmal zwanzig Jahre alt. Auch wenn du dich vielleicht nicht mehr an deine Onkel erinnern konntest, weil du noch so klein warst, als sie in den Krieg mussten, den Schmerz deiner Mutter, deiner Großeltern und aller anderen Tanten und Onkel in Maust hast du sicherlich mitempfunden. Emma schrieb mir über den Tod ihres Bruders Martin: »Er war in seiner Jugend an der Eisenbahn tätig. Von 1912 bis 1914 aktiver Soldat, bei den 52ern Infanterie in Cottbus in der Moltkekaserne. Im Ersten Weltkrieg war er auf 4 Kriegsschauplätzen – er schrieb einmal: Ich muss immer dort sein, wo es am meisten brennt. – Er war der Maschinengewehr-Kompanie zugeteilt. Am 11.7.1916 bekam er einen Kopfschuss, das war sein Ende in Russland bei Kowno.«

Deine Mutter hat die Todesanzeigen ihrer beiden Brüder aufgehoben. Vergilbt und bröckelig fand ich die Zeitungsausschnitte in ihrem Familienstammbuch. In der Anzeige vom Tod Martins heißt es, dass er »Ritter des Eisernen Kreuzes 2. Klasse« war und »in treuer Pflichterfüllung fürs Vaterland« fiel. Als Spruch steht dabei: »Es ist bestimmt in Gottes Rat, dass man vom Liebsten was man hat, muss scheiden. Treu bis zum Tode seinem Kaiser, treu bis zum Tode seiner Pflicht, treu seinem Gott, treu den Seinen, bis das Herz, das Auge ihm bricht. Dem Auge fern, dem Herzen ewig nah. Vergelt's Gott.«

Einen Monat vor seinem Tod schrieb Martin aus dem Feld an deinen Vater: »Wenn doch bloß der Krieg bald enden möchte und wir alle erlöst werden von den großen Strapazen und wir uns alle gesund wieder besuchen könnten, das ist unser einziger Wunsch, nicht wahr, lieber Schwager?«

Nicht »treu bis zum Tode seinem Kaiser und Gott« sein, sondern nach Hause, dem Wahnsinn entkommen wollte er, nichts sonst! – Wilhelm, der jüngste Perko-Sohn, hatte gerade eine Schneiderlehre abgeschlossen, sein Meister wollte ihn in sein Geschäft aufnehmen und es ihm sogar später übertragen.

Nach dem Krieg wurden die Namen der »in fremder Erde Ruhenden« auf den Stein des Mauster Kriegerdenkmals eingraviert. – Noch heute steht es auf dem Dorfplatz, mit hübschen Blumen umpflanzt. – Annas Bruder Reinhold, der aus dem Ersten Weltkrieg heil zurückkam, verlor 1944 seinen einzigen Sohn. Auch er ist auf dem Mauster Kriegerdenkmal verewigt. – Ich kann mich gut erinnern, dass das Foto ihrer beiden Brüder in Uniform bis zu Annas Tod auf einem kleinen Tischchen stand, neben den Fotos von uns, ihren Enkelkindern. 1944 kam das Foto ihres gefallenen Neffen dazu.

Vater Richards Weggang aus der Familie

Gleich nach Kriegsende 1918 kam Vater Richard zu euch zurück – nicht als Sieger, wie er es gehofft hatte, aber als einer, der am Leben geblieben war. Ich stelle mir vor, wie du mit großen Ohren zuhörtest, wenn er mit seinen Brüdern, die übrigens auch alle heil zurückgekommen waren, über den Krieg redete. Noch mit fast neunzig Jahren schwärmte dein Onkel Paul von seinen Kriegsabenteuern und sang mir mit brüchiger Stimme, aber leuchtenden Augen Lieder vor: »Haltet aus im Sturmgebraus, zeigt der Welt, dass ihr treu zusammensteht«, oder »Zum Herrn erhebt die Hand, Gott schütze unser Vaterland«. So ungeheuerlich es auch klingt, ich glaube, dass für sehr viele Männer dieser Generation der Krieg, vor allem in ihrer Erinnerung, die schönste Zeit ihres Lebens war. Das Erlebnis, in einer Männergemeinschaft Gefahren durchzustehen, Macht und Gewalt ausüben zu können und dafür als »Helden« gefeiert zu werden, war berauschend. Dein Onkel Paul schwelgte in solchen Erinnerungen und ich vermute, dass dein Vater ihm darin in nichts nachstand.

Nach seiner Heimkehr versuchte Richard, als Kaufmann wieder Fuß zu fassen. Emma beschrieb die Situation des Neuanfangs so: »Nach dem Kriege begann Richard gleich als Lebensmittelhändler. Die Not war groß, es war dabei auch etwas zu gewinnen. In dieser Zeit ging es in der Ehe. Er war viel unterwegs, Anna besorgte den Haushalt und das Kind. Ihre Wohnung in der Kantstraße war damals recht hübsch und gemütlich.«

Ich kann mich erinnern, dass du mir erzähltest, wie dein Vater herumreiste und auf Bauernhöfen Vieh aufkaufte, um es in Berlin an Metzger zu verkaufen. Richard scheint damit ein gutes Geschäft gemacht zu haben, doch das war ihm nicht genug. Trotz seiner schlechten Erfahrungen aus der Zeit vor dem Krieg meinte er, es noch einmal mit einem eigenen Geschäft, einem kleinen Delikatessen-Laden, versuchen zu müssen. Emma meinte dazu: »Als der Händler Richard wieder etwas Geld hatte, mieteten sie den Laden in der Gervinusstraße 8 am Bahnhof Charlottenburg. Dort waren die Häuser aber auch nur auf einer Seite, also wenig Kundschaft. Und dann kam die böse Inflationszeit und gleich danach die noch schlimmere Arbeitslosenzeit.«

Die Gervinusstraße verlief parallel zu den Bahngleisen und war deshalb nur auf einer Seite bebaut, was Emma als einen Grund für die wenige Kundschaft ansah. Es gab in der ruhigen Straße auch keine Laufkundschaft wie jenseits der Bahnlinie am Stuttgarter Platz, wo der große Rivale Richards, sein Bruder Karl, den gutgehenden Fleischerladen hatte. Diesem gelang es übrigens, in der Inflationszeit durch Spekulation große Gewinne zu machen und sich ein Haus in Finkenkrug, einem feinen Villenvorort westlich von Berlin, zu kaufen. Bei Richard dagegen häufte sich der Schuldenberg, wofür er wieder seine Frau verantwortlich machte, weil sie in seinen Augen nicht geschäftstüchtig genug war. Es scheint böse Szenen zwischen ihnen gegeben zu haben.

Hier, in der Gervinusstraße 8, hattet ihr neben dem Laden eure Wohnung, was besonders für deine Mutter eine Erleichterung war. Auch dieses Haus wurde im Zweiten Weltkrieg von Bomben zerstört. Doch ich erinnere mich, dass du es mir öfter zeigtest, wenn wir mit der S-Bahn daran vorbeifuhren, denn man konnte es vom Bahnhof Charlottenburg sehen. Die Wohnung bestand wieder nur aus einem Zimmer mit der Küche hinter dem Laden und einer Außentoilette im Hof. Du hattest aber einen eigenen, mit einer Tür vom Korridor abgetrennten Raum, der ein Fenster zur Straße hatte. In späteren Jahren, als du durch deine Freunde in der Jugendbewegung deine Leidenschaft fürs Lesen entdecktest, hast du im Schein der Straßenlaterne heimlich Bücher gelesen – heimlich, weil deine Mutter, die selbst keine Bücher las, der Meinung war, du würdest dir beim Lesen die Augen verderben.

Zeitweilig teiltest du diesen Raum mit deiner Kusine Meta, einer der Töchter von Richards Bruder Oswald. Er hatte mit Frau und Kindern in der Nähe von Bromberg gelebt und 1919 nach dem Kriegsende für Deutschland »optiert«, mit der Konsequenz, dass er das nunmehr polnische Westpreußen verlassen musste. Mehrere seiner Kinder, darunter die vierzehnjährige Meta, wurden von Verwandten in Berlin aufgenommen, bis er sich eine neue Existenz aufgebaut hatte.

Auch die drei anderen Brüder Richards entschieden sich für Deutschland und kamen mit ihren Familien nach Berlin. Gustav und Paul machten Frisörgeschäfte auf, Max fand Arbeit bei der Reichsbahn.

In der alten Heimat der Schiddels, in Schulitz, dem nunmehr polnischen Solec Kujawski, lebte nach Kriegsende nur noch Martha mit ihrem Mann Hermann Lau und ihrer weiter wachsenden Kinderschar. Um den elterlichen Hof zu behalten, hatten die Laus nicht für Deutschland optiert und nahmen die polnische Staatsbürgerschaft an. Wahrscheinlich war dies der Wunsch deiner Großmutter Emilie gewesen, die nach dem Tod ihres Mannes Karl ihre Heimat nicht verlassen wollte. Doch Emilie Schiddel starb schon im Oktober 1919, sicherlich auch aus Kummer über den für Deutschland verlorenen Krieg mit seinen direkten Folgen für ihre Familie, vor allem aber über den Weggang ihrer Söhne. Obwohl dein Vater die Verbindung zu seiner Schwester Martha aufrechterhielt und sie auch gelegentlich besuchte, bist du meines Wissens nie mehr in Schulitz gewesen.

Mit der Übersiedlung deiner drei Schiddel-Onkel und ihrer Familien nach Berlin war der Kreis deiner etwa gleichaltrigen Kusinen und Vettern sehr gewachsen. Auf dem großen Familienfoto, das wahrscheinlich 1920 oder 1921 entstand, bist du mit deinen Eltern, sowie Karl und Gustav Schiddel mit ihren Familien zu sehen. Alle seid ihr festlich gekleidet, du mit einer Propeller-Schleife im Haar, Anna zart und fein in einem eleganten Kleid, wie eine bürgerliche Dame auszusehen hat, Richard mit stolzgeschwellter Brust. Vetter Hänschen legt einen Arm um dich – schlug dein Herz dabei? Den anderen Arm legte er um die Schultern deiner Kusine Lotte, die bald deine engste Vertraute werden sollte.

Familienfoto der Schiddels: oben rechts Vater Richard, davor Mutter Anna, unten rechts Käthe, ca. 1920

Dieses Foto zeigt aber natürlich nur die Fassade, den äußeren Schein einer Harmonie, die nicht mehr existierte. In allen Familien, besonders zwischen deinen Eltern, gab es in jenen Jahren Zank und Streit. Und auch zwischen den Familien wurde rivalisiert. Ihr Kinder standet dazwischen. Emma erinnerte sich: »Richard prahlte vor uns, wie seine Tochter Ballett tanzen kann, Klavier spielen usw. Ich sehe es heute noch vor mir, wie Käthe 1924 Weihnachten uns die Kunststücke im Ballett vorführen sollte, wollte es gar nicht, hätte am liebsten geheult. Alles war bei ihm auf Angeberei ausgerichtet, das hat doch Käthe damals schon gefühlt.«

Auch wenn Emma immer Partei für ihre Schwester ergriff, sie hatte zweifellos Recht in ihrer Einschätzung deines Vaters, was seinen Ehrgeiz und seine Anstrengungen betraf, seinen Brüdern zu beweisen, dass auch er es zu etwas gebracht hatte. Im Geschäft und in der Ehe hatte er im Vergleich zu ihnen »versagt«, nun solltest du sozusagen sein Paradepferd sein. Auch dein Onkel Paul erzählte mir, dass dein Vater dich auf Familienfeiern voller Stolz mit deinen erlernten Künsten am Klavier vorführte.

Hast du aber wirklich nur darunter gelitten, wie Emma mir schrieb? Deine Kusinen Else und Lotte meinten eher, dass du selbst stolz darauf warst, besser zu sein als sie. Sie empfanden dich in jener Zeit als hochnäsig und ziemlich eingebildet, wie sie mir anvertrauten. – Auch mich, deine älteste Tochter, schicktest du übrigens später zum Ballett- und Klavierunterricht. Und auch ich hatte das Gefühl, deinen Ehrgeiz befriedigen zu müssen. Aber auch ich war stolz, dich mit meinen Erfolgen stolz zu machen, obwohl es für mich eine Qual war. – Wie sich die Muster über die Generationen hinweg wiederholen!

Deine Mutter war, wie es scheint, mit den Erziehungszielen deines Vaters einverstanden. Lotte erinnerte sich, wie Mutter Anna dich antrieb, deine Schularbeiten zu machen. Das war nötig, denn als du mit neun Jahren, im Herbst 1920, auf die Höhere Mädchenschule, das Lyzeum, kamst, hattest du nicht mehr so gute Zeugnisse wie in der Volksschule. Du warst eine mittelmäßige Schülerin; Einsen gab es nur noch im Sport und in Handarbeit.

Ansonsten waren sich deine Eltern, so scheint es, in nichts mehr einig. Ihre Ehe war nicht mehr zu retten. Wieder zitiere ich aus einem der Briefe von Emma: »Was die Scheidung beschleunigte, waren Frauengeschichten bei Richard. In diese Zeit kam noch die Sache mit den politischen Weltveränderungen, von denen sich Richard ganz besonders den wirtschaftlichen Aufschwung erhoffte. Seine Begegnung mit der Rassenhetze löste dann die End-Explosion aus. In dieser Zeit der wirtschaftlichen Not unseres Vaterlandes kam dann Hitler mit seinem großartigen Versprechungs-Programm. Richard war gleich Feuer und Flamme. Die Zeitung ›Völkischer Beobachter‹ wurde sein Evangelium, das von allem Übel befreien konnte.«

Zunächst war Richard wie viele ehemalige Soldaten wahrscheinlich nur froh, unversehrt heimgekommen zu sein. Doch je größer der zeitliche Abstand zur

Realität des Krieges wurde, desto mehr wuchs bei vielen der Groll gegen die »Feinde in der Heimat«. Darunter verstanden sie Kommunisten, Pazifisten und vor allem die Juden, die ihnen, den tapferen Frontkämpfern, angeblich in der Heimat mit einem »Dolchstoß« in den Rücken gefallen waren und dadurch die Niederlage herbeigeführt hatten.

Richard schloss sich den »Ludendorffianern« an, der größten »völkischen« Bewegung der Weimarer Republik, deren Anhänger diese Ideen in besonders extremer Form vertraten. Namensgeber und Leitfigur war General Erich Ludendorff, der im Ostfeldzug »siegreich« gewesen war, aber von Kaiser Wilhelm II. auf Druck seiner politisch-militärischen Berater degradiert wurde. Wie dein Vater waren viele Frontsoldaten, darunter übrigens auch der glühende Ludendorff- Verehrer Adolf Hitler, davon überzeugt, dass der Krieg gewonnen worden wäre, wenn Feldmarschall Ludendorff Oberbefehlshaber des Ost-Heeres geblieben wäre.

Diese Hintergrund-Information über die Ludendorff-Bewegung eignete ich mir erst im Zusammenhang mit meiner Spurensuche an. Ich war entsetzt, als ich erkannte, mit welchen Zielen und Ideen sich dein Vater identifizierte. Er hat zwar später auch mir gegenüber mit großer Eindringlichkeit von der Verschwörung der Juden, der »Papisten« und der Freimaurer gegen das germanische Volk gesprochen, doch hörte ich nicht weiter hin und meist gelang es mir, ihn schnell auf andere Themen zu bringen.

Diese »Rassenhetze« richtete Richard, wie Emma sagte, nun auch gegen seine eigene Frau: »Und dann war da noch so ein ›völkischer Lebensbaum‹ nach dem Muster Ludendorffs. Unter diesem Baum würde Deutschland ganz groß und mächtig werden. Vielleicht dachte Richard Schiddel, er würde dann Minister werden. Aber dazu musste er sich natürlich erst von der wendischen Frau scheiden lassen, denn Juden und Wenden, das war alles eine Wichse, mit denen konnte man als begeisterter Ludendorff-Anhänger nichts werden. Das klingt übertrieben, ist's aber nicht, schwarz auf weiß habe ich diese gemeine Verleumdung gelesen. So nahmen diese Dinge ihren Lauf. Anna Perko hat gelitten, getragen und – gewiss auch manchmal vor Zorn gebebt. Sie blieb aber, wie sie war.«

Ein Abgrund hatte sich zwischen deinen Eltern aufgetan. Anna hat nicht nur gelitten und getragen, wie Emma mir schrieb, sondern sich auch gewehrt: Sie verweigerte Richard die Scheidung, auf die er drängte. – Ich kann ihren Zorn und ihre Härte verstehen, auch wenn ich sie nicht gutheiße, denn sie hat dir, der Tochter, sehr geschadet. Doch Anna wollte Rache nehmen für die Demütigungen, die Richard ihr angetan hatte. Er sollte nicht frei sein, um zu einer anderen Frau zu gehen, er sollte büßen!

Ich weiß nicht genau, wann dein Vater euch verließ, vermute aber, dass es 1926 war, denn später unterschrieb nicht mehr er, sondern deine Mutter deine Zeugnisse. Irgendwann danach kam es zu einem Scheidungsprozess. Du musstest vor Gericht über die Ehe deiner Eltern aussagen. Ich erinnere mich, dass du mir einmal davon erzähltest, und ich begriff, welch qualvolle, schreckliche Situation das für dich war. Richard verlor den Prozess und war darüber sehr erbost, wie mir dein Onkel Paul, der auch als Zeuge auftrat, bestätigte. Erst 1939 – du warst schon verheiratet und Mutter – wurde die Ehe deiner Eltern geschieden. Nach den Rassengesetzen der Nazis war Annas wendische Herkunft ein Scheidungsgrund.

Wie musst du unter diesen zerrütteten Verhältnissen in deinem Elternhaus gelitten haben! Du standst natürlich auf der Seite deiner Mutter, denn das herabwürdigende Verhalten deines Vaters ihr gegenüber konntest auch du nur abscheulich finden. Doch auch für ihn hattest du sicherlich Verständnis in seiner Wut auf deine Mutter. Kinder lieben immer beide Eltern und wollen nichts sehnlicher, als dass sie sich wieder versöhnen. Ich stelle mir vor, dass deine Gefühle standig hin- und herschwankten und du zerrissen und gespalten warst. Wenn du doch wenigstens Geschwister gehabt hättest, um deinen Kummer mit ihnen teilen zu können!

Mutter Anna vor ihrem Delikatessen-Laden, ca. 1930

Nachdem euch dein Vater verlassen hatte, bliebst du mit deiner Mutter allein. Sie führte den Delikatessen-Laden in der Gervinusstraße noch einige Jahre weiter. Es ging euch finanziell schlecht, doch aus Stolz verzichtete Anna darauf, von ihrem weggelaufenen Mann Unterhalt für dich zu fordern, wie Emma mir sagte. Deine Schiddel-Verwandten wurden in »böse« und »gute« aufgeteilt: Mit denen, die auf Richards Seite gestanden hatten, brach Anna die Verbindung ab. Mit den anderen habt ihr euch getroffen, auch Feste gefeiert.

Anna hat sich nie wieder einem Mann zugewendet. Für den Rest ihres Lebens blieb sie allein. Ich glaube, sie war glücklich dabei und fühlte sich nicht einsam. Da waren die Verwandten, auch einige Freundinnen und vor allem warst du immer für sie da. Später, als du Geld verdientest, hast du sie auch finanziell unterstützt. Deine Kusinen haben mir erzählt, dass du dies als eine Last empfunden und dich darüber beklagt hast.

Auch ich habe dann später in meiner Kindheit dein Verhältnis zu deiner Mutter, meiner »Omi«, immer als bedrückend empfunden. Ich hatte das Gefühl, dass du froh gewesen wärst, wenn sie sich weniger an uns »geklammert« hätte. Hin und wieder begehrtest du auf – ich erinnere mich an heftige Wutausbrüche gegen sie – doch immer wieder gabst du nach. Gespräche über euer Verhältnis und darüber, was ihr voneinander erwartetet, hat es wohl leider nie gegeben.

Ich denke, du hattest manchmal das Gefühl, die Mutter deiner Mutter sein zu müssen. Deine energische Großmutter Elisabeth in Maust starb 1927 mit fast 63 Jahren. Vielleicht besteht hier sogar ein innerer Zusammenhang. Wenn es so war, dann hast du in jedem Fall in dieser Rolle auch viel gewonnen, nämlich Stärke, Selbständigkeit und Verantwortungsbewusstsein.

Hast du deinen Vater vermisst? Auf der einen Seite warst du wahrscheinlich sehr erleichtert, dass er weg war und die Streitereien zwischen deinen Eltern ein Ende hatten. Andererseits aber glaube ich, dass da eine traurige Sehnsucht in dir war, die du niemandem, vielleicht nicht einmal dir selbst, eingestehen konntest.

Ich weiß nicht, ob dir deine Mutter explizit untersagte, mit deinem Vater in Verbindung zu bleiben, oder ob du es von dir aus nicht wolltest. Wie auch immer: Du hast, soweit ich weiß, deinen Vater in den folgenden zwanzig Jahren nicht gesehen. Erst nach dem Zweiten Weltkrieg hast du ihn heimlich, ohne dass deine Mutter etwas davon wissen durfte, wieder getroffen. Und so habe ich meinen Großvater Richard erst mit elf Jahren kennen gelernt! Diese Geschichte wird noch zu erzählen sein.

Doch in diesen bitteren Jahren deiner Jugend gab es für dich noch eine andere, sonnige Welt, in der du die Traurigkeit des Familienlebens vergessen konntest: Die Jugendbewegung. Schon 1922, mit nur elf Jahren, durftest du mit hinaus »in Wald und Feld« – die wahrscheinlich schönste Zeit deines Lebens begann.

Käthe in der Jugendbewegung

Eines Tages im Jahre 1922 kam eine Kundin ins Geschäft deiner Eltern und unterhielt sich mit deiner Mutter. Im Verlauf des Gesprächs schlug sie ihr vor, dich in die Mädchen-Wandervogel-Gruppe ihrer Tochter zu schicken. Sie war die Gattin eines Lehrers oder Professors und deshalb brauchte deine Mutter keine Sorge zu haben, dass du etwa in falsche Hände geraten könntest; immerhin warst du ja erst elf Jahre alt. Dein Vater war bestimmt auch einverstanden, als er erfuhr, dass es sich um eine Gruppe des Jungnationalen Bundes (abgekürzt: Junabu) handelte, der, wie der Name bereits sagt, eindeutig »deutsch« ausgerichtet war, also seiner politischen Orientierung entsprach.

Ich stelle mir vor, wie du zum ersten »Nestabend« der Gruppe gingst, und Olga, die Gruppenleiterin, dich als »Küken« unter ihre Fittiche nahm. Deine Kusine Lotte, die ein Jahr später auch in diese Mädchengruppe des Junabu durfte, hat mir erzählt, wie ihr im Winter in einem Kellerraum in der Charlottenburger Krummen Straße zusammenkamt und im Sommer eure Treffen im Freien auf einem Feld hattet, dort, wo wenige Jahre später der Funkturm, das heutige Wahrzeichen Berlins, gebaut wurde. Auf diesen Nestabenden wurde gespielt, aus Büchern vorgelesen, ihr habt Liedertexte gelernt, Sport getrieben, Volkstänze geübt und vor allem eure Fahrten geplant und vorbereitet.

Wie aufregend muss für dich deine erste Fahrt gewesen sein! Wahrscheinlich war es zuerst nur eine Tageswanderung in Berlin: Vielleicht seid ihr mit der S-Bahn in den Grunewald oder zum Müggelsee gefahren, wo ihr an einer schönen Stelle gerastet habt. Die Butterbrote wurden ausgepackt, Mutters Kartoffelsalat aus dem Kochgeschirr gelöffelt und dazu Brause getrunken. Danach gab es Spiele, Tänze und Gesang – bis du müde und glücklich von den großen Mädels wieder zu Hause abgeliefert wurdest.

Und irgendwann durftest du auf deine erste »richtige« Fahrt mit Übernachtung. Schon die Vorbereitung war ein Abenteuer. Die großen Mädels zeigten dir, was du in den Rucksack einpacken musstest: einen Schlafsack aus Wolle, Blechgeschirr, Turnschuhe, Kleidung zum Wechseln, Regenzeug, die eingewickelten Butterbrote. Eine Decke wurde obendrauf geschnallt. Ein wenig Geld für die

Bahnfahrt und für irgendwelche Extras war auch nötig. Größeres Kochgerät und Nahrungsmittel zum »Abkochen«, Eintopf in Dosen, Maggi-Suppen, Erbswurst trugen die Älteren im Rucksack. Wenn ihr in Zelten übernachten wolltet, musste auch die Zeltausrüstung getragen werden.

Und dann ging es los, raus aus den engen Stadtwohnungen, fort von Eltern und langweiligen Erwachsenen, hinein in das Erleben der Natur in Gemeinschaft mit deinen neuen Freundinnen. Mit der Eisenbahn nach Oranienburg, Bernau oder zu einem anderen Ort vor den Toren Berlins. Dann zu Fuß weiter auf Landstraßen, auf sandigen Wegen durch Kiefernwald, Kornfelder und grüne Kuhweiden, an Seen und Bächen entlang. Wanderlieder wurden geschmettert: »Wir wollen zu Land ausfahren«, »Im Frühtau zu Berge wir ziehn, wallera«, »Wem Gott will rechte Gunst erweisen, den schickt er in die weite Welt«. Viele Lieder sangt ihr zweistimmig. Eine hatte eine Mundharmonika dabei, eine andere eine Klampfe oder Laute, die an einem Band um den Hals hing, so dass sie auch beim Laufen gezupft oder geschlagen werden konnte.

Am schönsten aber war es, dann am Abend dort anzukommen, wo ihr die Nacht zubringen würdet, in einer Jugendherberge, bei einem Bauern in der Scheune im Stroh oder auch, wenn ihr Zelte mitgenommen hattet, auf einer Wiese im Freien. Die Großen entzündeten ein Feuer, es wurde für alle in einem großen Topf »abgekocht«. Und wieder wurde gesungen: »Kein schöner Land in dieser Zeit«, »Der Mond ist aufgegangen«, »Steh'n zwei Stern am hohen Himmel«.

Käthe (5. von links) mit Mädchengruppe des Junabu, 1925

Manchmal gab es sogar Wanderungen in der Nacht. Du lerntest, deine Angst vor der Finsternis zu überwinden, und entdecktest, wie hell es draußen auch in einer mondlosen Nacht ist, wenn sich die Augen an die Dunkelheit gewöhnt haben. Dann wurden die Betten »gebaut«, du krochst in deinen Schlafsack. Es wurden noch Geschichten erzählt oder »Fez« – Spaß – gemacht, bis endlich der Schlaf euch alle einholte. Am Morgen gab es eine »Katzenwäsche« unter einer Pumpe im Freien, danach das gemeinsame Frühstück und dann kam der Aufbruch zu einem nächsten Ziel oder auch schon wieder zu einem Bahnhof, von wo ihr nach Berlin zurückkehrtet.

Ich muss zugeben, dass mir erst jetzt beim Aufschreiben deiner Geschichte deutlich wird, wie ungewöhnlich diese Erfahrungen für ein junges Mädchen in dieser Zeit waren. Denn auch in den Zwanziger Jahren waren Mädchen immer noch sehr behütet und nur wenigen war es vergönnt, mit Gleichaltrigen mehrtägige Wanderungen zu unternehmen. Es war ein großes Glück für dich – und so hast du es selbst auch immer gesehen –, dass du Zugang zu dieser Wandervogelgruppe fandst.

Morgens in der Jugendherberge, Käthe 2. von rechts, 1925

Der Jungnationale Bund war eine von vielen Gruppierungen bündischer Jugend, die nach dem Krieg gegründet wurden, um an die Traditionen des »Altwandervogel« aus den Vorkriegsjahren anzuknüpfen. Die Bewegung hatte 1901 ihren Anfang genommen, als sich eine kleine Gruppe von Lehrern, Schriftstellern und Ärzten in Berlin-Steglitz zusammentat mit dem Ziel, ihren Schülerinnen und Schülern und anderen verstädterten Jugendlichen auf gemeinsamen Wanderungen die Liebe zur Natur nahe zu bringen. Der Zulauf war groß, immer mehr Vereine wurden gegründet.

Obwohl das Wandern und Singen im Mittelpunkt der Aktivitäten stand, strebten die Anhänger der Wandervogelbewegung noch nach »Höherem«. Sie waren vorwiegend Angehörige des Mittelstands, vor allem des Bildungsbürgertums, die sich von der industriellen Entwicklung bedroht fühlten. Sie waren bemüht, der kulturellen und geistigen Verflachung durch das aufsteigende, nur nach Geld strebende Bürgertum einerseits und der »Vermassung« und Proletarisierung im Zuge der Bevölkerungszunahme und Verstädterung andererseits entgegenzuwirken. Dafür setzten sie ihre Hoffnung auf die Jugend, der sie oft zwar nicht mehr angehörten, der sie sich aber verbunden fühlten und die sie auf den rechten Pfad, den Wanderpfad, bringen wollten.

Auf dem großen Vereinigungstreffen der Jugendbewegung von 1913, das auf dem Hohen Meißner stattfand, wurde formuliert: »Die deutsche Jugend steht an einem entscheidenden Wendepunkt. Die Jugend, bisher nur ein Anhängsel der älteren Generation … beginnt sich auf sich selbst zu besinnen. Sie versucht, unabhängig von den Geboten der Konvention sich selbst ihr Leben zu gestalten. Sie strebt nach einer Lebensführung, die jugendlichem Wesen entspricht, die es ihr aber zugleich auch ermöglicht, sich selbst und ihr Tun ernst zu nehmen und sich als einen besonderen Faktor in die allgemeine Kulturarbeit einzugliedern: Sie möchte das, was in ihr an reiner Begeisterung für höchste Menschheitsaufgaben ... lebt, als einen erfrischenden, verjüngenden Strom dem Geistesleben des Volkes zuführen«. (Hermann Giesecke: Vom Wandervogel bis zur Hitlerjugend, München 1981, S. 22.)

Anders als die sozialistischen oder kommunistischen Jugendbewegungen zielten die Wandervögel nicht auf revolutionäre Veränderung der gesellschaftlichen Machtverhältnisse ab, sondern suchten das Heil in der Liebe zur Natur und zum einfachen ländlichen Leben, zum Volk. Sie strebten nach den »höheren« kulturellen Werten, nicht nach den »Niederungen« der Politik und meinten, somit »unpolitisch« zu sein. Wie nahe sie jedoch gerade dadurch den restaurativen, reaktionären politischen Kreisen standen, war ihnen nicht bewusst.

Vor dem Hintergrund ihrer Unzufriedenheit mit der wilhelminischen Gesellschaft und ihren verknöcherten, ausgehöhlten Konventionen, repräsentiert durch den »steifen Kragen« ihrer Väter und die geschnürten Korsetts ihrer Mütter, suchten sie ihr Heil in der Natur, auf der Suche nach der »Blauen Blume«, wie es in einem Lied heißt: »Es blüht im Walde tief drinnen die Blaue Blume fein, die Blume zu gewinnen, wir ziehen ins Land hinein. Es rauschen die Bäume, es murmelt der Fluss: Der die Blaue Blume will finden, der muss ein Wandervogel sein.«

Mir hat diese Liedstrophe als Kind besonders gut gefallen und ich weiß noch, dass ich überlegte, ob es wohl ein Veilchen oder ein Leberblümchen oder eine ganz andere blaue Blume im Wald sei, die man finden müsste. Ich glaube, ich habe dich sogar gefragt, was es mit dieser seltsamen Blume auf sich hat, und du hast mir klarzumachen versucht, dass es sich dabei um ein Rätsel, ein Geheimnis handelt, das man entschlüsseln muss. Haben deine Augen dabei geglänzt, weil du an Erlebnisse dachtest, die du bei deinen Wanderungen auf der Suche nach der »Blauen Blume« im Wald hattest?

Wenn man es nüchtern betrachtet, hatten die Wandervögel jedoch keine klaren Ziele. Was sie verband, war das Gefühl einer Gemeinschaft zwischen Menschen mit ähnlich diffuser Sehnsucht nach Geborgenheit, nach einer heilen Welt, die sie verloren zu haben glaubten. Während der Wanderungen und Fahrten erfüllte sich die Sehnsucht, da fanden sie die »Blaue Blume«, doch in ihrem täglichen Leben ließ sich der Traum nicht verwirklichen.

Und dennoch entwickelte die Wandervogelbewegung in den wenigen Jahren bis zum Beginn des Ersten Weltkriegs eine erstaunliche Breitenwirkung. Zwar blieben die Wandervögel eine kleine Minderheit unter den Jugendlichen, nicht selten wurden die wandernden, Gitarre zupfenden Jünglinge mit ihren offenen »Schillerkragen« und halblangen Bundhosen belächelt. Doch ihre Ideale wurden allgemein wahrgenommen und bildeten damit ein bedeutsames reformistisches Potential, wurden auch zum Teil in Praxis umgesetzt. So ist die Gründung des Jugendherbergwerks und der Bau von Jugendherbergen im ganzen Land auf die Wandervogelbewegung zurückzuführen.

Allerdings wurde die reine Naturverbundenheit alsbald überdeckt von deutsch-nationalem Gedankengut. Jugendbewegung und Wandervogel wurden Teil der großen nationalistischen, militaristischen Strömung, die auf den Krieg zusteuerte. An den verschiedenen Vorworten im »Zupfgeigenhansl«, der beliebtesten Sammlung von Liedern der Wandervogelbewegung – bis 1933 wurden über eine Million Exemplare verkauft! –, kann man dies deutlich verfolgen.

Ich habe dein zerfranstes Exemplar des »Zupf« vor mir. Du bekamst es am »9. Hartung (die germanisierte Bezeichnung für den Monat Januar) 1923«, also kurz nach deinem Eintritt in die Gruppe, von deiner Gruppenleiterin Olga als Geschenk. In der Erstauflage schrieb der Herausgeber Hans Breuer, einer der Begründer des Wandervogels, im Jahre 1908: »Das Büchlein soll dazu dienen, Sangeskunst und Sinn für die schlichte, schöne Art des Volkes zu fördern, mit hinwirken nach dem Brennpunkte unserer heutigen Kulturbestrebungen: Liebe zum Volk und Ehrfurcht vor seinen unvergänglichen Werken.«

Hier heißt es noch »Volk« ohne den Zusatz »deutsch«. Im Vorwort von 1912 ist die »Vollendung des Deutschtums« als Ziel angegeben: »In diesen ernsten Zeitläuften hat das Volkslied für uns einen viel tieferen Sinn: möge es uns stärken und heben im bewussten Empfinden dessen, was deutsch ist, möge es an seinem kleinen Teile mitwirken an dem inneren Streben der Nation, an der Vollendung des Deutschtums.«

Im Jahre 1915 war der Herausgeber Frontsoldat und nun war das Wandern ein »deutscher Trieb«, mehr noch: Wandern wird indirekt gleichgesetzt mit In-den-Krieg-Ziehen: »Der Krieg hat dem Wandervogel recht gegeben, hat seine tiefe nationale Grundidee los von allem Beiwerk stark und licht in unsere Mitte gestellt. Wir müssen immer deutscher werden. Wandern ist der deutscheste aller eingeborenen Triebe, ist unser Grundwesen, ist der Spiegel unseres Nationalcharakters überhaupt.«

1918, als die nächste Auflage des Zupfgeigenhansl erschien, war der Herausgeber nicht mehr am Leben, er war den »Heldentod« gestorben. Sein Nachfolger schrieb: »Hans Breuer gefallen! Nach vier Kriegsjahren musste auch er sein Leben lassen wie viele hundert Wandervögel, die herausgezogen sind, mit ihrem Leibe die Heimat zu schützen. ... Als der Krieg kam, wanderte der Zupfgeigenhansl mit hinaus ins Feld, war unser ständiger Begleiter, ein Stück Heimat ging mit uns, das Buch und seine Lieder ward uns Symbol ... Das kleine graue Büchel wurde ein Wandervogelerzieher, ein Maßstab für alles Echte, so ist es auch mehr als eine bloße Liedersammlung ... es ist eine nationale Tat.«

Nein, unpolitisch waren deine neuen Freunde nicht. Wie dein Vater, wie die Mehrheit der Deutschen nach 1918 waren auch die überlebenden Wandervögel überzeugt vom Verrat an Deutschland und lehnten die neue Weimarer Republik ab. Die Träger der Nachkriegs-Jugendbewegung machten sich nicht daran, die gesellschaftlichen Hintergründe des Scheiterns ihrer idealistischen Reformbestrebungen vor 1914 zu verstehen und daraus Lehren zu ziehen. Vielmehr waren sie bestrebt, jetzt noch einmal da anzufangen, wo sie selbst oder ihre Eltern wegen des Kriegsausbruchs aufhören mussten. Die Suche nach der heilen Welt draußen in der Natur war nun, nach dem verlorenen Krieg und dem Zusammenbruch des Kaiserreiches, ein noch größerer Anachronismus als davor.

Du als kleine Elfjährige hast jedoch von all dem wenig begriffen. Es war dir auch völlig unwichtig, denn für dich zählte allein das Erlebnis der wunderbaren Gemeinschaft mit den jungen Menschen, die dir Sicherheit und Geborgenheit verbunden mit aufregenden Abenteuern bot. Begeistert übernahmst du ihre Ideale, auch ihr elitäres Verhalten gegenüber anderen Jugendgruppen. Ich habe noch im Ohr, wie abfällig du über die kommunistischen Jugendgruppen in blauen Hemden sprachst, denen ihr in den Jugendherbergen begegnet seid. Sie waren für euch »Proleten«, die politische Parolen von sich gaben, während ihr die reine, deutsche Kultur vertratet.

Von deinen Freunden lerntest du die »gute« Literatur kennen. Das waren Bücher von »nordischen« Autoren: Die Edda bekamst du zu deinem dreizehnten Geburtstag von den »Mädeln des Junabu« geschenkt. Björn Björnsons »Und ewig singen die Wälder« hast du bis in die Nacht hinein gelesen. Lesen wurde deine große Leidenschaft. Auch später lagen immer Bücher herum, die du gerade last. Sogar beim Stricken hattest du meistens ein Buch auf dem Schoß.

Dein Schönheitssinn wurde durch die Gruppe geformt: Du lerntest, welche Farbzusammenstellungen zueinander passten und welche »unschön« waren. Du hast deine Fähigkeiten im Handarbeiten weiter entwickelt und deine Kleider selbst genäht und bestickt, so etwa die sackförmigen »Insel«-Kleider aus Nessel- oder Leinenstoff, die ihr alle trugt. Vieles davon hast du später uns, deinen Töchtern, weitergegeben.

Ich habe deine Kusine Lotte gefragt, wie eigentlich euer Verhältnis zu den Jungen im Wandervogel war. Ihr wart zwar in einer reinen Mädchengruppe, doch auf den Volkstanztreffen in Berlin oder auf regionalen »Gautreffen« in anderen Städten waren die jungen Männer mit dabei. Lotte versicherte mir, dass es bei diesen Treffen wirklich keine Erotik gab, dass es euch einzig und allein um die »Kameradschaft« ging, die ihr gleichermaßen zu Jungen wie unter euch Mädchen auslebtet. Auch du hast mir vermittelt, dass ihr »rein« geblieben seid, dass euch alles Geschlechtliche abstoßend erschien.

Kusine Lotte und Käthe, 1924

In der Literatur über die Jugendbewegung erfuhr ich, dass dieses Ideal der »reinen« Kameradschaft zwischen den Geschlechtern tatsächlich ein hohes Ziel war. In der frühen Wandervogelbewegung vor 1914 war dies ein Protest gegen die heuchlerische bürgerliche Sexualmoral und brachte vor allem für die jungen Frauen eine enorme Befreiung mit sich. Sie konnten gleichaltrigen Männern begegnen, mit ihnen singen, tanzen – ohne zu befürchten, damit ihre »Ehre« zu verlieren.

Doch in den 20er Jahren hatten sich die Zeiten geändert. Die Frauenemanzipation war fortgeschritten. Das Festhalten an dem Ideal der »Kameradschaft« zwischen den Geschlechtern wurde zu einer neuen Form der Heuchelei. Elisabeth Busse-Wilson, Zeitgenossin und selbst Mitglied des Bundes der Freideutschen Jugend, meinte kritisch dazu: »Man muss sich vorstellen: Jünglinge und Mädchen in der ersten lebenshungrigsten Jugend, autoritätslos, ungebunden ... eine solche Jugend ... findet sich auf Wiesen und im Mondschein, ... findet sich auf Wiesen und im Mondschein, in Juninächten und einsamen Wäldern zusammen und singt jene schwermütig-sehnsüchtigen Volkslieder, die über die Natur der Leidenschaft nicht einmal einen Schleier breiten. Und diese Männer und Mädchen rühren sich nicht an, ... verlieben sich auch nicht und halten ihre unter derartigen Umständen bewahrte Neutralität für das Normale und Selbstverständliche.« (Elisabeth Busse-Wilson 1925 in Irmgard Klönne: Ich spring' in diesem Ringe. Mädchen und Frauen in der deutschen Jugendbewegung. Centaurus-Verlagsgesellschaft. Pfaffenweiler 1990, S. 110)

Also habt ihr die »Blaue Blume« auch in euren Beziehungen zwischen Mädchen und Jungen gesucht, eure »Kameradschaft« war eine verklärte, besser gesagt, verklemmte Form des Umgangs miteinander. »Rein bleiben und reif werden« war ein vielzitierter Spruch von Walter Flex, einem der beliebtesten Dichter der Wandervogelbewegung.

Für dich, davon bin ich überzeugt, war allerdings diese »saubere«, kameradschaftliche Beziehung zu Jungen, zumindest in den ersten Jahren deiner Mitgliedschaft im Junabu, kein Problem. Im Gegenteil, du warst wahrscheinlich erleichtert und glücklich, endlich einmal »natürlichen« Umgang mit Jungen zu haben, die dich als gleichwertige Kameradin anerkannten, insbesondere da du ja keinen Bruder hattest.

Vor allem aber hattest du im Elternhaus und im Verwandtenkreis Erfahrungen machen müssen, die wir heute als sexuellen Missbrauch bezeichnen. Denn du hattest nicht nur miterlebt, wie dein Vater im Geschäft junge Frauen »angemacht« hatte, wie wir heute sagen würden, sondern auch, wie deine Schiddel-Onkel sich erdreisteten, ihre heranwachsenden Nichten zu belästigen. Deine Kusinen erzählten mir, dass sie auf Familienfeiern von ihren alkoholisierten Onkeln mit anzüglichen Bemerkungen, und sogar auch mit verstohlenen Berührungen verfolgt wurden. Ob dein Vater sich daran beteiligte, weiß ich nicht, auch nicht, ob du selbst betroffen warst. Ich nehme es aber an.

Es war eine Zeit, in der sich die jungen Frauen noch weniger als heute gegen derartige Übergriffe wehren konnten, weil nach der vorherrschenden Sexualmoral Männern solche »harmlosen« Anzüglichkeiten erlaubt waren. Eine Frau, die sich wehrte, galt als »prüde«. Vor dem Hintergrund solcher Erfahrungen muss dir die asexuelle Kameradschaft mit jungen Männern in der »heilen Welt« deiner jugendbewegten Freunde wie ein Paradies erschienen sein.

Dennoch, bei aller »Reinheit« konntet ihr nicht verhindern, dass zwischen euch in lauen Mondschein-Nächten am Lagerfeuer auch noch andere, erotische Gefühle aufkamen. Wie bist du mit sechzehn oder siebzehn, als du sie nicht mehr ausblenden konntest, damit umgegangen? Wurde daraus eine »heimliche Liebe«, von der es in den Liedern heißt: »Kein Feuer, keine Kohle kann brennen so heiß wie heimliche Liebe, von der niemand was weiß« oder: »Es waren zwei Königskinder, die hatten einander so lieb. Sie konnten zusammen nicht kommen, das Wasser war viel zu tief«. Ich weiß, dass du diese beiden Volkslieder ganz besonders liebtest, und auch ich schmelze noch immer dahin, wenn ich sie singe. – Für wen hast du wohl heimlich geschwärmt?

Aus dieser Zeit gibt es keinerlei Aufzeichnungen oder Briefe von dir, obwohl ich sicher bin, dass du deine Fahrten zur eigenen Erinnerung schriftlich festgehalten hast. Ich vermute, dass du Tagebuch schriebst oder wenigstens kurze Notizen in deine Taschenkalender eintrugst, wie du es in späteren Jahren machtest. Anders als mein Vater, von dem ich solche Taschenkalender auch aus den früheren Jahren fand, hast du nichts Schriftliches aus deiner jugendbewegten Zeit hinterlassen. Hast du irgendwann einmal einen Schlussstrich gezogen und alles vernichtet – so wie auch ich es in meinem Leben einmal tat?

Zum Glück sind deine Fotoalben aus dieser Zeit bewahrt. Ich erinnere mich, wie gern ich als Kind mit dir oder auch allein in diesen Alben geblättert habe, wie ich dich auf den Fotos suchte und mich in die Landschaften und die jungen Menschen hineinversetzte, die da am Feuer, beim Kochen, am Strand, beim Musizieren, beim Tanzen abgebildet waren und die ich zum Teil selbst kannte. Von deinen ersten Fahrten bis 1924 gibt es keine Fotos. Aber dann, ab 1925, hast du ein Album nach dem anderen mit Fahrtenfotos, die deine Freunde aufnahmen, gefüllt. Du selbst hattest noch keinen eigenen Fotoapparat. – Ich spürte schon als Kind: Damals warst du glücklich.

Neben dem Wandervogel gab es aber auch noch die Schule. Ich glaube, dass du ohne die vielen Anregungen, die du von deinen jugendbewegten Freundinnen bekamst, nicht so glatt durchgekommen wärst. Denn in einem Elternhaus bekamst du gewuss keine Unterstützung. 1928, zwei Jahre, nachdem dein Vater euch verlassen hatte, war für dich die Schule zu Ende. In deinem Abschlusszeugnis wurde dir die »Mittlere Reife« zugesprochen. Da Vater Richard für dich keinen Unterhalt zahlte, konntest du nicht den Beruf erlernen, den du dir gewünscht hattest. Du wolltest Gewerbelehrerin werden, also Schulkindern Handarbeit und Werken beibringen. Doch dazu wäre eine mehrjährige Ausbildung nötig gewesen, wofür kein Geld da war.

Käthe am Zeichentisch in ihrer Firma, 1929

Glücklicherweise konntest du dennoch eine qualifizierte Berufsausbildung zur technischen Zeichnerin machen, die nur ein Jahr dauerte und deshalb bezahlbar war. Im März 1929 bestandst du die Abschlussprüfung. Und gleich danach fandst du, trotz der bereits vorherrschenden Arbeitslosigkeit, eine Anstellung in einer Firma, deren Name Caliqua mir wie etwas Magisches im Ohr geblieben ist. Anhand deiner Zeugnisse stelle ich jetzt fest, dass es sich, sehr prosaisch, um eine Firma für den Bau von Großraum-Heizungen und Fernheizungsanlagen handelte. Du warst dort mit der »Ausführung von einfachen technischen Zeichnungen« befasst, wie es in deinem Zeugnis heißt. Ein Foto von dir an deinem Arbeitsplatz habe ich sehr bewundert, denn du erschienst mir wie eine große Expertin. Ich glaube, du hast dort gern gearbeitet, sonst wäre mir der Name der Firma nicht mit diesem fast magischen Klang im Gedächtnis geblieben. Da waren freundliche Kollegen, die dich, die kleine Achtzehnjährige, vielleicht ein wenig verwöhnten. War Kurt Lessig schon von Anfang an dein Kollege? Von ihm wird noch viel die Rede sein.

Und so begann für dich im Frühjahr 1929 ein neues Leben. Zu den Mädchen der Wandervogelgruppe und deinen Schulfreundinnen, die dir ein Lichtblick in deinem tristen Familienalltag waren, kamen nun neue Freunde im Beruf hinzu. Du gewannst an Selbstsicherheit, die deine Kusine Lotte, wie sie mir sagte, als Überheblichkeit empfand, die ich aber als einen entscheidenden Schritt zu deinem Erwachsen-Werden sehen möchte.

Und da trat Emil in dein Leben. Lotte war dabei, als ihr euch begegnet seid. In dieser Zeit hast du mit ihr regelmäßig Volkstanzkurse außerhalb eurer Gruppentreffen besucht, um neue Tänze und Schritte zu lernen. Zwischendurch gab es Feste, auf denen ihr die Tänze zur eigenen Lust und Freude, aber auch vor Zuschauern aufführtet.

Emil war ein ebenso begeisterter Volkstänzer wie du. Mit seinem Freund Heinrich fuhr er fast jede Woche mit dem Fahrrad von Spandau in andere Berliner Stadtteile, wo gerade ein Volkstanzfest stattfand. In seinem Taschenkalender von 1929, den ich in seinem Nachlass fand, trug er genau ein, wann und wohin er ging. Obwohl er den Tag eurer Begegnung nicht besonders markiert hat, weiß ich, dass es Dienstag, der 9. April war, denn ich fand ein kleines Kärtchen, auf dem dir »dein Hans«, in Anlehnung an einen Berliner Schlager, schrieb: »Es war in Schöneberg, zwar nicht im Mai, just 20 Jahr' sind heut' vorbei. Und zur Erinnerung an diesen Tag, Dich dieses Wenige erfreuen mag! Dein Hans. Zum 9.4.49«

In seinem Kalender steht unter dem Datum des 9. April 1929, dass er bei »W. Trumpler in Schöneberg« auf einem »Offenen Abend« zum Tanzen war. Da also geschah es: Du standst mit Lotte und eurer Freundin Gustel auf der einen Seite des Saales und bemerktest eine Gruppe von jungen Männern, die zu euch herübersahen. »Der eine da drüben sieht aus, als ob er Hans heißt«, sagtest du zu Lotte. In diesem Augenblick begann die Musik zu spielen. Der junge Mann kam zu euch herüber und forderte dich zum Tanz auf. Er konnte gut tanzen, wusste alle Schritte, wirbelte dich in der »Mühle« herum. Er tanzte auch mit Lotte und Gustel, aber es war klar, dass er dich auserkoren hatte, denn am Ende tanzte er nur noch mit dir.

Hast du dich sofort in ihn verliebt? Im Verlauf des Abends stellte er sich euch mit Namen vor: Emil Höppner. Du fandst den Namen »Emil« hässlich und fuhrst fort, ihn »Hans« zu nennen – vielleicht auch, weil du den anderen Hans, deinen Kusin, immer noch ein bisschen liebtest? Emil nannte dich Kätterlin oder Kätherlin – in schöner, altdeutscher Verfremdung deines Vornamens. So habt ihr euch liebevoll angeredet und auf Postkarten, die ich fand, unterschrieben. – Wer war dieser Emil Höppner aus Greifenhagen an der Oder, den du dann geheiratet hast und der mein Vater wurde?

Emil Höppner aus Pommern

Im Sommer 1998 machte ich mich, wieder von Berlin aus, nach Pommern auf, um nun auch den Geburtsort meines Vaters, die Stadt Greifenhagen an der Oder, südlich von Stettin, zu besuchen. Gryfino heißt sie heute und gehört zu Polen, denn die Oder ist seit dem Ende des Zweiten Weltkriegs die Grenze zwischen Polen und Deutschland. 1945 wurde Greifenhagen fast völlig zerstört, als Hitlers Truppen den Oder-Übergang gegen die nachrückende sowjetische Armee zu verteidigen versuchten. Ich wusste, dass auch das Haus in der Hirtenstraße 16, in dem meine Großeltern bis zuletzt ausgehalten hatten, nicht mehr existierte. Dennoch wollte ich versuchen, anhand der vielen Fotos seiner Heimatstadt, die mein Vater hinterlassen hatte, die Orte des Geschehens wiederzufinden, um vielleicht ein noch lebendigeres Bild von seiner Kindheit und Jugend zu gewinnen, als es die Fotos vermitteln können. Ich selbst war zum letzten Mal als Kind in Greifenhagen gewesen und hatte kaum Erinnerungen an die Stadt.

Eigentlich hatte ich vor, die ganze Strecke von Berlin nach Greifenhagen mit dem Fahrrad zurückzulegen, wie mein Vater in seiner Jugend so viele Male die etwa hundert Kilometer gefahren war. Aber ich habe dann doch mein Fahrrad im Gepäckwagen aufgegeben und bin mit der Bahn nach Tantow gefahren, der nächstgelegenen Bahnstation auf deutscher Seite. Man hatte mir gesagt, dass der Grenzübergang über die Oder erst in wenigen Wochen eröffnet werden würde und ich bis zur nächsten Brücke nach Stettin fahren müsste. Doch als ich ans Oder-Ufer kam, war der Grenzposten nicht besetzt, und ich konnte ohne Kontrolle über die große Brücke nach Greifenhagen hineinradeln – wie mein Vater als junger Mann.

Die Hirtenstraße gab es nicht mehr. Eine Neubausiedlung war dort errichtet worden, und man hatte auch die Straßenzüge geändert. Einige alte Gebäude in der Stadt waren jedoch wiederhergestellt worden, so die schöne Nikolaikirche, in der mein Vater getauft wurde und später als Christlicher Pfadfinder im Kirchenchor sang und zu seinem Herrgott betete. Sie ist jetzt eine katholische Kirche.

Wie die Perkos in deiner Familie waren auch die Höppners sehr bodenständig und schon seit Generationen in diesem Teil Pommerns ansässig. Allerdings waren sie arm, es gab weder in der mütterlichen noch in der väterlichen Linie Grundbesitz. Seit Generationen waren die Vorfahren meines Vaters arme Leute, Tagelöhner, die für die Gutsbesitzer auf deren großen Ländereien arbeiteten. Sie durften ein kleines Stück Land selbst bearbeiten, vielleicht auch ein Haus darauf bauen und ein wenig Vieh halten. Doch es war nicht in ihrem Besitz, und sie mussten Abgaben an den Gutsbesitzer leisten.

Über die Vorfahren meines Vaters weiß ich nur wenig. Er erzählte nichts von ihnen und hielt auch keinen Kontakt zu seinen Onkeln, Tanten, Vettern und Kusinen, die fast alle in Pommern lebten. Von ihnen hätte ich möglicherweise Geschichten aus den Vorgenerationen erfahren, doch ich lernte sie nie kennen wie deine Verwandten, die in Berlin lebten oder zu Besuch nach Berlin kamen. Als ich mit meiner Familienforschung begann, waren seine Tanten und Onkel schon gestorben, so dass ich sie nicht mehr befragen konnte wie deine Tante Emma und deinen Onkel Paul. Und so habe ich, anders als bei dir, keine anschaulichen Geschichten aus dem Leben der Eltern und Voreltern meines Vaters sammeln können. Seine Geschichte ist schnell erzählt.

Alles, was ich über die Höppners erfuhr, stammt aus zweiter Hand, nämlich aus den Erinnerungen von Emils Schwestern, die ihre Großeltern und deren Geschwister nur als alte Menschen kannten. Über ihre gemeinsame Kindheit mit ihrem Bruder Emil konnten mir aber beide, die um zwei Jahre ältere Helene und die zwei Jahre jüngere Frieda, noch einiges erzählen. Sich in ihren Bruder als Kind hineinzuversetzen, fiel ihnen wiederum schwer. So viele Jahre waren vergangen, und sie hatten sich noch nie in dieser Weise über ihn Gedanken gemacht.

Zum Glück habe ich meinem Vater selbst noch einige Fragen gestellt, bevor er starb. Es war ihm unangenehm, über seine Kindheit zu sprechen, vielleicht weil er sich der traurigen Geschichten schämte, um die es ging. Ich respektierte seine abwehrende Haltung. Wenn ich allerdings damals schon gewusst hätte, dass ich seine Geschichte einmal aufschreiben würde, wäre ich nicht so zurückhaltend gewesen.

Emil, 1920

Obwohl man in Greifenhagen das pommersche Plattdeutsch sprach und Emils Verwandte sich wahrscheinlich alle auf Platt unterhielten, achtete Mutter Anna Höppner – auch Emils Mutter hieß Anna, wie die deine – darauf, dass ihre Kinder Hochdeutsch sprachen. Emils Schwester Frieda erzählte mir, dass es Mutter Höppners Bestreben war, ihren Kindern eine bessere Zukunft zu ermöglichen, wozu das Hochdeutsch ihrer Ansicht nach eine Voraussetzung war. Emils Mutter schrieb fehlerlose, formvollendete Briefe; die letzten, die sie vor ihrem Tod verfasste, habe ich in Händen. Von deiner Schwägerin, meiner Tante Lene, erfuhr ich aber auch, dass der Ehrgeiz ihrer Mutter eine böse Kehrseite hatte: Gottfried, ihren Mann, verachtete sie dafür, dass er nicht einmal richtig schreiben konnte. »Doof geboren und nichts dazugelernt«, soll sie häufig über ihn gesagt haben.

Gottfried Höppner war, wie sein Vater, Landarbeiter bei einem Bauern gewesen. Später fand er eine Stelle als ungelernter Arbeiter in der Greifenhagener Parkettfabrik. Ob er schon vor seiner Ehe in die Stadt gekommen war oder danach, wussten Helene und Frieda nicht. Als Familienvater verdiente er fünfzehn Mark in der Woche, was auch der Mietpreis für die Einzimmer-Wohnung war, in der die Höppners lebten. So musste Emils Mutter ebenfalls arbeiten, damit das Geld reichte. Sie wusch Wäsche und arbeitete während der Ernte bei Bauern. Wenn sie in einem Haushalt wusch, bekam sie drei Mark am Tag und freies Essen.

Die Wohnung bestand nur aus einem Zimmer, der Küche und einer Kammer. Das eine Zimmer war Wohn- und Schlafzimmer für die wachsende Familie: erst vier, dann fünf und schließlich sechs Personen. Später, als Emil in die Lehre und seine Schwestern in Stellung gingen – wie damals üblich erlernten die Mädchen keinen Beruf –, gab es wieder mehr Platz. Als du deine zukünftigen Schwiegereltern im Jahre 1930 kennen lerntest, war nur noch Willi, der Jüngste, damals zwölf oder dreizehn Jahre alt, zu Hause.

Deine Schwägerin Lene beschrieb mir, dass es in Emils Kindheit und Jugendzeit nicht einmal ein Bett für jeden gab, denn in das Zimmer passten nur drei Betten und eine Chaiselongue. Wenn alle Kinder zu Hause waren, schlief die Mutter mit ihren beiden Töchtern in einem Bett, die Söhne in dem anderen und auf dem Sofa. Auch Tisch und Stühle standen in diesem Zimmer, weil man in der kleinen Küche nicht essen konnte. Der Vater schlief in der Kammer – angeblich, weil er schnarchte. In der Kammer standen auch Schränke für den Hausrat und die Kleidung. Geheizt wurde mit Kohle und Holz, das Wasser musste von der Pumpe auf der Straße geholt werden, bis später eine Wasserleitung ins Haus gelegt wurde. Licht spendete die Petroleumlampe. Das »Plumps-Klosett« war auf dem Hof.

Emils Familie, von links: die Schwestern Frieda und Helene, Vater Gottfried, Emil, Bruder Willi und Mutter Anna, ca. 1930

Das Haus, in dem sie wohnten, gehörte einem Fleischermeister, der einen Stand auf dem Stettiner Wochenmarkt hatte. Jeden Freitag holte er das Fleisch vom Schlachthof und verarbeitete es im Keller des Hauses; dort wurde auch die Wurst gekocht. Lene erinnerte sich, dass die Mutter bei ihm das Fleisch für die Woche kaufte. Am Freitag gab es frische Wurst. Kartoffeln und Gemüse bekamen sie billig oder umsonst von Verwandten oder von den Leuten, bei denen Anna arbeitete. Einen eigenen Garten hatten sie nicht.

Für Emils Eltern war dieses Leben nichts Ungewöhnliches, denn beide stammten aus ähnlich armen oder noch ärmeren Familien. Gottfrieds Vater war Landarbeiter in Kronheide, einem Dorf nicht weit von Greifenhagen. – Zorawie heißt es heute, auch hier drehte ich eine Runde auf dem Fahrrad. – Schon als Kind hatte Gottfried mit Eltern und Geschwistern auf den Feldern des Gutsbesitzers gearbeitet, wofür sie alle nur ein paar Groschen bekamen.

Emils Vater hatte noch drei Geschwister: Emilie und Christian lebten mit ihren Familien in der Nähe von Greifenhagen. Wilhelmine dagegen ging sehr weit fort: Mit ihrem Verlobten wanderte sie in die USA aus. 1930 kam sie mit ihren Söhnen zu Besuch nach Deutschland, und Emil führte seine Tante und seine amerikanischen Vettern in Greifenhagen und in Berlin spazieren. – 1953 habe ich sie in New York besucht. Wie schade, dass ich mich damals überhaupt nicht für Familiengeschichten interessierte. Sie hätte mir sicher vieles über ihre Eltern und Geschwister Höppner erzählen können. – Mir erscheint es denkbar, dass Emils Wanderfreude und Abenteuerlust mit der Auswanderung seiner Tante in Verbindung standen. Allerdings ist er nie nach Amerika gefahren.

Auf der Seite von Emils Mutter Anna, bei den Wolffs, gab es eine sehr viel größere Geschwisterschar als bei den Höppners. Anna war die älteste von sieben Mädchen und zwei Jungen, die als letzte geboren wurden. Von den Jungen überlebte allerdings nur einer, der, so sagte mir deine Schwägerin Lene, an epileptischen Anfällen litt. Anna hatte also sechs jüngere Schwestern und einen behinderten Bruder. Ihre außergewöhnliche Energie und Härte sind gewiss auch darauf zurückzuführen, dass sie als älteste Tochter schon früh Verantwortung für ihre vielen Geschwister übernehmen musste.

Die Wolffs, Annas Eltern, lebten in Wintersfelde, einem Dorf nicht weit von Greifenhagen – heute Czepino, an der vielbefahrenen Landstraße nach Szczecin/Stettin gelegen. Auch hier hielt ich auf meiner Reise an, um meinen Vorfahren einen Besuch abzustatten. – Obwohl die Wolffs für Lohn auf dem Land eines Gutsherrn arbeiteten, hatten sie ein Haus mit Garten und einen Morgen Land zur Verfügung, das sie mit einem Pferd bewirtschafteten, dazu eine Kuh, zwei Schweine und Federvieh. Doch auch bei ihnen war die Armut so groß, dass sie die Kirschen aus dem Garten nicht selbst aßen, sondern auf dem Markt in Stettin verkauften, wie mir Lene erzählte.

Als junge Frau arbeitete Anna in der Wurstfabrik in Greifenhagen. Eine Zeit lang war sie auch Hausgehilfin in einer Familie. Sie konnte das Geld aber nicht für sich behalten, sondern trug mit ihrem Verdienst zum Lebensunterhalt von Eltern und Geschwistern bei.

Wie sich Anna und Gottfried kennen lernten, wusste mir niemand mehr zu sagen. Als sie im Januar 1904 heirateten, sie war 23, er 27 Jahre alt, war Anna schon im vierten Monat schwanger, denn Helene, das älteste Kind, ist im Juni 1904 geboren. In der Familie sprach man darüber nicht. Deine Schwägerin Helene hat erst als Erwachsene bemerkt, dass zwischen dem Hochzeitsdatum der Eltern und ihrem Geburtsdatum keine neun Monate lagen. War die Ehe zwischen Gottfried und Anna eine »Muss-Ehe« in dem Sinne, dass sie ohne die Schwangerschaft nicht geheiratet hätten? Helene konnte mir diese Frage nicht beantworten. Doch ich vermute, dass es so war und dass die Spannungen in der Ehe, vor allem Annas Vorwürfe gegen ihren Mann, damit zusammenhingen.

Emil – mit weiteren Namen Richard Karl – wurde am 3. März 1906 geboren, fast zwei Jahre nach der Schwester Helene. Seine Patin war Emilie, die Schwester des Vaters, von der er offenbar auch den Namen Emil bekam. War Anna glücklich, einen Sohn geboren zu haben, auf den ihre Eltern bei jeder der sieben Töchter sicherlich sehnlichst gewartet hatten? Beide Schwestern Emils meinten, dass ihre Mutter Anna ganz besonders stolz auf ihren Emil war – bis Willi geboren wurde und ihn als Mutters Liebling entthronte. Da war Emil allerdings schon elf Jahre alt. Frieda wurde im Februar 1913 geboren. Und erst 1917 kam dann Willi, der jüngste Sohn, dazu.

Wie war wohl Emils früheste Kindheit? Ich stelle mir vor, dass er, der elf Jahre lang die Prinzenrolle in der Familie innehatte, die Armut und Not in der Familie gar nicht so stark empfand wie seine Schwester Lene, die mir vor allem von den Schattenseiten des Familienlebens erzählte. Konnte der kleine Emil schon damals so wunderbar strahlend lachen wie später als Erwachsener und mit seiner Fröhlichkeit Mutter, Vater und die Schwestern für sich einnehmen, wie viele Menschen in seinem späteren Leben, die ihn für sein offenes, herzliches Wesen liebten und schätzten?

Von den Sonntagsbesuchen bei den Großeltern Wolff in Wintersfelde, die anscheinend immer ohne den Vater stattfanden, bewahrten beide Schwestern lebhafte Erinnerungen, denn dort durften sie Pflaumen und Äpfel im Garten pflücken, und immer gab es gutes Essen zum Sattwerden – in damaliger Zeit ein nicht gewöhnliches Vergnügen. Wie mag Emil diese Besuche bei seinen Wolff-Großeltern erlebt haben?

Und wie war Emils Verhältnis zu seinem Vater? Ich stelle mir vor, dass auch Gottfried Stolz für seinen ältesten Sohn empfand, der immer der Beste in der Schule war und es gewiss im Leben weiterbringen würde als er selbst.

1914 wurde Emils Vater Soldat. Gleich nach Kriegsbeginn, noch im Jahre 1914, erlitt er eine Verletzung: Eine Kugel durchschoss seine Schulter. Er wurde nicht wieder an die Front geschickt, sondern blieb während des ganzen Krieges in einem kleinen Dorf in Hinterpommern in einer »Schreibstube«, obwohl er »doch gar nicht richtig schreiben konnte«, wie Lene mir gegenüber lachend kommentierte. Emils Vater Gottfried hatte Glück und überlebte den Krieg in dieser relativ sicheren Stellung.

Im Oktober 1914, als Gottfried gerade Soldat geworden war, starb seine Mutter. In diesem Zusammenhang ist die »Bett-Geschichte« überliefert: Von ihrer sterbenden Schwiegermutter hatte Emils Mutter für ihre immerhin schon fünfköpfige Familie das Bett versprochen bekommen, in dem sie lag. Als Anna nach dem Tod ihrer Schwiegermutter das Bett holen wollte, soll ihre Schwägerin Emilie gesagt haben: »Du kannst doch Muttern nicht das Bett untern Oars (Arsch) wegdrieten (wegziehen)!« Anna scheint darüber empört gewesen zu sein, da sie ja meinte, einen berechtigten Anspruch auf das Bett zu haben. Sie soll fortan Emilie »ein falsches Luder« genannt haben. Emils Mutter bekam das Bett nicht.

Die Bezeichnung »falsches Luder« für ihre Schwägerin mag aber auch noch mit einem anderen Vorkommnis zusammenhängen, dessen Folgen für die Ehebeziehung von Emils Eltern katastrophal waren. Als Emils Mutter nämlich im Frühsommer 1917 mit Willi schwanger war, soll diese Schwägerin ihrem Bruder Gottfried an die Front einen Brief geschrieben haben, in dem Andeutungen gestanden haben sollen, dass das Kind nicht von ihm sei. Als Gottfried aus dem Krieg auf Urlaub kam, war Willi schon geboren, und er stellte seine Frau zur Rede. Sie reagierte auf eine Weise, die mich noch heute schaudern macht: Von dem Tag an sprach sie mit ihrem Mann kein Wort mehr! Lene erklärte dazu, dass ihre Mutter Anna ihrem Mann nicht verzieh, seiner Schwester mehr geglaubt zu haben als ihr.

Von nun an verständigten sich die Eltern nur noch durch die Vermittlung ihrer Kinder. Wenn Emils Mutter Kohlen brauchte, sagte sie zu einem der Kinder, obwohl der Vater in der Stube saß: »Sag mal Vater, dass er Kohlen aus dem Keller holen soll.« Emil oder eine seiner Schwestern, später auch der kleine Willi, wandte sich an den Vater: »Mutter will, dass du Kohlen aus dem Keller holst.« Daraufhin ging der Vater die Kohlen holen.

Dem heranwachsenden Willi erschien die ungewöhnliche Kommunikation zwischen seinen Eltern normal, er kannte ja nichts anderes. Erst als Willi bei Freunden erlebte, dass andere Eltern miteinander redeten, begriff er, dass bei seinen Eltern etwas nicht stimmte. Einmal, so erzählte er mir mit feuchten Augen, kam der Pastor ins Haus und redete den Eltern gut zu, sich doch wieder zu vertragen. Als Willi nach Hause kam, war er völlig verblüfft zu sehen, dass der Vater der Mutter aus der Zeitung vorlas. Allerdings brach auch diese minimale Kommunikation bald wieder zusammen. Gottfried soll seine Frau gelegentlich angefleht haben: »Gib mir doch das Wort!« Doch Anna blieb unversöhnlich bis zu ihrem Tod. Vielleicht wären sie nicht so elend gestorben, wenn sie es geschafft hätten, wieder miteinander zu reden.

Emil war elf Jahre alt, als das Zerwürfnis zwischen seinen Eltern begann. Ich habe ihn gefragt, wie denn ein solcher Verdacht aufkommen konnte. Er meinte, dass da ein »Süßholzraspler«, das heißt, ein Mann, der Anna »schöne Worte« machte, in der Nähe gewesen sei, dass aber Gottfried ohne Zweifel Willis Vater sei. Er sei ja auch zu Weihnachten 1916 in Greifenhagen auf Urlaub gewesen, also genau neun Monate vor Willis Geburt am 30. September 1917. Auch Willi war sicher, dass Gottfried sein leiblicher Vater war.

Seit ich diese Geschichte von meinem Onkel Willi vor vielen Jahren erfuhr – mein Vater hatte bis dahin nie davon gesprochen – frage ich mich, weshalb Anna dermaßen heftig und unversöhnlich reagiert hatte. Warum konnte sie ihrem Mann nicht verzeihen, obwohl er sich abmühte, ihre Vergebung zu erlangen? Lene erzählte mir, dass ihr Vater sich bei ihr, wenn sie von ihren Arbeitsstellen auf Besuch nach Greifenhagen kam, über die Mutter beklagte. Er habe doch für die Mutter Holz gehackt, Wasser von der Oder geschleppt und dennoch habe sie ihm kein Dankeswort, keinen Blick gegönnt.

Warum war Emils Mutter so hart? Wenn man ihre Geschichte wüsste, ihre Erfahrungen in der Kindheit, auch die ihrer Eltern und Voreltern kennen würde, könnte man vielleicht Zusammenhänge entdecken, die eine Erklärung liefern. So aber gibt es nur Vermutungen: Da sie so vehement darauf bedacht war, ihr Selbstbild einer »anständigen« Frau aufrechtzuerhalten, dieses Bild jedoch durch den bloßen Verdacht ihres Mannes so tief verletzt werden konnte, kann es eigentlich auf wenig sicherem Grund gestanden haben. War sie ihrem Gottfried vielleicht doch, und sei es nur in Gedanken, untreu gewesen? Oder fühlte sie sich immer noch beschämt, dass sie eine »Muss-Ehe« eingegangen war, und rächte sich mit ihrem Verhalten für ein Unrecht, das ihr angetan worden war? – Ich wünschte, ich könnte mit dieser Frau, meiner Großmutter, noch sprechen. Ich bin sicher, dass ich sie verstehen würde.

Meinen Vater habe ich nicht gefragt, wie er damals diese Härte seiner Mutter erlebt und empfunden hat. Ich glaube, er war innerlich genauso zerrissen wie du als Kind zwischen deinen streitenden Eltern: Einerseits fühlte er mit seinem Vater, vielleicht wusste er sogar etwas über die Hintergründe oder die wahren Zusammenhänge des Vorwurfs gegen die Mutter. Er litt mit ihm, versuchte auch gewiss, ihm durch sein eigenes Wohlverhalten oder durch besondere Leistungen Gutes zu tun. Andererseits, so stelle ich mir vor, war er als Liebling seiner Mutter auf ihrer Seite, konnte verstehen, dass sie ihren Mann wegen seiner »Schwächen« verachtete, wollte ihr vielleicht ein besserer Partner sein als der Vater.

Doch da war nun plötzlich ein Rivale um die Liebe und Zuwendung seiner Mutter aufgetaucht: der kleine Bruder Willi. Beide Schwestern waren sicher, dass Mutter Anna ihren Jüngsten bevorzugte. War Emil eifersüchtig auf diesen Bruder, um dessentwillen sich die Eltern zerstritten hatten und der ihm nun auch noch die Mutter wegnahm? Ich weiß es nicht. Emil war schon elf, ein munterer Schuljunge mit vielen Freunden in der Nachbarschaft; er brauchte die Mutter nicht mehr wie in seinen frühen Jahren. Ich glaube auch, dass er seinen Bruder Willi liebte, nicht zuletzt, weil der Kleine ihn, den Großen, bewunderte und verehrte. Und dennoch bohrte in Emil vielleicht eine verborgene Wut.

Emil war in der Schule sehr gut. Er hat seine Zeugnisse nicht aufgehoben wie du, er besuchte ja auch nur die Volksschule acht Jahre lang, davon drei in derselben Klasse, weil es in den Kriegsjahren nur für sechs Klassen einen Lehrer gab. Er wäre gern auf die höhere Schule gegangen; der Lehrer hatte ihn für ein Stipendium empfohlen. Doch die Eltern stellten den notwendigen Antrag nicht. Obwohl Emils Mutter doch so bildungsbeflissen war, glaubte sie, dass Emil ein Handwerk lernen sollte. Auch Schwester Lene konnte das nicht verstehen und vermutete, dass Emil das seiner Mutter nie verzeihen konnte. Erst Willi durfte später auf eine höhere Schule gehen.

1920 wurde Emil mit 14 Jahren aus der Schule entlassen. Im gleichen Jahr wurde er konfirmiert. Vater Gottfried bestand darauf, dass Emil nicht sofort eine Lehre anfing, sondern zunächst bei einem Bauern arbeitete, wozu auch er als Kind gezwungen worden war. Emil wohnte auf dem Hof – und litt, denn die Arbeits- und Wohnbedingungen waren unerträglich. Seine Schwester Lene erinnerte sich, dass sie ihn mit der Mutter besuchte, um ihm Essen zu bringen. Emils Klagen gingen ihr sehr zu Herzen, auch die Mutter soll geweint haben. Der Vater aber bestand darauf, dass Emil sogar im Winter dort blieb, wo er in einem ungeheizten Verschlag schlafen musste. – Wieso mutete Vater Gottfried seinem Sohn dieselbe Qual zu, die er als Kind erlitten hatte? Wieso konnte sich Emil nicht dagegen wehren? Hatte das auch mit der Zerstrittenheit der Eltern zu tun? Die unreflektierte Weitergabe von Gewalterfahrungen, wenn diese nicht aufgearbeitet werden, ist ein sehr häufiges Phänomen.

1921, ein Jahr später, kam Emil nach Greifenhagen zum Tischlermeister Hülsen in die Lehre. Es ging ihm zwar besser als bei dem Bauern, doch wurde er vom Meister schlecht behandelt und von einem Gesellen tyrannisiert; seine Schwester Lene konnte sich noch an ihn erinnern.

Emil (2. von rechts) als Tischlerlehrling, 1921

Vor allen Dingen wollte Emil eigentlich gar nicht Tischler, sondern Musiker werden. Er hatte auf einer Familienhochzeit seinen Onkel, den Ehemann einer der Schwestern seiner Mutter, kennen gelernt, der virtuos Geige spielte. Da wusste er: Das war es, was auch er lernen wollte. Wie ernst ihm dieser Wunsch war, vermag ich nicht zu sagen. Doch noch an seinem achtzigsten Geburtstag antwortete er auf die beiläufige Frage eines Freundes, ob er denn in seinem Leben glücklich gewesen sei, mit einem klaren: »Nee!«. Und auf die Nachfrage, was er denn am liebsten gemacht hätte, sagte er wehmutsvoll: »Musiker wollt' ick werden!«

Ich war sehr erstaunt, denn bis dahin wusste ich nichts von diesem Herzenswunsch meines Vaters. Ich hatte immer gemeint, dass er lieber einen Büroberuf erlernt hätte oder, wie sein Bruder Willi, Kaufmann hätte werden wollen. Seinen Tischlerberuf hat er nicht besonders geliebt, sondern eigentlich nur als Broterwerb angesehen, das hat er oft gesagt. Und die Musik? Sie hat ihn während der schönsten Jahre seines Lebens begleitet. Obwohl er sich in seinem ungeliebten Tischlerberuf mehrmals die Finger zerschnitt und der kleine Finger an seiner linken Hand verkrüppelt blieb, spielte er viele Instrumente. – Ja, vielleicht hätte Emil tatsächlich Musiker werden sollen! Ob ihr euch dann auch begegnet wärt?

Emils Wanderjahre mit den Christlichen Pfadfindern

Wie für dich bedeutete auch für Emil die Jugendbewegung eine Befreiung aus der bedrückenden Atmosphäre in seiner Familie. Hier fand er seine neue Heimat, von hier führte sein Weg hinaus in die Welt und zu sich selbst. Seine beiden Schwestern konnten sich nicht erinnern, wann er in die Greifenhagener Gruppe der Christlichen Pfadfinder eintrat. Wahrscheinlich war es während seiner Lehrzeit, als er sechzehn oder siebzehn Jahre alt war. Der Drogeriebesitzer Otto Breithaupt leitete die Gruppe. In seinem Laden fanden die Treffen statt. Viele von Emils Fotos haben den Aufdruck »Fotohaus O. Breithaupt«, weshalb ich vermute, dass Otto seinem Schützling Emil auch die Leidenschaft zum Fotografieren vermittelt hat. Vielleicht bekam Emil von ihm später auch seinen eigenen Fotoapparat.

Die Christlichen Pfadfinder waren als evangelische »Jünglings- und Jungmännervereine« viel stärker an christliche Traditionen gebunden als dein Jungnationaler Bund in Berlin. Ich fand ein Zitat eines ihrer Führer: »Man kann Christ sein, ohne Pfadfinder zu sein, und man kann Pfadfinder sein, ohne Christ zu sein. Dass wir beides verbinden ist unsere Eigenart, die uns allein Daseinsrecht gibt.« (Friedrich Duensing 1927, in Udo Smidt (Hrg.): Dokumente Evangelischer Jugendbünde, Stuttgart 1975, S. 204.)

Emils Pfadfinder-Freunde gingen nicht nur auf Fahrt, trieben Sport und trafen sich zu geselligen Zusammenkünften, sondern besuchten den Gottesdienst und Bibelstunden, hörten sich Vorträge über allgemeine Lebensfragen und über christliche Missionsarbeit im Ausland an, sammelten für die Armen, halfen Kranken und

Alten. Emil sang auch im Kirchenchor der Greifenhagener Nikolaikirche. In dieser Zeit scheinen ihn Glaubensfragen sehr bewegt zu haben, wie aus vielen Eintragungen in seinem Taschenkalender hervorgeht, der übrigens vom evangelischen Pfadfinderverband herausgegeben wurde und viele fromme Sprüche enthielt.

Die allgemeine Pfadfinderbewegung in Deutschland war, wie in vielen anderen Ländern, aus der englischen »Scouts«-Bewegung entstanden, hatte sich jedoch sehr bald, noch vor dem Ersten Weltkrieg, von deren Internationalismus abgegrenzt und ihr Deutsch-Sein betont. Nach dem Krieg wurden die deutschen Pfadfinder ihrerseits von der Internationalen Scouts-Organisation ausgegrenzt, da jene sich weigerten, die deutschen Grenzen nach dem Versailler Vertrag anzuerkennen, um sich nicht »von unseren deutschen Brüdern jenseits der Grenze« trennen zu lassen (Zitat aus »Der Pfad« von 1929, nach Udo Smidt (Hrg.): Dokumente Evangelischer Jugendbünde. Stuttgart 1975. Evangelisches Verlagswerk, S. 206).

Ohne Frage ließ sich auch Emil in seiner Greifenhagener »Schar« der Christlichen Pfadfinder von deutsch-nationalen Ideen beeinflussen. Doch ich glaube, dass sich seine große Begeisterung für die Pfadfinderei aus dem Naturerleben ergab, aus der Kameradschaft mit den »Brüdern«, wie sie sich gegenseitig anredeten. Sie begrüßten sich mit »Heil« und wünschten sich beim Abschied »Gut Pfad«, so steht es auch in Briefen, die ich fand. Sie kleideten sich bewusst locker: offenes Hemd mit »Schillerkragen«, schlichte Jacke, knielange Hosen oder Bundhosen. Zu größeren Gau- oder gar Reichstreffen musste man in »Kluft« kommen, einer Art Uniform, bestehend aus einem hellbraunen Hemd, einem farbigen Halstuch, einem Lederriemen quer über Brust und Schulter, einem Gürtel und knielangen Hosen. Je nach »Stamm« unterschieden sich die Farben des Tuchs. Von 1924 gibt es eine erste Aufnahme von Emil aus dieser Zeit. Der kleine ängstliche Tischlerlehrling auf dem Foto von 1921 hatte sich in einen selbstsicheren und sehr attraktiven jungen Mann verwandelt.

Emil in der Kluft der Christlichen Pfadfinder, 1924

Allerdings erschreckt mich jedes Mal, wenn ich dieses Foto meines Vaters sehe, die Ähnlichkeit dieser »Kluft« mit den Braunhemden von Hitlers S.A. Vielen jungen Männern aus der Jugendbewegung fiel es nicht schwer, von einer Uniform in die nächste zu wechseln. Wir können uns heute nicht mehr von den Bildern lösen, die aus der nachfolgenden Nazi-Zeit stammen. Obwohl ich weiß, dass mein Vater kein Nazi war, schaut er mich auf diesem Bild als einer an.

Emil hatte im Mai 1924 seine Lehre beendet und damit auch beruflich ein neues Leben begonnen. Er arbeitete noch eine Zeit lang als Geselle bei Meister Hülsen in Greifenhagen, bis dieser ihn entlassen musste. Die Zeit der großen Arbeitslosigkeit begann, unter der Emil jahrelang zu leiden hatte.

Doch noch war die Welt in Ordnung und Emil begeisterter Pfadfinder. Sie machten Tagesfahrten in die nähere Umgebung, trafen sich mit anderen Gruppen aus benachbarten Städten oder hatten ihre »Pfadbrüder« in Greifenhagen zu Gast. Emils Kreis von Freunden wurde immer größer und räumlich ausgedehnter. Von vielen bewahrte er Fotos auf, die sie ihm mit Widmungen geschenkt hatten.

Trotz seiner verkrüppelten Finger lernte er, Instrumente zu spielen. Zuerst wahrscheinlich die Mundharmonika, ein einfaches und nicht so teures Instrument, das er mit viel Ausdruck spielen konnte. Gitarre und Mandoline spielte er auch schon ziemlich früh. Eine Zeit lang nahm er Geigen-Unterricht und irgendwann begann er Akkordeon, »Schifferklavier« sagte er, zu spielen. Ich vermute, dass er sich die teuren Instrumente zunächst nur auslieh. Später allerdings besaß er eine Geige, ein Akkordeon und eine »Klampfe«, so nannte man die Gitarre. – Wie liebte ich es als Kind, wenn mir mein Vater vor dem Zubettgehen noch ein Lied, vom Jäger aus Kurpfalz oder vom wilden Wassermann und der schönen jungen Lilofee, vorsang und sich dabei auf der Klampfe selbst begleitete!

Der Sport war seine andere Leidenschaft, viele Fotos zeugen davon. Er war Mitglied in mehreren Vereinen. Seine Lieblingssportarten waren Leichtathletik, Turnen, Schwimmen und Ballspielen.

Und selbstverständlich ging Emil mit seinen Freunden auch auf große Fahrt. Im Frühling 1925 wanderte er mit seiner »Schar« durch Thüringen, im Sommer desselben Jahres nach Hannover zum Bundestreffen der Christlichen Pfadfinder. Sehr wahrscheinlich lernte er bei dieser Gelegenheit die Reichshauptstadt Berlin, seine zukünftige Heimat, zum ersten Mal kennen. Genau wie du sammelte er von jeder Fahrt Fotos und klebte sie sorgfältig in Fotoalben ein. Sie lassen mich erahnen, welche Lebenslust ihn damals erfüllte. Es muss herrlich gewesen sein, im Wald zu zelten, mit den Freunden am Lagerfeuer zu sitzen, zu singen, zu spielen, sportliche Wettkämpfe auszutragen und dabei Pläne zu schmieden für die nähere und fernere Zukunft.

Emil (ganz rechts) mit Freunden beim Zelten, ca. 1926

Aus den Jahren 1926, 1927 und 1929 sind Emils Taschenkalender erhalten, in denen er mit feiner Feder-Schrift seine Eintragungen machte. Dass er sie aufhob und nicht wie andere Kalender aus den dreißiger und vierziger Jahren vernichtete, zeigt, dass ihm die Erinnerungen an diese Jahre ganz besonders wichtig waren. Ich hatte sie schon früher, zu seinen Lebzeiten, in einem Schränkchen, zusammen mit anderen Taschenkalendern aus der Nachkriegszeit, gefunden. Damals blätterte ich nur darin, legte sie dann jedoch pietätvoll zurück, weil ich fand, dass sie Geheimnisse enthielten, die nicht für meine Augen gedacht waren. Als ich sie nach seinem Tod wieder entdeckte, war es klar, dass mein Vater sie uns, seinen Töchtern, hinterlassen wollte.

Und nun begegnete mir mein Vater, vor allem in den drei frühen Kalendern, als ein junger Mann, den ich zwar schon von den Fotos kannte, der aber nun noch einmal auf andere Weise lebendig wurde. Es war, als ob ich an seinem Leben, an seinen täglichen Unternehmungen, seinen Fahrten und Abenteuern selbst teilnahm. Ich wünschte, ich hätte auch von dir solche Dokumente in Händen.

Ab Januar 1926 machte er fast täglich Eintragungen über den Stand seines Kilometerzählers, um festzuhalten, welche Strecke er mit seinem Rad gefahren war. Es sind im Januar erst wenige Kilometer, weshalb ich annehme, dass er sich sein erstes Fahrrad zu Weihnachten 1925 anschaffte. Damals war er 19 Jahre alt. Wahrscheinlich konnte er ein gebrauchtes Rad von einem seiner Freunde billig kaufen oder bekam sogar ein abgelegtes geschenkt, denn für ein neues reichte sein Geld sicher nicht.

Das Fahrrad, so denke ich, war für ihn ein Riesenschritt zur Selbständigkeit und Befreiung. Denn von nun an konnte er sich nicht nur in der näheren Umgebung von Greifenhagen schnell und frei bewegen, sondern auch weitere Reisen unternehmen, die nur seine Muskelkraft, aber kein Geld kosteten. In jeder Jahreszeit, bei jedem Wetter war er unterwegs mit seinen Freunden, aber auch allein. An den Ufern der Oder entlang, durch die sanft wellige Landschaft mit ihren Feldern und ausgedehnten Wäldern ringsum, zu den vielen kleinen und großen Seen, die überall versteckt und nur mit Mühe über Sandwege mit dem Fahrrad zu erreichen waren. Gelegentlich fuhr er sogar am Abend in das etwa 30 km entfernt gelegene Stettin, um sich einen Film, zum Beispiel »Ben Hur«, anzusehen, und kam in der Nacht wieder zurück. Für seine Pfadfindergruppe erkundete er mit dem Fahrrad Routen – »fand« also im wahrsten Sinne »Pfade« –, die sie dann zusammen per Rad oder zu Fuß erwanderten.

Emil (Mitte) mit Freunden auf Fahrradtour, ca. 1926

Auf meiner Fahrradreise in die alte Heimat meines Vaters, die ich 1998 unternahm, bin ich mehrere seiner Touren anhand von seiner zerrissenen und wieder zusammengeklebten Straßenkarte abgefahren. Ich habe sogar im Woltiner See gebadet und dabei ständig an den hoffnungsvollen jungen Mann gedacht, der hier glücklich gewesen war.

Mit dem Fahrrad ging es nun auch auf große Fahrt. Gleich im Februar 1926 fuhr er mit drei Freunden nach Berlin. Sorgfältig hielt er die Ereignisse dieser Reise in seinem Kalender fest. Es waren sechs abenteuerliche Tage für ihn. Er war 420 Kilometer gefahren. Für ihn und seine Freunde entwickelten sich aus dieser Reise viele Kontakte nach Berlin, die wenig später zu seiner Übersiedelung in die Reichshauptstadt führten.

In Greifenhagen war Emil inzwischen »Scharführer« einer »Jungschar« von Pfadfindern geworden. Er leitete die Heimabende, ging mit ihnen auf Fahrt, im Sommer zum Schwimmen, im Winter mit Schlittschuhen aufs Eis, er organisierte Spiele, wie zum Beispiel die beliebten »Schnitzeljagden«, bei denen auch sein acht- oder neunjähriger Bruder Willi dabei war. Ich stelle mir vor, wie stolz dieser auf seinen großen Bruder war, der so viele bewundernswerte Dinge konnte. Emil wurde Willis Vorbild – und nicht der von der Mutter verachtete Vater – wie er mir einmal bestätigte. Seinem großen Bruder eiferte Willi während seines ganzen Lebens nach.

Es fällt mir jetzt erst auf, dass mein Vater in seiner Jugend während seiner frühen Pfadfinderzeit offenbar nur männliche Freunde hatte. Auf keinem der Fotos seiner Fahrten und Treffen sind Mädchen abgebildet. War für ihn das Leben, das er mit jungen Männern teilte – Abenteuer, Spaß, Sport –, wichtiger als alles andere? Waren ihm Frauen, von denen er ja in seiner Familie umgeben war, in diesen Jahren seiner Jugend noch uninteressant, weil er von seinen männlichen Freunden, mit denen er sich erfolgreich messen konnte, genügend Bestätigung seiner Männlichkeit, seiner Stärken und Fähigkeiten bekam?

Karl Bauer war einer seiner besten Freunde. Er stammte aus Bahn, einer kleinen, etwa zwanzig Kilometer von Greifenhagen entfernt gelegenen Stadt, und war der Sohn eines Tischlermeisters. Durch ihn bekam Emil eine Stelle in der Werkstatt von Meister Bauer. Am 19. März 1926 stellte sich Emil in Bahn vor, wie er in seinem Taschenkalender vermerkte. – Fünfzig Jahre später unterstrich er diese Eintragung und setzte ein Ausrufezeichen an den Rand.

Emils erste Liebe

Ich werde jetzt eine Geschichte erzählen, von der ich nicht weiß, ob du sie so genau kanntest, wie ich sie rekonstruiert habe. Zwar glaube ich, dass dir dein Hans von Grete, seiner Jugendliebe erzählt hat, es kamen ja auch, als ihr schon verheiratet wart, alljährlich Weihnachtsgrüße von ihr. Doch ich bin nicht sicher, ob dir klar war, dass diese Frau deinen Mann immer noch liebte und er ihr wohl auch immer zugetan blieb. Ich jedenfalls war sehr erstaunt, als mein Vater nach deinem Tod mit dieser Frau, von der ich überhaupt nichts wusste, wieder Kontakt aufnahm. Diese »Fortsetzung« der Geschichte werde ich später erzählen. Jetzt geht es erst einmal um Emils erste Liebe.

Am 22. März 1926 trat Emil, wahrscheinlich nach mehrmonatiger Arbeitslosigkeit, bei Tischlermeister Bauer in Bahn seinen Dienst an. Wie es damals üblich war, bekam er Kost und Unterkunft im Haus seines Meisters. Die Bauers hatten vier

Kinder: Emils Freund Karl, der Älteste, war schon aus dem Haus, die zwei Töchter, Grete und Käte, und der jüngste Sohn Franz lebten noch bei den Eltern.

Die Liebesgeschichte zwischen Emil und der im August 1926 gerade 15 Jahre alt gewordenen Grete Bauer habe ich nicht allein aus seinen kargen Eintragungen in seinem Taschenkalender rekonstruiert, sondern auch aus Briefen aus dem Jahr 1975 und später, die in seinem Nachlass erhalten geblieben sind. Ich las sie mit großer Anteilnahme und will versuchen, daraus ihre Geschichte zu erzählen:

Da saß also im März 1926 der blonde und bildhübsche neue Geselle ihres Vaters mit am Tisch. Grete hörte zu, was er von seinen weiten Reisen, seinen Fahrten, von seinen sportlichen Aktivitäten berichtete. Sie kannte vieles aus den Erzählungen ihres Bruders Karl. Doch der fröhliche Geselle, der alsbald auch von ihrem Vater als besonders tüchtig gelobt wurde, war kein Bruder, sondern ein junger Mann, in den sie sich wahrscheinlich sofort verliebte.

Sprang auch bei ihm gleich ein Funken über, verliebte auch er sich sofort in die hübsche Kleine »mit den schönen kastanienbraunen Locken«? Vermutlich nicht, denn aus seinem Taschenkalender geht hervor, dass er jedes Wochenende in Greifenhagen verbrachte, nicht um bei der Familie zu sein, sondern vor allem, um sich mit seinen Pfadfinder- und Sportvereins-Freunden zu treffen. Im Sommer 1926 war er an den Wochenenden ständig unterwegs: Zeltlager, Wanderungen, Freizeiten, Radfahrten. Auch nach Berlin ging es mehrmals während des Jahres zu Treffen der Christlichen Pfadfinder. Mir scheint, dass seine Freunde ihm das Wichtigste waren und er die kleine Grete mit ihren strahlenden, auf ihn gerichteten Augen gar nicht wahrnahm.

Wie muss sie ihn bewundert haben, wenn er am Montag frühmorgens mit dem Fahrrad aus dem zweiundzwanzig Kilometer entfernten Greifenhagen pünktlich zum Arbeitsbeginn in Bahn eintraf. Am Samstag gleich nach Dienstschluss fuhr er wieder fort, und zwar bei jedem Wetter, sogar bei Schnee und »furchtbarem Matsch« auf der Landstraße. Bei gutem Wetter schaffte er die Strecke in einer knappen Stunde, bei Gegenwind brauchte er manchmal drei Stunden. Am Heiligen Abend 1926 blieb Emil jedoch in Bahn, um bei den Bauers zu feiern, und fuhr erst am Ersten Feiertag nach Greifenhagen. Ob sie sich unter dem Lichterbaum ihre Gefühle füreinander gestanden?

Allerdings musste er seine Arbeit in Bahn von Januar bis Juni 1927 wieder aufgeben, wahrscheinlich bekam Meister Bauer nicht mehr genügend Aufträge. Emil arbeitete in Greifenhagen in der Parkettfabrik, wo auch sein Vater tätig war, besuchte die Bauers aber während dieser Zeit. Zu Gretes Konfirmation im April war er Gast in Bahn.

Und dann kam der Sommer 1927 – die Zeit ihrer großen Liebe. Leider weisen Emils Aufzeichnungen gerade für diesen Zeitraum im Juli und August 1927 eine Lücke auf. Ich stelle mir vor, dass er seine Erlebnisse mit Grete unbedingt geheim halten wollte und sie deshalb nicht einmal seinem Taschenkalender anvertraute. Grete war wahrscheinlich ein wohlbehütetes Mädchen. Ob ihre Eltern sie überhaupt mit Emil allein weggehen ließen? Konnten sie sich nur heimlich treffen?

Da Emil auch an seinem Arbeitsort in Bahn zu Sportskameraden Anschluss gefunden hatte und auf Sportfesten mitwirkte, stelle ich mir vor, dass Grete ihn bei einem Schwimmwettkampf oder als Geräteturner bestaunen konnte. Im Juli 1927 bekam Emil bei einem Schwimmfest in Bahn sogar den ersten Preis. Wie stolz muss Grete auf ihren Freund Emil gewesen sein! Zu ihrem 16. Geburtstag am 30. August 1927 schenkte er ihr ein Nähkästchen, »poliert und mit einem Stern als Einlegearbeit«, das sie – wie sie ihm fünfzig Jahre später gestand – als ein »liebes Erinnerungsstück« an ihn bewahrte, bis es ihr »durch den Krieg und die Flucht genommen wurde«.

Was fühlte Emil für sie? Beide Schwestern meines Vaters, die ich befragte, meinten, dass Grete wirklich seine erste große Liebe war. Doch warum heißt es dann am 15. September 1927, nur zwei Wochen nach Gretes Geburtstag, in seinem Kalender: »In Bahn Schluss gemacht«, mit einem Satz aus dem Lied »Das Wandern ist des Müllers Lust« als Zusatzbemerkung: »Herr Meister und Frau Meisterin, lasst mich in Frieden weiterziehn«? Von Grete ist keine Rede! Und schon zwei Tage darauf traf Emil mit »Kisten und Koffern« in Berlin-Spandau ein. Es klingt wie ein Jubelruf, wenn er notiert: »Am Ziel in der neuen Heimat!«

Zum Abschied schenkte Grete ihm ihr Konfirmationsfoto mit der Widmung »Meinem lieben Freund Emil zur steten Erinnerung. Grete Bauer. Bahn, im September 1927«. Emil bewahrte es auf.

Was mag der Grund für seinen plötzlichen Weggang aus Bahn gewesen sein? Hatte Meister Bauer wieder keine Aufträge, so dass er seinen Gesellen wegschicken musste? Hatte Emil von sich aus gekündigt, weil es ihn nach Berlin zog, wo schon mehrere seiner Freunde Arbeit gefunden hatten und wo die Freiheit lockte?

Oder hatte sein Weggang mit der kleinen Grete zu tun? Emils Schwestern nämlich meinten, dass Meister Bauer seinen Gesellen davon geschickt habe, weil er die Liebe zwischen den beiden jungen Leuten nicht gut hieß. Grete, so sollen die Bauers gemeint haben, sei noch viel zu jung. Außerdem, so denke ich, wollten sie wohl auch lieber einen gestandenen Handwerker zum Schwiegersohn haben, einen Meister, der seine Frau ernähren konnte, und nicht so einen armen Gesellen, der dem jungen Mädchen mit seinem hübschen Äußeren und seiner sportlichen Männlichkeit den Kopf verdreht hatte.

Aber warum hat Emil dann nicht um sein Glück mit Grete gekämpft, warum ist Grete nicht mit ihm nach Berlin gegangen? Emils Schwester Frieda meinte, dass beide dazu zu »christlich« gewesen seien, und außerdem sei Grete eine sehr junge Frau gewesen, die sich nicht gegen ihre Eltern auflehnen konnte. Haben sie sich heimlich verlobt und sich gegenseitig versichert, aufeinander zu warten? Oder ließ er die kleine Grete »sitzen«? Machte er sich davon, weil er sich nicht binden, nicht seine Freiheit verlieren und noch weiter ein Wanderbursche sein wollte wie der Müller in dem Lied »Das Wandern ist des Müllers Lust«, aus dem er in seinem Taschenkalender zitiert, auch wenn das »Meisterstöchterlein« mit zerbrochenem Herzen zurückblieb?

Nach seinem Weggang schrieben sie sich Briefe. Leider hat Emil seinen Taschenkalender von 1928 nicht aufbewahrt, so dass ich keine Anhaltspunkte habe, wie sich ihre Beziehung bis Ende 1928 weiter entwickelte. Sie scheint ihm im Verlauf des Jahres ein Foto von sich auf einer Wiese, »Margarete unter Margeriten« steht darunter, geschickt zu haben, denn unter ihrer Widmung: »Meinem lieben Freund zur steten Erinnerung an Grete Bauer« notierte er die Jahreszahl. Dieses Foto ist zerknittert, so als habe er es, vielleicht in seiner Brieftasche, lange Zeit bei sich getragen.

Sie scheinen sich aber auch wieder getroffen zu haben, wenn er in Greifenhagen seine Eltern und Freunde besuchte, so zum Beispiel in den Weihnachtstagen 1928. Das belegt eine an ihn gerichtete Postkarte von einer Verwandten der Bauers aus Bahn vom 30. Dezember. Sie schreibt: »Und du, lieber Emil, kamst mir so bedrückt vor? Hast du den Besuch bei Grete so tragisch genommen? Familie Bauer nimmt deine Sache jetzt sehr kritisch, Grete ganz besonders, daher die Stimmung.«

Was sahen die Bauers »kritisch«? Seinen Weggang nach Berlin? Und warum war auch Grete ihm gegenüber »kritisch« eingestellt? Was hatte sie ihm vorzuwerfen? Erstaunlich finde ich, dass Emil diese Karte aufbewahrte. Das deutet darauf hin, dass sie eine bedeutsame Nachricht enthält. Welche? Dass er zum Jahresende 1928 endgültig von Grete Abschied nahm, weil nun auch sie nicht mehr zu ihm stand?

Oder war es umgekehrt? War er nur »anstandshalber« noch einmal nach Bahn gefahren, nachdem er Grete 1928 ein Jahr lang vertröstet hatte, während er in Berlin sein freies Junggesellenleben genoss? Musste sie dann zu Weihnachten 1928 begreifen, dass sie ihn endgültig verloren hatte, und war deshalb »kritisch«?

Ich finde auf diese Fragen keine Antworten. Sie müssen offen bleiben. Vielleicht war es ja auch so, dass Emil selbst keine klare Haltung hatte, dass er hin und her schwankte zwischen einer ehrlichen Liebe für Grete und seinem Freiheitsdrang.

Grete ist ihrem Freund Emil treu geblieben. Sie hat nie geheiratet. War ihre Liebe für ihn so stark, dass sie keinem anderen Mann ihr Herz schenken wollte? Er hielt den Kontakt zu den Bauers durch gelegentliche Postkarten aufrecht, auch nachdem er mit dir verheiratet war, und traf sie nach fünfzig Jahren wieder.

Käthe und Emil in Berlin

In seiner neuen Heimat Berlin, so scheint es, genoss Emil sein Junggesellen-Dasein in vollen Zügen. Er wohnte bei seinem Pfadfinderfreund Heinrich Dirksen, der wie er ein Tischler war und auch aus Pommern stammte. Beide hatten schon viele gemeinsame Fahrtenabenteuer erlebt, und es war wahrscheinlich Heinrich, der ihm im Evangelischen Johannisstift in Spandau, wo dieser selbst schon arbeitete, eine Anstellung vermittelte. Emil quartierte sich bei ihm in der Seeburger Straße für zwanzig Mark im Monat ein, dazu »sechs Mark fürs Mittagessen«, wie er in seinem Kalender notierte.

Auch von Berlin aus ging Emil auf Fahrt: im Sommer 1928 mit Pfadfindern aus ganz Deutschland zum Reichstreffen der Christlichen Pfadfinder auf der Marienburg in Ostpreußen. Die Fotos von dieser Reise legen beredtes Zeugnis dafür ab, wie sehr ihn die herrlichen Landschaften, vor allem aber die Kameradschaft mit gleichgesinnten Männern begeisterte.

Nur beruflich hatte Emil kein Glück. Schon im Januar 1928 wurde er wegen »Arbeitsmangel« entlassen. Wieder durch die Vermittlung von Freunden fand er zwar von März bis September 1928 bei Siemens eine Stelle als Tischler und konnte sich sogar für einige Zeit ein eigenes Zimmer leisten, doch danach verlor er die bezahlte Arbeit wieder. Emil fand jahrelang keine feste Anstellung mehr. Die große Arbeitslosigkeit hatte eingesetzt, die für Millionen von Menschen überall im Land Not und Entbehrung mit sich brachte und entscheidend dazu beitrug, dass Hitler mit seinen Versprechungen 1933 zur Macht kam.

Emil hatte zwar kein Geld, aber viel freie Zeit, die er für seine vielfältigen Unternehmungen nutzte: Treffen mit der Singschar, Eislaufen im Winter, Radtouren, Wanderungen. Und dann scheint er auch mit Volkstanzkursen begonnen zu haben. Einmal in der Woche, manchmal sogar mehrmals, fuhr er mit Heinrich von Spandau nach Charlottenburg, Schöneberg oder Kreuzberg, wo Volkstanzkurse oder -feste stattfanden. Er notierte die Termine in seinem Kalender.

Und da, wie ich schon erzählte, bist du ihm am 9. April 1929 begegnet, dem blonden, lachenden, fröhlich die Melodien mitsingenden 23-jährigen Tischler aus Pommern, der die Volkstänze meisterlich tanzte. – Und er hatte dich, sein Kätherlin gefunden, drei Monate nach dem wahrscheinlich endgültigen Abschied von Grete Bauer in Bahn.

Du warst genauso alt wie Grete, doch erschienst du ihm, wie ich glaube, sehr viel selbstbewusster und freier als sie. Du warst eine Städterin mit einem flinken, wachen Geist, aber zugleich sportlich und naturliebend. Vor allem warst du sehr hübsch. Dein blonder Hans liebte dein Äußeres, dein feines Gesicht, die schönen langen Haare, deine zierliche Figur, deine wohlgeformten Beine, die schlanken Waden und Fesseln – das hat er auch später oft betont.

Käthe und Emil beim Volkstanz (5. und 6. von links), 1930

Habt ihr euch gleich nach der ersten Begegnung wieder getroffen? In Emils Kalender steht, dass er am Sonntag, dem 5. Mai 1929, an einem Volkstanzfest außerhalb von Berlin teilnahm. Er fügte hinzu: »Die liebe Maienzeit mein ganzes Herz erfreut!«

Dann scheinst du ihm einen Brief geschrieben zu haben – was gäbe ich darum, ihn lesen zu können! Es war offenbar eine Einladung zu einer Fahrt in den Grunewald am darauffolgenden Sonntag, zusammen mit deiner Kusine Lotte. Dein blonder Hans badete in dem gewiss noch ziemlich kalten Wasser der Havel, wie er in seinem Kalender vermerkte. Wollte er dir als Sportskerl imponieren?

Käthes 18. Geburtstag (rechts Käthe und Emil), 1929

Und dann kam der 25. Mai, dein achtzehnter Geburtstag, den ihr zusammen mit Freunden bei offenbar herrlichem Frühlingswetter draußen in der Natur gefeiert habt. Ich stelle mir vor, wie du beschwingt und eilig an diesem Sonntagmorgen ganz früh mit einem kleinen Rucksack auf dem Rücken in Charlottenburg durch die leeren Straßen zum Bahnhof gingst. Die Sonne schien schon durch das zarte Grün der Straßenbäume, vielleicht sangen die Amseln ihr Morgenlied. Du hättest am liebsten mit ihnen jubiliert. Gustel und

Werner, deine Freunde, stiegen an einem anderen Bahnhof zu dir in den Zug und wünschten dir zum Geburtstag viel Glück. Es ging nach Tiefensee östlich von Berlin. Dein Hans stand am Bahnhof, schon aus dem Zugfenster konntest du ihn sehen. Er war schon einen Tag vorher mit seinem Freund Heinrich per Fahrrad losgefahren, um, als tüchtiger Pfadfinder, die Gegend zu erkunden und einen passenden Platz für die Geburtstagsfeier auszusuchen. Nahm er dich als Geburtstagsbegrüßung in den Arm?

Zu Fuß seid ihr durch den Wald hinunter zum See gelaufen, um am Ufer zu lagern, wo Heinrich jenes wunderschöne Foto aufnahm, das dich mit deinen Geburtstagsgeschenken neben deinem Hans und den Freunden zeigt. – Es hing später in einer Vergrößerung bei uns an der Wand und wurde für mich zum Sinnbild eures Glücks und eurer Liebe. Ihr habt diese Landschaft in euer Herz geschlossen, denn im Sommer 1929 und auch später wart ihr oft in Uchtenhagen und Tiefensee, Ortsnamen, die sich mir sehr früh einprägten und bei deren Nennung ihr immer sagtet: »Wenn der Krieg vorbei ist, dann fahren wir alle dort hin.«

Käthe, 1930

Erst siebzig Jahre später – nach dem Fall der Mauer und Jahre nach eurem Tod – habe ich mir euer Versprechen erfüllt und eine Reise von Berlin nach Tiefensee und Uchtenhagen auf euren Spuren unternommen. Zwischen beiden Orten liegt eine Kette von kleineren und längeren Seen in einer langgezogenen Senke, die noch heute von dichtem Wald bestanden ist. Vom Bahnhof Tiefensee geht man durch flaches Ackerland bis an den Waldrand und durch den dichten Mischwald hinunter, bis man plötzlich am Seeufer steht. Auf der stillen Wasserfläche spiegelt sich das nahe andere Ufer, Bäume reichen über den Uferrand. Auf schmalen Wegen kann man jeden See einzeln umrunden oder die ganze Kette entlangwandern.

Am Langen See, wo Emil im Sommer 1929 das traumhafte Foto von dir unter der Birke aufnahm – das ebenfalls in meiner Kindheit als Vergrößerung an der Wand hing –, fand ich eine Stelle, an der zwei dicke Birken am Wasser standen. Die eine war schon abgestorben, der massige Stamm, die

Wurzeln noch in der Erde, hing weit hinüber, bis er im Wasser verschwand. Die andere war auch schon ziemlich dick und alt, stand aber noch aufrecht und stark am Ufer, dicht neben der umgestürzten Birke. Und da habe ich fantasiert, dass die umgefallene Birke dieselbe war, an der du vor 70 Jahren gelehnt hattest. Ich habe mich auf ihren Stamm gesetzt und mich gegen die andere, noch stehende Birke gelehnt und an dich gedacht.

Nach deinem Geburtstag hast du den blonden Hans wahrscheinlich noch mehrmals beim Volkstanzen getroffen. Doch dann gab es einen Abschied für fast fünf Wochen. Denn Hans-Emil machte sich auf zu einer ganz großen Fahrradtour mit dreien seiner Freunde über die Alpen bis nach Venedig.

Zwei Tage vor der Abreise schrieb er in seinen Kalender: »Abends Sachen packen. Bis halb ein Uhr auf Besuch gewartet.« Warst du dieser vergeblich erwartete Besuch? Den letzten Tag, einen Sonntag, habt ihr von morgens bis abends miteinander verbracht. Seine Eintragung vom 9. Juni 1929: »Morgens halb neun Uhr Bahnhof. Sonntagsfahrt durch den Grunewald. Um drei Uhr zurück nach Charlottenburg. Mittag gegessen bei K. – Um sechs Uhr zum Volkstanzfest auf dem Hubertussportplatz bis elf Uhr.«

Ihr habt euch also zum Abschied beim Volkstanzen noch einmal so richtig ausgetobt. Und vorher hast du deinen Hans zum erstenmal deiner Mutter vorgestellt. Ich vermute, Anna hat ihn sofort akzeptiert und ihn zum Mittagessen eingeladen. Und dann heißt es in seinem Büchlein: »La buon dsorni.« Sein Italienisch war mäßig, wahrscheinlich wollte er »buon giorno« (guten Tag) oder noch wahrscheinlicher: »buon viaggio« (gute Reise) schreiben, denn am nächsten Tag hieß es: »Auf zur Italienfahrt.«

Wenn mein Vater mir als Kind die Fotos von dieser Fahrradfahrt über die Alpen zeigte und davon erzählte, habe ich ihn sehr bewundert. Noch heute denke ich bei jeder Reise nach Italien daran, wenn ich über die Alpen fliege oder mit dem Zug durch die Tunnel brause, wie er damals auf einem schweren Rad ohne Gangschaltung den Brenner-Pass hinaufstrampelte oder -schob und sich auf dem Rückweg in der Schweiz die Pässe hinaufkämpfte.

Auf den Postämtern unterwegs ließen sie sich Stempel in ihre Taschenkalender drücken, als Zeichen dafür, dass sie tatsächlich an den Orten waren, und holten Briefe und Pakete ab, die postlagernd auf sie warteten. In Zürich war ein Brief von dir dabei mit einem kleinen Gedicht, das er in sein Notizbuch übertrug: »Mir kommt zuweilen wohl ein Tag, der mit Gedanken schwer mich drückt; und ich dann singen nicht noch lachen mag. Es wähnt dann mancher, der mich erblickt, dass ich in großer Schwermut sei, derweil ist mir viel helle Freude nahebei!«

Ich lese es als deine verhaltene Liebeserklärung an ihn. Die »helle Freude« war zwar noch in Zürich, befand sich aber schon auf der Rückreise nach Berlin. Ich denke, auch du hast von ihm ähnlich schöne Liebesgrüße aus der Ferne erhalten.

Auf dem letzten Stück der Rückreise »schummelten« sie und gaben das verbliebene Geld für eine Zugfahrt über Nacht von Frankfurt nach Halle aus. Emil schlief im Gepäcknetz, was ihm vom Schaffner verboten wurde, daraufhin schlief er auf dem Boden des Abteils. Nach Berlin hinein fuhren sie jedoch wieder sportlich auf ihren Drahteseln.

Emil und Käthe mit Freund, 1929

Nun war der blonde Hans wieder da, braun gebrannt und mit dicken Muskelpaketen an Beinen und Armen vom vielen Fahrradfahren, und es war Sommer in Berlin. In den folgenden Wochen wart ihr häufig zusammen: Volkstanzen, eintägige Fahrten, er kam zu den Nestabenden deiner Gruppe. Sogar zum Geburtstag deiner Mutter Anna am 11. August, wo es ein »Festessen« gab, war er Gast bei euch, wie er in seinem Kalender notierte. Auch deine Kusine Lotte war wieder dabei. Anfang September 1929 warst du mit ihm und einigen eurer Freunde fünf Tage lang in der Jugendherberge von Ützdorf am See, nördlich von Berlin. Auf dem Foto vor der Jugendherberge, Emil mit einer Geige in der Hand, seht ihr beide zufrieden aus.

Oder täuscht das Foto? War der Sommer 1929 für dich doch ganz anders, weil du ein Geheimnis vor Emil hattest, das du ihm zuerst noch nicht aufdecken wolltest? Denn am 24. September 1929, drei Wochen nach dem Urlaub in Ützdorf, scheint es zwischen dir und deinem Hans »aus!« gewesen zu sein, wie er in seinem Büchlein festhielt. Er notierte weiter: »Brief von Käthe erhalten, um traurig sein zu können«. Vier Tage später erhielt er Bücher von dir, wie er vermerkte. Er antwortete auf einer Postkarte, die er wahrscheinlich seinem Buchpaket an dich beilegte, aus der hervorgeht, dass du ihm einen Abschiedsbrief geschrieben hattest: »Käthe, Du bist hart geworden. Hätte ich gewusst, dass Du so prompt bist, hätte ich noch einen Tag gewartet mit dem Brief, der es wieder einrenken sollte. Doch nun ist es zu spät. Du hast den Riegel vorgeschoben. Ob ich nun hier bleibe oder fahre, bleibe bitte bei dem Glauben, in dem Du die Bücher und den letzten Gruß gesandt hast. Lebe wohl und alles Gute. Emil Höppner.«

Diese Postkarte, die Bildseite zeigt ein melancholisch stimmendes Foto von einem kahlen Baum, der gegen den vollen Mond zwischen Wolken aufgenommen ist, fand ich in einem eurer Fotoalben. Ich weiß nicht, ob es deines oder seines war. Erst nach dem Herausnehmen entdeckte ich Emils Zeilen. Erstaunlicherweise fand ich in Emils Kalender den Post-Einlieferungsschein für das Bücherpaket an dich, den er, wie zur Dokumentation eures Zerwürfnisses, aufbewahrt hatte. Hat nur er oder habt ihr beide diesen Bruch in eurer Beziehung so ernst genommen? Wenn ich seine Worte richtig verstehe, hat er noch mit einem anderen Brief an dich einen Versöhnungsversuch gemacht, auf den du aber nicht eingegangen bist. Auch du scheinst irgendwie zum Ausdruck gebracht zu haben, dass du »Glauben« an ihn hast. Dennoch: Es war »aus«.

Was war der Grund für euren Bruch? Emma, die jüngste Schwester deiner Mutter, die in jener Zeit oft bei euch in Charlottenburg war, berichtete mir, dass du in deinen Kollegen Kurt Lessig verliebt warst: »Als ich 1929 nach Berlin kam, kannten sich Käthe und Emil schon. Aber eine engere Freundschaft war damals mit Kurt Lessig. An eine Verbindung mit Emil dachte Käthe damals noch nicht.« Und weiter berichtete sie: »Etwa 1929, als ich Käthe und Anna an einem Nachmittag besuchte und wir mit Käthe allein im Zimmer waren, kam der Kurt. Er war sehr fein und anständig, und ich musste den Eindruck haben, er hatte Käthe aufrichtig gern. Ich weiß, dass Käthe damals sehr glücklich war.«

Hast du dir in diesem Sommer von Emil den Hof machen lassen, insgeheim aber gehofft, Kurt zu gewinnen? Er war nicht nur in deiner Firma Caliqua als

Wärmetechniker beschäftigt, sondern auch in der Jugendbewegung aktiv. Er leitete sogar eine »Singschar« in Steglitz. Es gibt eine Serie von Fotos, leider ohne Datum, auf denen er dirigierend vor einer singenden Gruppe junger Leute steht. Eine der Frauen, die vor ihm im Gras sitzen, bist du.

Kurt Lessig und die Singschar, Käthe ganz links, ca. 1929

Ich glaube, du hast dich Hals über Kopf in Kurt verliebt und in deiner Glückseligkeit, dass er scheinbar deine Liebe erwiderte, die Brücken zu Emil abgebrochen. War der Brief, den du Emil schriebst und den er als »hart« empfand, dein Abschiedsbrief, weil du glaubtest, dass Kurt der Deine sein würde? Wie furchtbar musste dann die Enttäuschung für dich gewesen sein, als, so scheint es, Kurt dich abwies. Dazu wieder Emma: »Käthe liebte Kurt Lessig, hätte ihn gern geheiratet. Ich glaube, er auch Käthe. Doch hier war etwas, was sich niemals überbrücken ließ. Kurt Lessig, der wohlerzogene Sohn aus gutem Hause. – Käthe hat wohl die höhere Schule besucht. Doch nicht die Eltern und Verwandten. Diese Kluft ist nicht in einer Generation auszugleichen. Käthe war zu stolz, sich mit so hochentwickelten Menschen zu verbinden und sich für die eigene Familie schämen zu müssen. Solche Bildungslücke hat schon manches Leid in die Familien gebracht. Käthe war zu klug, um solchen Unsinn zu machen. Sie hat den Hans Höppner geheiratet, weil sie sich Kinder wünschte und nicht allein bleiben wollte. Es kam fast zu einem Bruch – durch den Kurt. Käthe ist in die tiefste Demut hinabgestiegen und hat den Hans wiedergeholt.«

Emma hatte – wie ich selbst – ein falsches Bild von Kurts Herkunft, erst jetzt, im Zusammenhang mit meiner Spurensuche, habe ich es revidiert: Er stammte nicht aus dem Bildungsbürgertum, sondern kam aus einem recht einfachen Elternhaus. Er hatte nicht studiert, sondern nur eine Fachschule besucht und sich seine Bildung weitgehend selbst angeeignet. Doch das war mehr als Emil vorzuweisen hatte. Kurt war Ingenieur und hatte eine feine, kultivierte Art, die dich beeindruckte, war belesen, konnte Dichtung rezitieren, sein Musizieren war künstlerisch, nicht dilettantisch wie das von Hans-Emil. Ich glaube, Kurt war ein Mann, wie du ihn dir erträumt hattest: Einer, von dem du erwarten konntest, dass er dich aus dem kleinbürgerlich-engen Milieu deiner Familie herausholen würde.

Vor allem hatte er einen verführerischen Charme, der dich wahrscheinlich betörte. Seine weiche, erotische Stimme habe auch ich noch im Ohr. War er für dich der Märchenprinz, auf den du aber verzichten musstest? Emma war der Meinung, dass du dich mit »blutendem Herzen« von Kurt löstest. Sie erklärte mir: »Wohl hat Käthe ganz mit Überlegung und nach dem Verstande geheiratet, doch das Herz blutete – ihr ganzes Leben war von diesem Herzweh beschattet. Sie liebte Kurt Lessig.«

Wie hast du diesen Schmerz ertragen? Du sahst Kurt doch weiterhin in der Firma, wahrscheinlich auch auf den Junabu-Treffen. Hat er, wenn ihr euch saht, weiter mit deinen Gefühlen gespielt? Wie musst du gelitten haben, als Kurt eine Frau heiratete, die aus einer angesehenen und vermögenden Familie stammte, also »etwas Besseres« war als du? Wieder einmal Fragen über Fragen, auf die es keine Antwort mehr geben kann. Was gäbe ich darum, sie dir noch stellen zu können, um besser zu verstehen, weshalb du deine Gefühle von diesem Mann nicht lösen konntest und seine Nähe auch in späteren Jahren, eigentlich bis zu deinem Tod, gesucht hast.

Du bist dann also zu Emil zurückgekehrt. Es ging alles ziemlich schnell, schon Ende Oktober, also nur einen Monat nach dem »Aus«, steht in Emils Büchlein: »Schicksal«. Und zwei Tage später war er in deiner Gruppe zum Nest-Abend. Er bekam von dir einen Brief und gleich darauf hattet ihr einen »Diskussionsabend«, der offenbar die Versöhnung brachte.

Warum war es dir so eilig, zu ihm zurückzukehren? Hattest du Angst, ihn sonst zu verlieren und keinen anderen zu finden? Hat dich vielleicht deine Mutter gedrängt? In ihren Augen war Emil Höppner sicher ein zuverlässiger, liebenswerter Mann, gerade richtig zum Heiraten – viel besser als ihr Richard.

Den Heiligen Abend 1929 verbrachte Hans-Emil bei euch in der Gervinusstraße und am 25. Dezember hast du mit ihm und euren Freunden Werner und Gustel eine Tagesfahrt nach Ützdorf gemacht – an den Ort, wo ihr im Sommer euren Urlaub verbracht hattet.

Im Sommer 1930 wart ihr an der Ostsee und habt auf dem Wege Emils Eltern in Greifenhagen besucht. Mutter Höppner soll bei dieser Gelegenheit gesagt haben, dass du für Emil nicht die richtige Frau seist, weil du zu »vornehm«, zu »modern«, eben eine junge Frau aus der Großstadt Berlin wärst. Hat sie ihrem Emil immer noch das Meisterstöchterlein aus Bahn gewünscht? Und du, wie hast du dich gefühlt? Für die einen warst du zu vornehm und für die anderen nicht vornehm genug!

Sommer an der Ostsee, 1930

Die Ähnlichkeit eurer beiden Liebes-»Vorgeschichten« berührt mich seltsam: Du verliebtest dich in einen Mann, der dich wahrscheinlich wegen deiner Herkunft nicht wollte, und Emil wurde vermutlich aus denselben Gründen von den Bauers abgelehnt. Aber auch die Unterschiede zwischen beiden Geschichten erscheinen mir nur wie die Kehrseite desselben Musters: Beide Männer, Emil nicht anders als Kurt, haben die Frauen, die sie liebten oder von denen sie geliebt wurden, verlassen, während ihr beiden Frauen, Grete ebenso wie du, leidend zurückgeblieben seid. Die Männer wählten eine andere und trafen damit eine für sie bessere Wahl, ihr beiden Frauen, so scheint es mir, habt euch passiv in euer Schicksal ergeben und eurem ersten Geliebten nachgetrauert. Allerdings hast du dir einen Mann »zweiter Wahl« genommen, während Grete keinen anderen mehr fand oder wollte.

Und dann fallen mir noch Ähnlichkeiten zu den Geschichten eurer eigenen Eltern auf: Du wurdest von dem Mann, den du liebtest, enttäuscht, so wie deine Mutter von Richard enttäuscht wurde, wobei allerdings ihr Erwachen erst nach der Hochzeit kam. – Emil ließ es zu, dass andere, du und die Bauers, für ihn Entscheidungen trafen, so wie sein Vater Gottfried seiner Frau die Entscheidungen überließ. – Muster, die uns verbinden.

Verlobungszeit in der Laubenkolonie

Es vergingen noch mehrere Jahre bis zu eurer Hochzeit im Jahre 1934, und auch die Verlobung habt ihr erst 1932 gefeiert. Deine Kusinen erzählten mir, dass ihr nicht heiraten konntet, weil das Geld nicht reichte für einen eigenen Hausstand. Denn es war noch immer die Zeit der großen Arbeitslosigkeit, und ihr wart beide betroffen. Dir wurde Ende 1930 deine Stelle bei der Firma Caliqua gekündigt. Kurt Lessig sahst du nun nicht mehr täglich im Büro. Du hattest zwar Glück, ein Jahr nach deiner Kündigung wieder eine Anstellung als technische Zeichnerin zu finden, doch dein Verdienst war sehr gering. Außerdem musstest du deine Mutter unterstützen, deren kleiner Laden nichts einbrachte. Ende 1931 oder im Frühjahr 1932 gab sie ihn endlich auf und arbeitete als Haushaltshilfe, auch wieder für sehr wenig Geld. Lotte erinnerte sich, dass du deiner Mutter deshalb Vorwürfe machtest und es Streit zwischen euch gab wegen des Geldes.

Wahrscheinlich hast du auch die Miete für eure neue Wohnung in Spandau in der Zweibrückerstraße 47 bezahlt, in die ihr Anfang 1932 einzogt. Im Vergleich zu der alten Wohnung in der Gervinusstraße war diese geradezu feudal. Sie hatte zwei kleine und ein größeres Zimmer, eine Küche, einen Balkon und vor allem: ein richtiges Bad. Deine Mutter hat dort bis zu ihrem Tod gewohnt.

Emil blieb noch bis Anfang 1934 arbeitslos und verdiente nur hin und wieder durch Gelegenheitsarbeiten ein paar Mark. Er hatte bei einem Freund Unterschlupf gefunden, der ihn für wenig Geld, vielleicht sogar kostenlos, in seiner Laube in einer Kleingartenkolonie am Hohenzollernring in Spandau wohnen ließ – dort, wo auch ihr dann sehr bald eure erste gemeinsame Bleibe fandet.

Aus den Jahren 1931 und 1932 gibt es nur spärliche Zeugnisse aus eurem Leben, keine Taschenkalender, keine Briefe. Einige Fotos fand ich aus dieser Zeit, die euch mit euren Freunden auf Fahrt zeigen. Allmählich wurden jedoch eure Beziehungen zu den jugendbewegten Freunden lockerer, denn viele hatten geheiratet und keine Zeit mehr für die Unternehmungen in der Gruppe. Nur zu einigen hieltet ihr die Verbindung aufrecht, sie wurden eure engsten Freunde und ihre Kinder später die Spielgefährten eurer Kinder.

Dazu kam, dass die Jugendbewegung inzwischen in den Sog der aufkommenden nationalsozialistischen Bewegung geraten war. Viele eurer Freunde traten gleich 1933 oder noch davor in die NSDAP ein, was erneut beweist, wie groß die ideologische Nähe zwischen Jugendbewegung und den Nazis war. Die Auflösung aller Jugendbünde 1933 und ihre Einverleibung in die Hitlerjugend geschah keineswegs nur gegen den Willen der Bünde, sondern mit ihrem vollen Einverständnis, nun der »völkischen Idee« dienen zu wollen.

Was hieltet ihr von den Nazis, als sie an die Macht gekommen waren? Ich habe euch in den Jahren der 68er-Studentenrevolution, als viele junge Menschen ihre Eltern nach deren Verhalten im Nationalsozialismus befragten, diese Frage gestellt. Ihr habt mir erklärt, dass ihr nur froh gewesen seid, endlich wieder Arbeit zu haben, denn das hätte Hitler ja mit der Ankurbelung der Wirtschaft, zum Beispiel durch den Autobahnbau, bewirkt. Dass die Wirtschaft nur wegen des massiven Ausbaus der Rüstungsindustrie und die Autobahnen aus strategischen, auf den Krieg hin ausgerichteten Gründen gebaut wurden, wäre euch nicht bewusst gewesen. Im Übrigen sei Politik nicht eure Sache gewesen, weil ihr anderes zu tun hattet: Ihr wolltet eine Familie gründen, für ein Eigenheim sparen und wart »dem Führer« dankbar, dass er wieder »geordnete Verhältnisse« geschaffen hatte, die euch diese Ziele ermöglichten. – Ja, so war es wohl. Ihr wart kleine Mitläufer, wie die meisten Deutschen. Die Hakenkreuzfahne flatterte über eurem Häuschen, weil sie schön war, klare Farben hatte und das Hakenkreuz so edel aussah – so sagtest du.

Eigentlich ist es erstaunlich, dass ihr nicht in die Partei eingetreten seid und keine begeisterten Nazis wurdet, denn das deutsch-nationale Gedankengut war euch ja durch die Jugendbewegung sehr vertraut. Und schließlich warst du in deinem Elternhaus durch deinen Vater, den Ludendorffianer, mit der völkischen, antisemitischen Rassen-Ideologie in Reinform aufgewachsen. Doch genau hier lag vielleicht der Grund für deine Zurückhaltung: Dein Vater hatte die Rassen-Ideologie gegen seine »slawische« Frau, deine Mutter, angewendet, als er um die Scheidung kämpfte. Du konntest ihm deshalb nicht folgen. – Dieser Gedanke kam mir erst jetzt beim Aufschreiben deiner Geschichte. Er tröstet mich. Denn, wenn es so war, dann hatte dein zerrüttetes Elternhaus doch wenigstens etwas Gutes für dich gebracht.

Im Advent 1932 habt ihr euch offiziell verlobt und schon im Frühjahr 1933 habt ihr am Hohenzollernring die »Laube Nr. 21« gepachtet. Ich glaube, die Pacht kostete hundert Mark im Jahr oder noch weniger. Es war ein kleines sehr heruntergekommenes Holzhäuschen. Emil nannte es »Russisch-Polen«, für ihn offenbar der Inbegriff der verlotterten Armseligkeit. Ich vermute, dass Emil, der ja eine Zeit lang bei einem Freund in derselben Laubenkolonie wohnte, von der freigewordenen Laube 21 erfuhr. Vielleicht ist er zuerst allein in die »Bruchbude« eingezogen, um alles wohnlich zu machen, während du noch bei deiner Mutter in der Zweibrückerstraße wohntest.

Das erste eigene Heim in der Laubenkolonie Tsingtau, 1935

Man nannte solche Kleingartensiedlungen in Berlin und anderen Städten »Schrebergärten«, weil Dr. Schreber als Begründer einer Gesundheitsbewegung um die Mitte des 19. Jahrhunderts dafür gesorgt hatte, dass Gartenland in der Stadt für solche Anlagen bereitgestellt wurde. Die in engen Mietskasernen wohnenden kinderreichen Familien sollten in den Gärten Erholung finden und sich auch als Selbstversorger Gemüse und Obst anbauen können. Üblicherweise wohnten Eigentümer oder Pächter solcher Schrebergärten nicht in ihrer Laube, sondern kamen nur am Feierabend oder an Wochenenden, um sich dort zu erholen und im Garten zu arbeiten. Ihr aber zogt in die Laube Nr. 21 ein, um dort zu wohnen.

Bei eurem Einzug hatte die Laubenkolonie noch keinen Namen. 1935 jedoch wurde von dem Kleingärtnerverein beschlossen, der Siedlung den Namen einer ehemals deutschen Kolonie in China, Tsingtau, zu geben. Eure Adresse hieß von diesem Zeitpunkt an: Kolonie Tsingtau Nr. 1. Schrebergarten-Siedlungen in Berlin hießen üblicherweise »Eintracht«, »Freiheit«, »Harmonie« oder sie wurden nach der Germarkung »Nordende«, »Wilhelmsruh« bezeichnet. Ihr aber wohntet in einer deutsch-chinesischen Kolonie und dort wurde ich auch geboren!

Als Tischler war es für Emil leicht, das Holzhaus innen und außen herzurichten. Von außen verkleidete er es mit roter Dachpappe und weißen Leisten, es sah sehr schmuck aus. Anfangs, vor den Anbauten, hatte es höchstens vierzig

Quadratmeter Wohnfläche, auf zwei Zimmer und Küche verteilt. Im Hof gab es einen Schuppen, in dem Emil sich seine Tischlerwerkstatt einrichtete. Daneben stand das Klohäuschen, darin ein Holzsitz mit einem Loch, unter dem der Eimer stand. Wenn er voll war, wurde er von Emil in die »Dunggrube« hinter dem Haus entleert. Ein Badezimmer gab es nicht. Wasser holtet ihr in Eimern aus einer Pumpe im Garten. Licht gaben die Petroleumlampe und Kerzen. Geheizt wurde mit dem Herd in der Küche, die »große Wäsche« wurde draußen in einem Waschkessel mit Holzfeuerung gekocht. Es waren sehr primitive Wohnverhältnisse, ähnlich wie eure Eltern auf dem Land gelebt hatten, doch es sollte ja auch nur für eine Übergangszeit sein.

Ihr habt euch hübsch eingerichtet: Die Möbel hat Emil selbst getischlert oder ihr habt sie euch schenken lassen, wie die Polsterbank, deren kratzigen Bezug ich noch heute an meinen Beinen fühle, und den mit grünem Linoleum beklebten Küchentisch. Du schliefst in der einen Hälfte des Ehebettes deiner Eltern, deine Mutter hatte die andere Hälfte behalten, und Emil auf einer Couch daneben. Das kleine Wohnzimmer baute Emil aus und kleidete die Wände mit braun gebeizten Sperrholzplatten und einem Sims von grün gestrichenen Brettern aus, so dass es wie getäfelt aussah. Dort stand das Bücherregal und das Klavier, auf dem du gelegentlich spieltest. Wir hielten uns aber selten im Wohnzimmer auf, denn das Familienleben fand in der Küche statt.

Käthe, ca. 1934

Draußen neben der Pumpe baute Emil einen überdachten, nach drei Seiten offenen kleinen Pavillon, die »Weinlaube«, die alsbald von wildem Wein mit den grünen, gefingerten Blättern, die sich im Herbst leuchtend rot verfärbten, umrankt war: ein herrlicher Platz später für mich zum Spielen im heißen Sommer. Es gibt ein schönes Foto von dir, wie du dort sitzt und Laute spielst.

Im Garten habt ihr Bäume gepflanzt: den Mirabellen-Pflaumenbaum am Weg, den Eierpflaumenbaum gegenüber, den Apfelbaum, der die »Hasenkopf«-Äpfel trug. Die drei »Spillinge«-Pflaumenbäume standen schon da, als ihr einzogt, ich kann es auf den Bildern erkennen. Auch der Sauerkirschenbaum stand schon vor dem Haus. Auf ihn konnte ich später klettern und die reifen Kirschen vom Ast aus pflücken.

Ich habe diese Fotos unseres Gartens, wie er vor meiner Geburt aussah, immer mit großer Faszination betrachtet. Ich versetzte mich in die darauf abgebildeten Vergangenheiten, spazierte in meiner Fantasie durch Räume, durch Landschaften, die ich kannte, aber die sich mit der Zeit verändert hatten. Ich ahnte Geheimnisse, die mich lockten, ohne dass ich wusste, dass ich sie entschlüsseln wollte.

Obwohl ihr gleich im Frühjahr 1933 in die Laube einzogt, habt ihr erst eineinhalb Jahre später geheiratet, was mir vor meinen Recherchen nicht aufgefallen war. Seltsam, dass ihr, nach damaligen moralischen Vorstellungen, »in Sünde« zusammengelebt habt.

Und damit bin ich bei einem Thema, über das nachzudenken und gar zu schreiben mir nicht leicht fällt: eure Sexualität. Es ist die Scheu der Tochter, sich über diesen intimsten Bereich der Beziehung zwischen den Eltern Klarheit zu verschaffen. Würde ich es heute wagen, dich direkt danach zu fragen, wenn du noch am Leben wärst? Ich glaube, ja.

»Keusch und rein« zu bleiben bis zur Hochzeit, war, denke ich, euer Ideal, wie es die Ideologie der Jugendbewegung vorschrieb. Das schließe ich aus einem Buchgeschenk, das du deinem Hans zu Ostern 1931 machtest: »Die Keuschheitslegende« von Rudolf G. Binding. Die Geschichte handelt von »Evlein«, einem jungen Mädchen, dem Maria mit dem Jesuskind erscheint. Evlein schenkt dem göttlichen Kind ihr Hemd und ist nun nackt. Um vor begehrlichen Blicken geschutzt zu sein, umgibt die Himmelskönigin die nackte Eva mit einem Zauber. Ein junger Mann, dem sie begegnet, vermag nicht, sich ihr zu nähern. Doch sie begehrt den Mann und ist verzweifelt über ihre Unberührbarkeit. Erst nachdem sie sich ein Hemd überstreift, fällt »die Schranke, die zwischen ihnen aufgerichtet war.« In der Geschichte heißt es weiter: »Das Evlein seufzte ein wenig, als der Schutzmantel der Himmelskönigin von ihr absank; aber es war ihnen beiden so wohl wie irgendeinem Menschenpaar, das je von einem Frauenhemd gewusst hat.«

Ich kann mir nicht vorstellen, dass du deinem Hans diese Keuschheitslegende schenktest, nachdem ihr schon miteinander geschlafen hattet. Die Geschichte liest sich für mich wie eine Bitte an ihn, noch zu warten, bis du bereit wärst, bis du das »Frauenhemd« angezogen haben würdest.

Als es für euch so weit war, ich weiß nicht, ob schon in der Zeit vor eurem Zusammenleben oder erst in der Laube, kam der Schock: Du warst schwanger! Du hast einen Abbruch machen lassen. Ich wusste davon schon vor deinem Tod, habe aber nie gewagt, dich danach zu fragen. Ich gebe zu, dass ich viele Jahre glaubte, das Kind sei von einem anderen Mann als von Emil – vielleicht von Kurt Lessig – und du hättest deshalb abgetrieben. Als du schon tot warst, fragte ich einmal meinen Vater danach, und er versicherte mir, dass es seins war. Nach weiteren Details wagte ich aber auch ihn nicht zu fragen.

Ob deine Mutter davon wusste – sie, die nach deiner Geburt auch einen Abbruch machen ließ? Wie hat sie wohl reagiert, falls du sie ins Vertrauen gezogen hast? Ihrer Schwester, deiner Tante Emma, die gerade in Berlin ihre Ausbildung als Hebamme machte und dir sehr nahe stand, hast du nichts erzählt, wie sie mir versicherte. Hast du die Entscheidung zum Abbruch mit Emil gemeinsam getroffen oder musstest du die Verantwortung ganz allein tragen?

Warum wolltet ihr noch kein Kind? Ich vermute zum einen, weil ihr noch nicht verheiratet wart und kein ausreichendes Einkommen hattet. Zum anderen aber vielleicht auch, weil ihr es besser machen wolltet als deine Kusinen, als Emils Mutter und so viele andere Frauen in den Vorgenerationen deiner und Emils Familie, die ungewollt vor der Ehe schwanger wurden und dann »Muss-Ehen« eingingen, um der Doppelmoral der Gesellschaft zu entgehen, die die ledigen Mütter verurteilte, die Kindsväter aber schonte. Hast du erfahren, ob es ein Mädchen oder ein Junge war? Was hast du gefühlt? Obwohl es heißt, dass manche Frauen bei einem Abbruch nichts empfinden, glaube ich nicht, dass du zu ihnen gehörtest. Hast du dieses ungeborene Kind betrauern können? Hast du mit deinem Hans darüber sprechen können?

Fragen, auf die es keine Antworten mehr gibt. Sie interessieren mich, weil ich so gern wüsste, ob du diesen Abbruch später bereut hast und in welcher Weise du während deiner nächsten Schwangerschaft, mit der du mir das Leben gabst, daran dachtest. Wurde deine Beziehung zu mir von Gedanken an dieses Kind getönt, in dem Sinn, dass du durch mich etwas gutmachen wolltest? Das wäre eine Erklärung für so manche Aspekte unserer Beziehung. – Als ich im Rahmen einer Selbsterfahrung zum erstenmal der Bedeutung dieses nicht geborenen Kindes nachspürte, fühlte es sich zu meiner Verblüffung wie eine »Entthronung« an: Da hatte es also schon vor mir ein Wesen in deinem Bauch gegeben! Ich war nicht deine Erste!

Im Januar 1934 fand Emil endlich wieder eine Anstellung als Tischler bei der Firma Siemens, wo er schon früher für kurze Zeit gearbeitet hatte. Und mit dieser Aussicht auf bessere Zeiten habt ihr das Aufgebot bestellt. Am 1. Oktober 1934 war eure Hochzeit in der Spandauer Nikolaikirche. Du trugst ein langes, weißes Kleid mit Schleier und Myrtenkranz im Haar. Es gibt keine Fotos außer den offiziellen vom Fotografen und zwei Schnappschüssen vor der Kirche. Obwohl eure fotografierfreudigen Freunde aus der Singschar dabei waren und ihr ja auch ständig Aufnahmen gemacht habt, scheint ihr an diesem großen Tag das Fotografieren vergessen zu haben. Emils Schwestern erinnerten sich, dass eure Freunde euch ein Ständchen brachten mit vielen lustigen Liedern und dass Reden gehalten wurden. Sie waren mit Mutter Anna, ohne Vater Gottfried, aus Greifenhagen angereist, auch der 17-jährige Willi war mitgekommen. – Euren Hochzeitstag habt ihr mit uns Kindern jedes Jahr wie einen Geburtstag gefeiert. Sogar Geschenke bekamt ihr von uns zu diesem Tag. In meiner Kindheit dachte ich darüber nicht weiter nach. Erst später fiel mir auf, dass andere Leute ihren Hochzeitstag nicht so wichtig nehmen. Was war wohl euer Grund dafür?

Das Hochzeitsfoto von Käthe und Emil, 1934

Kurz nach der Hochzeit hast du deine Stelle als technische Zeichnerin, die du zwei Jahre innehattest, gekündigt. In deinem Kündigungsbrief schriebst du, dass du »nach den Grundsätzen über das Doppelverdienertum« deinen »Arbeitsplatz für einen anderen Volksgenossen freimachen« wolltest. War dies eine erzwungene

Kündigung, die man dir abverlangte, oder stand dahinter etwa deine eigene politische Überzeugung, also eine Befürwortung der Nazi-Ideologie über die »Bestimmung der Frau«?

Der Alltag der Ehe begann für dich und deinen Hans. Ihr habt den Garten bestellt, und schon im Sommer und Herbst 1935 gab es eine üppige Ernte mit riesengroßen Kürbissen und mit Sonnenblumen, die höher als der Dachfirst des Hauses gewachsen waren. Deine Mutter Anna wohnte nur zwanzig Minuten zu Fuß von euch entfernt. Fast jeden Tag besuchte sie euch auf dem Weg »in die Stadt«, das heißt, ins Spandauer Zentrum. Von den jugendbewegten Freunden lebten mehrere mit ihren Familien in Spandau. Ihr habt euch gegenseitig geholfen und auch fröhliche Feste miteinander gefeiert. Gelegentlich kam »Brüderchen« Willi aus Greifenhagen nach Spandau zu Besuch, selbstverständlich per Fahrrad, so wie früher sein großes Vorbild Emil auch immer nach Berlin gefahren war.

Auch am Vereinsleben in der Laubenkolonie Tsingtau nahmt ihr teil. Ich habe lebhafte Erinnerungen an die Sommerfeste, die regelmäßig mit einem Laternenumzug für die Kinder endeten. Einen engen Kontakt zu euren Nachbarn habt ihr jedoch nicht gesucht, denn in der Laubenkolonie wolltet ihr nicht wohnen bleiben. Das Häuschen war nur als Provisorium gedacht, sollte lediglich eine billige Wohnung sein für die Übergangszeit, bis ihr euch ein »richtiges« Haus würdet bauen können.

Doch das »Provisorium« blieb 24 Jahre bestehen. Dein Traum vom eigenen Haus, in dem du und dein Hans eure Kinder großziehen würdet, erfüllte sich nicht. Ihr bliebt »Laubenpieper«, wie man in Berlin abfällig die Leute nannte, die in einem Schrebergarten wohnten.

Geburt der Tochter Marianne – Nanni

Und in dieser Zeit, im warmen, spätsommerlichen September 1935, inmitten der reichen Ernte im Garten habt ihr mich gezeugt. Ich glaube, dass du gleich nach der Hochzeit schwanger werden wolltest, doch erst ein Jahr später war es dann so weit. Ihr habt euch sehr auf mich gefreut, ich war euer langersehntes Wunschkind. Ich denke, dass deine Schwangerschaft problemlos und angstfrei war, jedenfalls hast du nie Schwierigkeiten erwähnt. Ihr habt noch kurze Reisen unternommen: Im November 1935 fuhrt ihr zur Hochzeit von Emils Schwester Frieda nach Greifenhagen. Habt ihr bei dieser Gelegenheit eure große Neuigkeit in Emils Familie bekannt gegeben? Du gingst auf in der neuen Aufgabe, alles für die Ankunft eures Kindes vorzubereiten: Zusammen mit deiner Mutter hast du Babysachen gestrickt, gehäkelt und genäht. Emil baute eine Wiege. Euer Häuschen habt ihr weiter verschönert.

Und dann, am 11. Juni 1936, einem Donnerstag, knapp drei Wochen nach deinem fünfundzwanzigsten Geburtstag – du warst genau so alt wie deine Mutter Anna bei deiner Geburt – war es endlich soweit. Nein, es begann schon am Abend des 9. Juni, denn du musstest sechsunddreißig Stunden kämpfen und leiden, bis du mich erst am übernächsten Tag um 10.45 Uhr geboren hattest. Zwei Nächte und ein ganzer Tag: Das ist eine sehr, sehr lange Zeit.

Ich kam zu Hause in deinem Bett zur Welt. Hausgeburten waren damals noch die häufigste Form des Gebärens. Dein Hans war bei dir während der gesamten Zeit. Das war damals allerdings ungewöhnlich, denn man glaubte, Männern das Erlebnis einer Geburt nicht zumuten zu dürfen, weil sie mit Panik oder Ohnmacht reagieren würden. Frau Marwick, deine Hebamme, war jedoch vernünftig und schickte ihn nicht weg. Ich denke, dass diese sehr erfahrene Frau dir gut beigestanden hat. Ich kann mich an sie erinnern, denn sie war fünfeinhalb Jahre später auch bei der Geburt deines zweiten Kindes, meiner Schwester, dabei.

Heute hätte man dich wahrscheinlich in eine Klinik geschafft und mich mit einen Kaiserschnitt geholt. Ich bin froh, dass es nicht dazu kam und wir beide, du und ich, diesen Kampf ums Leben durchstehen mussten. Denn ich glaube, durch diese Geburt habe ich gleich am Anfang meines Lebens gelernt, dass sich das Kämpfen lohnt, weil man damit das neue Leben in der Welt des Lichts gewinnt.

Warum hat die Geburt so lange gedauert? Vor einigen Jahren, es war lange nach deinem Tod, habe ich in einem Rebirthing-Seminar versucht, meine Geburt als Körpererinnerung noch einmal zu erleben. Ich weiß, dass so etwas nur begrenzt möglich ist, doch für mich war es eine sehr eindrückliche Erfahrung, vor allem, da ich mir mit meinem Verstand mein Geburtserlebnis völlig anders vorgestellt hatte. Es unterschied sich auch sehr von meiner Erfahrung bei den Geburten meiner Kinder. Ich wurde in ein Tuch eingewickelt und von den anderen Gruppenmitgliedern gehalten, vor allem mein Kopf wurde von vielen Händen umschlossen. Es war ein wenig wie eine Rückkehr in deinen warmen, mich fest umschließenden Körper. Und nun versuchte ich, mich aus der Enge und der Umklammerung zu befreien. Ich kämpfte wie eine Wilde und hatte dabei panische Angst zu ersticken. Als ich vollkommen erschöpft und mit meiner Kraft am Ende war, kam ich plötzlich frei. – War es in der realen Geburtssituation auch so, dass wir beide, sei es wegen der totalen Erschöpfung, sei es, weil man dir ein Medikament gab, einfach nicht mehr kämpfen konnten und sich dadurch die Verkrampfung löste?

Ich habe nämlich jetzt die Fantasie, dass du mich nicht herauslassen konntest, weil du während der endlosen Stunden oder auch schon vorher, Angst hattest zu zerreißen und zu sterben. Das völlig ungewohnte und auch in der Intensität für dich unerwartete körperliche Geschehen überwältigte dich, du warst in Panik, hast dich verkrampft und verschlossen. Vielleicht hat dir Frau Marwick dann irgendwann, als nichts mehr ging, ein Betäubungsmittel, wahrscheinlich Lachgas, gegeben, so dass du ohnmächtig wurdest und dich entspanntest. Vielleicht wirkte das Betäubungsmittel, das man dir gab, auch auf mich, so dass ich ebenfalls meinen Kampf aufgeben konnte.

War es so? Oder war es ganz anders? Niemand kann es mir mehr sagen. Für mich ist diese Geschichte so, wie ich sie rekonstruiert habe, stimmig, weil sie mir wie das Grundmuster unserer weiteren, lebenslangen Beziehung erscheint: Wir wollten uns nahe sein, stießen uns aber zurück. Wir wollten uns trennen, hielten uns aber fest. Eigentlich wollten wir immer dasselbe, kämpften aber gegeneinander. Heute erscheint mir unser Beziehungsmuster wie ein Tanz, wie eine Bewegung zwischen Nähe und Distanz: Um dir nahe sein zu können, brauchte ich Distanz und Trennung. Deshalb war meine Trennung von dir auch ein Zeichen meines

Bedürfnisses nach Nähe, war in diesem Sinne also auch Ausdruck meiner Liebe. Und bei dir? War es da nicht genauso? Wir hatten beiden nicht begriffen, dass Nähe auch Distanz und Trennung braucht und dass Trennung ein Zeichen von Liebe sein kann.

Dass mein Vater bei meiner Geburt dabei war, halte ich für sehr wichtig. Denn vermutlich waren es seine Hände, die mich in dieser Welt in Empfang nahmen, weil du zu erschöpft warst. Vielleicht hat er mich beruhigt, so dass ich in seinen Armen einschlafen konnte. Die starke Kraft, die ich in der körperlichen Nähe meines Vaters als Kind empfand, hat mich vielleicht schon in meiner ersten Lebensstunde getragen.

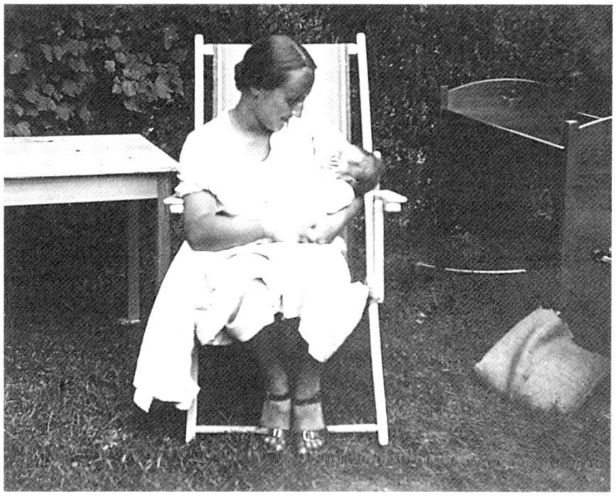

Käthe mit ihrer ersten Tochter Marianne, 1936

Nun war ich also da – ein Mädchen. Ich glaube, ihr hättet euch über einen Sohn noch mehr gefreut. Beim ersten Kind war es aber keine Enttäuschung wie beim zweiten, da hast du nämlich euer Bedauern, dass es wieder »nur ein Mädchen« war, offen geäußert. Ich war von eurer Liebe ganz umhüllt, das geht aus jeder Zeile des *Nanni-Buches*, deiner Tagebuch-Aufzeichnungen meiner ersten Lebensjahre, hervor. Darin hast du kleine und große Ereignisse festgehalten, die dir wichtig erschienen. Fast auf jeder Seite hast du Fotos eingeklebt. Selbstverständlich ist vieles, was du notiert hast, beschönigend oder sogar, durch Weglassungen, verfälscht, doch mit dem *Nanni-Buch* hast du mir ein Vermächtnis deiner Liebe hinterlassen, wie ich es mir schöner nicht denken kann. Eine Freundin machte mich darauf aufmerksam – von allein bin ich nicht darauf gekommen! –, dass das *Nanni-Buch* möglicherweise für mich ein unbewusstes Muster wurde für meine Art, mich durch das Schreiben selbst zu verstehen. Denn so wie du die Erinnerungen an mich, deine Tochter, mit Text und Fotos festgehalten hast, so schreibe ich jetzt über dich, meine Mutter.

Du hast ein einfaches, in schwarzes Kaliko gebundenes Schreibheft verwendet. Ich blättere in den stark vergilbten und teilweise schon herausgelösten Seiten und gleite zurück in meine Vergangenheit: Die ersten Fotos von mir habt ihr einen

Monat nach der Geburt gemacht. Auch die Wiege, die Emil für mich baute und die ihr liebevoll bemalt hattet, ist auf den ersten Fotos festgehalten. Eine der wenigen Eintragungen meines Vaters im *Nanni-Buch* betrifft meine Taufe: »Am 9. August 36, am ›Olympia‹-Sonntag wurde Marianne in der Nikolaikirche getauft. Das war also sozusagen ihr erster Feiertag; wenn sie selbst auch nicht viel von hatte; nicht mal das neue Taufkleidchen hat gebührenden Eindruck auf sie gemacht. Aber in der Kirche war sie wirklich brav. Im Kinderwagen haben wir sie vorgefahren, und Onkel Willi, als einzig anwesender Pate, hat sie dann über den Taufstein gehalten. (Die andere Patentante Gertrud hat ihrer aus Marburg herzlich gedacht.) Mit großen, wachen Augen hat sie dann die fremde Umgebung angestaunt und war still und friedlich bis zuletzt. Nachher wieder in ihre ›Kutsche‹ verfrachtet, schlief sie sogleich wieder weiter, ihrem neuen Lebensabschnitt entgegen.«

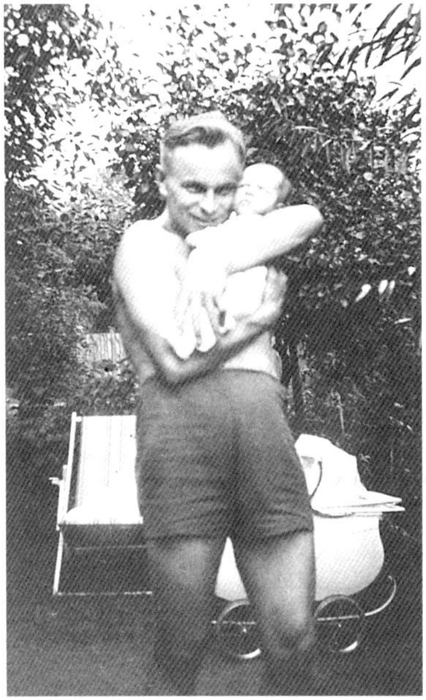

Emil und Marianne, 1936

Als Paten habt ihr für mich also Willi, den damals 19-jährigen Bruder Emils, ausgewählt, sowie Gertrud Kaatman, deine beste Freundin aus der Schulzeit. Diese Wahl ist seltsam. Nicht deine Kusine Lotte, nicht deine Tante Emma, die beide deine engen Freundinnen waren, auch nicht eine andere Freundin aus der Jugendbewegung hast du gewählt, sondern diese Schulfreundin, die es weiter gebracht hatte als du, die studiert und sogar promoviert hatte und nun Gymnasiallehrerin für Deutsch und Geschichte war.

Ich vermute, dass Emil mit deiner Wahl nicht einverstanden war, denn Gertruds Fehlen bei meiner Taufe vermerkte er, wie ich finde, ein wenig hämisch, indem er betonte dass die Patentante Gertrud in Urlaub war und nur »herzlich« an ihr Patenkind gedacht habe. Warum also hast du sie als meine Patin gewählt? Erst nach deinem Tod und im Zusammenhang mit meiner Spurensuche nach deiner Geschichte erinnerte ich mich daran, dass Gertrud mit einer Frau zusammenlebte. Wenn ich sie als Kind mit dir oder auch allein besuchte, war mir dies nie als eine besondere Lebensform aufgefallen, deshalb hatte ich die Erinnerung daran auch völlig verdrängt. Doch jetzt frage ich mich, ob deine Beziehung zu Gertrud vielleicht sogar eine Frauenliebe war. Ich finde dafür allerdings keine anderen

Anhaltspunkte, auch mein eigenes Gefühl lässt mich gänzlich im Stich. Nie bin ich zu deinen Lebzeiten auf den Gedanken gekommen, dass du meine Patentante Gertrud oder auch irgendeine andere Frau begehrtest. Vielleicht war es ja auch ein einseitiges Begehren das von Gertrud ausging.

Wenn ich diese Möglichkeit durchdenke, dass du vor aller Welt und auch vor mir, ein solches Geheimnis gehabt haben könntest, erstaune ich. Es wäre eine für mich sehr überraschende Erklärung dafür, dass du sie als meine Patentante wähltest, auch dafür, dass Emil mit dieser Wahl nicht einverstanden war, wobei ich allerdings auch nur vermuten kann, dass er über eine solche Beziehung zwischen dir und Gertrud Bescheid wusste. War Gertrud vielleicht enttäuscht, als du Emil heiratetest? Hast du ihr die Patenschaft deiner ersten Tochter sozusagen als Ausgleich für den Abbruch eurer Beziehung angeboten? In meiner Kindheit hatte ich immer den Eindruck, dass du sie stark umwarbst und um ihre Zuneigung geradezu buhltest, während sie eher reserviert blieb und dir auch später ihre Freundschaft aufkündigte, was dich sehr gekränkt hat.

Für mich war Tante Gertrud in meiner Kindheit eine sehr wichtige Person, weil ich spürte, wie bedeutsam sie dir war. Wenn sie, selten genug, zu Besuch kam, warst du wie verwandelt. Ich sah in deinem Blick, wie sehr du sie bewundertest, ja verehrtest. Von einer erotischen Anziehung zwischen euch habe ich allerdings nichts bemerkt, was aber auch an meiner kindlichen Ignoranz liegen kann und daran, dass du deine Gefühle vor mir verstecktest. Alle Geschenke, die ich von Tante Gertrud bekam, stelltest du mir als etwas ganz Besonderes dar: den Teddy, der ihr Taufgeschenk war, die alte Spieluhr mit den Blechplatten, der Keramikleuchter, die kleine Email-Brosche. Ich bin auch ziemlich sicher, dass ich unbewusst ihrem Beispiel folgte, als ich mein Studium begann und dann promovierte.

Mit Ausnahme eines frühen Fotos aus eurer Schulzeit, auf dem ihr beide eingehakt sitzt, gibt es seltsamerweise weder im *Nanni-Buch* noch in euren Fotoalben eine Aufnahme von meiner Patentante. Warum hast du sie nie mit mir fotografiert?

Gertruds Namen bekam ich allerdings nicht, nicht einmal als Zweitnamen. Ihr habt mich auf den einzigen Namen Marianne getauft. Warum? Auch wieder eine seltsame Geschichte, die zeigt, wie wenig du die Bindungen zu deiner Familie stärken wolltest und wie sehr du stattdessen nach außen gerichtet warst und von dort deine Vorbilder, auch für mich, bezogst: Marianne wurde ich genannt, weil dir ein Buch »Unser Kind Mananne« so gut gefiel. Darin erzählt der Autor Felix Riemkasten die Ereignisse aus dem ersten Lebensjahr seiner Tochter Marianne, genannt »Mananne«. Ich habe dieses Buch später als Kind oft in die Hand genommen und die Fotos dieser »Mananne« betrachtet. Ich glaube, dieses Buch hat dich auch dazu angeregt, das *Nanni-Buch* über mich zu schreiben, denn einen Schriftsteller-Ehemann, der das eigentlich hätte übernehmen sollen, hattest du ja nicht. Im *Nanni-Buch* nennst du mich am Anfang noch gelegentlich »Mananne«, doch dann wurde »Nanni« daraus, noch bevor ich sprechen konnte.

Käthe und Marianne im Garten, 1937

Im *Nanni-Buch* lese ich, wie ich an Gewicht zunahm, wann ich einen Schnupfen hatte, wann meine Zähne durchbrachen, auch dass du eine strikte Zeitplanung für die Mahlzeiten eingehalten und mich oft genug schreien gelassen hast, wenn ich außer der Reihe Hunger hatte. »Das stärkt die Lungen!«, war dein Kommentar. Das waren in jener Zeit selbstverständliche pädagogische Prinzipien: Keine Zwischenmahlzeiten, denn man meinte, sonst würden die Kinder überfüttert und lernten keine Regeln. Allerdings fiel euch das sehr schwer, wie du selbst im Januar 1937 schriebst; ich war etwa ein halbes Jahr alt:

»Wenn Vati abends heimkommt, werden erst allerlei akrobatische Turnereien vollführt. Nach einem Schlussritt auf einer Schulter und dem dazugehörigen Spiegelgucken, wo man sich vor Freude kaum zu halten weiß, wird gegessen. Marianne ist allerdings mächtig satt und soll nun nur so auf Vatis Knie sitzen und hübsch brav sein. Aber wenn dann jedes Mal genau die Bewegungen mit dem Löffel und dem Trinkglas auf das Heißhungrigste verfolgt werden und das Mäulchen noch dazu aufgeht, weil sie denkt, dies Mal ginge es aber doch in ihren Mund, statt in den Vatis, da kann er nicht anders und teilt eben doch. Trotzdem es eigentlich streng verboten ist, das Nebenbei-Essen. Aber dann ist man doch wieder hart und sie merkt auch schon, dass Jammern nicht hilft und nur zum ›Ins-Bett-bringen‹ führt.«

Aus solchen Eigendarstellungen deiner »repressiven« Erziehungsmethoden habe ich dir dreißig Jahre später in meiner »Revoluzzer-Zeit« heftige Vorwürfe gemacht. Auch dass du mich schon früh zur Reinlichkeit erzogst, warf ich dir vor. Im *Nanni-Buch* steht am 4. September 1937: »Zu Muttis besonderer Freude ist zu berichten, dass sie, die Nanni, seit ca. drei Wochen restlos stubenrein ist und stets vorher sagt, wenn's so weit ist. Na das können nur die ermessen, die in ähnlicher Lage sind, wie schön das ist.«

Dass ich schon mit eineinviertel Jahren »stubenrein« war, weil du mich vorher ständig über das »Töpfchen« gehalten hattest, war »Triebunterdrückung«, die – so meinten wir – die Grundlage für die Sexualfeindlichkeit in der Gesellschaft und für alle Formen von politischer Unterdrückung bildete.

Emil und Marianne im Garten, 1939

Heute lese ich diese Passagen im *Nanni-Buch* mit Gelassenheit. Gewiss, du hast sehr hohe Erwartungen an dich und auch an mich gestellt: Du wolltest die perfekte Mutter eines perfekt reagierenden Kindes sein und warst verzweifelt, wenn etwas nicht so ging, wie du es für richtig hieltst. Und gewiss hast du es mit deiner forcierten Reinlichkeitserziehung etwas übertrieben und hast mir damit möglicherweise bestimmte Charakterprägungen mitgegeben, wobei mein Vater, der deine manchmal rigiden Erziehungsmethoden kritisierte und mit mir natürlicher, einfacher und weniger verkrampft umging, für Ausgleich sorgte. Aber hatte er es nicht auch leichter, als fröhlicher Spielvater aufzutreten, weil du ihm die Sorgen um das Kind abnahmst?

Gewiss war es aber nicht verkehrt, dir in späteren Jahren einmal klar gemacht zu machen, dass meine Kindheit auch einige Schattenseiten hatte, die du nicht als solche wahrgenommen hattest. Doch du und dein Hans, ihr habt mir das gegeben, was wir alle von unseren Eltern brauchen: das Glück und die Freude unserer Eltern an unserem Da-Sein, ihre bedingungslose Liebe für uns. Und die habe ich von euch bekommen. Wie auch immer ich das *Nanni-Buch* heute lese, es spricht daraus eine so warmherzige, fürsorgliche Liebe für eure Nanni, dass ich heute nur noch sagen kann: Ihr habt es nicht nur gut mit mir gemeint, sondern gut gemacht. In dieser Zeit wart ihr glücklich miteinander und mit mir. Meine frühe Kindheit in der Kolonie Tsingtau Nr. 1 war golden, war lebendig, an- und aufregend.

Eine meiner frühesten, vielleicht überhaupt meine früheste Kindheitserinnerung ist eigentlich nur ein Gefühl: Ich liege im Kinderwagen im Garten, es ist ein warmer Sommerabend, Dämmerung. Ich höre eure Stimmen leise miteinander reden, dazu sanfte Vogelstimmen, Blätterrauschen. – Das Leben ist schön!

Der Traum vom Haus

Im Frühjahr 1938, zwei Jahre nach meiner Geburt, hattet ihr genug Geld gespart, um ein Grundstück zu kaufen. Dein großer Traum, ein »richtiges« Haus zu besitzen, sollte Wirklichkeit werden. So wie du das *Nanni-Buch* über mich führtest, hast du auch ein Foto-Buch über den Hausbau angefangen. Beide Bücher sehen von außen gleich aus. Doch während das *Nanni-Buch* zu Ende geführt wurde und sogar einen zweiten Band bekam, blieb das *Haus-Buch* fast leer.

In deiner ersten Eintragung vom 21.7.1938 dankst du dir selbst dafür, dass ihr euch die Mühen, ein Haus zu bauen, aufgeladen habt: »Will man sich ein Haus bauen, so ist erst eine lange, lange Reihe von erwarteten und unerwarteten Ereignissen zu überwinden. Zum steten und dankbaren Erinnern an die, die Mühe auf sich genommen haben, für sich und die Kinder ein eigenes Heim zu schaffen, soll in diesem Buch alles verzeichnet werden, was so geschah, bevor es ›Unser Haus‹ wurde.«

Das Grundstück von fast 900 Quadratmetern habt ihr für 1896 Reichsmark gekauft. Es hatte Josef Sternberg gehört, also einem Juden, der seinen Besitz, wenige Monate vor der »Reichskristallnacht«, gewiss nicht freiwillig verkaufte. Habt ihr euch darüber Gedanken gemacht?

Eure Ersparnisse reichten gerade dazu, das Grundstück zu bezahlen. Um mit dem Bauen anfangen zu können, wurdest du wieder erwerbstätig, diesmal als technische Zeichnerin bei den Brandenburgischen Motoren-Werken in Spandau, die später BMW Flugmotoren-Werke Brandenburg hießen. Du warst also in der Rüstungsindustrie tätig. Auch in Emils Betrieb, der Firma Siemens, einem der größten Rüstungsbetriebe der Nazis, wurden Waffen und Kriegsmaterial hergestellt. Habt ihr das jemals als problematisch empfunden? Ich glaube, nein, denn wahrscheinlich wart ihr nicht nur froh, einen gutbezahlten, sicheren Arbeitsplatz zu haben, sondern sogar stolz darauf, am Aufbau Deutschlands – auch dem militärischen – mitwirken zu können. Vor allem konntet ihr nun für das Haus sparen. Euer Sparbuch aus diesen Jahren habt ihr aufbewahrt. In jedem Monat kamen etwa 200 Mark dazu, was deinem Monatsgehalt bei BMW entsprach.

Ich kam im Mai 1938 in einen Kindergarten: mit knapp zwei Jahren ziemlich früh. Auch das habe ich dir später vorgeworfen. Aus rein materialistischen Interessen, nämlich dem Wunsch, ein Haus zu bauen, hattest du mich, so mein Vorwurf, viel zu früh in fremde Hände gegeben, was für mich ein Trauma bedeutete. War es so? Ich glaube, ich habe tatsächlich in den ersten Tagen sehr unter der Trennung von dir gelitten. Doch fühlte ich mich wahrscheinlich schon bald wohl, weil die »Kindergarten-Tanten« so nett zu mir waren. Ich schaue mir die Fotos im *Nanni-Buch* an und sehe mich als fröhliches Kind inmitten der anderen. Du schreibst, dass die Leiterin mich, obwohl ich eigentlich noch zu jung für diesen Kindergarten war, nach einer Probezeit sehr gern behielt, weil ich so aufgeweckt war. Ich denke heute, dass mir als Einzelkind diese Kindergartenerfahrung gut getan hat, weil ich sonst möglicherweise noch stärker an dich gebunden geblieben wäre. Vielleicht hat mir diese frühe Trennung von dir einen Weg gewiesen für die späteren Trennungen in meinem Leben.

Dennoch kann es sein, dass ich mit dem frühen Kindergartenbesuch Probleme hatte, weil du ein schlechtes Gewissen hattest oder weil Menschen in deinem Umfeld dir deshalb Vorwürfe machten. Die Mütter-Ideologie wurde ja von den Nazis sehr betont. Vielleicht musstest du dich vor Freunden und Kollegen wegen deiner Berufstätigkeit rechtfertigen.

Und Emil? Stand er hinter dir? War er einverstanden mit dem Hausbau und deiner Berufstätigkeit, oder hat er auch schon damals, wie in späteren Jahren, deinen Ehrgeiz, dein Streben nach dem Besitz eines Hauses kritisiert? Ich glaube zwar, er stand damals noch ganz hinter dir und deinen Plänen, doch wenn nicht, dann habe ich als Kind möglicherweise darunter mehr gelitten als an der tatsächlichen Trennung von dir.

Als Töchter (oder Söhne) kritisieren wir unsere Mütter oft, ohne zu bedenken, dass meistens nicht das konkrete Tun unserer Mütter problematisch für uns war, sondern ihre damit verbundenen Gefühle. Und da Mütter fast immer Schuldgefühle haben, weil alles, was sie tun, ihnen angekreidet werden kann, sind es häufig nur diese Schuldgefühle, die uns als Kinder belasteten.

Zurück zu eurem geplanten Hausbau: Das Grundstück lag an einer Straße, die noch keinen Namen, sondern nur eine Nummer hatte. Der Boden war schlecht, deshalb, schriebst du, habt ihr »guten Mutterboden« vom Spandauer »Galgenberg« anfahren lassen, um darauf später Gemüse und Blumen anzubauen. Ihr hattet einen Architekten, der im Mai 1939 die Bauzeichnung mit Bauplan und sämtlichen Berechnungen bei der Baupolizei einreichte. Doch dann musstet ihr alle Pläne fürs erste aufgeben. Im *Haus-Buch* heißt es: »Im September 1939 kam alles Eingereichte von der Baupolizei zurück mit dem Vermerk ›zu gegebener Zeit wieder einreichen‹. Krieg!«

Wie schrecklich diese Nachricht für dich war, habe ich während meiner ganzen Kindheit gespürt. Wie anders wäre dein Leben, deine Einstellung zu dir und zum Hausbesitz geworden, wenn es euch gelungen wäre, ein paar Monate früher das Geld zusammengespart und das Haus noch vor Kriegsbeginn errichtet zu haben. Vielleicht hätte dann das Thema »eigenes Haus« in deinem Leben keine weitere Rolle gespielt. Du hättest dann erreicht, was in deiner Familie sowohl bei den Perkos wie auch bei den Schiddels schon seit Generationen höchstes Ziel war. So aber verzehrte dich die Sehnsucht nach einem Haus, die vielleicht ähnlich schmerzhaft war wie die Sehnsucht nach deinem Vater, der gegangen war. Beide Themen verschränkten sich gegen Ende deines Lebens und – so scheint es mir – brachen dir das Herz.

Am 2. April 1941 schriebst du in das *Haus-Buch*: »Es ist noch immer Krieg und kein Mensch weiß wie lange noch! Sollte er aber auch vorüber sein, welche Zeit braucht dann wohl noch die Wirtschaft, ehe alles läuft und wir bauen dürfen?«

Der Krieg ging vorüber, und wir überlebten ihn. Aber bauen konntet ihr immer noch nicht, denn das Geld, das ihr auch während der Kriegsjahre weiter gespart hattet, war nach der Währungsreform 1948 nichts mehr wert. Bis zum Dezember 1944 habt ihr jeden Monat Einzahlungen auf das Sparkonto gemacht. Das Sparbuch habt ihr aufbewahrt: als Beweisstück für das große Unglück. Ich fand es nach deinem Tod unter anderen Papieren. Wenn ich dieses Sparbuch heute in der

Hand halte, sehe ich mich mit dir den Paternoster im Spandauer Rathaus hinauffahren und oben durch die Drehtüren in die Sparkassenhalle hineingehen. Am Schalter gabst du das Sparbuch und das Geld ab. Wenn die Eintragung gemacht war und du das Sparbuch zurückbekamst, sagtest du jedes Mal zu mir: »Das ist für unser Haus, das bauen wir, wenn Frieden ist!« Ich glaube, ich wünschte mir als Kind den Frieden vor allem deshalb herbei.

Während der Kriegsjahre habt ihr das Grundstück als Kartoffelacker benutzt. Ich erinnere mich, wie wir mit dem Fahrrad zu »unserem Grundstück« fuhren und ihr dort umgegraben und dann die Kartoffeln gesetzt habt. Im Herbst ging es mit dem Leiterwagen zur Ernte dorthin. Auf dem Hinweg saß ich oben drauf, und auf dem Rückweg, wenn die Kartoffelsäcke darauf lagen, zog oder schob ich den Wagen mit euch.

Wir wohnten weiter als »Laubenpieper« in der Kolonie Tsingtau. Im Jahre 1942, als eure zweite Tochter geboren wurde, baute Emil ein Kinderzimmer an. Auch andere Verschönerungen innen und außen habt ihr durchgeführt. Das rote Häuschen mit den weißen Latten, grünen Fensterläden und braunem Giebel sah hübsch aus. Es freute dich, wenn Leute beim Vorbeigehen sein schmuckes Äußeres kommentierten. Für ein Badezimmer reichte das Geld allerdings nicht, das würde es erst im »richtigen« Haus geben, so hofftet ihr.

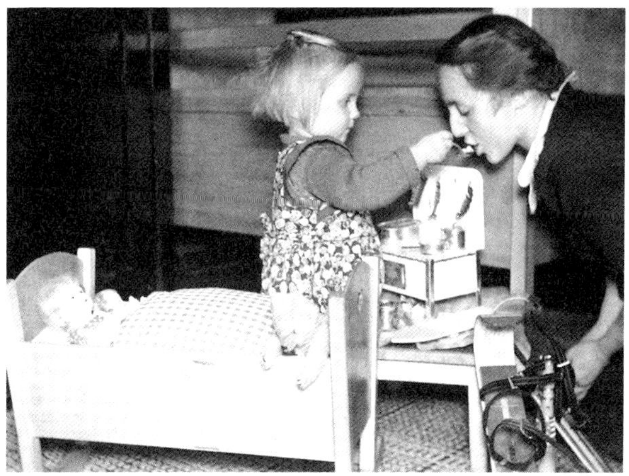

Käthe und Marianne, 1938

Ich weiß, dass du es unwürdig fandst, vielleicht sogar dich schämtest, in einer Laube leben zu müssen. Für mich aber waren die ersten fünf Jahre meines Lebens in dieser Laube mit dem sie umgebenden Garten ein Paradies. Hier verbrachte ich meine, im buchstäblichen Sinne, sonnige Kindheit, denn in meiner Erinnerung ist immer Sommer. Ich meine, noch heute den warmen Sand unter meinen Füßen zu spüren, das flimmernde Lichterspiel der Morgensonne auf meiner Bettdecke zu sehen, das Geräusch der Pumpe beim Wasser-Ziehen zu hören, die Himbeeren zu schmecken, die ich vom Strauch pflückte. Wenn ich mich in diese Zeit zurückversetze, fühle ich eure Wärme, eure Nähe, ich spüre Hände, die mich streicheln und Arme, dich mich zärtlich »knuddeln«. Beide seid ihr mir körperlich nah, ich höre euer fröhliches Lachen. Von dir sehe ich die leuchtenden Augen, höre deine Stimme, die voller Begeisterung schwingt, wenn du mir von anderen Welten, von dem, was du in Büchern gelesen hattest, erzähltest oder mir die Wunder einer Blume oder des Sternenhimmels erklärtest. Ich bewunderte dich für alles, was du konntest: Stricken, Nähen, Zeichnen, Singen. Ja, du hast das Leben geliebt, du konntest genießen. Und ich habe dich über alles geliebt.

Ich wusste, dass du mich immer beobachten konntest, auch wenn ich in einem anderen Zimmer mit meinen Puppen, der Puppenstube, dem Kaufladen beschäftigt war oder wenn ich noch ein bisschen weiter entfernt, auf der Straße rollerte oder mit dem Triesel spielte. Immer spürte ich, dass meine Mutti bei mir war, dass ich geliebt und geborgen war.

Privates Glück im Krieg

Am 14. Oktober 1939 schriebst du ins *Nanni-Buch*: »Seit dem 1. September 1939 ist nun Krieg. 18 Tage gegen Polen. Wie lange geht es nun gegen Engeland?«

»Nicht mehr lange«, das war eure sichere Erwartung, denn der Führer hatte ja einen »Blitz-Krieg« mit schnellem »End-Sieg« versprochen, und ihr glaubtet daran. Ich kann mir heute nicht mehr vorstellen, was ihr damals über Hitlers Angriffskrieg dachtet. Ich glaube, es war für euch so etwas wie ein Naturereignis, dem man nicht entrinnen konnte. Habt ihr der Propaganda vom »Volk ohne Raum«, das sich nach Osten ausdehnen musste, Glauben geschenkt?

Ich war erstaunt, nach Emils Tod auf dem Dachboden einen Stoß vergilbtes, brüchiges Zeitungspapier zu finden: acht Exemplare des »Völkischen Beobachters«, Hitlers Kampfblatt der nationalsozialistischen Bewegung Groß-Deutschlands, vom 28. August bis 4. September 1939 mit den Berichten, Aufrufen und den Reden Hitlers zu Beginn des Krieges. Seltsam, dass euch diese Zeitungsexemplare so wichtig waren, dass ihr sie über alle eure Umzüge hinweg aufgehoben habt. Ich blättere darin und frage mich, was ihr wohl beim Lesen von Hitlers Rede im Reichstag am 1. September zum Einmarsch seiner Truppen in Polen gedacht habt.

Wenn man es genau liest, kann man erkennen, dass Hitler hier ein Programm für den Untergang entwarf: »Und wenn ich nun vom deutschen Volk Opfer, und wenn notwendig alle Opfer fordere, dann habe ich ein Recht dazu, denn auch ich selbst bin heute genau so bereit, wie ich es früher war, jedes persönliche Opfer zu bringen. ... Wir alle bekennen uns damit nur zu unserem alten Grundsatz: Es ist gänzlich unwichtig, ob wir leben, aber notwendig ist es, dass unser Volk, dass Deutschland lebt. ... Wenn wir diese Gemeinschaft bilden, eng verschworen, zu allem entschlossen, niemals gewillt zu kapitulieren, dann wird unser Wille jeder Not Herr werden!«

Wie ich schon erwähnte, habe ich euch in späteren Jahren dazu befragt. Aber meine Fragen waren nicht ehrlich, ich wollte gar nicht wissen oder verstehen, was ihr unter den Nazis erlebt und gefühlt habt, sondern euch anklagen, mitschuldig geworden zu sein. Und entsprechend habt ihr mit empörter Abwehr reagiert.

Dass Juden verschwanden, dass sie auf Bahnhöfen in Waggons abtransportiert wurden – das, so musstet ihr zugeben, hattet ihr gesehen. Ihr hättet es mir gegenüber auch nicht abstreiten können, weil ich mich deutlich erinnerte, neben euch auf dem Bahnsteig Spandau-West gestanden und drüben auf dem Güterbahnhof die Verladung der Menschen mit dem gelben Stern beobachtet zu haben. Doch, so sagtet ihr, damals hättet ihr geglaubt, dass Juden nun mal eine Gefahr für das deutsche Volk wären, dass man sie bis zum Kriegsende in Arbeitslager bringen, danach aber wieder entlassen würde. Und wenn ihr gehört hättet, dass sie alle umgebracht wurden, dann hättet ihr gesagt: »Das ist nicht möglich, denn das wäre ja unmenschlich!«

Wohin das alles führen würde, hatte doch niemand voraussehen können, meintet ihr. Gutgläubig und naiv gewesen zu sein, ja, das gabt ihr zu, doch – »wer war das damals nicht?«, gabt ihr zu bedenken. Schließlich seien alle Nachrichten von der Propaganda oder der Zensur gefälscht worden. Und am Schluss sei es sowieso nur noch darum gegangen durchzuhalten und zu überleben. Und das sei euch schließlich gelungen, ihr hattet euch und uns, eure Kinder, heil durch die Bombenzeit und den »Zusammenbruch« gerettet – dafür sollten ich und meine Schwester euch dankbar sein!

Nichts davon ließ ich gelten. In meinen Augen wart ihr feige Mitläufer, was ich euch zum Vorwurf machte. Wie gern hätte ich Eltern gehabt, die unter den Nazis

Widerstandskämpfer oder wenigstens kritisch und klarsichtig gewesen wären! Warum war Widerstand für euch vollkommen undenkbar? Ich glaube, es lag nicht nur daran, dass ihr mit vielen Aspekten des Nationalsozialismus einverstanden wart, sondern auch daran, dass es in euren Familien keine Vorbilder für Opposition oder Widerstand gab. Eure Eltern und Voreltern waren wie ihr nur darauf bedacht gewesen, mit Fleiß und Wohlverhalten voranzukommen, immer nur bestrebt, sich an die bestehenden Verhältnisse anzupassen und in der Masse unsichtbar zu bleiben. Was »die da oben« machten, daran konntet ihr als »kleine Leute« sowieso nichts ändern, das war eure feste Überzeugung.

Heute gebe ich zu, was ich mir damals nicht eingestehen konnte: Ich bin froh, »davongekommen« und am Leben geblieben zu sein. Wärt ihr Widerstandskämpfer gewesen, könnte ich heute auf euch stolz sein – doch wären wir der Nazi-Verfolgung entkommen? Vor allem stelle ich mir die Frage, ob ich selbst damals den Mut gehabt hätte, Widerstand zu leisten. In meinen Studienjahren war ich dessen sicher. Heute bin ich es nicht mehr.

Dennoch wüsste ich so gern: Hattet ihr wenigstens Mitgefühl mit den Juden, die ihr mit dem gelben Stern auf der Straße saht? Habt ihr wenigstens mit schlechtem Gewissen weggesehen, weggehört, abgeschaltet, wenn ihr von den Gräueltaten erfuhrt, die in eurem Namen, nämlich im Namen des Volkes, geschahen?

Emil wurde nicht Soldat. Seinen Wehrpass hat er aufbewahrt, ich fand ihn in seinem Nachlass. Er wurde im April 1939 ausgestellt und wies ihn als »bedingt tauglich« für die Ersatz-Reserve I aus. 1942 erfolgte nochmals eine Einstufung: »k.V.«, also »keine Verwendung«. Er wurde auch am Ende des Krieges nicht zum »Volkssturm« eingezogen wie viele Männer seines Alters. Er blieb ein Zivilist, weil er mit seiner Arbeit bei Siemens in der Rüstungsindustrie unabkömmlich war.

Doch sein Bruder Willi, der 1938 mit 21 Jahren zur Wehrmacht eingezogen worden war, kam nach Kriegsausbruch sofort an die Front. Er war beim Einmarsch der deutschen Truppen in Polen dabei und erlebte die fast kampflose Eroberung des Landes. Er konnte sich als »siegreicher Held« fühlen, als er im Oktober 1939 zu uns nach Berlin auf Urlaub kam. Ich denke, er bestärkte euch in der Überzeugung, dass dieser Krieg wirklich ein »Blitzkrieg« sei, also sehr schnell beendet sein würde. Dein Kommentar im *Nanni-Buch*: »Der Willi ist da, hurra. Die Soldaten haben unseren Willi dieses Mal wirklich freigelassen. Und es war so schön für dich, nicht wahr, Nanni? Da hat doch mal einer zweieinhalb Tage auf jede deiner Fragen und Ansprachen ein paar passende Worte geantwortet und war ganz zu deiner Verfügung!«

Es gibt ein Foto von diesem Besuch, das mich erschreckt: Ihr habt mich in Willis Soldatenstiefel gestellt, mir sein Koppel mit Dolch umgeschnallt und sein Käppi aufgesetzt. In die Hand bekam ich sein Gewehr. Soldat-Sein war offenbar 1939 für euch und auch für Willi noch ein Spiel, ihr fandet es lustig, mich als Soldat zu verkleiden.

Willi auf Fronturlaub bei seinen Spandauern, 1939

Der Krieg war da, doch noch blieb unser Leben davon weitgehend unbeeinträchtigt. Wir hatten keine Not zu leiden, denn obwohl schon vor Kriegsbeginn die Rationierung von Lebensmitteln und Kleidung eingeführt worden war, gab es alles reichlich zu kaufen. Im *Nanni-Buch* notiertest du, dass du die Milch-, Fleisch- und Nährmittelkarten für mich im Kindergarten abliefern musstest, dass man Schuhe und Kleidung nur auf Bezugsschein bekommen konnte.

Wie alle Berliner musstet auch ihr die Bestimmungen zur Verdunkelung einhalten: Nach Einbruch der Dämmerung mussten alle Fenster und Türen so verhängt werden, dass kein Licht nach außen drang. Unsere Laube hatte Fensterläden, die jeden Abend von außen verschlossen wurden. Auf den Straßen gab es keine Laternenbeleuchtung mehr, Leuchtreklamen wurden abgeschaltet und alle Fahrzeuge durften nur mit nach unten gerichteten Scheinwerfern fahren. Bei Zuwiderhandlungen gab es Strafen. Im *Nanni-Buch* lese ich: »Die Verdunkelung ist der Nanni genau so unsicher wie den Großen.« Ihr wart also besorgt, denn hinter dieser Anordnung stand, dass Angriffe auf Berlin aus der Luft erwartet wurden.

Hitlers Truppen hatten die Niederlande, Belgien und Luxemburg innerhalb von wenigen Wochen überrannt und zur Kapitulation gezwungen. Bis zum Juni 1940 kämpfte Hitler ohne Verbündete. Doch dann erklärte Italien unter Mussolini Frankreich und England den Krieg. Und gleich darauf, am 14. Juni 1940, marschierten deutsche Truppen in Paris ein.

In Berlin gab es eine triumphale Siegesfeier, die auch euch überzeugte, dass der Krieg nun bald beendet sein würde. Dass dies mit der Unterjochung anderer Nationen einherging, schien euch nicht zu beunruhigen. An meinem vierten Geburtstag am 11. Juni 1940 notiertest du im *Nanni-Buch*: »Italien hat England und Frankreich den Krieg erklärt. Aber das hast du, Nanni, nicht so mit Sehnsucht erwartet wie wir.«

Ich scheine aber doch erstaunlich viel aufgeschnappt zu haben, was aus deinem Bericht über mein »Rundfunk«-Spiel hervorgeht. Mit vorgehaltener Hand, wegen der Akustik, rief ich: »Hermann Göring ist ein großer Mann; es spricht der Führer: Weil ihr alle Engländer habt tot verschossen, können die Vatis alle wieder zu eure Muttis und Kinder und Besuch. Sieg Heil, Sieg Heil, Sieg Heil.« Anschließend, schriebst du, sang ich das Deutschland-Lied.

Im *Nanni-Buch* hast du häufig Aussprüche von mir notiert, die du besonders humorig fandst, so am 20. April 1939: »Hitlers Geburtstag! 50 Jahre ist der Führer geworden! Fahnen, überall Fahnen. Der Wind wirft das Fahnentuch knatternd um die Stange, die quer aus einem Fenster herausragt. ›Mutti, sieh mal, die Fahne hat eben geturnt‹. Die Onkel mit den braunen Uniformen sind also S.A.-Männer. ›Ach da geht wieder ein S.A.-Männer. Eine Fahne hat er um den Arm, Mutti.‹ – ›Das ist eine Armbinde, Nanni und das Schwarze darauf ist ein Hakenkreuz.‹ ›Und das Weiße?‹ Hilfe, diese Fragerei!«

Ich kann meine kindlichen Kommentare und Fragen nicht nur komisch finden, sondern lese sie auch als Zeichen dafür, wie selbstverständlich oder gar zustimmend ihr mir die Präsenz von SA-Männern und Hakenkreuzfahnen erklärt habt. Ich merke, wie ich mich bemühe, irgendwo zwischen den Zeilen eine, wenn auch noch so versteckte, kritische Haltung gegenüber den Nazis bei dir zu entdecken. Doch, vergeblich. Erst in den letzten Monaten oder gar Wochen des Krieges scheint ihr aufgewacht zu sein.

Trotz des Krieges war auch im Sommer 1940 unsere Welt noch heil. Ihr machtet den »Greif«, euer Faltboot, das ihr euch schon vor eurer Hochzeit gekauft, aber viele Jahre aus Geldknappheit nicht benutzt hattet, wieder startklar. Und nun ging es mit eurem kleinen Töchterchen wieder auf Fahrt, nicht sehr weit und nur wenige Stunden am Wochenende, doch es war wunderschön auf den Havelseen, in stillen Buchten, auf kleinen Inseln! So hattet ihr euch das Familienleben mit euren Kindern vorgestellt: wandern, zelten, Abenteuer in der Natur erleben. Und ich, eure fünfjährige Nanni, war selig und begriff, wie schön es im Frieden sein würde.

Obwohl schon im August 1940 die englischen Fliegerangriffe auf Deutschland begannen, fielen in jener Zeit noch keine Bomben auf Berlin, denn »unsere Flak« schoss alle »feindlichen Flieger« ab, so schriebst du im *Nanni-Buch*. Dennoch gab es fast jede Nacht Alarm, der meist mehrere Stunden dauerte. Du notiertest: »Unser Vati und überhaupt alle Berufstätigen schimpfen erbittert über den ›Tommy‹. Es kann doch nicht mehr lange dauern. London wird als Vergeltung von unseren Fliegern derart bombardiert, dass schon Elektrizitäts-, Gas- und Industriewerke, zum größten Teil auch Verkehrsmittel lahmgelegt sind. Bei uns in Berlin ist bei Tage noch kein Alarm gewesen.«

Emil, Marianne und Käthe, 1941

Aus deinen Worten höre ich eher Ärger und Empörung über die frechen »Tommies« als Angst um unser Leben, wie dann in den nächsten Jahren. Auch hattest du keine Skrupel, die »Vergeltungsangriffe« auf London gutzuheißen.

Wenn die Sirenen heulten, gingen wir in den kleinen Erdbunker, den Emil in unserem Garten gebaut hatte, eine etwa zwei Meter tiefe Grube von vielleicht zwei mal eineinhalb Metern Größe, die er mit Balken und Erde überdeckt hatte. Holzstufen führten in den mit Brettern ausgekleideten Raum, den eine Eisentür verschloss. Dort saßen wir, bis die Sirenen das Entwarnungssignal gaben.

Willi kam im Januar 1940 noch einmal zu uns auf Urlaub. Er war inzwischen zum Funker ausgebildet worden und in Ostfriesland, dann auch in Holland und Belgien im Meldedienst eingesetzt, stand also nicht an der Front. Er schrieb uns, dass es ihm in Holland »blendend« ging. Zu Weihnachten 1940 schickte er ein

Päckchen mit leckerer Schokolade, an die ich mich zu erinnern glaube. Mit seinen Kameraden vergnügte er sich in Belgien. Auf einer Postkarte vom 10. März 1941 schrieb er: »Gestern am Sonntag war ich mal in Belgien aus. Hier ist ja noch Tanz, während es in Deutschland wieder verboten ist, nicht? Aber ich kann mich in dieser Umgebung nicht wohlfühlen, denn die Belgier sind doch nicht ganz mit ihrer schlechten Ernährungslage und dem schlechten Bier zufrieden. Trotzdem, wir können ja nichts dafür. Aber wir möchten gerne wieder hier weg. Wer weiß, wie lange wir noch hier sind?«

Sind dies nun zynische Bemerkungen eines überheblichen Besatzungssoldaten, der zwar zum Tanzen »ausgeht«, sich aber gleichzeitig über die unterdrückten Menschen mokiert? Und waren die Frauen etwa Belgierinnen, die gezwungen wurden, mit den deutschen Soldaten zu »tanzen«? Seine Rechtfertigung »Wir können ja nichts dafür« kann ich nur mühsam gelten lassen, denn konnte er wirklich nichts dafür, deutscher Soldat in Belgien zu sein?

Ende März 1941 war er wieder einmal bei uns auf Urlaub, allerdings nur zwei Tage, denn er fuhr weiter nach Greifenhagen, um seine Eltern zu besuchen. Ich hatte immer vermutet, dass er von dort aus im April 1941 beim Einmarsch der deutschen Truppen in Russland mitgemacht hatte. Doch scheint Willi bis 1942 im Westen geblieben zu sein: 1941 feierte er noch mit den Kameraden seiner Meldeeinheit ein feucht-fröhliches Weihnachtsfest in Holland. Erst danach musste er nach Osten an die russische Front.

Hitler hatte im April 1941 den Nichtangriffspakt mit Stalin gebrochen und ohne Kriegserklärung Russland überfallen. Wie wir jetzt wissen, plante Hitler die totale Vernichtung der Juden im Osten und die Ermordung großer Teile der slawischen Bevölkerung aus rassistischen Gründen. Was wusste Willi davon? Nicht nur die SS, sondern auch die Wehrmacht war an den Erschießungskommandos beteiligt. Gehörte etwa auch er dazu? Und selbst wenn er nicht aktiv an den Gräueltaten beteiligt war, muss er davon gewusst haben. Denn als Funker saß er an der Quelle aller Nachrichten an die Truppen. Was hat er euch davon erzählt, wenn er auf Urlaub kam?

Trotz gelegentlichen Bombenalarms war in Berlin auch 1941 und 1942 der Krieg immer noch in weiter Ferne. An der »Heimatfront« wurde für die Soldaten im Feld gesammelt, gestrickt, genäht. Die kleinen Porzellanfigürchen des »Winterhilfswerks«, die man für eine Geldspende bekam, waren beliebtes Spielzeug für uns Kinder. Ich habe mit ihnen noch lange nach Kriegsende gespielt. Willis Foto stand in einem Rahmen auf der Küchenfensterbank, für uns alle immer sichtbar. Du stelltest frische Blümchen in einer Vase daneben oder in der Weihnachtszeit Tannengrün mit einer Kerze. Wenn ein Brief von ihm kam, war es für uns wie ein Feiertag.

Ostseeurlaub, 1941

Nur mit Mühe kann ich mir heute noch vorstellen, wie unbeschwert und hoffnungsvoll das Leben in jenen ersten Kriegsjahren für euch war. Völlig ungetrübt durch die Schatten des Krieges war unser Urlaub zu dritt an der Ostsee im Juli 1941, der uns durch das nationalsozialistische Erholungsprogramm »Kraft durch Freude«, das der »Stärkung der Volksgemeinschaft« dienen sollte, möglich gemacht wurde. Es war der einzige gemeinsame Familienurlaub überhaupt, denn auch nach dem Krieg sind wir nie wieder alle zusammen verreist, weil immer andere Dinge, wie Hausausbau oder Umzug, Vorrang hatten. Die zwei Wochen dort in Lüchenthin in Pommern, in der Einsamkeit der Kiefernwälder und der weiten, weißen Sandstrände hinter den Dünen waren wie ein schöner Traum. Es war zwar kein FKK-Strand, dennoch habt ihr euch nackt in den Dünen gesonnt und dein Hans hat sogar seine »beiden Weiber« hüllenlos fotografiert. Als du gestorben warst, stellte er zu meiner großen Verwunderung dieses Foto auf seinen Nachttisch, offenbar, um sich an diese unbeschwerte Zeit mit dir, seinem Kätterlin, und seiner kleinen Nanni zu erinnern.

Auch ich habe ein Bild eurer zärtlichen, erotischen Zweisamkeit in meiner Erinnerung bewahrt: Ich sehe euch im Schein der roten Abendsonne in der Veranda der Villa »Sorgenfrei«, in der wir untergebracht waren, eng umschlungen, euch zärtlich küssend. – Knapp neun Monate später ist euer zweites Kind geboren.

Geburt der Tochter Anna-Christine – Tina

Die Geburt meiner Schwester am 20. März 1942 ist mir in lebhafter Erinnerung geblieben. Mein Vater hatte mich vom Kinderturnen abgeholt und wollte mich direkt zur Omi, deiner Mutter, bringen, weil »der Storch« mir ein Geschwisterchen bringen würde. Es war damals allgemein üblich, kleinen Kindern diese Geschichte vom Storch zu erzählen, der die kleinen Kinder aus einem Teich holte und sie der Mutter brachte. In Bilderbüchern hatte ich Abbildungen von einem Storch gesehen, der ein Baby in einem Tuch im Schnabel trug. Allerdings hast du mir, glaube ich, diese Geschichte nicht so ganz ernsthaft erzählt, sondern eher wie ein Märchen. Du hast mich auch irgendwann gegen Ende der Schwangerschaft, ich meine, es war auf einem Spaziergang, auf deinen dicken Bauch aufmerksam gemacht und mir erklärt, dass sich darin mein Geschwisterchen befinde. Ich weiß, dass ich dich nicht so ganz verstand, aber dennoch nicht weiter nachfragte, weil ich spürte, dass dir ein weitergehendes Gespräch darüber peinlich gewesen wäre.

Bis zu jenem Tag, als ich mit meinem Vater an unserem Gartentor vorbeikam, hatte ich deshalb deine Bemerkung wieder vergessen. Emil ließ mich draußen warten und ging ins Haus. Dann rief er mich, mein Schwesterchen sei schon da, ich solle es mir ansehen. Ich kann mich nicht an das Baby erinnern, aber daran, wie du im Bett lagst und ziemlich krank aussahst. Ich durfte auch nicht lange bleiben, denn nun musste ich zur Omi, wo ich übernachtete.

Obwohl ich dir in den nächsten Tagen die Frage stellte, woher das Baby kam, hast du mich mit der Antwort auf »später, wenn du groß bist« vertröstet. Die Hebamme erzählte mir noch einmal die Geschichte vom Storch, der die kleinen Kinder aus dem Seerosen-Teich holt. Ich nahm es euch ab, so wie ich auch die Geschichte vom Weihnachtsmann und vom Osterhasen auch immer noch glaubte.

Was bedeutete dieses zweite Kind für dich? Du hast auch für Anna-Christine, die alsbald nur noch Tina hieß, ein Foto-Tagebuch angelegt, in das du in längeren oder kürzeren Abständen Eintragungen machtest. Auf der ersten Seite steht: »Liebe Christine, du hast deiner Mutti deine Ankunft recht leicht gemacht. Zwar kamst du dreieinhalb Wochen vor unserer ›Zeitrechnung‹, bist aber völlig und hübsch ausgewachsen. 6 Pfund, wie die Nanni, hast du gewogen, 53 cm warst du lang und der Kopfumfang war 35 cm. Eigentlich solltest du ja ein Junge werden, weil wir doch schon ein Nanni-Mädchen haben, aber nun ist es auch gut so und wir haben dich sehr lieb.«

Deine Enttäuschung, keinen Sohn geboren zu haben, ist offenkundig. Ein Junge galt damals – wie weitgehend ja auch noch heute – mehr als ein Mädchen. Du wärst stolz gewesen, einen Sohn vorweisen zu können, und damit dann ein »Pärchen« von Kindern zu haben wie in der Ideal-Familie. Auch Emil hatte sich einen Sohn gewünscht, wie er später einmal zugab; vielleicht, um die schönen Erlebnisse mit seinem kleinen Bruder oder den jüngeren Freunden aus der Pfadfinderzeit wiederholen zu können, aber eben auch, weil ein Sohn ihm als Vater mehr Gewicht gegeben hätte. Doch »nun« war »es auch gut so«, wie du schriebst.

Oft habe ich mich gefragt, wie sich wohl deine Beziehung zu mir verändert hätte, wenn meine Schwester ein Junge gewesen wäre. Ich bin ziemlich sicher, dass mich ein Bruder »entthront«, mir meinen Platz in deinem Herzen genommen hätte, weil du alle deine unerfüllten Wünsche auf ihn projiziert hättest. Ich denke, er hätte dein kleiner Held, dein Ritter und Retter werden müssen, eine Mischung aus Kurt Lessig: musisch, feinfühlig, vergeistigt und Vater Richard: abenteuerlustig, erotisch, lebenslustig. Und wo wäre ich geblieben? Meine Fantasie ist, dass ich sehr eifersüchtig auf einen kleinen Bruder geworden wäre. Bei meiner Schwester gab es dazu keinen Anlass, denn ich blieb deine Erste.

Man kann im *Tina-Buch* deutlich spüren, dass du dich anstrengen musstest, genauso liebevoll über sie zu schreiben wie über mich. Nahezu auf jeder Seite stelltest du Vergleiche zu mir her, die fast immer zu Tinas Nachteil ausfielen. Tina war friedlich, lieb, ruhig und machte dir keinen Ärger, wie du schriebst, doch die Euphorie und Begeisterung über jeden meiner Entwicklungsschritte konntest du nicht mehr aufbringen. Ich habe das sichere Gefühl, dass du mich, deine »Große«, wie du mich von nun an in den Kinder-Tagebüchern häufig tituliertest, mehr liebtest als meine Schwester, dass ich dir näher war als sie. Vielleicht lag das daran, dass du als Einzelkind aufgewachsen warst und dir das Modell einer Geschwisterbeziehung fehlte. Vielleicht hattest du aber einfach viel mehr Freude daran, mit deiner lernbegierigen »großen« Tochter zu reden, mir Dinge zu erklären und dabei meine Bewunderung für dich zu spüren als mit der Baby-Tochter zu babbeln.

Und so wurde ich *deine* Nanni und du wurdest *meine* Mutti, während Tina sich zu einer Vatertochter entwickelte. Obwohl ihr nicht an Astrologie glaubtet, habt ihr häufig, mehr im Scherz, betont, dass du und ich ja auch das Sternzeichen der Zwillinge gemeinsam haben, während Emil und Tina im Fische-Zeichen geboren sind, wenn es darum ging, die Unterschiede und Ähnlichkeiten zwischen uns Vieren zu erklären.

Käthe und Emil mit den Töchtern Marianne und Christine, 1943

Ich jedenfalls empfand das Mehr an Zuwendung von dir als eine heimliche Bevorzugung gegenüber meiner Schwester, heimlich deshalb, weil in unserer Familie nie offen darüber gesprochen wurde. Auch zwischen meiner Schwester und mir war dies bis weit in unser Erwachsenenleben hinein ein Tabu-Thema. Erst als wir uns darüber austauschen konnten, verstand ich, dass sie sich durch meine größere Nähe zu dir gar nicht benachteiligt fühlte, denn sie stellte sich auf die Seite unseres Vaters und betrachtete dich und mich mit seinen Augen. Emil sah deine enge Beziehung zu mir ziemlich kritisch. Er fand, dass du mich wie ein »Zirkuspferd« dressiertest, so hat er es einmal seinem Bruder gegenüber ausgedrückt. Da in jener Zeit auch deine Kritik an ihm zunahm, lernte ich, meinen Vater mit deinen kritischen Augen zu sehen.

Meine »goldene« Kindheit, in der ich euch beiden gleichermaßen nahe war, nahm ein Ende, und es begann die dunkle Zeit. Der häufige Streit zwischen euch, deine Verzweiflung und Hoffnungslosigkeit, die wachsende Verbitterung meines Vaters, dazu unsere Todesangst in den Bombennächten haben diese Jahre in meiner Erinnerung buchstäblich in Finsternis getaucht.

Aber natürlich gab es auch in den dunklen Jahren schöne Zeiten, vor allem im ersten Jahr nach Tinas Geburt. Ihre Taufe wurde festlich begangen. Für sie habt ihr, anders als für mich, nur Paten aus der Verwandtschaft gewählt: Emils Schwester Helene, seinen Vetter Fritz und Erika, eine deiner Kusinen aus der Perko-Linie. Emil baute das Kinderzimmer, in dem jede von uns ihre Ecke bekam. Im Garten wurde eine hohe Schaukel mit Reckstange für uns errichtet.

Schon im Sommer 1941, noch vor deiner erneuten Schwangerschaft, hattest du deine Erwerbstätigkeit aufgegeben, konntest also ganz aufgehen in deiner doppelten Mutter-Rolle für zwei Kinder. Als ich in die Schule kam, hast du mir mit den Schularbeiten geholfen. Ich bekam Klavierunterricht, du hieltest mich zum Üben an. Du hast für uns genäht und gestrickt, auch der Garten wurde von dir gepflegt und die Hühner und Kaninchen versorgt. Bevor die Tagesangriffe auf Berlin anfingen, machtest du mit uns Kindern auch noch Ausflüge, zum Schwimmen an die Havel oder ins Reichssportfeld.

Und ich, deine »Große«, half dir bei allem, so gut ich konnte. Meine kleine Schwester brauchte ich nicht zu hüten, diese Aufgabe übernahmst du selbst. Ich putzte Gemüse, trocknete das Geschirr ab, pflückte Blümchen im Garten und füllte damit die vielen Vasen in allen Zimmern, ging sogar auch manchmal einkaufen. Ich wurde dafür sehr von dir gelobt. Vor allem warst du stolz, wenn du mir etwas beibringen konntest. Im *Nanni-Buch* lese ich: »Neulich kommt sie heim. ›Mutti, wir haben heute Zweien auf, die mach ich nicht, kann ich nicht.‹ Ja, mein Herze, wenn das man so ginge. Mitgefangen, mitgehangen! Eine halbe Stunde später, als die besagten Zweien manierlich aussehen, war die Abneigung auch schon verschwunden, begreiflicherweise. Und so langsam hat die große Marianne wohl nun schon begriffen, dass man vieles kann, wenn man in Ruhe, von Mutti geleitet, sich an das Unangenehme, Schwere, fast nicht zu Zwingende heranmacht. Im Umsehen ist es geschafft, nicht wahr?«

Du hast mich immer »geleitet« und mir geholfen, wenn ich nicht weiter wusste. Doch deine Hilfe hatte einen Haken: Ich spürte, dass ich dich mit meinen Leistungen froh und stolz machte, weil du sie auch als deine eigenen Leistungen empfandst und weil du damit dir selbst, deinem Mann und aller Welt beweisen konntest, eine gute Mutter zu sein. Das war eine emotionale Verstrickung: Ich war nicht frei, die Welt um mich herum zu entdecken, denn du kontrolliertest jeden meiner Lernschritte.

Für mich stellte das allerdings damals kein Problem dar, denn ich liebte dich und nichts war mir wichtiger, als dich zu erfreuen, besonders wenn du traurig oder unglücklich warst. Ich bekam sehr viel von dir zurück: deine Aufmerksamkeit, deine körperliche Nähe, deine liebevolle Förderung meiner Interessen. Gleichaltrige Freunde hatte ich nicht, vermisste sie aber auch nicht. Du, meine »Mutti«, warst mir genug.

»Vati« ging bei Siemens arbeiten, und wegen des wechselnden Schichtdienstes war er in manchen Wochen gar nicht für uns da, in anderen musste er tagsüber ausschlafen, um dann gleich wieder zur Arbeit zu gehen.

Du nanntest übrigens deinen Hans nunmehr fast immer »Vati«, und er sprach dich mit »Mutti« an, eine seltsame Gewohnheit, die in vielen Familien jener Zeit, aber auch noch heute, üblich ist. Ich denke, dass ihr damit viel von eurer gewandelten Beziehung zum Ausdruck brachtet: »Kätterlin« und »blonder Hans« traten in den Hintergrund und machten Platz für »Mutti« und »Vati«, die ihre elterlichen Pflichten zu erfüllen hatten. Damit aber habt ihr unweigerlich, ohne es bewusst wahrzunehmen, wechselseitig im anderen die Mutter, den Vater gesehen, verbunden mit allen problembeladenen Erinnerungen an eure Eltern. Es gab damals für euch keine Wege und Mittel, um die Gefahren zu erkennen, die eurer Beziehung damit drohten. Die Krisen, die alsbald auf euch hereinstürzten, trafen euch deshalb völlig unvorbereitet.

Emils Eltern waren fern, ihr hattet kaum Kontakt nach Greifenhagen. Doch deine Mutter Anna, auch sie nanntest du nur noch »Omi«, besuchte uns häufig, sie wohnte nur wenige Straßen von uns entfernt. Mehrmals in der Woche, wenn sie im Spandauer Zentrum einkaufen ging oder am Sonntag den Gottesdienst besuchte, kam sie zu uns herein. Ob es nur ein Vorwand war, oder ob deine Mutter wirklich eine schwache Blase hatte, dass sie auf ihrem Weg in die Spandauer Innenstadt oder zurück regelmäßig bei uns einkehren musste, kann ich nicht beurteilen. Aber damals lästerten wir: »Da kommt Omi, um zu pinkeln«, wenn wir sie durch den Garten hereinkommen sahen.

Christine mit ihrer Großmutter Anna Schiddel, 1943

Aus meiner heutigen Sicht fällt es mir schwer zu verstehen, wie du die Beziehung zu deiner Mutter empfandst. In meiner Erinnerung sehe ich sie in der Küche sitzen und reden, während du ihr genervt zuhörtest. Sie erzählte, was ihr Untermieter getan oder gesagt hatte, was sie ihm gekocht hatte, wer ihr geschrieben oder sie besucht hatte, was der Pastor in der Kirche gepredigt hatte, Dinge die dich überhaupt nicht interessierten. Mit einem erleichterten Seufzer atmetest du auf, wenn sie endlich wieder ging. Ich hatte den Eindruck, dass du nur widerwillig für sie da warst, weil sie ja niemanden hatte außer dir. War das wirklich dein Gefühl oder habe ich nur diese negativen Bilder in mir bewahrt?

Denn an hässliche Szenen zwischen euch, in denen du deine Mutter anschriest, kann ich mich lebhaft erinnern. Emil versuchte oft, dich zu besänftigen, was dich aber noch mehr aufbrachte, weil du erwartetest, dass er für dich Partei ergreifen würde. Ich weiß nicht mehr, worum es ging, vermutlich waren es nur banale Kleinigkeiten, die dich aufregten, so etwa, wenn »Omi« sich im Garten betätigte. Du hattest es ihr untersagt, weil sie angeblich manchmal Unkraut und Blumenpflanzen verwechselte.

Ich bin ziemlich sicher, dass solche Szenen zwischen dir und deiner Mutter in mir einen prägenden Eindruck hinterlassen haben. Ich lernte damals, dass es normal ist, wenn eine Tochter ihre Mutter beschimpft und sie mit Verachtung behandelt. Damit hast du mir ganz offensichtlich selbst ein Modell geliefert dafür, wie ich 20 Jahre später mit dir umging. Wie schade, dass es damals für dich keine offene Form der Auseinandersetzung mit deiner Mutter gab und du nur immer wieder deinen unterdrückten Groll gegen sie bei unpassenden Gelegenheiten herauslassen musstest. Ich kann mir vorstellen, dass auch wir dann eine bessere Form des Miteinander-Umgehens gefunden hätten. Jedoch dafür gab es in deiner Familie leider kein Vorbild.

Leben im Bombenkrieg

Dieser Krieg war anders als der, den du als Kind erlebt hattest. Diesmal kam er bis in die Heimat, bis nach Berlin. Die ersten Bombenangriffe auf Berlin im Sommer 1940 nahmt ihr noch nicht ernst. Sie waren nur lästig, weil sie euch nachts den Schlaf raubten. Doch mit dem Kriegseintritt der USA im Dezember 1941 bekamen die Engländer Unterstützung bei ihrer Bombardierung deutscher Städte. Ende Mai 1942 wurde Köln in einem »1000-Bomber-Angriff« zerstört.

Auch in Berlin nahmen die Luftangriffe zu, immer noch ausschließlich nachts und mit starker Abwehr durch »unsere Flak« und die Jagdflugzeuge, wie du im *Nanni-Buch* notiertest. Fünfzehn bis zwanzig Minuten bevor die Bomber über

Berlin waren, heulten die Sirenen Voralarm. Wir hatten den »Volksempfänger« abends immer eingeschaltet, um noch vor den Sirenen die Rundfunk-Warnung zu hören: »Feindliches Geschwader im Raum Hannover-Braunschweig im Anflug auf Berlin«. – Erst nach dem Krieg begriff ich übrigens, dass Hannover und Braunschweig Städte sind und nicht nur ein Wort, mit dem die Bombenflugzeuge angekündigt wurden!

Manchmal blieb es beim Voralarm, dann waren die Flieger auf ein anderes Ziel abgedreht. Wenn die Sirenen den Auf-und-ab-Alarmton gaben, musste man schnell aus dem Bett, sich anziehen, die gepackten Koffer greifen – ich hatte einen kleinen mit einigen Spielsachen –, und in den Bunker eilen. Oft war das Brummen der Flieger schon zu hören, ehe wir die Bunkertür geschlossen hatten. Auf dem kurzen Weg in den Bunker beeindruckten mich die Flakscheinwerfer sehr mit ihren drehenden, sich überkreuzenden Lichtstreifen am Himmel. Sie sollten die anfliegenden Bomber für »unsere« Flaksoldaten und Flieger erkennbar machen, damit sie sie abschießen konnten. Ich erinnere mich allerdings, dass ich mich über Fliegerabschüsse nicht nur freuen konnte, sondern darüber nachdachte, wie schrecklich es wäre, wenn einer der feindlichen Bomber direkt über unserem Haus abstürzen würde. Das wäre ja noch schlimmer als eine einzelne Bombe, dachte ich. Bunte Leuchtkugeln am Himmel, »Weihnachtsbäume« genannt, wurden von den feindlichen Fliegern zur Markierung von Bodenzielen benutzt. Wenn wir sie sehen konnten, bestand höchste Gefahr.

Während der Angriffe saßen wir auf den Holzbänken entweder in völliger Dunkelheit oder beim schwachen Licht einer Taschenlampe. Wenn Spandau das Ziel der Bombenabwürfe war, hörte man das durchdringende Pfeifen der Bomben in der Luft, das Dröhnen ihres Aufpralls auf dem Boden und fühlte das Schwanken der Erde. Meist ging alles schnell vorüber, doch in den Augenblicken des Geschehens klammerten wir uns aneinander. Die kleine Tina schaffte es allerdings oft, »bei dem fürchterlichsten Bombenteppich« einzuschlafen, so vermerktest du im *Tina-Buch*.

Wenn dann endlich irgendwann der langgezogene Sirenenton zu hören war, der Entwarnung bedeutete, konnten wir aufatmen und uns erleichtert ins Haus und in die Betten zurückbegeben. Es hatte uns diesmal nicht erwischt. Aber sicher war man auch dann nicht, denn es gab Blindgänger- oder Zeitzünder-Bomben, die erst lange nach dem Abwurf explodierten, wenn man sich in Sicherheit wähnte. Und später mussten wir auch mehrmals in einer Nacht in den Bunker flüchten, weil noch weitere Angriffe kamen.

Die Kolonie Tsingtau lag direkt neben einer Kaserne, in der Pioniersoldaten untergebracht waren. Ich weiß, dass ihr in Sorge wart, weil die Nähe des Kasernengeländes für uns eine besondere Gefahr darstellte.

Auch die Siemens-Werke in Siemensstadt, wo Emil als Werkzeugschleifer Kleinteile für Panzer, Raketen, Gewehre und Munition herstellte, waren ein besonderes Ziel für die Fliegerangriffe. Für die Belegschaft gab es große, »bombensichere« Luftschutzkeller. Emil musste neben seinem Schichtdienst oft Luftschutzdienst leisten, das heißt im Betrieb bleiben, um im Falle eines Angriffs bei den Löscharbeiten helfen zu können. Er kam dann nach der Schicht nicht nach Hause. Du musstest mit uns Kindern allein in den Bunker und den Angriff abwarten, immer in banger Sorge, ob dein Hans heil aus der Firma zurückkommen würde, so wie er immer fürchten musste, uns nicht mehr lebend anzutreffen.

Ich war gerade in die zweite Klasse versetzt worden, als im September 1943 die Berliner Schulen geschlossen wurden. Du schriebst in unsere Kinder-Bücher: »Frauen und Kindern ist angeraten worden, die Stadt zu verlassen. Sollten die Angriffe der Engländer und Amerikaner so furchtbar werden, wie die Gerüchte gehen, dann fahren wir natürlich auch zu Verwandten aufs Land. Aber unnütz soll sich unser Vati auch nicht mit Einkaufen, Kochen und womöglich Waschen herumplagen müssen. Und man muss seinem Glücksstern vertrauen.«

Die Evakuierung der Bevölkerung aus den von Bombenangriffen bedrohten Städten betraf vor allem Mütter mit Kindern, die bei Verwandten in ländlichen Gegenden oder auch in Heimen in vermeintliche Sicherheit gebracht wurden; auch ganze Schulklassen mit ihren Lehrern wurden evakuiert, meist in Gebiete östlich von Berlin. Die »Sicherheit« erwies sich sehr bald als lebensbedrohliche Gefahr: Mit dem Rückzug der deutschen Truppen wurden alle in die Flucht getrieben oder gerieten zusammen mit den aus ihrer Heimat vertriebenen Menschen zwischen die Fronten.

Ihr habt zunächst einmal eurem Glücksstern vertraut und seid in Berlin geblieben. Doch als dann die Flächenbombardierungen begannen und ganze

Straßenzüge, auch in Spandau, in Flammen aufgingen, da habt auch ihr nach anderen Lösungen gesucht. Im *Nanni-Buch* lese ich: »Seit dem 14. September 43 geht nun Nanni in den NSV-Bunker (Nationalsozialistische Volkswohlfahrt) schlafen. Sie muss nun abends um 18 Uhr dort sein und kommt um 8 Uhr morgens wieder heim. Der Angriff am 3. September mit seiner bisher für uns dichtesten Sprengbombe erschütterte das Mädchen derart, dass es angeraten schien, ihr ein weiteres zu ersparen.«

An meine panische Angst nach jenem Nachtangriff kann ich mich erinnern. Wir kamen aus unserem kleinen Erdbunker heraus und sahen den Himmel rot erleuchtet. Ich glaube, man konnte sogar die Flammen hochschießen sehen, obwohl die Straße, die getroffen worden war, ziemlich weit von unserem Haus entfernt war. Aber dass ihr mich deshalb fast ein halbes Jahr lang, bis auf die Zeiten, die wir bei den Verwandten waren, jede Nacht in den NSV-Bunker brachtet, hatte ich völlig vergessen. Meine Schwester war erst eineinhalb Jahre alt und für diese Unterbringung zu klein. Mich habt ihr auch am Heiligen Abend 1943, gleich nach der Bescherung, für die Nacht in den Bunker gebracht.

Ich erinnere mich noch an diesen Luftschutzkeller in der Moritzstraße und dass ich dort in einem doppelstöckigen Bett schlafen musste. Ich weiß auch, dass ich nicht etwa durchschlief, wenn Bombenalarm war, sondern große Angst hatte, nicht nur um mich selbst, sondern auch um euch. Denn vielleicht würdet ihr mich ja am Morgen nicht abholen, weil euch eine Bombe getroffen hatte! Und auch ihr hattet Angst um mich, denn ein »Volltreffer« würde auch den »sicheren« Luftschutzkeller, in dem ich mich befand, zerstören. Im *Nanni-Buch* hast du über meine Körperreaktionen berichtet, die deutliches Zeichen meiner Angst waren: »Die ersten 14 Tage bekam ihr die Luft im Bunker gar nicht. Schluckbeschwerden, die sich bis zu einem dicken, wehen Hals steigerten, Heiserkeit etc. machten uns ziemliche Sorgen. Drei Tage blieb sie daher zu Haus und nachdem sie wieder auskuriert war, versuchten wir es noch einmal mit der Bunkerschlaferei. Und es ging von nun an bisher gut. Aber blass und schmal ist sie geworden.«

Ihr habt auch noch andere Lösungen ausprobiert, um dich und uns Kinder in Sicherheit zu bringen. Im Oktober 1943 fuhrst du mit uns zu deinem Onkel Reinhold Perko und seiner Frau Marie nach Maust, auf den Hof, wo deine Mutter

Anna geboren wurde und wo du in deiner Kindheit so schöne Ferien verlebtest. Tante und Onkel waren hilfsbereit und freundlich, doch du hieltest es dort nicht aus, eben so wenig auf dem Hof von Tante Lina, der Schwester deiner Mutter in Gräningen, westlich von Berlin, wo wir Anfang Dezember ein paar Tage verbrachten. Die Abhängigkeit von den Verwandten, die gänzlich andere Lebensgewohnheiten hatten als wir, war für dich unerträglich. Dazu kam die Sorge um unseren Vati, der in Berlin zurückbleiben musste, um weiter Kriegsmaterial herzustellen. Also kehrten wir in das bombenbedrohte Berlin zurück, und ich ging wieder jede Nacht in den NSV-Bunker.

Und dann, im Februar 1944, Willi war gerade bei uns auf Urlaub von der Ostfront, wurde unser Häuschen zum erstenmal während eines Nachtangriffs getroffen. Zwei Stab-Brandbomben, mit Phosphor gefüllte stabförmige Blechhülsen – man zeigte mir später ausgebrannte Hülsen dieser Bomben –, durchschlugen das Dach und den Fußboden und blieben in dem Sandboden unter dem Haus stecken. Die eine hatte meine Bett-Couch durchschlagen, die nun ein großes, an den Rändern schwarzverkohltes Loch hatte. Die beiden Brandbomben entzündeten unser Holzhaus nicht, hätten aber einen Schwelbrand verursacht, wenn Emil und Willi zusammen mit den Nachbarn nicht schnell mit Wasser gelöscht hätten. Als Tischler konnte Emil zum Glück Dach und Fußboden gleich wieder reparieren. Ich schlief weiter auf der Couch mit dem Brandloch. Der Geruch ging lange nicht weg.

Und kurz darauf, im März 1944, wurde unser Haus zum zweitenmal getroffen. Diesmal von einer Sprengbombe, die beim Aufprall explodierte und alles ringsum zerfetzte. Ins *Tina-Buch* schriebst du: »Am 6. März hat uns nun das Schicksal erwischt. Liebe kleine Tina, wir beide, Mutti und du, hatten einen Schutzengel. Unser Werkstatt-Schuppen hat einen Sprengbombentreffer bekommen und wir beide saßen in unserem kleinen Erdbunker nur gut drei Meter vom Trichterrand entfernt. Unsere Wohnung blieb verhältnismäßig verschont.«

Mich hattet ihr kurz vorher nach Maust zu Tante Marie und Onkel Reinhold geschickt, die mich aufpäppeln sollten. Eine Woche nach der Bombardierung kamst du mit Tina auch nach Maust und ich erfuhr von dem schrecklichen Ereignis, das aber wieder, wie du im *Nanni-Buch* schriebst, »zum Glück« noch einmal gut ausgegangen war.

Während dieser Zeit in Maust schrieb dein Hans dir Briefe, die mich sehr berührten, als ich sie nach seinem Tod zum erstenmal las. Denn es sind Liebesbriefe an dich, sein »Kätterlin«, sein »treues Weib«. Der eine Brief endet mit einer Reihe Noten, ohne Text, die du aber lesen konntest, weil du das Lied kanntest. Auch ich weiß, um welches Lied es sich handelt: »All mein Gedanken, die ich hab, die sind bei dir. Du auserwählter einzger Trost, bleib stets bei mir. Du, du, du sollst an mich gedenken. Hätt ich aller Wünsch Gewalt, von dir wollt ich nicht wenken (wanken).«

Obwohl die Zeiten dunkel waren, oder vielleicht gerade weil die Finsternis so groß und übermächtig war, habt ihr euch eure liebevolle Verbundenheit bewahrt, trotz aller Probleme, die ihr miteinander hattet. Ich glaube, deshalb hast du diese Briefe aufbewahrt, deshalb hat auch dein Hans sie nicht weggeworfen. Ich glaube auch, dass du deshalb mit uns Kindern nach Berlin zurückgekehrt bist. Du wolltest bei deinem Mann sein.

Emil allerdings meinte, dass du mit uns besser auf dem Land in Sicherheit bleiben solltest. Am 27. März 1944 schrieb er an dich nach Maust: »Dass Ihr noch länger in der sicheren Gegend bleibt! Zumal wir heute wieder einen schweren Tagesangriff hatten. Es war für mich direkt eine Beruhigung zu wissen, als wir alle im Siemenskeller saßen, dass Ihr nicht in Gefahr seid! Spandau ist ja zwar verschont geblieben diesmal, soviel ich bisher gehört und gesehen habe. Aber im Osten sah es sehr, sehr schlimm aus; viel Rauch und Feuer war von uns vom Werk aus zu sehen. Sollten die Abschussziffern nicht übermäßig hoch liegen, ist doch bestimmt wieder mit einer Serie von Angriffen zu rechnen. Sonst hatten wir nur noch am Sonntag Abend ein kleines ›Voralärmchen‹ von halb elf bis viertel vor zwölf. Es waren nur fünf bis sechs Flugzeuge hier bei sternenklarem Himmel, wurde aber ungeheuer stark geschossen!«

Mich schicktet ihr nach unserer Rückkehr aus Maust nicht mehr in den NSV-Bunker. Denn auf dem Grundstück unseres Nachbarn, des Baugeschäfts Makowka, wurde ein »schöner, stabiler Zementbunker« gebaut, den wir mitbenutzen durften. Er wurde in den Trichter einer Sprengbombe hineingesetzt, so sparte man einen Teil der Ausschachtungsarbeiten. Auch Emil half beim Bauen mit.

Dort verbrachten wir zusammen mit einigen Nachbarn viele, viele Stunden, wenn draußen in der Nacht und dann auch immer häufiger am Tag die »Terror-

Angriffe« der »Anglo-Amerikaner« tobten und sie ihre »Bombenfracht« über Berlin abluden, wie du im *Nanni-Buch* schriebst.

Ich sehe mich noch an einem warmen Sommertag 1944 neben dir durch die Breite Straße in der Spandauer Innenstadt gehen, nachdem es am Tag oder in der Nacht davor einen schweren Angriff auf Spandau gegeben hatte. Das heißt, eine Straße gab es nicht mehr, sondern nur noch einen schmalen Pfad durch die Schuttberge der zusammengestürzten und qualmenden Hausruinen rechts und links. Auch der Pfad war nicht frei, man musste sich um Mauerbrocken winden und über Steine klettern. Der beißende Geruch von qualmendem Holz, von modrigem Mauergestein ist mir noch heute in der Nase. Ich meine auch, dass ich den widerlich süßlichen Geruch noch riechen kann, der von den Leichen ausging, die an beiden Seiten auf dem Schutt nebeneinander aufgereiht lagen. Es waren Männer, Frauen, Kinder mit dem Gesicht nach oben, um sie identifizieren zu können. Was habe ich dabei gefühlt? Ich weiß es nicht mehr, glaube aber mich zu erinnern, dass du mich wegzogst und wir durch eine andere Straße gingen.

Auch an eine Plünderung erinnere ich mich. Das Kaufhaus Denninger am Markt war von einer Bombe getroffen worden. Ich glaube, ich blieb draußen und wartete auf dich, während du dich mit Massen von Menschen durch den Eingang drängtest. Manche stiegen durch die zersplitterten Schaufenster. Mit vollen Armen oder Taschen kamen sie heraus. Du brachtest Stoff und Nähgarn mit. Mir ist so, als ob eine Rolle weißes Nähgarn, die ich bei der Wohnungsauflösung nach Emils Tod in deinem Nähschränkchen fand, noch aus dieser Plünderung stammt.

Immer wieder erstaunt es mich, wie dennoch ein »normales« Leben weiter lief. Unser Vati fuhr täglich mit dem Fahrrad zu Siemens und zurück, ich bekam im Mai 1944 Klavierunterricht, du gingst mit uns Kindern im Sommer 1944 im Reichssportfeld schwimmen, mit anderen Kindern aus der Kolonie sammelte ich Bombensplitter auf der Straße, die für die Rohstoffsammlung abgeliefert wurden, was uns offizielles Lob einbrachte, wie du im *Nanni-Buch* hervorhobst.

Die Ernährungssituation war für uns trotz der Rationierung nicht schlecht. Im Garten gab es Gemüse, Obst, die Hühner legten Eier, hin und wieder wurde ein Kaninchen geschlachtet. Emil berichtete in seinem Brief, dass die Hühner nach dem Bombenangriff im März 1944 keinen Ortssinn mehr hatten, weil ihr Stall zerstört worden war. Sie liefen zum Nachbargrundstück oder sogar auf die Straße. Dennoch legten sie brav jeden Tag vier Eier, so dass er sich den »sündhaften« Luxus von zwei Frühstückseiern gönnte. Eier dienten ihm auch einmal zur Bestechung: Für die Reparatur unseres Häuschens durfte er sich kostenlos Dachpappe und Holz von einer »Schadensstelle«, das heißt von einem ausgebombten Haus, mitnehmen, weil er dem Aufseher zwei Eier schenkte.

Manchmal brachte deine Tante Lina aus Gräningen Wurst und Speck vom Selbstgeschlachteten mit, wenn sie uns besuchte. Und selbst Lebensmittelkarten-Abschnitte bekamen wir einmal geschenkt: Willis Freundin war Krankenschwester und bekam von ihren Patienten »Urlauber-Marken«, die sie an uns weitergab. Es waren Marken für 100 Gramm Fleisch, 100 Gramm Butter, 25 Gramm Margarine, 1000 Gramm Brot.

Doch dann trafen uns die Bomben ein drittes Mal. Deine Hoffnung, dass wir von den »furchtbaren« Angriffen der »USA- und Britenbomber« verschont bleiben würden, weil wir schon »unser Scherflein weg« hätten, erfüllte sich nicht. Im *Tina-Buch* schriebst du: »Am 6. Oktober 1944 hat uns der Feind wieder unser kleines Haus schwer beschädigt. Diesmal wurde das Wohnzimmer gänzlich durcheinander gerüttelt, das Dach zerstört und viel mit Liebe Gearbeitetes vernichtet. Du Christine, warst mit mir im Bunker auf Makowkas Bauplatz. Nanni war in der Schule und Vati im Dienst. Aber heil und gesund sind wir aus allem herausgekommen und das allein ist ja für heutige entsetzliche Verhältnisse schon ›Glück‹ zu nennen.«

Ich erinnere mich an den Angriff, den ich im Keller der Schule miterlebte, oder besser: überlebte. Obwohl es keinen Unterricht gab, mussten wir hin und wieder in die Schule zum »Appell«. Es war ein schwerer Angriff auf Spandau. Bomben schlugen sehr nah ein, der Boden schwankte gewaltig. Das Licht ging aus, aber eine Notbeleuchtung war noch da. Die Jungen alberten herum. Ich weiß nicht einmal, ob ich Angst hatte. Als wir wieder hinaus durften, war draußen zwar heller Sonnenschein, aber Qualm und Staub erfüllte die Luft. Ganz in der Nähe waren die Häuser nur noch brennende Trümmerhaufen. Ich rannte nach Hause. Auf halber Strecke kamst du mir entgegen, schreiend und schluchzend vor Glück, als du mich lebend sahst.

Diesmal war es ein »Totalschaden«, wie euch vom Spandauer Bezirksbürgermeister bescheinigt wurde. Wieder gelang es Emil, mit der Hilfe von Soldaten, die zur Beseitigung von Bombenschäden abkommandiert wurden, unser Häuschen relativ schnell bewohnbar zu machen. Der vier Meter tiefe Bombentrichter füllte sich in den folgenden Monaten aber nur langsam. Wieder hatten wir noch einmal Glück gehabt.

Doch da war noch etwas in diesem Jahr 1944. Ich merke, dass ich es gern übergehen möchte, um mir das Bild der liebevollen Zweisamkeit zwischen dir und deinem Hans in diesen Zeiten äußerster Not und Bedrohung zu erhalten. Aber Willi selbst hat mir Jahre später davon erzählt: Es geschah während seines letzten Urlaubs im Februar 1944, damals also, als er beim Löschen der Brandbomben mithalf. Ihr beide, du und er, seid »schwach geworden«, wie er sich ausdrückte, und habt miteinander geschlafen.

Willis letzter Fronturlaub, 1944

War es so etwas wie ein besonders liebevoller Abschied am letzten Tag, bevor er wieder an die Front musste? Wolltest du ihn trösten, weil ihn schon wieder eine Freundin verlassen hatte? Oder habt ihr ein bisschen mit dem Feuer gespielt, als ihr ein Glas zu viel getrunken hattet? Niemand durfte etwas davon wissen – vor allem nicht Emil. Aber wäre nicht sogar Emil bereit gewesen, die Augen zuzudrücken? Befandet ihr euch alle nicht in einer so extremen Ausnahmesituation, dass auch dein Seitensprung mit seinem kleinen, geliebten Bruder für ihn verzeihlich gewesen wäre?

Als Willi fort war, fiel die erste Sprengbombe auf unser Häuschen, du fuhrst nach Maust und bekamst die liebevollen Briefe von deinem Hans. Wenn du wusstest oder ahntest, dass er wusste oder ahnte, dann müssen dich seine Zeilen tief berührt haben, vor allem die Noten-Zeile zu dem Lied: »Du auserwählter einz'ger Trost, bleib stets bei mir. Du sollst von mir nicht wanken.« Kehrtest du zu deinem Hans in das von Bomben bedrohte Berlin zurück, weil du ihn für seine Großmut liebtest?

Der Glaube an den »Endsieg«

In unserer Wohnküche hing eine große Europa-Karte an der Wand, auf der ihr die Angaben des Wehrmachtsberichts über die Orte der Frontlinie und der Kampfplätze Tag für Tag mit Stecknadeln markiert hattet. 1944 steckten die Nadeln im Osten schon nicht mehr auf russischen, sondern auf den von Hitler gerade vier Jahre zuvor vereinnahmten polnischen Gebieten. Ab Januar 1945 musstet ihr dann die Nadeln auf deutschem Gebiet einstecken. Im Wehrmachtsbericht wurden zwar immer noch euphorische Siegesmeldungen durchgegeben, doch bedurfte es keiner Anstrengung zu erkennen, dass beispielsweise die »siegreiche Verteidigung« eines Brückenkopfes an einem Fluss schon am nächsten Tag eine Niederlage war, wenn nämlich bekannt gegeben wurde, dass ein anderer Ort, der näher in Richtung Berlin lag, »siegreich verteidigt« worden war. Ich kann mich erinnern, wie besorgt ihr auf die Stecknadeln schautet, die von Westen und Osten immer näher an Berlin heranrückten.

Ich weiß auch, dass ihr, was strengstens verboten war, bei den Nachbarn »Feindsender« gehört habt und euch nach den Sendungen fragtet, ob die Meldungen nicht vielleicht doch wahr sein könnten. Ihr habt aber weiter auf ein »Wunder« vertraut, das Hitler und Goebbels euch versprachen. Der »Wunderwaffe V1«, mit der London beschossen worden war, würden die V2 und weitere »Wunderwaffen« folgen, die dann die Wende zum Sieg bringen würden. Ich erinnere mich, wie ich betete: »Lieber Gott, bitte, bitte, mach, dass die V2 schnell kommt, damit der Führer den Krieg gewinnt!«

Eine besondere Stecknadel kennzeichnete auf der Landkarte den Ort, wo sich »unser lieber Willi« mit seiner Truppeneinheit befand. Von ihm, der uns auf seinem von Blumen oder Zweigen umkränzten Foto lächelnd anschaute, bekamen wir erstaunlicherweise nur gute Nachrichten. Denn Emils Bruder hatte das große Glück im Unglück, gegen Ende 1944 mit seiner Einheit in Kurland, heute Lettland, vom »Iwan«, wie er in seiner Post formulierte, eingeschlossen worden und dadurch von den Rückzugskämpfen völlig verschont geblieben zu sein. Anders als im »Kessel von Stalingrad«, wo im Winter 1943/44 die deutschen Truppen bis zur völligen Niederlage von den Sowjets bekämpft worden waren, blieben die abgeschnittenen

Kurland-Truppen nach mehreren vergeblichen Eroberungsangriffen unbehelligt. Alle Kräfte der Sowjets waren auf den Marsch nach Berlin konzentriert.

Willi ging es »gut! bestens! prima bestens!«, wie er euch schrieb. Er bekam gutes Essen, sah zweimal in der Woche Kinovorstellungen, manchmal sogar »in weiblicher Begleitung«, spielte mit seinen »Kumpels« bis spät in die Nacht Skat oder »Mauscheln«, an Feiertagen gab es Besäufnisse. Er schrieb während seines Nachtdienstes endlos lange Briefe an euch. Bis zum April 1945 riss der briefliche Kontakt zwischen Willi und uns, seinen »Spandauern«, nicht ab.

Diese Briefe sind erhalten geblieben, wobei die Geschichte ihrer Wiederentdeckung ein beeindruckendes Beispiel dafür ist, wie Verdrängung und Vergessen in Familien wirkt: Nach Willis Tod im Jahre 1988 hatte einer seiner Söhne eine kleine Holztruhe mit Briefen und Dokumenten seines Vaters an sich genommen, ohne sich den Inhalt näher anzuschauen. Die Truhe wurde in seiner Wohnung als Beistelltisch benutzt. Als ich mit meiner Spurensuche begann und oft mit ihm über mein Buchprojekt sprach, kam ihm nicht in den Sinn, dass in der Truhe eine wichtige Hinterlassenschaft seines Vaters schlummerte. Erst als ich ihn direkt fragte, ob er oder seine Brüder nicht vielleicht Briefe ihres Vaters aus dem Krieg oder der Kriegsgefangenschaft besäßen, fiel ihm plötzlich die »Schatztruhe« ein. Wir öffneten sie und lasen uns einzelne Briefe vor, die uns zutiefst erschütterten. Seine beiden Kinder, Willis Enkel, die dieser nicht mehr kennen lernen durfte, tobten währenddessen um uns herum.

Meinen Vetter hatte offenbar eine unbewusste Scheu erfüllt, sich mit den Geheimnissen aus dem Leben seines Vaters und seiner Mutter zu befassen, die in der Truhe verborgen waren und nun ans Licht kamen. Denn die Truhe enthielt nicht nur Willis Briefe an euch vom Herbst 1944 bis zum Ende seiner Gefangenschaft im Februar 1948 sowie seine Tagebücher aus dieser Zeit, sondern auch den Briefwechsel mit seiner späteren Frau. Zwei Briefe, die du ihm schriebst, waren auch dabei. Sie sind für mich und meine Spurensuche von ganz besonderem Wert.

Mein Vetter gab mir alles mit, und ich tauchte für mehrere Wochen in Geschichten ein oder besser gesagt: unter, die mir zwar aus meiner kindlichen Erinnerung bekannt waren, die ich aber nun aus eurer Erwachsenensicht noch einmal überraschend neu entdeckte.

Die ersten Briefe von Willi vom September 1944 enthalten spannende Berichte über sein Soldatenleben im Kurland-Kessel, aber auch viele direkt an dich gerichtete Passagen. Er fragte dich um fraulichen, mütterlichen Rat, wie er seine Freundinnen behandeln sollte, und bekam von dir Trost in seinem Liebeskummer. Außerdem schmeichelte er dir: »Du weißt doch, meine Frau müsste ungefähr so wie Du sein, nur nicht so schlau. Deinen volltourigen Geist erkenne ich noch heute an. Du beweist mir immer wieder: Aber Köpfchen hat die Kleine, die kleine Frau!«

Auch du scheinst kräftig mit ihm »geflachst« zu haben, wie aus dieser und anderen Bemerkungen von ihm hervorgeht. In deinem Brief vom April 1945 schriebst du, dass du dich nach seiner »Fröhlichkeit sehntest«, und schicktest ihm »viele Küsse«. – Lese ich zu viel in diese Bemerkungen hinein, weil ich weiß, wie eure Geschichte später weiterging? – Wie auch immer, Willi war nicht nur dein Schwager, nicht nur Emils Bruder, nicht nur mein Onkel, sondern »unser lieber Willi«, auf dessen Heimkehr wir sehnlichst warteten. Übrigens enthielt jeder seiner Briefe auch einen »Extra-Gruß« oder ein paar Sätze für mich, sein Patenkind, seine »Nanuschka«.

Es war für mich faszinierend, Willis tägliche Notizen während der Zeit vom September 1944 bis zu seiner Gefangennahme am 9. Mai 1945 zu lesen. Ich konnte sozusagen »von innen« heraus begreifen, was ihn, wie wahrscheinlich die meisten anderen Frontsoldaten damals, aufrechterhielt: Sein Glaube an den »Endsieg« war unerschütterlich. Obwohl er als Funker an der Quelle für die aktuellsten Nachrichten über das Kriegsgeschehen saß, fiel auch er auf die Propaganda Hitlers und Goebbels herein. Wie ihr glaubte auch er bis zuletzt an ein »Wunder«. Noch am 3. März 1945 schrieb er: »Der Überblick über die Gesamtlage, den Dr. Goebbels neulich gab, war zwar nicht gerade erbauend, hatte aber doch einige Punkte, aus denen man neue Hoffnung schöpfen konnte. Na, wir lassen uns überraschen und machen bis dahin alles mit und halten durch.«

Und noch fünf Wochen vor dem Ende des Krieges schrieb er an euch: »Bei jedem Nachrichtendienst und jedem Lagebericht wird auf das kleinste Hoffnungsfünkchen geachtet. Aber nichts kann man entnehmen, was als unbedingt positiv zu bezeichnen wäre. Der Satz des Führers, dass am Ende doch der deutsche Sieg steht, ist wohl kaum mehr angezweifelt worden wie gerade jetzt. Aber es ist doch unsere Hoffnung und mit einer Wende rechnen wir alle. Jedoch muss sie bald kommen.«

Durchhalten, aushalten, weitermachen, man darf nicht schwarz sehen, die »Führung« wird schon wissen, es muss gut ausgehen, die Stunde der Bewährung ist da, die Entscheidung wird fallen – das waren Worte, die er in seinen Briefen ständig wiederholte.

Für Willi, den Landser, der im Kurland-Kessel so lange aus- und durchgehalten hatte, war das Erwachen ein gewaltiger Schock. Am 22. April 1945 notierte er in seinem Tagebuch: »Iwan in Berlin!« und am 24. April: »Weitere Vororte von Berlin erobert« und dann, am 1. Mai: »Berlin fast erledigt. Um halb elf Meldung: Der Führer ist in Berlin gefallen! Dönitz als Nachfolger bestimmt. Was nun? Kampf geht weiter. Schlecht geschlafen.«

Hitler war nicht »gefallen«, er starb keinen »Heldentod«, sondern hatte sich davongemacht und mit Eva Braun Selbstmord verübt. Aber das sollten die Landser noch nicht erfahren, denn der Kampf ging tatsächlich immer noch weiter.

Am 8. Mai war es dann für Willi doch so weit: Seine Befürchtung, in russische Kriegsgefangenschaft zu geraten, trat ein. Über Funk hörte er den »historischen Spruch«: »Waffenruhe, Feuerverbot! Iwan soll alles übernehmen einschließlich Mannschaften!«

Und am Tag darauf trat er seinen einmonatigen Marsch in das Gefangenenlager Pleskau bei Leningrad an, seine zweieinhalbjährige Gefangenschaft begann. Er führte über diese Zeit ebenso sorgfältig Buch wie über seine Soldatenzeit. – Auch diese Aufzeichnungen, die für mich eine weitere wichtige Informationsquelle darstellten, befanden sich in der Truhe.

So also sah der »Endsieg« für Willi aus. Und wie war es für uns in Berlin? Unser Leben hatte sich mehr und mehr in den Bunker verlagert. Fast ohne Zwischenpause folgte eine Welle von Bombenangriffen auf die nächste. Während die britischen und amerikanischen Bombengeschwader Berlin in ein brennendes Inferno verwandelten, blieben ihre Bodentruppen an der Elbe stehen und überließen der russischen Armee die Eroberung Berlins. Der Kessel um Berlin schloss sich immer enger, doch Hitler kapitulierte nicht. Die Parole hieß: Durchhalten bis zum Letzten, bis zum Tod. Eine Niederlage durfte es nicht geben, das hatte er

»seinem Volk« versprochen, und »sein Volk« hatte »Ja« geschrien, als Goebbels Anfang 1943 im Berliner Sportpalast fragte: »Wollt ihr eurem Führer in blindem Gehorsam folgen?«, »Wollt ihr den totalen Krieg?«

Ende 1944 wurden die ganz jungen Männer, die eigentlich noch Kinder waren, und die älteren, die bisher vom Wehrdienst freigestellt waren, zum »Volkssturm« eingezogen. Wieder blieb Emil verschont, weil die Siemens-Werke, obwohl weitgehend zerstört, ihn an seinem Arbeitsplatz benötigten. Noch am 21. April 1945, also drei Wochen vor der Kapitulation, bekam er in einem Ausweis bestätigt: »Vorläufiger Ausweis. Der Emil Höppner in Siemens-Schuckertwerke AG wird auch bei unmittelbarer Feindbedrohung im Interesse der Reichsverteidigung an seinem Arbeitsplatz benötigt. Für ihn ist deshalb doppelte uk-Stellung (unabkömmlich) beantragt worden. Der Reichsverteidigungskommissar ist damit einverstanden, dass (Emil Höppner) einem Einberufungsbefehl zur Wehrmacht, Volkssturm oder einer anderen Dienststelle nicht Folge leistet, sondern weiterhin seiner Firma zur Verfügung steht.«

Sogar sein Fahrrad wurde für »Rüstungsinteressen« eingesetzt. Was uns heute wie Ironie erscheint, war damals eine lebenswichtige Angelegenheit: »Herrn Emil Höppner ... wird zwecks Legitimation gegenüber Behörden und anderen Dienststellen hiermit bescheinigt, dass er das in seinem Eigentum stehende Fahrrad im Interesse unserer Rüstungsbetriebe benötigt, um es bei Verkehrsstörungen und in sonstigen dringenden Fällen zu dienstlichen Zwecken, insbesondere zur Erreichung seiner Arbeitsstätte, zu benutzen.«

Weshalb war er eigentlich unabkömmlich im Betrieb? War es nur wegen seiner eigenen Arbeit, dem Herstellen von Präzisions-Werkzeugteilen, oder wurde er als Vorarbeiter und Aufseher für die russischen Zwangsarbeiter gebraucht, die in seiner Abteilung arbeiteten? Für diese Aufgabe hatte er in den letzten Kriegsmonaten sogar Russisch gelernt, um sich besser mit ihnen zu verständigen. – Ich frage mich: Wie hat mein Vater diese Männer behandelt? Waren sie auch für ihn »Unmenschen«? Was hat er gefühlt, als die ihm untergebenen Zwangsarbeiter nicht mit in den Luftschutzkeller durften, sondern im Bombenhagel oben im Werk bleiben mussten? Nie hat er mit mir darüber gesprochen, nie habe ich ihn danach gefragt.

Ich hatte keine Erinnerung mehr, dass auch ihr euch im Februar 1945 auf »den Treck«, das heißt, die Flucht aus Berlin vorbereitet hattet. Erst aus einem Brief von Willi, der sich in der Truhe befand, erfuhr ich, dass »Handwagen und Koffer bereit« waren. Nachdem Berlin eingekreist war, bestand jedoch keine Möglichkeit mehr zur Flucht.

Mitte April 1945, kurz bevor die Straßenkämpfe in Berlin begannen, wurden uns »alle schönen notwendigen Sachen« aus dem kleinen Erdbunker im Garten gestohlen. Im *Nanni-Buch* schriebst du: »Das war beinahe noch furchtbarer als die beiden Sprengbomben, nicht wahr?«

Ich erinnere mich genau, wie ich morgens wach wurde und dein Schreien im Garten hörte, als du den Diebstahl entdecktest. Kleidung, Schuhe, Wäsche, Eingemachtes: Alles war weg. Und besonders gemein war es von den Dieben, ein kleines Marmeladengläschen vor die Bunkertür zu stellen, so als wollten sie sich auch noch über uns lustig machen. Ja, das war eine furchtbare Katastrophe, so empfand ich es auch, wie ich in jener Zeit alles genauso zu empfinden meinte wie du. In meiner späteren Auseinandersetzung mit dir warf ich dir allerdings deine übertriebene Reaktion auf diesen Diebstahl vor: Nur am Materiellen habest du gehangen. Ich wollte dich nicht verstehen, weil es mir in meiner Konfrontationshaltung nur darauf ankam, dir Fehler vorzuwerfen. – Heute kann ich mitfühlen und verstehen, warum du damals einen materiellen Schaden so wichtig nahmst: Vielleicht war das so etwas wie eine Ablenkung von der extremen Lebensbedrohung, in der wir alle standen.

Und dann begannen die Straßenschlachten in Berlin. In Spandau rollten die russischen Panzer ein, trotz der aufgerichteten Barrikaden und ausgehobenen Gräben. Auf alles, was sich bewegte, wurde geschossen. Die Kaserne auf der anderen Straßenseite der Kolonie Tsingtau war umkämpft. Emil konnte nun auch nicht mehr nach Siemensstadt durchkommen und blieb bei uns. Wir verließen den Bunker nicht mehr. Es war eng geworden, denn außer uns Vieren waren noch weitere Nachbarn aus der Kolonie dazugekommen, die sich in ihren selbstgebauten Erdbunkern im eigenen Garten nicht sicher genug fühlten.

Doch was würde sein, wenn »der Russe« oder »der Iwan«, wie ihr sagtet, uns aus dem Bunker herausholen würde? Die Angst war riesengroß: Sie würden alle

Männer erschießen, die Frauen vergewaltigen und sie dann mit ihren Kindern ermorden – das hatten die Ostflüchtlinge erlebt. Würde es auch uns so ergehen? Dass »der Russe« alle Nazis sofort erschießen würde, war eine weitere Befürchtung. Ich habe noch im Ohr, wie ihr mit den Nachbarn diskutiertet, dass man besser alle Nazi-Bücher verbrennen sollte. Euer Exemplar von Hitlers »Mein Kampf« stand danach nicht mehr im Regal.

In seinen letzten Durchhalte-Befehlen hatte Hitler auch Zivilpersonen die sofortige standrechtliche Erschießung angedroht, wenn sie sich ergeben würden. Dennoch hängtet ihr am Eingang des Bunkers ein weißes Tuch in einen Baum. Wir saßen drinnen und warteten voller Angst auf das, was nun geschehen würde. Und irgendwann wurde dann die Tür aufgerissen und Russen in Uniform standen vor uns. Sie wollten wissen, ob Emil ein Soldat war. Er scheint ihnen mit seinen Russisch-Kenntnissen klargemacht zu haben, dass er keine Uniform getragen hatte. Das rettete ihm wahrscheinlich das Leben.

Am 8. Mai 1945 war die Kapitulation. Der Krieg war zu Ende. Als knapp Neunjährige konnte ich offenbar nicht begreifen, was das bedeutete. Denn als am Abend zur Siegesfeier Leuchtkugeln in die Luft geschossen wurden, bekam ich Angst. Das waren doch die »Weihnachtsbäume«, vor denen wir während der Bombardierungen so große Angst hatten, weil sie signalisierten, dass direkt über uns Bomben abgeworfen werden würden. Voller Panik rannte ich mit meiner kleinen Schwester an der Hand in den Bunker. Ihr Erwachsenen habt gelacht und mir erklärt, dass nun wirklich »Frieden« sei.

Die russischen Soldaten hatten sich in der Kaserne einquartiert. Du schriebst: »Von nun an verging kein Tag (und Nacht), dass die Russen uns ›besuchten‹. Schaden an Gut, Leib und Seele sind aber uns allen nicht zugefügt worden.«

Wir hatten wieder einmal Glück. Uns taten die Russen nichts. Im Gegenteil, einmal kam ein Offizier mit einem Pferd in unseren Garten. Er wollte das Tier von unserem Pumpenwasser trinken lassen. Ihr hattet Angst, doch er war sehr höflich und kam kurz darauf mit einem Paket frischer Fische zurück, die du für ihn braten solltest. Er gab uns davon ab. Emil unterhielt sich mit ihm auf Russisch.

Zu Kindern waren die Soldaten besonders lieb und verschenkten sogar Essen. Du schicktest mich mit meiner kleinen Schwester hinüber an den Zaun der

Kaserne. Ich hielt ein Kochgeschirr hoch und bettelte: »Kuschat« – Essen, »Kleb« – Brot. Die Männer lachten fröhlich und füllten uns die Töpfe durch den Zaun, gaben uns auch ein Stück schwarzes Brot.

Eines Tages zogen »die Russen« ab und es kamen englische Truppen in die Kaserne. Auf der Potsdamer Konferenz im August 1945 hatten die vier Siegermächte Berlin unter sich aufgeteilt. Spandau gehörte zum Britischen Sektor. Von nun an hattet ihr keine »Besuche« mehr zu befürchten, wie du erleichtert im *Tina-Buch* notiertest.

Bevor ich mich den Geschichten über den »Neuanfang« nach dem »Zusammenbruch« zuwende, ist es mir ein Bedürfnis, kurz innezuhalten und davon zu sprechen, was mir beim Sammeln und Aufschreiben all dieser Geschichten geschah. An irgendeinem Punkt nämlich, als ich schon viele anekdotenhafte Geschichten über unser damaliges Überleben aufgeschrieben hatte, überfiel mich ein immer stärker werdendes Unwohlsein. Ich versuchte, mich darüber hinwegzusetzen, doch plötzlich wurde mir klar: Meine intensive Beschäftigung mit den dramatischen Ereignissen, die ich zwar als Kind, aber dennoch schon bewusst miterlebt hatte, war auch eine Form des Verdrängens. Ich hatte mich in die eigene Überlebensgeschichte hineingesteigert und dabei die Geschichten der Millionen von Menschen, die nicht überlebt hatten, die gemordet wurden, vergessen. Tote können die Geschichten ihres Sterbens nicht erzählen. Sind aber diese Nicht-Überlebensgeschichten für uns, für unsere individuelle ebenso wie für unsere kollektive Geschichte nicht weitaus wichtiger als alle Geschichten vom Überleben oder »Glück-Haben«, wie ich sie hier erzähle? Wir könnten aus ihnen lernen, wie bruchig das »Glück des Lebens« ist, wie sorgsam wir es pflegen müssen und es niemals einer Ideologie des Todes anvertrauen dürfen, wie es im Hitler-Reich geschah. – Ich habe daraufhin viele meiner Geschichten wieder gestrichen. Es ist kein Verdienst, »Glück« gehabt zu haben.

Und noch einmal erschrak ich, nämlich als ich mir klarmachte, welche Bedeutung die von mir in diesen Schilderungen verwendeten Begriffe auf einer tieferen Ebene auch für mich noch besaßen: Für euch bedeutete damals das Wort »Frieden« in erster Linie das Ende der Bombardierungen, der Todesgefahr. Für euch hatte »Frieden« nicht die Bedeutung: »Befreiung von der Diktatur« oder »Sieg über Hitler«. Auch »Zusammenbruch« hieß nicht »Zusammenbruch des Faschismus und des Hitler-Regimes«, sondern »Zusammenbruch des Deutschen Reiches«. Selbst das Wort »Kriegsende« hatte eine unterschwellige Bedeutung von: Ende »unseres« Krieges, der eben eigentlich zu einem »Endsieg« hätte führen müssen, nun aber ein »Sieg der Feinde« geworden war. Der Bezugspunkt für alle diese Begriffe blieb – unausgesprochen – das Verlorene, nämlich Deutschlands Größe.

Aber habe ich selbst hier in diesem Text nicht auch, genau wie ihr, »Kriegsende« oder »Zusammenbruch« in dieser Bedeutung verwendet? Hat für mich der »Friede«, den wir 1945 erlebten, nicht immer noch denselben Sinn wie für euch damals? Obwohl ich mir jetzt am Schluss dieses Kapitels über meine verräterische Sprache Gedanken mache, habe ich die Begriffe im Text nicht verändert. Ich kann und will nicht verleugnen, ein Kind dieser Zeit, euer Kind, zu sein.

Doch noch eine andere Frage sei mir hier erlaubt – ich stelle sie als Deutsche nach Auschwitz und als Tochter von Mitläufern im Dritten Reich: Waren die Bombardierungen deutscher Städte nicht auch ein Unrecht, ja ein Verbrechen? Heiligt ein noch so gerechtes Ziel, wie die Bekämpfung eines Unrechtssystems, alle Mittel? Eine Frage, die auch heute ihre Aktualität nicht verloren hat.

Neuanfang

Wir vier hatten überlebt. Und auch von »unserem Willi« bekamen wir im Februar 1946 die Nachricht, dass er sich in russischer Kriegsgefangenschaft befand und sehnlichst auf seine Heimkehr wartete. Auf der ersten Kriegsgefangenen-Postkarte, die ihr zurückschicken durftet, musstet ihr ihm allerdings mitteilen, dass seine Mutter »an der üblichen Zeitkrankheit« gestorben war.

Anna und Gottfried Höppner hatten bis zuletzt in Greifenhagen ausgeharrt. In ihrem letzten Brief an ihre »lieben Spandauer« schrieb deine Schwiegermutter am 20. Februar 1945: »Bis jetzt geht es uns immer noch gut. Viele sind auch schon raus aus Greifenhagen. Doch wenn es nicht unbedingt nötig ist, wollen wir nicht raus. Wo soll man noch hin. Über die Brücke sind schon die ganzen Flüchtlinge von Ostpreußen geflohen. Da ist schon alles vollgestopft. Die liegen in Scheunen und Autogaragen zusammen gepfercht. Viele Bauern haben Haus und Hof im Stich gelassen und sind geflüchtet. Das Vieh, besonders Kühe, sind herrenlos hier bei uns herumgelaufen. Um Greifenhagen und Umgebung sind auch Schanzgräben gebaut. Es geht über Saat und Gärten. Auch in den Straßen sind Barrikaden errichtet. Es sieht doch böse aus. Sitzt man dann noch in seinen eigenen vier Wänden, fühlt man sich noch geborgen.«

Emils Eltern Gottfried und Anna Höppner, 1935

Diese trügerische Geborgenheit, die Emils und Willis Eltern – sie war 64, er 68 Jahre alt – in ihren »eigenen vier Wänden« empfanden, führte dazu, dass sie viel zu spät aus Greifenhagen flohen. Deine Schwiegermutter meinte: »Doch ohne Ziel zu flüchten ist ganz sinnlos. Schließlich kommt man noch auf der Landstraße um. Möge uns der liebe Gott hierfür bewahren.«

»Der liebe Gott« bewahrte sie zwar vor dem Tod auf der Landstraße: Sie kamen noch über die Greifenhagener Oder-Brücke, bevor diese von den Deutschen gesprengt wurde, und erreichten Tantow, den nächsten Ort auf der anderen Seite. Doch sie fanden keine menschenwürdige Bleibe. Zusammen mit Lene, ihrer damals 41-jährigen, unverheirateten Tochter, mussten sie in einem ungeheizten Schuppen hausen. Es gab kaum etwas zu essen, Ungeziefer und Infektionskrankheiten, vor allem die Ruhr, plagten sie. Als der Winter kam, war Annas Lebenskraft am Ende. Sie starb am 4. Dezember 1945.

Warum haben sie sich nicht bis Berlin zu euch durchgeschlagen? Gewiss, ihr hättet es schwer gehabt, sie bei euch aufzunehmen und zu versorgen. Aber wahrscheinlich hätten sie dann überlebt. Es war Lene, die schon eine lange Flucht hinter sich hatte und nicht noch einmal aufbrechen wollte. Außerdem hofften sie, bald wieder nach Greifenhagen zurückkehren zu können.

Vielleicht hätten sie überlebt, wenn Anna sich überwunden hätte, mit ihrem Mann Gottfried wieder zu reden. Sie hätten sich dann vielleicht gemeinsam darauf verständigt, eine rechtzeitige Flucht zu wagen. Doch selbst in ihrer verzweifelten und lebensbedrohlichen Lage war Anna nicht bereit, ihren Stolz aufzugeben und sich ihrem Mann wieder zuzuwenden. Wie in den fast dreißig Jahren seit Willis Geburt verweigerte sie ihm »das Wort«. Und Gottfried fand nicht die Kraft, von seiner Frau ein Bekenntnis zu sich, dem Vater ihrer vier Kinder, zu fordern. Auch angesichts ihres Todes fand sie kein freundliches Wort für ihn. Lene erzählte mir, dass Gottfried ihre Hand halten wollte – die sterbende Anna ließ selbst das nicht zu, sondern zog ihre Hand zurück.

Sechs Monate später, im Juni 1946, starb auch dein Schwiegervater. Emil besuchte ihn noch wenige Wochen zuvor, er fand ihn »wunderlich«. Willi hatte bei seinem letzten Besuch in Greifenhagen die Vorahnung, dass er seine Eltern nicht mehr wiedersehen würde. Emil schrieb ihm auf einer Kriegsgefangenenpostkarte, die ich in der Truhe fand: »In der Nacht vom 4. zum 5. Juni ist er ganz plötzlich und unerwartet verstorben. Nun liegen sie beide – Mutter und Vater in Tantow auf dem Friedhof auf dem Teil für Flüchtlinge begraben. Wohl in einer Reihe, aber doch nicht zusammen – symbolhaft für ihr ganzes Zusammenleben.«

Bis auf Emils Eltern waren keine unserer nahen Verwandten durch den Krieg ums Leben gekommen. Deine Mutter Anna hatte einen Bombenangriff, durch den das Nachbarhaus zerstört worden war, im Luftschutzkeller ihres Hauses unversehrt überstanden.

Und wie war nun für uns alle das neue Leben im »Frieden«? Im Oktober 1945 wurde Deutschland in vier Besatzungszonen, die amerikanische, britische, französische und russische geteilt. Berlin, in der Mitte der russischen Zone gelegen, wurde ebenfalls viergeteilt. Die »West-Sektoren« hießen nicht nur so, weil sie von den »Westmächten«, den Amerikanern, Engländern und Franzosen, okkupiert waren, sondern sie lagen tatsächlich im Westen Berlins. Spandau war der westlichste der West-Sektoren; gleich hinter der Stadtgrenze begann die »Sowjetzone«.

Käthe, 1946

Ich versuche, aus meinen eigenen bruchstückhaften Erinnerungen, aus den spärlichen Eintragungen im *Nanni-* und *Tina-Buch* sowie aus euren Mitteilungen in den Briefen an Willi zu rekonstruieren, wie du wohl diese Zeit erlebt hast. Ohne Frage kreisten alle Gedanken in erster Linie um die Bewältigung des alltäglichen Mangels. »Das Essen ist Hauptthema«, schriebst du. Schon im Herbst 1945 hast du ein wenig Geld verdient und Pullover, Kleider, Röcke zum Stücklohn gestrickt. Es ging dir nicht nur ums Geld, sondern vor allem darum, eine Lebensmittelkarte mit höheren Rationen zu bekommen, denn wer offiziell arbeitete, bekam ein paar Gramm mehr zugeteilt.

Emil fand erst im Juni 1946 eine Anstellung in einer Spandauer Tischlerei. Eigentlich wollte er bei seiner alten Firma Siemens wieder anfangen, doch im Namen des »Arbeiterrats der Antifaschistischen Aktion« bekam er im Mai 1945 eine Absage: »Infolge der Kriegseinwirkungen können wir noch nicht übersehen, wann und in welchem Umfange wir unsere Friedensfertigung wieder aufnehmen können. Sobald wir die notwendigen Vorarbeiten geleistet haben und es sich übersehen lässt, dass Ihre Weiterbeschäftigung erfolgen kann, geben wir Ihnen entsprechende Nachricht.«

Es dauerte noch einige Jahre, bis die »Friedensfertigung« bei Siemens wieder begann, und noch einige weitere Jahre, bis Emil, der in einer Tischlerei gearbeitet hatte, sich noch einmal bewarb und 1955 wieder eingestellt wurde. Ich glaube, er wurde auch gleich wieder als Werkzeugschlosser in der Waffenproduktion tätig, denn ab 1956 gab es wieder eine deutsche Armee, die Bundeswehr. – Doch eilen wir nicht zu weit voraus!

Dass wir keinen allzu großen Hunger litten, war, wie in den Zeiten des Krieges, unserem »Garten und Viehzeug« zu verdanken, wie du auf einer Gefangenenpostkarte an Willi im Sommer 1946 schriebst. Allerdings musstet ihr mit den Nachbarn Nachtwachen halten, weil man euch das Gemüse aus den Gärten stahl. Du hast ihn auch darüber informiert, was ein arbeitender Erwachsener pro Tag auf Marken zugeteilt bekam: 10 Gramm Fett, 400 Gramm Brot, 15 Gramm Zucker, 20 Gramm Fleisch, 400 Gramm Kartoffeln, 40 Gramm Nährmittel.

Ich kann mich dunkel erinnern, dass ihr auch auf »Hamsterfahrt« gegangen seid. Auf den abgeernteten Feldern der Bauern sammelte man liegengebliebene Kartoffeln oder Kornähren. Wer Wertsachen hatte, Schmuck, Silber, Teppiche, tauschte so manches Stück bei den Bauern oder auf dem Schwarzen Markt gegen Nahrungsmittel ein. Doch solche Schätze hattet ihr nicht.

Kohlen gab es nicht, so seid ihr mit eurem Leiterwagen in den Wald gezogen, um »Stubben zu roden«. Im Spandauer Stadtforst hatte man die Erlaubnis gegeben, nicht nur heruntergefallene Äste zu sammeln, sondern auch die Wurzeln von gefällten Bäumen auszugraben. Das bisschen Holz, das ihr am Ende eines Tages nach Hause brachtet, war später im schlimmen Winter 1946 unsere Rettung, denn so konnten wir wenigstens kochen und in einer warmen Wohnküche sitzen.

Ich erinnere mich auch an eine besonders abenteuerliche Form der Lebensmittelbeschaffung: Von irgendjemand hattet ihr erfahren, dass im Spandauer Hafen ein Frachtschiff mit einer Ladung Schmalzfettdosen untergegangen war. Ich fuhr mit meinem Vater auf dem Fahrrad zum Hafen, wo er nach den Dosen tauchte. Es war gefährlich, denn das Wrack lag im Schlamm und er konnte unten im Wasser nur wenig sehen. Ich hatte jedes Mal Angst, ob Vati auch unbeschadet wieder auftauchen würde. Er musste viele Male hinunter, bis er eine intakte Dose fand, denn viele waren aufgebrochen und das Fett ungenießbar. Doch er holte so viele aus dem Wasser, dass wir einen Vorrat hatten, der uns über den Winter half.

Tina und Nanni, 1945

Im Herbst 1945 wurden in Berlin die Schulen wieder geöffnet. Du warst stolz auf meine Leistungen, besonders, dass ich im Herbst 1946 zwei Klassen übersprang und gleich in die zweite Klasse des Lyzeums eintreten durfte. Das war vor allem dein Verdienst, denn du hattest mit mir während der Kriegsjahre Rechnen und Schreiben geübt und mich zum Lesen angehalten. Und wer weiß, wie viel du mir, ohne dass wir es beide bewusst wahrnahmen, vom Leben, von den Menschen, von der Welt aus deiner Sicht vermittelt hast, Dinge, die ich im regulären Unterricht, noch dazu unter den Nazis, nie erfahren hätte.

In der Schule gab es »Schulspeisung«, meist Suppe oder Eintopf, der in Kübeln in die Schule gebracht wurde. Jedes Kind hatte ein Kochgeschirr dabei, aus der die Mahlzeit gelöffelt wurde. Oft brachte ich noch etwas mit nach Hause. Dass diese Schulspeisung »markenfrei« war, betontest du im *Nanni-Buch.*

Ich bekam wieder Klavierunterricht und glänzte damit in der Schule, sehr zu deiner Freude, wie du schriebst. Auch zum Kinderballett schicktest du mich, damit »aus einem kleinen Elefanten ein zartes Mägdelein würde«. Es gab sogar Auftritte des Kinderballetts, über die im »Spandauer Volksblatt« berichtet wurde. Du klebtest die Zeitungsausschnitte ins *Nanni-Buch.*

Das Leben wurde wieder schön, nicht zuletzt auch dadurch, dass ihr eure alten Freunde aus der Jugendbewegung wiedersaht. Sie hatten fast alle inzwischen Familien mit Kindern. Von den Männern waren viele aus der Kriegsgefangenschaft zurückgekehrt. Nicht wenige von ihnen waren Offiziere gewesen, die sich nun Entnazifizierungsverfahren stellen mussten, bevor sie wieder einen Beruf ergreifen konnten. Von den Frauen waren viele mit ihren Kindern während des Krieges in den Osten evakuiert worden und hatten Schreckliches auf der Flucht erlebt. Alle waren bestrebt, die Kriegserlebnisse zu vergessen und an die Zeiten wieder anzuknüpfen, als die Welt noch heil war. Es gab regelmäßige Treffen, Gesprächs- oder Musikabende, Wanderungen und Feste mit uns Kindern. Wenn eure Freunde bei uns eingeladen waren, brilliertest du als Gastgeberin: Es gab festliches Essen, du bereitetest Spiele und andere Darbietungen für Kinder und Erwachsene vor. Und ich beteiligte mich mit Kasperle-Aufführungen. Auch Kurt Lessig war mit seiner Familie fast immer dabei. Er hatte wieder einen Singkreis gegründet. Du fuhrst oft zu Singabenden nach Lichterfelde, mit Emil oder allein.

Wann ihr zum erstenmal daran dachtet, in die USA auszuwandern, weiß ich nicht. Ich vermute, dass das erste CARE-Paket, das wir im Herbst 1947 von Emils Tante Miner aus New York bekamen, dazu den Anstoß gab. Über die CARE-Organisation wurden Paketsendungen an deutsche Familien finanziert und von Verwandten in den USA oder auch direkt von der Organisation verschickt. Die Pakete enthielten Schokolade, Milchpulver, Corned Beef, Schweinefett, Kaffee, auch Kleider und Spielsachen – es war wie ein Wunder aus einer anderen, besseren Welt. Noch bevor Willi aus der Kriegsgefangenschaft zurückkam, scheint ihr darüber nachgedacht zu haben, zusammen mit ihm nach Amerika auszuwandern. Denn auf einer der letzten Postkarten, die er vor seiner Heimkehr bekam, hast du eine Andeutung in dieser Richtung gemacht.

Schwager Willis Heimkehr

Dein Schwager Willi war fast drei Jahre in russischer Kriegsgefangenschaft. Während vieler Monate wussten wir nicht, ob er lebte. Erst im Februar 1946 traf seine erste Kriegsgefangenen-Postkarte bei uns in Spandau ein. Er durfte nur 25 Worte auf einer Karte schreiben, doch ihr konntet beliebig viel Text auf die daran hängende Antwortkarte schreiben, und so habt ihr ihm in kleinster Schrift möglichst viele Nachrichten zukommen lassen. Er selbst bekam eure Rückantwort erst im April 1946, war also fast ein Jahr nach seiner Gefangennahme ohne Lebenszeichen von euch.

Alle 14 Postkarten, die ihr von ihm erhieltet, und 18 Karten und ein Brief, die bei ihm ankamen, befanden sich in der Holztruhe meines Vetters; ebenfalls ein kleines Päckchen Tagebuch-Notizen auf winzigen, eng mit Bleistift beschriebenen Zettelchen. Zum Teil schrieb Willi auf Packpapier, weil er kein Schreibpapier mehr hatte. Trotz aller Kontrollen und »Filzungen« gelang es ihm, sie aus der Kriegsgefangenschaft mit nach Hause zu bringen. Sie sind ein erschütterndes Dokument seines Kampfes ums Überleben.

Der Stabsgefreite Willi Höppner, 1944

Was Willi euch auf den Kriegsgefangenen-Postkarten schrieb, war nicht viel: »Verpflegung mäßig«, »Beine klapprig«, »der Winter war bis jetzt gnädig« und immer wieder: »Sehnsucht nach der Heimkehr«. Ihr konntet nur ahnen, wie schlimm vor allem die beiden Winter im Lager Pleskau, in der Nähe von Leningrad, für ihn waren.

Ihr habt ihn getröstet, auf jeder Karte immer wieder geschrieben, wie sehnsüchtig wir alle auf ihn warteten. Emil schrieb, dass er in der Küche eine neue Bank eingebaut hatte, damit für ihn mehr Platz sein würde, du, dass ihr für ihn ein eigenes Zimmer anbauen würdet, wenn er bei uns wohnen bleiben wollte, und dass er, wenn er nicht gleich Arbeit finden würde, beliebig lange von euch »durchgefüttert« würde. Von mir berichtetest du, dass seine »Nanuschka« immer für frische Blümchen in der Vase neben seinem Bild sorgte, und von Tina, schriebst du ihm, dass sie zu Willis Foto gesagt hätte: »Willi, du Süßer!«

Und du, Käthe, hast ihn auf deine, ganz besondere Weise zu trösten versucht. Im Oktober 1946 schriebst du ihm: »Wir sehnen uns wirklich unsagbar danach, Dich hier zu haben. Unzählige Küsse schicke ich hiermit. Schließ jetzt mal die

Augen, hole ganz tief Luft und denke an die schönsten Stunden, die Dir Deine liebsten Menschen schenkten, zurück. Beim nächsten gemeinsamen Mokka und etlichen alkoholischen Genüssen werde ich Dich bitten, es mir zu erzählen, was Dir so das Erinnernswerteste war, ja?«

Es ist seltsam, dass ich diese Zeilen beim ersten Lesen nur als tröstende, aufmunternde Worte verstand, mit denen du seinen Überlebenswillen stärken wolltest. Erst durch den Hinweis einer Freundin wurde mir klar, dass man diese Zeilen auch als Ausdruck deiner leidenschaftlichen Liebe für ihn lesen kann. Was waren »die schönsten Stunden«, die ihm seine »liebsten Menschen schenkten«, an die er sich erinnern sollte? Was sollte er dir, wenn er wieder da war, davon erzählen? Meintest du die Stunden mit dir im Februar 1944 während seines letzten Urlaubs in Spandau? Hatte er damals in dir ein Feuer entfacht, das nun während der Jahre des Wartens mit heißer Glut im Verborgenen brannte? Fast auf jeder Karte an ihn schriebst du am Schluss: »Ich küsse Dich von ganzem Herzen.« Auf eine Karte klebtest du das Foto vom Februar 1944, das dich zwischen Willi und Emil zeigt, und schriebst darunter: »Auf frohes Wiedersehen! Beim nächsten Bild zu Dreien wird es eine ganz andere Stimmung! Und von Herzen lachen lernen wir bestimmt alle wieder. Hier fehlst doch nur Du und alles ist in Ordnung.«

War auch das eine heimliche Botschaft an ihn? Wenn ja, dann hast du sie gut versteckt unter dem Mantel der allgemeinen liebevollen Fürsorge für »unseren Willi«. Und er, denke ich, wusste deine Botschaften zu entziffern, die ihm Kraft gaben, auf eine Zukunft zu hoffen. Zu wissen, dass er sehnsüchtig erwartet wurde, dass er bei euch seine Heimat finden würde, dass du ihn wieder in deinen Armen halten wolltest, das hielt ihn am Leben. Seine kleinen Tagebuchzettelchen sind Zeugnis dafür. Als er euer erstes Lebenszeichen bekam, notierte er: »Ich bekomme eine Karte aus Berlin-Spandau! Nun erst recht durchhalten. Aber die Wartezeit ist jetzt doppelt lang und schwer, schlackrig bin ich auf den Stelzen wie ein alter Mann.«

Ja, es ging ihm schlecht. Und ich denke, dass seine täglichen oder nachher nur noch wöchentlichen Aufzeichnungen ihm auch halfen, nicht aufzugeben. Vor allem die ersten beiden Winter müssen grauenvoll gewesen sein. Erst wenn die Temperatur unter minus zwanzig Grad sank, brauchten sie nicht mehr draußen zu arbeiten. Willis Zehen waren angefroren.

Wenn ein Transport von Gefangenen zur Heimkehr zusammengestellt wurde, war es furchtbar, nicht dazuzugehören. Doch sein lapidarer Kommentar dazu lautete: »Der Transport ist nun weg und Mitte August soll der nächste gehen.« Gefühle konnte er sich nicht erlauben. Es hieß, allen Schmerz, alles Leiden so tief wie möglich zu vergraben, sich an den kleinen Annehmlichkeiten zu freuen, sonst konnte man nicht durchhalten. Willi war jung, er wollte leben, wollte zu euch nach Hause kommen. Andere hatten diesen Lebenswillen nicht: »Viele sind umgekippt«, »Der Koch hat sich erhängt«, »Viele Tote, auch einer aus Greifenhagen«, notierte er.

Obwohl ich Willis Aufzeichnungen voller Anteilnahme und Mitgefühl las, fragte ich mich doch ständig, ob er wohl jemals in den Jahren seiner Gefangenschaft seine Situation mit der der Juden in den KZs verglichen hatte. In seinen Aufzeichnungen ist nichts davon zu spüren. Ich mache ihm deshalb insgeheim einen Vorwurf, das gebe ich zu. Habe ich ein Recht dazu? Er wollte weiterleben, und das hätte er mit Schuldgefühlen oder Selbstzweifeln niemals geschafft.

Und dann war es so weit, am 7. Februar 1948 durfte er die Heimreise antreten. Von Frankfurt/Oder schickte er uns ein Telegramm, am Tag darauf, am Dienstag, dem 17. Februar 1948, war er wieder da. Du warst allein zu Hause und hast ihn als erste in deine Arme genommen. Wahrscheinlich warst du über sein Aussehen genauso erschrocken wie ich, als ich aus der Schule zurückkam und er in der Küche saß. Abgemagert war er bis auf die Knochen. Mit seinem kahl geschorenen, von Furunkeln bedeckten Kopf war er ein Bild des Jammers. Doch er war da! In meinem Tagebüchlein – ja, auch ich hatte mich mit meinen elf Jahren bereits in die Schar der Tagebuchschreiber und -schreiberinnen in meiner Familie eingereiht! – jubelte ich: »Willi ist da!! Um 12 kam ein Telegramm aus Frankfurt und um 2 war er da. Gerade als ich zur Schule gegangen war. Vati kann es gar nicht fassen, dass er ebenso fidel ist wie früher. Nein, diese Freude, ich kann es nicht beschreiben. Der langersehnte Tag ist heute.«

Auch Willi bekam sofort einen Taschenkalender – ich fand ihn in der »Schatztruhe« meines Vetters – und so kann ich jetzt nicht nur meine eigenen kindlichen Aufzeichnungen, sondern auch die von seiner Hand heranziehen, um dieses für uns alle so ereignisreiche und dramatische Jahr 1948 zu rekonstruieren. Von dir und Emil gibt es keine persönlichen Aufzeichnungen aus dieser Zeit.

Gleich am nächsten Tag nach Willis Ankunft seid ihr mit ihm ins Kino gegangen, drei Tage später gab es ein Kostümfest im Vereinshaus in der Kolonie Tsingtau. »Das erste Tänzchen«, notierte Willi. Zu Emils Geburtstag am 7. März wurde die Flasche Wein aus dem Jahre 1934 geöffnet, die ihr zur Feier seiner Rückkehr aufgehoben hattet. Willi sollte alles haben, was er in den Jahren des Elends vermissen musste. Euch brachte er das Skat-Spielen bei, und in seinem Taschenkalender lese ich, dass ihr mehrere Abende in der Woche feucht-fröhliche Skatrunden zu dritt hattet.

Und du, Käthe? Wie hast du ihn umsorgt? Zunächst ging es natürlich nur darum, ihn so schnell wie möglich wieder »aufzupäppeln«. Du hast ihn »bekocht«, hast versucht, ihm alle Wünsche zu erfüllen. Und wie hat er auf den Überschwang deiner Gefühle reagiert? War nun wieder »Fröhlichkeit« in deinem Leben, wie du sie dir in den Jahren des Wartens auf Willis Heimkehr so sehnlich gewünscht hattest? Weder in Willis noch in meinen Aufzeichnungen gibt es darauf Hinweise. Ich meine aber, mich zu erinnern, dass schon zu Ostern Spannungen zwischen euch waren. Hat Willi dir schon bald nach seiner Heimkehr klargemacht, dass er deine Wünsche nicht erfüllen wollte?

Viele Jahre später erklärte er mir, dass er in dir die fürsorgliche, liebevolle Freundin suchte; Zeichen dafür war, dass er dich »Mutti« nennen wollte. Doch du seist damit nicht einverstanden gewesen, du hättest mehr gewollt. Wie schmerzhaft muss seine Zurückweisung für dich gewesen sein! Gleichzeitig sagte dir aber wahrscheinlich dein Verstand, dass du kein Recht hattest, mehr zu verlangen. Willi war nun einmal ein Mann von dreißig Jahren, der eine Familie gründen und nicht mit dir – der Frau seines Bruders! – leben wollte. Ja, wärst du unverheiratet gewesen, vielleicht hätte er es dann trotz eures Altersunterschieds gewagt. Ich bin sicher, dass seine Gefühle für dich echt waren und es ihm deshalb unendlich schwer fiel, dich zurückzuweisen. Seiner späteren Frau hat er dies auch in Briefen gestanden, die ich in der Truhe meines Vetters fand. Ihr habt beide gelitten, weil das, was ihr füreinander empfandet, nicht lebbar oder mit sehr weitgehenden Konsequenzen verbunden gewesen wäre, die ihr nicht zu tragen bereit wart.

Wärst du wohl fähig gewesen, Mann und Kinder zu verlassen, wenn Willi den Mut gehabt hätte, mit dir, der Frau seines Bruders, zu gehen? – Ich merke, wie schwer es mir fällt, diese Frage mit einem klaren Ja zu beantworten. Wie anders wäre auch mein Leben verlaufen, wenn du dich von meinem Vater getrennt hättest! Will ich immer noch die treue Tochter meines Vaters sein und mir nicht einmal vorstellen, dass du ihn hättest verlassen können? Willi war nach Kurt Lessig die große Liebe deines Lebens, davon bin ich jetzt überzeugt.

Ihr befandet euch in einer unhaltbaren Situation und suchtet händeringend nach einem Ausweg, der allen gerecht werden würde. Deine liebste Fantasie war es, glaube ich, dass Willi eine Frau fände, die zugleich deine Freundin wäre, so wie Lore, mit der er 1943 bei uns seinen Urlaub verbracht hatte und die dich bewundert hatte. Du stelltest dir vor, dass er mit ihr in einem Häuschen in der Kolonie Tsingtau wohnen würde, ganz in deiner Nähe. Das hattest du ihm sogar auf einer Kriegsgefangenen-Postkarte angedeutet. Lore aber war inzwischen verheiratet und hatte Kinder. Du suchtest weiter nach einer für ihn (und für dich) passenden Frau, aber keine deiner unverheirateten Freundinnen, die du zu uns einludst, gefiel ihm.

Von dem Plan, in die USA auszuwandern, hatte ich schon erzählt. Im Herbst 1948 hattet ihr für unsere Familie und für Willi Einwanderungsanträge gestellt. Eine Einwanderung war allerdings nur möglich, wenn man in den USA einen Bürgen fand. Ihr habt Tante Miner, die in die USA ausgewanderte Tante von Emil und Willi, von der wir die CARE-Pakete bekamen, gefragt. Doch eine solche Verpflichtung konnte weder sie noch ihr Sohn für uns alle übernehmen. Kanada und Australien waren als weitere Auswanderungsländer im Gespräch. Nach Willis abruptem Auszug war jedoch dein Enthusiasmus für diese Pläne vergangen. Und Emil hatte zu keinem Zeitpunkt wirkliches Interesse auszuwandern.

Willi hatte sich inzwischen sehr gut wieder eingelebt. Er belegte Englisch-Kurse an der Volkshochschule, bekam seinen Führerschein neu ausgestellt, und als er gesundheitlich wiederhergestellt war, fand er Arbeit auf dem Flugplatz Gatow, wo Emil schon als Tischler arbeitete.

Die politische Lage in Berlin hatte sich im Frühjahr 1948, kurz nach Willis Rückkehr, immer mehr zugespitzt. Der »Kalte Krieg« begann. Nachdem in der von den Sowjets besetzten Zone (SBZ) eine sozialistische Wirtschaftspolitik eingeführt und die Sozialistische Einheitspartei Deutschlands (SED) gegründet worden war, beschlossen die Westmächte im Gegenzug die Vereinigung ihrer Besatzungszonen.

Berlin mit seinem Sonderstatus als viergeteilte Stadt lag inmitten der SBZ. Als die Westmächte Anfang Juni 1948 in der Westzone eine Währungsreform durchführten, zehn Reichsmark waren jetzt eine DM-West wert, nahmen die Sowjets dies zum Anlass, den Westteil Berlins abzusperren. Die Berliner Blockade begann. Für uns sah es ganz so aus, als würde es den Sowjets gelingen, West-Berlin zu vereinnahmen, so dass wir wieder »russisch« werden würden wie damals gleich nach Kriegsende.

Doch die westlichen Besatzungsmächte gaben nicht nach, sondern etablierten die »Luftbrücke«: Ein knappes Jahr hindurch wurde West-Berlin von Flugzeugen aus der Luft versorgt. Lebensmittel, Heizkohle, ja ein ganzes Heizkraftwerk wurden mit Flugzeugen nach Berlin geschafft. Jeder Flugplatz in West-Berlin wurde benutzt, so auch der kleine Flughafen Gatow, auf dem Emil und Willi in Dreier-Schichten arbeiteten. Tag und Nacht wurden die Flugzeuge entladen. Beide verdienten gut, oft arbeiteten sie zwei Schichten an einem Tag.

Für unsere Familie war diese Tätigkeit der beiden Männer eine große Hilfe, denn sie bekamen dort in der Kantine zu essen. Manchmal brachten sie Lebensmittel mit, die wir sonst nicht bekamen, zum Beispiel Trockengemüse oder Milchpulver. Denn die Ernährungslage war in Berlin zur Zeit der Blockade sehr gespannt. Während es in Westdeutschland nach der Währungsreform rapide aufwärts ging und dort auch die Lebensmittelrationierung aufgehoben wurde, mussten wir in Berlin noch weiterhin auf Marken kaufen.

Allerdings konnten wir West-Berliner den günstigen Wechselkurs zwischen West- und Ostmark ausnutzen und in Ost-Berlin oder auch in Vororten von Berlin, die in der SBZ lagen, billig einkaufen. Zeitweilig bekam man für eine DM-West vier DM-Ost umgetauscht. Wechselstuben gab es in West-Berlin überall. Wir kauften in den Läden der »Handelsorganisation« (HO) ein, in denen Waren ohne Lebensmittelmarken angeboten wurden, die für Ost-Berliner als »Luxusgüter« galten oder besonders rar waren. Doch es war verpönt, im Osten einzukaufen, nicht nur, weil man den Menschen im Osten die markenfreien Waren in den HO-Läden wegkaufte, sondern auch, weil wir West-Berliner damit sozusagen den Kampf, den die Westmächte mit der Luftbrücke für uns führten, moralisch unterliefen.

Doch auch wir Höppners fuhren, mit schlechtem Gewissen und Ost-Mark im Portemonnaie, mit der S-Bahn zum Bahnhof Friedrichstraße oder zum Alexanderplatz, um Brot, Öl, Zucker und Schnaps einzukaufen. Oder wir fuhren mit dem Fahrrad nach Staaken oder Falkensee, Orte, die gleich hinter Spandau in »der Zone« lagen, wo es auch HO-Läden gab.

In Willis Kalender lese ich, dass du manchmal mit ihm zum Einkaufen nach Ost-Berlin gefahren bist, wenn er tagsüber keine Schicht hatte. Hin und wieder, meist an Freitagen oder Samstagen, steht da auch die Eintragung: »Mit Käthe tanzen«. Im Gegensatz zu Emil, der nur Volkstänze kannte, beherrschte Willi Gesellschaftstänze wie Foxtrott oder Tango sehr gut. Und so schwebtest du mit ihm über die Tanzfläche irgendwelcher Tanzlokale und warst glücklich.

Wenn ihr nach einem solchen Tanzabend nach Hause kamt oder auch an anderen Abenden, wenn wir Kinder schliefen und Emil nicht da war, habt ihr der Versuchung nicht widerstehen können. Wer will es euch verdenken! – Einmal habe ich euch überrascht, als ich abends aus dem Kinderzimmer durch Willis Zimmer, das ein Durchgangszimmer war, nach draußen zur Toilette im Hof wollte. Du lagst mit Willi im Bett unter der Decke. Ich glaube, in meiner unaufgeklärten kindlichen Ignoranz hätte ich gar nicht wahrgenommen, dass hier etwas »Verbotenes« geschah. Durch dein Aufschrecken jedoch oder durch deine Worte, als ich auf dem Rückweg wieder an euch vorbeiging, wusste ich, dass etwas nicht stimmte. Irgendwie verstand ich gleichzeitig, dass dies ein Geheimnis war und bleiben musste. – Ich habe es bis zu meinem 27. Lebensjahr auch vor mir selbst verborgen.

Und dann kam, was kommen musste: Willi lernte eine Frau kennen, die ihn, so sahst du es, mit ihren Verführungskünsten »bezirzte«. Er dagegen empfand die Begegnung mit Luzie wie eine Befreiung aus seiner unlösbaren Verstrickung mit dir.

Willis Trennung von Käthe und Emil

Willi lernte Luzie Bitling auf einem Treffen des »Freideutschen Kreises« kennen, so nannte sich jetzt die Gruppe deiner Freunde aus dem ehemaligen Jungnationalen Bund, zu dem Willi euch, manchmal auch nur dich allein, begleitete. Sie war vor dem Krieg im Junabu aktiv gewesen, doch kanntest du sie nicht von früher, weil sie einer anderen Gruppe angehörte.

Luzie war eine sehr schöne Frau mit fast südländischem Flair. Sie schminkte sich und hatte rotlackierte Fingernägel. Für dich war das ein Zeichen dafür, dass sie auf Männerfang aus war. Sie hatte ihren Mann verloren, der zwar noch aus dem Krieg zurückgekehrt, dann aber wenige Monate später gestorben war. Mit ihrem fünfjährigen Kind lebte sie bei ihrer Mutter und ernährte die Familie mit Heimarbeit.

Willi fühlte sich sofort zu ihr hingezogen. Ich weiß nicht, ob er selbst sie nach Spandau einlud oder dich bat, es für ihn zu tun. Jedenfalls besuchte sie uns am vierten Advent 1948. Willi hatte Bauchschmerzen und zog sich in sein Zimmer zurück. Luzie folgte ihm und blieb lange bei ihm hinter verschlossener Tür. Nach längerer Zeit kam sie wieder zu uns zurück und berichtete, dass sie Willi den Bauch massiert habe und es ihm wieder besser gehe. In meinem Tagebuch steht: »Heute kam Besuch, Tante Luzie. Erst war sie ganz nett, dann aber, als Willi Bauchschmerzen bekam und sie ihm den Bauch streichelte, kam sie Mutti und mir doch 'n bisschen komisch vor!!«

In Willis Taschenkalender lese ich unter dem Datum des vierten Advent: »Besuch von Luzie, abends Massage, Bauchschmerzen, nicht zum Dienst.«

Als Luzie gegangen war, gab es eine heftige Auseinandersetzung zwischen dir und Willi. Wie Luzie mir viele Jahre später erzählte, war an diesem Abend zwischen Willi und ihr ein Funke übergesprungen. Du hattest das sofort gespürt und warst alarmiert. Denn Luzie war nun gar nicht die Frau, die du dir an Willis Seite gewünscht hattest. Ich glaube, du fürchtetest, dass er für dich verloren wäre, wenn er sich dieser Frau zuwenden würde.

Und Luzie bewies ihre Stärke: Gleich nach Neujahr kam sie noch einmal unangemeldet zu uns. Sie wollte wissen, ob ihr Gefühl für diesen Mann mehr war als nur eine flüchtige Zuneigung und was er für sie empfand. Willi begleitete sie nicht nur zum Spandauer S-Bahnhof, sondern fuhr mit ihr nach Südende. Eine Woche später, am 9. Januar 1949, einem Sonntag, steht in Willis Kalender: »Dienstfrei. Kurt Lessig hier. Mit Käthe tanzen. Die Bombe geplatzt.«

Welch ein gewaltiges Wechselbad deiner Gefühle an einem Tag! Kurt Lessigs Tochter hatte bei uns übernachtet. Er war gekommen, um sie abzuholen. Du freutest dich gewiss, ihn wieder einmal zu sehen. Danach führte dich Willi zum Tanz aus. Aber dann kam der große Schock: Willi ließ »die Bombe platzen« und gestand dir, dass er Luzie liebte. In meinem Tagebuch lese ich: »Oh Gott, die liebe, liebe Mutti! Und der Willi hat ihr so großen Kummer bereitet, als er mit der Tante Luzie zusammen fuhr, obwohl Mutti sie nicht ein bisschen leiden kann. Mutti weinte immerzu. Ach, ich bin ihr ja so dankbar, dass sie mir alles so sagt.«

Du warst völlig außer dir, ich kann mich gut daran erinnern. Was du mir, deiner zwölfjährigen Tochter, »alles« gesagt hast, weiß ich allerdings nicht mehr, nur, dass ich unendliches Mitleid mit dir hatte und dich trösten wollte in deinem Schmerz, den dir die »böse Tante Luzie« zugefügt hatte.

Von nun an gab es täglich tränenreiche Szenen zwischen dir und Willi. Deshalb mietete er sich, übrigens mit deiner Hilfe, sofort ein möbliertes Zimmer nicht weit von uns. In meinem Tagebuch finde ich meinen etwas altklugen Kommentar, den ich vermutlich von dir aufgeschnappt hatte: »Willi hat ein Zimmer. Endlich kann er über sich selbst bestimmen!«

Wenn dies deine Worte waren, dann kamen sie nur aus dem Verstand, denn in deinem Herzen bohrte ein furchtbarer Schmerz über seinen Weggang. In meiner Erinnerung hast du in den folgenden Wochen ununterbrochen geweint. Wahrscheinlich flossen deine Tränen jedes Mal, wenn er wieder gegangen war. Denn, was ich gar nicht mehr erinnerte, aber nun in Willis Taschenkalender entdeckte, war, dass er weiterhin, fast täglich, wenn seine Schicht günstig lag, zu uns zum Essen kam. Sonntags half er euch oft bei der Gartenarbeit. Gelegentlich gingst du mit ihm sogar noch ins Kino oder in die Oper. Außerdem feierte er unsere Geburtstage mit uns.

Aus Willis Briefen an Luzie, die sich in der Truhe meines Vetters befanden, konnte ich ersehen, wie sehr er zwischen Spandau und Südende hin und her schwankte. Anfangs hatte er, so gestand er Luzie, ihr Verhältnis mehr als eine an- und aufregende Spielerei betrachtet. In dieser Zeit konntest du mit Recht immer noch hoffen, dass er zu dir zurückkommen würde. Doch sehr bald war er häufiger in Südende als in Spandau und seine Besuche bei uns nahmen immer mehr ab. Im Mai 1949 zog er ganz zu ihr.

Beim Lesen der Briefe, die sich Willi und Luzie in den ersten Monaten schrieben, kann ich nachempfinden, wie sehr sie füreinander eine Herausforderung und Stütze waren. Willi war von ihr fasziniert und gleichzeitig irritiert. Ihn beeindruckte ihre Aufrichtigkeit sich selbst und ihren Gefühlen gegenüber. Kurz bevor sie Willi kennen lernte, hatte sie, was damals noch sehr ungewöhnlich war, psychotherapeutische Hilfe in Anspruch genommen, um ihre Probleme zu klären. Er fand in ihr die mütterliche, Rat gebende Geliebte, die ihn drängte, seine Beziehung zu dir abzubrechen, weil daraus wegen der Schuldgefühle seinem Bruder gegenüber nichts Gutes erwachsen könne. In einem Brief schrieb sie ihm, dass sie ihn manchmal wie einen Sohn erlebe, dem sie mit ihrer Liebe auch ihren Rat geben könne.

Luzie und Willi, 1950

Andererseits schreckte ihn, den rationalen Skeptiker, Luzies intensive Emotionalität, die zwischen feurigster Leidenschaft und tiefer Depression schwankte. Denn für Luzie war Willi die Rettung in einer extremen Lebenskrise, die sie vermutlich ohne ihn nicht bewältigt hätte. Im August 1949, also kurz nachdem ihre Liebe zu Willi erblüht war, erkrankte ihre sechsjährige Tochter an Meningitis und musste ins Krankenhaus. Bis auf wenige Kurzbesuche kam sie nie wieder nach Hause. Luzie war berufstätig und konnte meist nur an den Wochenenden in das in einem entfernten Stadtteil liegende Krankenhaus fahren, um ihre Tochter zu besuchen. Nicht einmal zu ihrer Hochzeit im Mai 1950 durfte die Tochter nach Hause. Unter furchtbaren Qualen starb das Kind im September des gleichen Jahres. Viele Jahre später erklärte mir Luzie, dass es nur Willis Liebe war, die sie vor dem Sturz in den Abgrund, in den Selbstmord, zurückgehalten hatte.

Nach der Beerdigung erlitt Luzie einen Nervenzusammenbruch. Doch wenige Wochen später war sie schwanger. Sie und Willi nahmen es als Zeichen, dass damit auch für sie als Paar ein neues Leben begann, und so war es auch. Ich bin allerdings davon überzeugt, dass der Tod ihrer Tochter in Luzie eine Wunde hinterließ, die nie völlig heilte und die mit zu ihrem frühen Krebstod mit 52 Jahren beitrug.

Dir und Emil hatte Willi offenbar zunächst nichts von dem tragischen Verlust, den seine Frau erlitten hatte, mitgeteilt, sondern nur in einem Brief Luzies »nervliche Unpässlichkeit« erwähnt, um einen Besuch in Spandau abzusagen. Du schriebst zurück: »Hoffentlich ist Luzie inzwischen wieder gesund. Wie ist es nur möglich, dass Ihr neulich nichts von ihrer Unpässlichkeit (schreckliches Wort) erwähntet? Ich persönlich kann mich in nervöse Erkrankungen schwer hineindenken, weil es bisher nur zu soliden Erkältungskrankheiten bei uns kam.« Ich glaube, du wolltest mit diesen Formulierungen noch einmal deine Missbilligung über Willis Wahl zum Ausdruck bringen: In deinen Augen war eine »nervenkranke«, also verrückte Frau gewiss nicht die Richtige für ihn.

War es wie damals in deiner Kindheit, als dein Vater, auch wegen anderer Frauen, von euch ging? Waren deine bitteren Tränen um Willi die Tränen der kleinen Käthe? Damals durftest du deine Trauer nicht einmal zeigen, weil du deiner Mutter treu bleiben musstest. Jetzt flossen wenigstens deine Tränen, doch sie brachten dir keine Befreiung, die Traurigkeit blieb.

Du konntest solche, in deine Kindheit zurückreichende Zusammenhänge nicht erkennen und hast deshalb Luzie nie verziehen. – Dreizehn Jahre später war es wieder Luzie, die dir einen großen Schmerz zufügte, als sie, so jedenfalls sahst du es, dir deine liebste Tochter nahm. Denn Luzie war in deinen Augen die Böse, die mich zu dem großen Zerwürfnis mit dir anstachelte.

Und Emil? Ich kann mir nicht vorstellen, dass er wirklich nicht wusste, was zwischen dir und Willi vorgegangen war. Aber er scheute die Auseinandersetzung und scheint die Augen zugemacht zu haben. Willi versuchte, sich mit seinem Bruder auszusprechen. Von einem solchen leider misslungenen Versuch berichtete er Luzie in einem Brief: »Als ich heute in Gatow ankam und am Tor wartete, begegnete mir mein Bruder! Wir hatten ca. zehn Minuten Zeit zum Erzählen. Um es aber gleich zu sagen, es ist nichts Erschütterndes zur Sprache gekommen. Nach den üblichen Einleitungen fragte ich, ob mein Brief angekommen sei, was bejaht wurde. Er sagte mir, dass er viel Arbeit habe und dass alles beim Alten wäre. Die Begegnung war mir insofern bemerkenswert, dass wir uns kaum richtig angesehen haben. Das heißt wenn ich ihn anguckte, sah er weg und umgekehrt war's nicht viel anders. Trotzdem war ich keinen Augenblick verlegen oder unsicher, was ich von ihm nicht behaupten kann. Ich habe mich jedenfalls gefreut über das Zusammentreffen und er war auch nicht traurig.«

Mich hat diese Schilderung aus Willis Feder sehr berührt. War es etwa so, dass Emil seinem »Bruderherz« nicht einmal böse war? Wäre er bereit gewesen, ihm zu vergeben und Gras über alles wachsen lassen, wenn auch du Ruhe gegeben und ihn nicht weiter gedrängt hättest, Stellung gegen Luzie und Willi zu beziehen?

Ein halbes Jahr später bat Willi seinen Bruder, auf seiner Hochzeit mit Luzie sein Trauzeuge zu sein. Emil sagte zu, was zweifellos eine brüderliche Geste der Versöhnung war. Auf einen danach folgenden, offenbar provozierenden Brief von Willi antwortete Emil, wie ich finde, mit beeindruckender Würde: »Lieber Willi! Dein Brief war wieder mal ein Anlass für eines der üblen Zerwürfnisse, die schon des öfteren durch Dich verursacht, unsere Ehe erschüttert haben. Ich muss schon sagen, Du stellst meine verwandtschaftlichen Gefühle wahrlich auf eine harte Probe! Wenn die Zeit nicht so kurz wäre und ich Dich nicht vor organisatorische Schwierigkeiten stellen will, – ich würde meine Zusage, als Trauzeuge zu ›fungieren‹, zurückziehen, denn ich bin der Meinung, zu so etwas muss man etwas mehr empfinden als nur familiäre Verpflichtungen. Es ist ja wohl selbstverständlich für mich, dass ich ohne Käthe an einer eventuellen Feier nicht teilnehme. Schließlich sind wir ja verheiratet und ich habe sie ebenso lieb wie Du Deine Frau haben wirst. Und solange der Kontakt durch irgendwelche Reaktionen gestört ist, werde auch ich mich zurückhalten.«

Emil stellte sich auf deine Seite, zog aber seine Zusage, Trauzeuge zu sein, nicht zurück und stand damit zu seiner brüderlichen Solidarität. Am Schluss seines Briefes sagte er seinem Bruder noch einmal deutlich seine Meinung: »Am merkwürdigsten hat es mich ja berührt, – ich muss es beinahe als taktlos bezeichnen – wenn du als Schlussstrich deiner Episode bei uns, in der Du meinen Haushaltsetat und mein gesamtes Familienleben belastet hast, – schreibst, es ist ganz gut, dass es so gekommen ist, also dass wir so auseinander gekommen sind. Ich hätte mir schon eher diese Äußerung erlauben können, muss Dir aber versichern, dass ich es sehr bedaure. Es grüßt Dich und Deine Familie, Dein Bruder Emil.«

Ohne das, was vorgefallen war, direkt zu benennen, machte Emil seinem Bruder klar, dass er nicht bereit war, so über »die Episode«, also Willis Verrat an ihm, hinwegzugehen, als wäre nichts geschehen.

Ich frage mich, ob diese Geschichte nicht auch mit dem Familiendrama in ihrer Herkunftsfamilie zusammenhing, in der Vater Gottfried seiner Frau den Vorwurf der Untreue gemacht hatte. Hatte Willi, der ja der »Grund« für diesen Vorwurf war, vielleicht unbewusst den Part jenes »Süßholzrasplers« übernommen, der damals verdächtigt worden war, sein Vater zu sein? Emil stünde dann in der Rolle seines Vaters Gottfried. Ich glaube, dass derartige Parallelen kein Zufall sind, sondern dass die Brüder unbewusst ein Familienmuster wiederholten.

Aber es gab in jener Zeit noch eine andere seltsame Parallelität von Ereignissen, die mich selbst betrafen und die ich nicht dem Zufall zuschreiben kann: Im selben Jahr, als Willi bei uns wohnte und du mit ihm glücklich warst, entflammte meine schöne und heiße Kinderliebe für Jens Lessig, den Sohn deines unerreichbaren Kurt. Jens, der älteste Lessig-Sohn, war genauso alt wie ich. Im Sommer 1948 kamen er und seine Geschwister mehrmals zu uns nach Spandau. Wir gingen zusammen ins Schwimmbad, unternahmen Ausflüge; die Lessig-Kinder waren begeistert von den Stelzen, die Emil ihnen baute.

Wir fuhren auch zu ihnen nach Lichterfelde. Einmal durften Tina und ich dort übernachten. Und da verliebte ich mich in Jens. Mein Herz hämmerte, wenn er neben mir stand. Den leichten Kuss auf meine rechte Wange meine ich noch heute zu spüren. Er scheint mich auch gemocht zu haben, denn nach diesem Besuch kam er mit dem Fahrrad den weiten Weg von Lichterfelde nach Spandau, mindestens 25 Kilometer hin und zurück, um mir ein Schulbuch zu leihen, das ich nicht besaß. Zu seinem Geburtstag war ich eingeladen. Wir spielten: »Sag, wen liebst du«, die Flasche, die ich im Kreis drehte, zeigte genau auf ihn. Seine Schwester und die anderen Kinder lachten. Ich war im siebenten Himmel und träumte von einer Zukunft an seiner Seite: Wir würden nach Amerika auswandern und dort bis an unser Lebensende glücklich sein.

Du kanntest meine Gefühle und hast sie, wenn mich meine Erinnerung nicht täuscht, gefördert. Denn wäre es nicht auch für dich herrlich gewesen, wenn meine Träume Wirklichkeit geworden wären? Dann wäre dir Kurt, dem du immer noch einen Platz in deinem Herzen bewahrt hattest, wieder ganz nahe gekommen. Und ich wäre in gewisser Weise eine Stellvertreterin für dich geworden, die die Erfüllung einer Liebe erlebt und gelebt hätte, die dir nicht gegönnt war.

Ist es ein Zufall, dass Jens sich im Januar 1949 von mir trennte, im selben Monat also, als Willi bei uns auszog? Auf einem Spaziergang in den verschneiten Pichelsbergen in Spandau eröffnete er mir, dass er mich nicht mehr besuchen würde. Ich weiß nicht mehr, was er mir erklärte, doch ich verstand, dass ihm seine Mutter abgeraten hatte, sich weiter mit mir zu treffen. Für mich brach eine Welt der Hoffnung und des Glücks zusammen. Ich war wie gelähmt. Wie hast du reagiert, als ich voller Trauer nach Hause kam? Seltsamerweise habe ich keine Erinnerung daran. Ich denke, du hast mir dein Mitgefühl gezeigt, jedenfalls lese ich deine Eintragung im *Nanni-Buch* so: »Die Freundschaft mit den Lessig-Kindern, besonders mit Jens, kann etwas Schönes werden. Aber Nanni, so ganz verstehen können sich nur sehr wenige Menschen, nicht wahr?«

Das war deine Botschaft, der ich traurig zustimmte: So wie du dich von Kurt und dann von Willi zurückgestoßen fühltest, so hatte auch Jens mich nicht gewollt. Wenn du mir hättest raten können, ihn noch einmal zu treffen und ihn zu fragen, ob er mich liebe, hätte ich etwas anderes erfahren. Denn als ich vor einigen Jahren auf die Idee kam, dies nachzuholen, sagte er mir zwar, dass er sich an nichts erinnere. Doch seine Schwester bestätigte mir, dass er ihr damals gestanden hatte, in Nanni Höppner verliebt zu sein.

So aber stand für mich fest: Dein und mein Los war das Unglücklich-Sein, weil die Menschen, die wir lieben, uns nicht lieben. Ich nahm dieses Los auf mich und beschloss, das Beste daraus zu machen, und das bedeutete für mich, dass ich für dein Glück sorgen wollte. Ich fühle noch heute, mit welcher Inbrunst ich, mit meinem Fahrrad auf Einkaufstour nach Staaken, laut gegen den Wind rief: »Liebe, liebe Mutti, ich mache dir das Leben schön!« Ich malte mir aus, dass ich heiraten würde, und du dann bei mir wohnen und glücklich sein würdest. – Und so wurde ich deine brave Tochter, die dir durch schulische Leistungen und andere Erfolge nur Freude machen wollte. Hast du geahnt, wie sehr ich mich anstrengte, dich glücklich zu machen? Ich glaube manchmal, du konntest es nicht wirklich bemerken.

In jenen Jahren führtest du ein Tagebuch, das du im Nähschränkchen hinter den Schubfächern versteckt hattest. Als ich vielleicht vierzehn oder fünfzehn Jahre alt war, hielt ich es einmal in der Hand. Mit dem schwarzen Einband sah es von außen genauso aus wie mein *Nanni-Buch* oder wie das *Haus-Buch*. Auf der Innenseite stand sinngemäß: »Bitte nicht weiterlesen«, und gehorsam, wie ich war, legte ich es ungelesen zurück. Nicht einmal darin zu blättern, wagte ich. Ich habe es nie wieder gefunden. Ob du selbst es irgendwann verbrannt hast, oder ob Emil es nach deinem Tod noch einmal las und dann vernichtete?

Was wäre wohl gewesen, wenn ich es damals gelesen hätte? Abgesehen davon, dass es ein Verrat gewesen wäre, den ich mir wahrscheinlich nicht hätte verzeihen können, ist es denkbar, dass mein ganzes Leben anders verlaufen wäre. Du hast doch darin deine Gefühle für Willi, für Kurt Lessig aufgeschrieben, hast ehrlich festgehalten, wie du deine Ehe mit Emil empfandst. Ich hätte vielleicht nicht nur deine Gefühle von Traurigkeit und Hoffnungslosigkeit übernommen, sondern mehr Klarheit gewonnen über dich und damit auch über mich. Es kann aber auch sein, dass alles für mich noch verwirrter geworden wäre und ich mich noch stärker an dich gebunden gefühlt hätte.

Beim Aufschreiben dieser Geschichte wird mir deutlich, wie stark mich die geschilderten Ereignisse immer noch bewegen und wie leicht ich trotz bester Vorsätze wieder in die Rolle der Anklagenden falle, die dir Vorwürfe macht. Wenn du nicht gestorben wärst und wir irgendwann über dies alles in Ruhe hätten reden können, vielleicht hätten wir einen Weg zueinander gefunden, der auch dieses schwierige Kapitel in unserer Beziehung zu einem guten Abschluss gebracht hätte. Ob du mir dann sogar dein Tagebuch zum Lesen gegeben hättest?

Wiederbegegnung mit Vater Richard

Noch bevor Willi aus der Kriegsgefangenschaft zu uns kam, hattest du im Sommer 1947 nach mehr als zwanzig Jahren die Verbindung zu deinem Vater wieder aufgenommen. Ich vermute, dass du in dieser Zeit des Umbruchs und Neuanfangs auch mit deinem Vater Frieden schließen und ihm alles, was er dir und deiner Mutter angetan hatte, vergeben wolltest.

Allerdings hast du deiner Mutter nichts davon erzählt, um ihren Zorn nicht auf dich zu laden. Denn sie verlangte von dir, dass du keinerlei Kontakt zu ihm hattest. Als er euch verlassen hatte, verweigerte sie ihm die Scheidung, obwohl sie keine Vorteile davon hatte. Ich kenne ihre Gründe nicht, vermute aber, dass sie ihn mit ihrer Weigerung bestrafen wollte, denn so konnte er nicht wieder heiraten, was er wohl beabsichtigte. Erst im Sommer 1939, also kurz vor dem Ausbruch des Krieges wurde die Ehe deiner Eltern geschieden. Du warst schon fünf Jahre verheiratet, ich war drei Jahre alt.

Ich habe keine Unterlagen über den Scheidungsprozess ausfindig machen können, sie scheinen im Bombenkrieg vernichtet worden zu sein. Wie schon erwähnt, erfuhr ich von deinem Onkel Paul, dass es Richard gelang, gegen Annas Willen geschieden zu werden, weil sie wegen ihrer sorbischen Herkunft als »Slawin«, das heißt als »rassisch minderwertig« galt. Welch ungeheuerliche Geschichte, die noch einmal mehr zeigt, welch einen Hass auch dein Vater auf deine Mutter hatte. Im übrigen mag es sogar sein, dass er mit seiner »völkischen« Weltanschauung selbst der Meinung war, dass deine Mutter einer »niederen Rasse« angehörte.

Das alles musstest du überwinden, als du 1947 die Verbindung zu deinem Vater wieder aufnahmst. Hattest du ihm überhaupt deine Hochzeit und die Geburten deiner Kinder angezeigt oder erfuhr er von dir und deinem Leben nur indirekt über die Schiddel-Verwandten? Und was wusstest du über sein Leben in diesen Jahren? Hat er dich über Ereignisse, wie etwa seine zweite Ehe, informiert? Ich glaube nicht, stelle mir aber vor, dass du von deinen Kusinen Lotte, Else oder Meta, die ja deine Freundinnen waren, oder auch von den Schiddel-Onkeln Nachrichten über deinen Vater erhieltest.

Vater Richard Schiddel, 1953

Mir hattest du allerdings nichts erzählt. Ich wusste nicht, dass dein Vater im Krieg noch einmal geheiratet hatte und war völlig überrascht, von deiner Tante Emma und deinem Onkel Paul davon zu erfahren. Allerdings wussten sie nichts Genaueres von dieser Frau, nicht einmal ihren Namen.

In mühsamer Detektivarbeit habe ich mir die Heiratsurkunde besorgt und erfahren, dass Richard am 29. Juli 1944 Klara Wittstock, geborene Wegener, geheiratet hatte. Warum diese Ehe inmitten der schlimmsten Bombardierungen Berlins? Beide wohnten in Berlin-Mitte, er war 62, sie 57 Jahre alt. Auf der Urkunde ist vermerkt, dass diese Ehe schon im August 1945, also kurz nach Kriegsende, wieder geschieden worden war. Handelte es sich um eine Notgemeinschaft? Waren beide politisch Gleichgesinnte, nämlich Ludendorffianer? Denn in dieser Heiratsurkunde ist als Richards Religionszugehörigkeit »Deutsche Gotterkenntnis (Ludendorff)« eingetragen. Bei meinen Nachforschungen über die Ludendorffianer fand ich heraus, dass sie in den dreißiger Jahren tatsächlich von Hitler die Anerkennung als Religionsgemeinschaft bekommen hatten.

Wie ich in einem früheren Kapitel schon ausführte, hatte ich mich über die extrem nationalistischen, faschistischen Ziele dieser Gruppierung um den Ex-General Ludendorff, einen Wegbereiter Hitlers, erst im Zusammenhang mit meinen Recherchen detailliert informiert. Und so wurde mir erst jetzt klar, welch einer entsetzlichen Ideologie des Fremdenhasses und der Glorifizierung des »Germanischen« sich dein Vater verschrieben hatte.

Richard war offenbar nicht nur Mitläufer, sondern begeisterter Agitator. Denn Paul erzählte mir, dass sein Bruder in einem kleinen eigenen Verlag Schriften und Postkarten veröffentlichte, mit denen er sich um eine »germanische Uminterpretation« des Neuen Testaments bemühte. Eine solche Postkarte mit der »Allmutter Holle« mit einem von Richard verfassten Text schenkte mir Paul zur Erinnerung an meinen Großvater. Darauf steht in Richards eigenen Worten: »Die Allmutter Holle – sie ruht an ihrem Spinnrade, an dem sie die Geschicke der Welt spann, aus und weiht die zehn längsten Nächte dem kommenden Lichte der Sonnenwiederkehr. – Sie erwartet die Geburt des Lichtsohnes und dessen Aufstieg ins Weltenall. Dann wird uns im kommenden Jahr durch reiches Blühen, Wachsen und Gedeihen die Ernte nicht ausbleiben und unser Tisch unter dem Lichterbaum wird erstrahlt durch die herrlichsten, wunderbarsten Gaben, die uns hierdurch gebracht werden. – Die Weihnachtstanne ist das Sinnbild des großen, mächtigen, alles überragenden Weltenbaumes, deren Lichte gleichbedeutend sind mit den Sternen im Weltenmeer.«

Paul betonte, dass sein Bruder nicht antichristlich eingestellt gewesen sei, sondern die Bibel nach der »nordisch-germanischen Lehre« bildlich und schriftlich ausgelegt habe, um damit die Religion ins »wahre Licht« zu stellen.

Ich habe diese Beschäftigungen deines Vaters mit religiösen Fragen früher nur als harmlose Spinnereien betrachtet und mich nicht gefragt, was er wohl in den dreißiger und vierziger Jahren bis zum Kriegsende noch getan haben mag. Hat er in seinem Verlag auch noch anderes gedruckt, wovon mir Paul nichts erzählte?

Auch nach dem Zusammenbruch des Dritten Reiches gab Richard seine Weltanschauung nicht auf, wie du wahrscheinlich schon gleich bei eurer ersten Begegnung feststellen musstest. Wie mag diese Begegnung im Sommer 1947 für dich gewesen sein? Richard lebte damals allein. Wie habt ihr es geschafft, eine Brücke über den tiefen Graben zwischen euch zu schlagen?

Kurz darauf – ich kann mich gut daran erinnern – eröffnetest du mir, dass wir zusammen, du, meine fünfjährige Schwester und ich, in den Ostsektor fahren würden, weil du uns unseren Großvater vorstellen wolltest. Mit meinen elf Jahren war ich ein recht aufgewecktes Kind. Und dennoch war ich bis dahin nie auf die Idee gekommen, nach deinem Vater zu fragen. Er existierte für mich nicht, obwohl doch Verwandte in meiner Gegenwart von ihm gesprochen haben müssen.

Die Geschichte, die du mir nun erzähltest, war für mich deshalb so etwas wie ein wundersames Märchen, das zugleich einen Vorhang aufzog, der mir eine gänzlich neue, unbekannte Realität eröffnete. – Vielleicht hängt damit auch zusammen, dass mich bis heute nichts so sehr fasziniert wie geheimnisvolle Familiengeschichten anderer Menschen.

Ich erfuhr, dass mein Großvater die Omi verlassen hatte. Er sei zu anderen Frauen gegangen, und Omi sei damals so traurig gewesen, dass sie ihren Mann nicht mehr sehen wollte. Und auch du, seine Tochter, wolltest damals nichts mehr von ihm wissen. Aber nun, nach dem Krieg, hattest du ihn besucht, und auch wir sollten nun unseren Großvater endlich kennen lernen. Wir durften aber der Omi nichts davon sagen. Sie würde noch trauriger werden, wenn sie wüsste, dass wir den Großvater getroffen hatten. Das verstand ich gut. Es machte die Sache noch aufregender.

Der große Tag kam. Es war ein warmer Sommertag. In unseren schönsten, von dir genähten Kleidern fuhren wir mit der S-Bahn quer durch Berlin, vorbei an den zerbombten Häusern, deren verkohlte Mauerreste aus den Schuttbergen wie riesige faule Zähne aufragten. Wir stiegen am Bahnhof Jannowitzbrücke aus und liefen eine Straße entlang, an deren beiden Seiten kein Haus stehen geblieben war. Alles lag in Trümmern. Hier im russischen Sektor waren sie mit dem Wegräumen noch weiter zurück als in den Westsektoren, wo in den zwei Jahren seit Kriegsende schon viel Schutt beseitigt worden war. Auf dem schmutzigen Wasser der Spree schwammen ein paar rostige Kähne.

Und dann standen wir vor Großvaters Haus: An der Fischerbrücke 15. Es war nicht direkt von einer Bombe getroffen worden, aber dennoch sehr beschädigt. Im Hausflur hatte man die Treppe mit Balken abgestützt. Es roch muffig nach nassem Kalk. Im oberen Stock hörte man aus einer offen stehenden Tür eine fröhliche Männerstimme, die ein Lied trällerte.

Als wir nach oben kamen, stand in der Tür ein kleiner, dickbäuchiger Mann mit blitzenden Augen. Er zwinkerte mir zu: »Oh, du bist aber eine kleine Hübsche! Du wirst den Männern mal den Kopf verdrehen!« Er fasste in meine »Affenschaukeln«, so nannten wir meine geflochtenen, mit einer Spange hochgebogenen Zöpfe, und schaukelte sie hin und her. Ich hätte gern gelacht, bemerkte aber, dass du unruhig wurdest, deshalb blieb auch ich zurückhaltend.

Seine Wohnung bestand aus zwei kleinen, nur mit dem Nötigsten möblierten Zimmern. Die Fensterscheiben waren zerbrochen. Das Haus war abbruchreif, wenig später fand Großvater eine andere Wohnung. Wir besichtigten seinen kleinen Garten, den er sich vor dem Haus zwischen den rostigen Blechen, die als Zaun dienten, angelegt hatte.

Er servierte uns ein üppiges Essen, in damaligen Zeiten ein ganz besonderes Ereignis. Als Fleischer konnte »Großvati«, so sollten wir deinen Vater nennen, sehr gut kochen. Er arbeitete im Haus Vaterland, einem Restaurant am Potsdamer Platz, das nur noch eine Ruine war und bald darauf abgerissen wurde. Er hatte die Möglichkeit, an Fett, Fleisch und andere rare Lebensmittel heranzukommen, die wir mit Lebensmittelkarten nur in kleinen Mengen bekamen. Wir besuchten ihn danach mehrmals an seiner Arbeitsstelle und er servierte uns Essensreste, die mir immer »fabelhaft« schmeckten. In mein Tagebuch schrieb ich: »Großvati hat mir einen Teller Nudeln und einen Teller Suppe und einmal Speise gegeben. Fabelhaft! Ach, es war doch gut, dass Mutti hingeschrieben hat!«

Gleich bei unserem ersten Besuch erzählte er uns von seiner Südamerikareise als Schiffskoch und von seiner Äquatortaufe – eine Geschichte, die du schon in deiner Kindheit unzählige Male von ihm gehört hattest und die er von nun an auch uns bei jeder Gelegenheit mit immer neuen Ausschmückungen wiederholte.

In den folgenden Jahren riss der Kontakt zu ihm nicht mehr ab. Deine Mutter Anna wusste lange nichts von deinem »Verrat«. Einmal, als er uns in Spandau besuchte, kam sie zu Besuch. Du hattest sie durch das Küchenfenster schon vorn am Gartentor gesehen, bevor sie ins Haus kam. Eilig schobst du deinen Vater und mich ins Kinderzimmer, er sollte sich dort still verhalten, bis sie wieder gegangen war. Ich erinnere mich genau, wie interessiert er durch das Fenster seiner Ex-Frau nachschaute, als sie nach einer Weile wieder durch den Garten davonging.

Doch deine Mutter erfuhr von ihren Verwandten, dass du ihr »untreu« geworden warst. Sie hat sich bei ihnen, nicht bei dir, bitter darüber beklagt. Habt ihr irgendwann einmal darüber gesprochen? Ich glaube nicht. Vor ihr tatst du weiter so, als hättest du keinen Kontakt zu deinem Vater. Warum war es dir nicht möglich, mit deiner Mutter darüber offen zu reden? Hättest du ihr nicht verständlich machen können, dass du, die Tochter, ein Recht darauf hattest, deinen Vater zu lieben, auch wenn er als Ehemann und Vater versagt hatte? Denn trotz seiner Schwächen empfandst du für ihn immer noch Liebe, nicht wahr?

Manchmal denke ich, dass dein weiteres Leben einen anderen Verlauf genommen und dass dich auch unsere Auseinandersetzung nicht so verletzt hätte, wenn du zu diesem Zeitpunkt deine Mutter nicht geschont, sondern es gewagt hättest, sie mit den Tatsachen zu konfrontieren. Denn ich glaube, dass die Schonung ihrer Gefühle eure Beziehung vergiftete: Du konntest ihr gegenüber nicht mehr ehrlich sein und sie vermutete deinen »Verrat«.

Ich glaube allerdings, dass dieses Muster eurer Beziehung schon aus sehr viel früherer Zeit stammt. Schon als Kind konntest du weder der Mutter noch dem Vater offen deine Gefühle zeigen, sondern standst immer zwischen beiden: Hieltest du zur Mutter, war der Vater böse, warst du auf seiner Seite, musstest du Annas Zorn fürchten. Niemand half dir zu erkennen, dass du jetzt, nach so vielen Jahren, mit deinen Eltern hättest anders umgehen können als in deiner Kindheit.

Vater Richards reiche Heirat

Ich kann mich noch gut daran erinnern, wie eines Tages, es war im Februar 1952, dein Vater Richard völlig verändert zu uns nach Spandau kam. Er trug einen teuren Mantel mit dickem Fellkragen und schwang einen Gehstock mit Silberknauf. Strahlend eröffnete er uns, dass er sich verlobt hatte! Die Auserkorene war eine reiche Witwe, die eine Villa mit erlesenem Inventar in Pankow, in Ost-Berlin besaß. Sie hatten an Richards 69. Geburtstag, dem 11. Februar 1952, ihre Verlobung gefeiert, das Aufgebot war bestellt, und am 27. März, ihrem 74. Geburtstag, sollte die Hochzeit stattfinden.

Richard hatte Anna Bleck über eine Zeitungsanzeige kennen gelernt, die sie aufgegeben hatte: »Ältere evangelische Hausbesitzerin möchte einen Herrn in gleichen Verhältnissen kennen lernen.«

Diesen Text und die Abschrift seiner Brief-Antwort fand ich in dem Aktenordner, den du zur Dokmentation der nun folgenden dramatischen Ereignisse und ihrer für deinen Vater und für dich weitreichenden Konsequenzen angelegt hattest: »Sehr geehrte Frau! Für Ihre Anzeige in der Berliner Zeitung habe ich Interesse und würde mich sehr freuen, Sie kennen zu lernen. Ich bin 68 Jahre, 1,64, gesund, berufstätig, mit gutem Ein- und Auskommen und Rente. Mehrere Tausend bar möchte gern ein kleines Grundstück kaufen. Lebe in geregelten Verhältnissen. Anhanglos und suche die wärmende Hand einer lieben Frau, mit der ich mich auch über das Alltägliche erheben kann. Sollten Sie Interesse für mich haben, dann bitte ich höflichst um Ihre werte Anschrift. Bin täglich ab 14.30 Uhr Bahnhof Friedrichstraße oder 15 Uhr zu Hause Berlin-O 17, Ohmstraße 10 zur Verfügung. Hochachtungsvoll Richard Schiddel Fleischermeister.«

Sie trafen sich und beide waren sich sympathisch. Er besuchte sie in ihrer Villa in Pankow und war sicherlich von den geradezu überladen ausgestatteten Räumen mit den wertvollen chinesischen Lackschränken und -tischen, den schweren Eichenmöbeln, Ölgemälden, großen Marmor- und Bronzefiguren auf Säulen, dem Porzellan, Silber, Kristall, den edlen Teppichen sehr beeindruckt. Ich stelle mir vor, dass er sich wie der Hans im Glück fühlte, dessen lang gehegter Traum, wie seine Brüder eine reiche Frau zu heiraten, sich nun endlich im Alter erfüllte. Denn einen Monat nach ihrer Begegnung zog er bei ihr ein und sie beschlossen, sich »fürs Leben zu verbinden«.

Man muss dabei bedenken, dass in den fünfziger Jahren ein Zusammenleben von unverheirateten Menschen auch in höherem Alter nicht üblich war. Dennoch ist es ungewöhnlich, dass sie nach so kurzer Zeit das Aufgebot bestellten, vor allem, da Anna Blecks letzter Ehemann erst wenige Monate zuvor gestorben war. Sie war schon fünfmal verheiratet gewesen, hatte keine eigenen Kinder, aber aus ihren früheren Ehen mehrere Stiefkinder. Wie ich von Ulrich Adalberts, einem ihrer Stiefsöhne erfuhr, war sie eine Frau, die sich ängstigte, allein zu sein, und deshalb schnell wieder heiraten wollte.

Richard und Anna heirateten. Doch es war eine Nottrauung, die zwei Tage vor dem geplanten Hochzeitstermin an ihrem Krankenlager vollzogen wurde. Anna war an einer fiebrigen Erkältung erkrankt, die sich plötzlich verschlechterte. Sie forderte Richard auf, einen Standesbeamten zu holen, und nur zehn Stunden nach der Trauung starb sie an Herzversagen.

Ich habe große Mühe, mich in deinen Vater hineinzuversetzen und mir vorzustellen, was er in diesen Stunden und Tagen gefühlt haben mag. In dem Aktenordner fand ich ein ausführliches Protokoll, das er zusammen mit seinem Rechtsanwalt für die Eheanfechtungs- und Erbschaftsprozesse, die nun folgten, angefertigt hatte. Minutiös berichtete er darin den genauen Ablauf der Ereignisse. Doch ging es ihm dabei vor allem um den Nachweis, dass Anna Bleck die Ehe mit ihm eingehen wollte und auch bei der Nottrauung im vollen Besitz ihrer geistigen Kräfte war. Von seinen Gefühlen ist nicht die Rede.

Was mag in deinem Vater vorgegangen sein, als er mit einem Taxi zum Rathaus Pankow fuhr, um den Standesbeamten zu bestellen? Waren seine Gedanken bei der Kranken in ihrer Not oder dachte er wirklich nur an ihre Besitztümer, die er als Annas Ehemann erben würde, wie später von den benachteiligten Erben behauptet wurde?

Im Protokoll schilderte er, wie fürsorglich und umsichtig er sie pflegte, wie er ihr Wadenwickel machte, um das Fieber zu senken. Er berichtete auch, dass einer von Annas Stiefsöhnen mit Namen Adalberts, dessen Frau und eine andere Verwandte in Annas letzten Tagen mit im Haus lebten und ihm bei der Pflege der Kranken halfen. Beide Frauen waren übrigens Trauzeuginnen bei der Nottrauung.

Ja, ich bin sicher, dass Richard alles versuchte, um das Leben dieser Frau zu retten, dass er aber dann, als es zu Ende ging, in der Tat nur noch an sich dachte und nach ihrem Tod rücksichtslos gegen Ulrich Adalberts und die anderen Erben vorging.

Was hat dir dein Vater damals von diesen Dingen erzählt? Wie ehrlich war er dir gegenüber? Hat er dir die Geschichte von dem zerrissenen Testament so erzählt, wie sie im Protokoll steht? Dort heißt es, dass Anna Bleck ein Testament, in dem sie ihren Stiefsohn Adalberts als ihren Alleinerben eingesetzt hatte, am Tag ihrer Verlobung vor Richards Augen zerriss, weil sie mit ihrem Stiefsohn »viel Ärger« gehabt hätte. Hast du deinem Vater diese Geschichte geglaubt?

Als ich mich in die Akten vertiefte, kamen mir Zweifel, vor allem, da sich ja dieser Stiefsohn Adalberts offenbar gut mit seiner Stiefmutter verstand, sonst wäre er mit seiner Frau nicht bei ihr zu Gast gewesen, sonst wäre seine Frau nicht Trauzeugin geworden und sonst hätte Anna sich nicht von beiden pflegen lassen. Ich beschloss, diesen Adalberts zu suchen, um ihn, wenn ich ihn finden sollte, zu befragen. Die Wahrscheinlichkeit war gering, einen Mann, von dem ich nur den Nachnamen wusste, fast fünfzig Jahre später noch ausfindig zu machen. Es war für mich wie ein Wunder, dass ich 1997 Ulrich Adalberts tatsächlich fand – doch davon will ich erst später erzählen.

Von ihm erfuhr ich eine andere Version der Geschichte, die mir die wahre zu sein scheint und die mich zutiefst schockierte: Ulrich Adalberts ist sicher, dass Richard selbst, und zwar erst nach dem Tod von Anna Bleck, das Testament vernichtete, weil er das Erbe nicht mit ihm teilen wollte. Darum ging es dann unter anderem in dem nachfolgenden Prozess, den Richard gewann, nicht weil Richard im Recht gewesen sei, so meint Ulrich Adalberts, sondern weil er einen besseren Anwalt habe bezahlen können.

Es fiel mir sehr schwer, mein positives Bild von meinem Großvater, den ich bis dahin nur als einen Glückspilz gesehen hatte, dem ein Erbe in den Schoß gefallen war, zu revidieren. Zwar war er kein Erbschleicher, denn Anna Bleck hatte ihn heiraten wollen und war auch bei der Nottrauung bei vollem Bewusstsein gewesen. Doch Richard war mit dem, was ihm rechtmäßig zustand, nicht zufrieden. Er wollte Ulrich Adalberts um das Erbteil betrügen, das Anna ihrem Stiefsohn zugedacht hatte.

Ich glaube nicht, dass Richard irgendjemandem und mit Sicherheit nicht dir, seiner Tochter, die erst vor wenigen Jahren wieder zu ihm Kontakt aufgenommen hatte, die wahre Geschichte der Testamentsvernichtung – wenn ich davon ausgehe, dass Ulrich Adalberts Version der Wahrheit entspricht – erzählt hat. Ich kann mir aber vorstellen, dass du einen Verdacht hattest, denn du kanntest ja deinen Vater aus früheren Zeiten und wusstest, dass er zu vielem fähig war, wenn er sich einen Vorteil verschaffen wollte. Musstest du erkennen, dass sich dein Vater in all den Jahren nicht verändert hatte und immer noch Menschen betrog, wie damals in deiner Kindheit deine Mutter?

Doch da war das reiche Erbe, das, so hat dir dein Vater vielleicht schon damals versichert, auch dir, seiner einzigen Tochter, gehören würde. War das nicht für dich eine sehr verlockende Aussicht?

Auf der Beerdigung der Anna Bleck-Schiddel konntest du zum erstenmal sehen, welche Schätze diese Frau in ihrer Villa angehäuft hatte. Ich war als fünfzehnjähriges Mädchen dabei und auch auf mich machte die prunkvolle Einrichtung des Hauses einen großen Eindruck. Richard verhielt sich wie der Hausherr, obwohl er erst wenige Wochen zuvor eingezogen war. Von den anderen Trauergästen, das konnte ich deutlich wahrnehmen, wurde er geschnitten, man sprach nicht mit ihm und behandelte ihn wie einen Eindringling.

In den Jahren danach wurde prozessiert. Zuerst gab es den Eheanfechtungsprozess, den Richard gewann, dann eine Serie von Prozessen, in denen es um die Aufteilung des Erbes ging, die sich über 13 Jahre hinzog. Es gelang deinem Vater, alle anderen Erben auszubooten oder sie mit so geringen Geldsummen abzufinden, dass er praktisch als Alleinerbe dastand.

Das stellte ich anhand der Prozessakten fest, in die ich mir 1997, noch vor meiner Begegnung mit Ulrich Adalberts, Einsicht verschafft hatte. Sie lagerten in einem Ost-Berliner Gerichtsarchiv. Vor der Wende hätte ich nie Zugang dazu bekommen. Ich gebe zu, dass ich beim Studium dieser Akten noch immer bemüht war, mir das positive Bild von meinem Großvater zu erhalten und sein trickreiches Taktieren als clevere Geschicklichkeit auszulegen. Erst nachdem ich Ulrich Adalberts kennen gelernt hatte, änderte ich meine Meinung.

Ähnlich erging es mir mit meiner Einschätzung von Richards vierter Ehe: Dass dein Vater schon im Juli 1952, nur vier Monate nach dem Tod von Anna Bleck-Schiddel, die kinderlose Witwe Anna Korsch heiratete, die somit seine dritte Frau mit Namen Anna wurde, fand ich nur amüsant. Mir erschien es beeindruckend, wie gut es mein Großvater verstand, sich auch im Alter bei vermögenden Frauen beliebt zu machen. Denn auch Anna Korsch hatte Geld, das sie ihm vorstreckte, damit er seine Prozesse finanzieren konnte. Ich weiß nicht, ob du nur vermutetest oder ob dein Vater sogar selbst zugab, Anna Korsch nur deshalb geheiratet zu haben. Ich schmunzelte über das verführerische Talent meines Großvaters.

Erst Freundinnen machten mich darauf aufmerksam, dass ich ein solches Verhalten bei jedem anderen Mann als ausbeuterisch und moralisch verwerflich ansehen würde. Warum also störte es mich bei meinem Großvater über Jahre hinweg überhaupt nicht?

Ich kann mich nicht mehr daran erinnern, wie du damals über deinen Vater gesprochen hast, ob auch du ihn insgeheim oder sogar offen bewundert hast für sein Geschick, für sein Draufgängertum, seine Dreistigkeit, die ihm den Erfolg brachten. Habe ich also vielleicht deine Gefühle direkt übernommen?

Doch kehren wir zurück in die fünfziger Jahre. Du besuchtest ihn und Anni, so nannten wir seine neue Frau, in der Villa in Pankow, die sie noch einige Zeit, umgeben von dem prunkvollen Mobiliar der gestorbenen Anna, bewohnten. Gelegentlich waren auch wir Kinder dabei, dein Vater kochte für uns, wir bestaunten seine gärtnerischen Fähigkeiten. Ich fand ihn lustig und nett, auch wenn er die Geschichte von seiner Äquatortaufe zum zigsten Mal erzählte oder verquaste Geschichten von den Germanen und ihrem »Erzfeind Juda« von sich gab. Doch andere Dinge waren dir in diesen Jahren weitaus wichtiger als dein Vater und sein Erbe. Und auch mir war mein Großvater ziemlich gleichgültig. Denn ich bereitete mich in dieser Zeit auf ein großes Abenteuer vor.

Tochter Mariannes Aufbruch

Was war aus deinen Träumen vom Neuanfang »wenn der Krieg vorbei ist« geworden? Den Plan, nach Amerika auszuwandern, hattet ihr aufgegeben, genauer gesagt: Du hattest ihn aufgegeben, denn Emil war nie wirklich daran interessiert gewesen. Ein Haus wolltet ihr auch nicht mehr bauen, weil das Geld, das ihr gespart hattet, verloren war. Noch einmal von vorn anzufangen, dazu fehlte euch der Schwung. Und warum fandet ihr keine anderen gemeinsamen Ziele? Du warst doch erst Ende dreißig, Emil Anfang vierzig. Ich glaube, dass nach der Willi-Affäre eure Ehe zerrüttet war und ihr keine wirklich vertrauensvolle Beziehung mehr zueinander aufbauen konntet. Es gab zwar noch schöne Momente in eurem gemeinsamen Alltag, doch ich erinnere mich an viele Streitereien zwischen euch, meist am Wochenende. Wenn ich am Sonntag morgens aufwachte und eure wütenden Stimmen hörte, wollte ich am liebsten gar nicht aufstehen.

Gewiss, die Zeiten waren immer noch schwer, man konnte wenig Hoffnung auf einen wirtschaftlichen Aufschwung haben. Nach der Gründung der Bundesrepublik Deutschland und der Deutschen Demokratischen Republik im Jahre 1949 war die Teilung Deutschlands besiegelt. Wir in West-Berlin gehörten zwar zur BRD, doch auch nach Beendigung der Blockade blieb bei uns die Angst bestehen, dass irgendwann die kleine »Insel im roten Meer« der russischen Zone einverleibt werden würde.

Der Kalte Krieg wurde immer eisiger. 1952 wurde die Grenze zwischen West-Berlin und der umliegenden DDR geschlossen, um den unaufhörlichen Strom von Flüchtlingen zu stoppen. Wir West-Berliner konnten nicht mehr ins Berliner Umland fahren und durften nur auf den Interzonen-Strecken aus West-Berlin in die Bundesrepublik und zurück fahren. Man brauchte Passierscheine, die an den Grenzkontrollpunkten der Autobahnen und an den Grenzbahnhöfen ausgestellt wurden. Stundenlange Wartezeiten, Durchsuchungen, Kontrollen durch die Volkspolizei: Jede Reise war eine Qual, bis man endlich drüben in »Westdeutschland« oder auf dem Rückweg wieder in Berlin war.

Zwischen Ost-Berlin, nunmehr Hauptstadt der DDR, und West-Berlin war der Verkehr noch offen. Du konntest deinen Vater in Pankow besuchen und er kam zu uns nach Spandau. Auch aus der DDR bekamen wir noch Besuch von Verwandten und Bekannten, die dann aber den Weg über Ost-Berlin nehmen mussten. Und auf diesem Weg kamen auch Tag für Tag Hunderte von DDR-Flüchtlingen nach West-Berlin, bis dann 1961 die Mauer durch Berlin auch dieses Schlupfloch versperrte.

Die »fröhlichen Fahrten hinaus in Wald und Feld«, wie ihr sie euch in den dunklen Kriegsjahren ausgemalt hattet, konntet ihr mit euren Kindern nicht unternehmen. Nur eine Fahrradfahrt nach Sachsen und Thüringen hast du mit mir im

Sommer 1951 unternommen, kurz bevor die Grenze um West-Berlin geschlossen wurde. In deinem Nachlass fand ich deine Aufzeichnungen über diese Reise und war erstaunt, wie ähnlich sie meinen eigenen waren. Das Gewitter unterwegs, die Baudenkmäler in Leipzig und Weimar, der Gasthof mit dem guten Essen, alles beschrieben wir mit fast denselben Worten. Für dich war es wie eine Wiederholung deiner Anfänge beim Junabu: Damals warst du das Küken in der Gruppe und lerntest die Welt mit den Augen deiner Freundinnen neu kennen. Jetzt konntest du deiner eigenen Tochter zeigen, wie aufregend das Fahrtenleben war. Ich war selig, mit dir zu sein und von dir wie eine Erwachsene behandelt zu werden.

Allerdings fand diese wunderbare Reise schon nach fünf Tagen ein abruptes Ende, weil uns mehrmals nacheinander die Fahrradschläuche platzten und wir nicht genug Geld dabei hatten, um die uralten, nicht mehr zu reparierenden Fahrradmäntel zu ersetzen. Mit dem letzten Geld erstanden wir Bahnfahrkarten zurück nach Berlin. Beide waren wir verzweifelt und weinten während der ganzen Rückfahrt, du schriebst: »Nur wer es selbst erlebt hat, weiß, was es heißt, so aus allem Schönen vorzeitig herausgerissen zu werden. Die Bahnheimfahrt an allen schönen Orten entlang war bitter, weil wir ja noch so gar nicht genug gesehen hatten.«

Dennoch blieb mir diese Reise in sehr schöner Erinnerung. Ich weiß, dass ich sehr gern noch einmal mit dir verreist wäre, doch dazu kam es nicht. Vielleicht hattest du Angst, wieder eine Enttäuschung zu erleben.

Emil arbeitete inzwischen als Tischler bei einer Spandauer Bautischlerei. In seiner Freizeit verschönte er weiter unser Häuschen. Es wurde weiß verputzt, bekam neue Fenster mit grünen Fensterläden und ein neues Dach mit braunem Giebel. Innen wurde allerdings nicht viel geändert, vor allem hatten wir immer noch kein Badezimmer, keine Innentoilette, weil es für die Kolonie Tsingtau keinen Anschluss an das städtische Wassernetz gab. Wir lebten weiter in primitiven »Laubenpieper«-Verhältnissen. Uns machte es nicht viel aus, denn wir waren daran gewöhnt, doch manche unserer Gäste, darunter auch meine und Tinas Schulfreundinnen, ekelten sich davor, draußen im Hof das Klohäuschen zu benutzen.

Du konntest in diesen Jahren zwar nicht in deinem Beruf arbeiten, weil es noch keine Stellen für technische Zeichnerinnen gab. Mit Zeitungsaustragen, mit Putzen, mit Stricken und Nähen verdientest du aber ein wenig Geld dazu. Ein Spinnrad kam ins Haus, mit dem du Schafwolle und sogar die Haare unserer Angora-Kaninchen versponnen hast. Später kam noch ein kleiner Webstuhl dazu, auf dem du Flickenteppiche, Matten aus Maisstroh und Kissenhüllen gewebt hast. Nie warst du müßig, immer hattest du irgendeine Handarbeit in den Händen. Sogar wenn du ein Buch last – deine andere große Leidenschaft neben deiner Naturbegeisterung – stricktest du weiter an irgendeinem Stück mit einem einfachen Muster.

Warum hast du eigentlich nicht noch einmal versucht, eine Ausbildung zu beginnen, um Gewerbelehrerin zu werden, wie du es dir in deiner Jugend gewünscht hattest? Mit deiner Berufsausbildung und deinen vielen Fähigkeiten wärst du möglicherweise in ein Ausbildungsprogramm gekommen, das es in den fünfziger Jahren gab, um den Lehrermangel zu beheben. Ich weiß nicht, ob dir dieser Gedanke überhaupt in den Sinn gekommen ist, denn andererseits wurde in den ersten Nachkriegsjahren die Berufstätigkeit bzw. Ausbildung von verheirateten Frauen und Müttern nicht sonderlich gefördert, weil Frauen wieder »zurück an den Herd« sollten.

Deine Töchter allerdings sollten eine gute Schulbildung bekommen, dafür hast du gesorgt und dich mit viel Engagement und Ehrgeiz um unsere schulische Entwicklung gekümmert. Dass wir gute Noten nach Hause brachten, war dir äußerst wichtig. Mein Tagebuch aus den Jahren 1948, 1949 und 1951 enthält fast nur Eintragungen über meine Schulnoten, mit jubelnden Kommentaren, wenn sie gut waren, und Worten der Scham, wenn ich viele Fehler gemacht hatte. Ich weiß, dass es mir vor allem darum ging, dir mit meinen schulischen Leistungen keinen Kummer, sondern Freude zu bereiten. Ich war keine schlechte Schülerin, doch mehrmals sorgtest du dafür, dass ich in eine andere Klasse oder sogar in eine andere Schule wechselte, weil du hofftest, dass ich dann noch bessere Noten nach Hause bringen würde.

Außerhalb der Schule ging mein Programm weiter: Meine Schwester und ich bekamen wieder Klavier-Unterricht, aber nicht mehr bei der netten Klavierlehrerin in Spandau, sondern bei einer »richtigen« Lehrerin, die an einem Konservatorium unterrichtete. Die wohnte allerdings in Wilmersdorf, was bedeutete, dass ich jede Woche mit meiner kleinen Schwester für unseren Unterricht zwei Stunden mit S-Bahn und Bus hin und zurück fahren musste. Als ich dann auch noch Ballett-

Unterricht an der Städtischen Oper in Charlottenburg bekam, war ich an drei Tagen in der Woche nachmittags vier bis fünf Stunden unterwegs. Und das zwischen meinem zwölften und fünfzehnten Lebensjahr!

Du warst glücklich über alle »Auftritte«, die wir hatten, sei es in Theateraufführungen, beim Klavier-Vorspiel, bei Tanz-Darbietungen. Liebevoll und stolz hast du im *»Nanni-«* und im *Tina-Buch* unsere Erfolge vermerkt. Auch ich freute mich, wenn ich in der Öffentlichkeit Erfolg hatte, was beim Klavierunterricht noch hin und wieder geschah. Die Ballettstunden waren jedoch eine reine Quälerei für mich, weil ich nicht übte, aber auch, weil ich ziemlich ungelenkig war. Ich wagte nicht, dir zu erzählen, wie unglücklich ich war. Erst als die Ballettmeisterin dir endlich in einem Brief mitteilte, dass ich völlig unbegabt zum Tanzen sei, hast du mich abgemeldet. Ich war erleichtert, grämte mich aber sehr, dir eine Enttäuschung bereitet zu haben.

Ja, du warst sehr ehrgeizig. Aber ich verstehe heute, dass du eben keinen anderen Lebensinhalt hattest als deine Kinder. Was wir erlebten, war Teil deines Lebens, war dein Leben. Du hast versucht, mit uns Kindern »das ersehnte Paradies« zu finden, wie es Tante Emma in einem Brief an mich einmal ausdrückte. Und ich war bereit, alles in meiner Macht Stehende dafür zu tun. Du warst der Mittelpunkt meiner Welt. Ich liebte dich und glaubte, dass ich auch deiner Liebe sicher war, wenn ich deinen Anforderungen entsprach. Und das schaffte ich, wenn auch mit großer, für mein Alter viel zu großer Anstrengung.

Und dann bekam ich die große Chance, dich in ganz besonderer Weise auf mich stolz zu machen: 1951 erfuhr ich in der Schule von einem Programm für deutsche Schülerinnen und Schüler, die für ein Jahr in amerikanische Familien vermittelt wurden. Das Ziel war, ausgewählte deutsche Jugendliche zu »demokratisieren«. Ich bewarb mich, durchlief ein umfangreiches Auswahlverfahren und war eine der zehn Berliner Schülerinnen und Schüler, die aus den mehr als 1000 Bewerbungen ausgewählt worden waren. Du warst unendlich stolz auf mich. Ich musste zwar noch ein Jahr warten, weil sich in den USA nicht genügend Familien gemeldet hatten. Doch im Juni 1953, wenige Tage nach meinem siebzehnten Geburtstag, kam die Nachricht, dass Mr. und Mrs. George D. Showers in Altoona in Pennsylvania meine »foster-parents« sein würden.

Aus meiner heutigen Sicht war dieser einjährige Aufenthalt in den USA für mich so etwas wie eine erste Abnabelung von euch, besonders von dir. So wie du damals, als du mit elf Jahren in den Junabu eintratst, eine große Befreiung aus der drückenden Enge deines Elternhauses empfandst, so wuchsen auch mir in diesem einen Jahr Flügel, die mich immer weiter von euch, von dir, forttrugen.

Bei meiner Abreise waren meine Gefühle allerdings sehr stark auf dich bezogen. Mir war vollkommen klar, dass du am liebsten mitgefahren wärst. Ins *Nanni-Buch* schriebst du mir zum Abschied den Refrain des Hans Albers-Liedes: »Nimm mich mit, Kapitän, auf die Reise«. Und so nahm ich in meinem Gepäck den Auftrag mit, dich, so weit es nur ging, an meinen Erlebnissen teilhaben zu lassen. Ich schickte euch Postkarten, Fotos und ellenlange Briefe. Die Briefe sind verloren, doch die Postkarten und Fotos sind in einem zweibändigen Reisebericht enthalten, den ich nach meiner Rückkehr zusammenstellte. Sie sind Zeugnis dafür, wie sehr ich mich anstrengte, dir alles zu vermitteln.

Aber oft fehlten mir die Worte, um meine Eindrücke zu schildern: von meinem ersten Flug von Berlin nach Frankfurt, von der Zugreise nach Genua, von dem italienischen Schiff, das uns 450 deutsche Schülerinnen und Schüler über den »Großen Teich« nach Amerika brachte. Dass in Barcelona, wo wir noch einmal anlegten, Palmen als Straßenbäume gepflanzt wurden, dass ich ein Stück von Afrika gesehen hatte, dass die Mahlzeiten auf dem Schiff aus sechs Gängen bestanden und natürlich, dass die Freiheitsstatue plötzlich nach fünftägiger Überfahrt vor uns im Dunst auftauchte – alles wurde von mir mit überschwänglicher Begeisterung beschrieben.

»Mary-Anne« in den USA, 1953

Auch nach der Ankunft in den USA ging es mit meiner Berichterstattung weiter. »Mum« war Mitglied in vielen Clubs, so wurde ich zu Dinner-Parties, Luncheons und Versammlungen eingeladen, um Reden über Deutschland zu halten, und ich gab Interviews für Zeitungen. Ich berichtete euch in allen Details von meinen Reisen zu den Niagara-Fällen und nach Florida. In der Schule brillierte ich, sogar in der Englisch-Klasse hatte ich die besten Noten. Ich spielte im Schulorchester, machte den Führerschein. Und als Krönung meiner Schulzeit bekam ich das »Graduation«-Diplom, das

Schulabschlusszeugnis. Es war ein Leben wie im Traum. – Hast du ihn in der Ferne mit mir geträumt? Ich habe ihn sehr weitgehend für dich geträumt.

Und ganz am Schluss des Schuljahres verliebte ich mich in John. Ich glaube nicht, dass ich euch davon ebenso ausführlich schrieb wie über irgendwelche anderen Erlebnisse. Mit Sicherheit verschwieg ich euch, wie toll es war, wenn wir uns küssten. Es war im »summer camp« unserer Schule. Allerdings, mehr als Küsschen im Mondschein gestatteten wir uns nicht, nicht einmal ein bisschen Petting ließen wir zu. Dennoch, diese fröhliche Verliebtheit in John half mir, meinen lähmenden Schmerz über den Verlust von Jens Lessig zu überwinden, der mir bis dahin jegliche Beziehung zu Jungen versperrt hatte.

Doch selbst diese Liebe konnte ich nicht für mich allein genießen, sondern bezog dich mit ein. Ohne ihm, aber auch ohne dir etwas davon zu offenbaren, plante ich insgeheim, John zu heiraten, um auf diese Weise unserer ganzen Familie – vor allem dir – zur Einwanderung in die USA zu verhelfen! Ich hatte schon vorher einmal »Mum« gefragt, ob sie und »Dad« nicht die Bürgschaft übernehmen würden, doch sie reagierte geradezu empört, weil das ja nicht der Sinn des Schüler-Programms war. Danach machte ich keine weiteren Versuche, einen Bürgen zu finden, und hatte deshalb Schuldgefühle. Nun gab mir meine Verliebtheit in John neue Hoffnung. – War ich erleichtert oder enttäuscht, als ich nach meiner Rückkehr begriff, dass du den Plan einer Auswanderung aufgegeben hattest? Ich weiß es nicht mehr. Jedenfalls habe ich die Verbindung zu John nicht aufrechterhalten.

Als ich dann im September 1954 wieder bei euch war, musstest du feststellen, dass ich mich sehr verändert hatte. Zunächst einmal warst du entsetzt, dass deine Nanni Lippenstift trug, sich die Fingernägel lackierte, nur noch amerikanische Schlager im Radio hören wollte und das Leben in Deutschland ziemlich langweilig fand. Wir hatten darüber Streit. Mir war alles zu eng: das Häuschen, die Insel Berlin. Ich wollte möglichst sofort wieder raus. War mir damals klar, dass ich fort wollte, um dir nicht mehr so nah zu sein? Das Jahr in den USA wurde zu einem Wendepunkt in meinem Leben.

Ich konnte aber nicht sofort wieder fort, sondern musste erst einmal mein Abitur machen. Im Frühjahr 1955 war es geschafft, und zwei Monate danach war ich im Ausland, diesmal als Au-pair-Mädchen bei einer französischen Familie zuerst in Marokko, dann in Frankreich.

Hast du unter meiner Veränderung, meinem neuen Freiheitsdrang gelitten? Ich glaube, du konntest dich relativ schnell damit abfinden, denn ich ließ dich weiter an allen meinen Erlebnissen teilhaben durch meine Briefe, Fotos und Erzählungen. Auch wenn du zu Hause bliebst, konntest du in Gedanken mit mir reisen, warst bei mir. Dein Wohlsein lag mir immer noch sehr am Herzen. Die Nabelschnur war noch nicht gänzlich durchtrennt, sie war zu einem dehnbaren Gummiband geworden: Ich lebte mein eigenes Leben und blieb dir verbunden.

Was gäbe ich darum, dich heute fragen zu können, wie du jene Jahre erlebtest, welche Gefühle du für deine Nanni hegtest. Denn manchmal denke ich, dass ich mir vielleicht nur einbildete, du habest mich dazu auserkoren, dir das Glück herbeizuschaffen. Wolltest du vielleicht einfach nur stolz auf mich und meine Leistungen sein? War es dir etwa sogar gleichgültig, was ich aus meinem Leben machte, wenn es nur so würde, dass dich andere Menschen zu dieser tollen Tochter beglückwünschten? Wie so viele Mütter hattest du dein Leben darauf aufgebaut, durch deine Töchter die Bestätigung für deinen Wert als Frau zu erlangen. Mir scheint, dass jegliche Kritik an deinen Erziehungsprinzipien, die von manchen deiner Freunde und vor allem von deinem Hans, unserem Vater, geäußert wurde, dich tief verletzte und dass wir, deine Töchter, solche Kritik durch unsere Leistungen widerlegen sollten. Mein Erfolg in Amerika gab dir Recht. Meine weiteren Lebenspläne auch. Irgendwann, so hofftest du, würde ich auch mit dem »richtigen« Mann ankommen. Das hatte aber noch Zeit, denn ich war ja gerade erst 20 Jahre alt. Ja, noch konntest du dich an mir freuen, du warst zufrieden mit mir.

Neues Haus und erste Reisen

1954 bekamt ihr völlig unerwartet die Kündigung für das Pachtgrundstück, auf dem unser Häuschen stand. Auf dem Kleingartengelände der Kolonie Tsingtau sollten Neubauten errichtet werden. Ihr wurdet aufgefordert, euch innerhalb von zwei Jahren eine neue Bleibe zu suchen, weil bis dahin alles abgerissen sein musste. Gerade erst hattet ihr viele Umbauten und Verschönerungen durchgeführt und beschlossen, in der Kolonie Tsingtau wohnen zu bleiben. Es war bitter, nun zum Auszug gezwungen zu werden. Ich vermute, dass ihr euch aber mit der für damalige Verhältnisse relativ hohen Abfindung von 6000 Mark getröstet habt.

Was sollte nun euer neues Zuhause werden? Emil wäre gern in eine Mietwohnung mit Balkon gezogen. Für dich kam das nicht in Frage, denn Miete empfandst du als hinausgeworfenes Geld. Deine Vorstellung war ein Haus mit Garten, allerdings nun eines, das euer Eigentum sein würde, so dass man es euch nicht wieder wegnehmen konnte. Ich bin mir nicht klar, ob Emil vielleicht insgeheim auch deiner Meinung war, dir aber die Entscheidung überließ, so dass du dann auch die Verantwortung dafür tragen musstest.

Allerdings wagtest du nicht den großen Sprung zu einem Haus, wie ihr es damals vor dem Krieg geplant hattet. Dazu hättet ihr einen Kredit aufnehmen müssen, wovor ihr Angst hattet. Denn für dich und auch für Emil galten immer noch Sätze wie: »Wer Schulden hat, kann nicht sparen« oder »Schulden rauben einem den Schlaf«. Vielleicht hättet ihr durch eine gute Finanzberatung verstanden, dass ihr mit Bauzuschüssen und günstigen Krediten, die es damals gab, euch doch euren Haustraum hättet erfüllen können. Emil arbeitete bereits wieder bei Siemens, du hattest eine Bürostelle. Mit eurem Einkommen hättet ihr wahrscheinlich problemlos das Geld aufbringen können.

Doch ihr habt euch ein winziges Häuschen von nicht einmal 50 qm Wohnfläche und ohne Badezimmer – also wieder nur eine »Laube« – in der Dyrotzer Straße in Spandau gekauft. Es kostete nur 6000 DM, so dass ihr es bar bezahlen konntet. Es stand auf dem hinteren Teil eines Grundstücks und war nur durch einen schmalen Sandweg von der Straße aus zu erreichen. Gleich hinter dem Grundstück lagen Bahngleise, auf denen alle 20 Minuten eine S-Bahn entlangdonnerte.

In eurer neuen »Laube« hat Emil sofort wieder seine Tischlerkünste eingesetzt und ein Bad angebaut, denn darauf wolltet ihr nun nicht mehr verzichten. Um Geld zu sparen, habt ihr das Häuschen in der Kolonie Tsingtau nicht einfach abreißen lassen, sondern es mit euren eigenen Händen Brett für Brett und Balken für Balken abgetragen. Die Nägel wurden einzeln mit der Zange aus den Brettern und

Balken herausgezogen. Ihr habt das Holz dann sogar selbst auf dem Leiterwagen in die Dyrotzer Straße geschafft, wo Emil es sogleich wieder verwendete.

Ich war noch in Frankreich und habe deshalb den Abschied von der Kolonie Tsingtau nicht miterlebt. Ich glaube, ich hätte bei jedem Obstbaum, der abgehackt werden musste, geheult. Und aus den Fenstern mitansehen zu müssen, wie Baufahrzeuge in unserem Garten die Baugruben aushuben und dann die ersten Mauern für die neuen Häuser hochgezogen wurden, das hätte ich nicht ausgehalten.

Käthe und Emil bei den Bauarbeiten am neuen Haus, 1957

Als ich aus Frankreich zurückkam, hattet ihr das neue Häuschen schon bezogen und Emil arbeitete an dem Anbau. Wieder habt ihr für mehrere Jahre all eure Freizeit in den Um- und Ausbau eures Hauses gesteckt. Ihr seid nicht auf Reisen gegangen, habt euch kaum Annehmlichkeiten gegönnt. Emil ging nur widerwillig an die Arbeit, du musstest deine Überredungskünste anwenden, damit er weitermachte. Es gab oft Streit zwischen euch. Erst 1960 waren die Ausbauarbeiten abgeschlossen. Euer Häuschen hatte nun eine Fläche von etwa 75 Quadratmetern auf vier Zimmer, eine Veranda, Küche und Bad verteilt.

Ich hatte 1956 nach meiner Rückkehr aus Frankreich eine Dolmetscherausbildung begonnen, die ich selbst mit eigenen Einkünften aus Jobs finanzierte. Ich war stolz darauf, euch für das winzige Zimmer, das ich in eurem Haus bewohnte, sogar Miete zu zahlen. Für dich und Emil war es selbstverständlich, dass wir Kinder unsere Ausbildung selbst bezahlten, wahrscheinlich, weil ihr das in eurer Jugend auch musstet. Unser Studium haben Tina und ich allerdings mit staatlicher Studienförderung finanziert, die wir wegen eurer geringen Einkünfte bekamen.

Nun hattest du also dein eigenes Haus mit Garten. Kurt Lessig schenkte dir Ableger von Pflanzen aus seinem Garten: Iris, die er selbst züchtete, Kugeldistel, Seidelbast. Sie wurden deine Lieblingsblumen. Hattest du endlich erreicht, was du dir erträumt hattest? Ich glaube nicht, denn im Vergleich zu deinen Freunden lebtet ihr immer noch in einer »Laube«.

In dieser Zeit fingen deine Asthma-Beschwerden an. Im Winter war es manchmal sehr schlimm, du hattest starke Atemnot und musstest Medikamente nehmen. War das Asthma Ausdruck deiner immer noch unerfüllten Wünsche? Was lag dir auf der Seele? Ich fragte meine Schwester, ob sie sich an Zusammenhänge erinnere, die eine Auslöserfunktion gehabt haben könnten, und sie antwortete spontan: »Damals bist du doch mit Boris angekommen!« – Seltsam, dass mir diese Verbindung nie aufgefallen war. Habe ich verdrängt, wie groß deine Sorgen um deine Nanni waren, die sich in eine ziemlich wilde, leidenschaftliche Beziehung mit einem, in deinen Augen, haltlosen, unzuverlässigen Studenten gestürzt hatte?

Käthe, Emil, Christine und Marianne, 1957

Boris war der Sohn polnischer Juden, die den Nazis entkommen und nach Argentinien ausgewandert waren. Sein Vater hatte ihn zum Studium nach Berlin geschickt, doch Boris hatte wenig Lust aufs Studieren und zog lieber mit mir durch Ostberlin, wo man billig essen konnte, und verbrachte die Nächte mit mir in Bars und Tanzlokalen und natürlich in seiner Studentenbude. Er sprach sechs Sprachen fließend, Deutsch am schlechtesten, deshalb redeten wir miteinander Französisch. Wir trampten nach Norwegen und in die Schweiz. Ich liebte ihn für sein überbordendes Temperament, für seine Verrücktheiten: Wir tanzten Tango auf dem zugefrorenen Müggelsee oder liebten uns nach einer durchzechten Nacht bei Sonnenaufgang auf einer Parkbank im Tiergarten.

Du warst beunruhigt und machtest mir Vorhaltungen, wenn ich tagelang nicht nach Hause kam. Offen haben wir darüber nicht gesprochen, doch ich denke, dass deine Hauptsorge war, ich könnte schwanger werden. Erstaunlicherweise machtest du mir dennoch keine moralischen Vorwürfe, auch hast du mir nicht geraten, den Kontakt zu Boris abzubrechen. In meiner Verliebtheit hätte ich darauf wahrscheinlich sowieso nicht gehört, dennoch hätte mich dein striktes Nein möglicherweise nachdenklich gemacht. Hast du mir vielleicht sogar meine beschwingte Liebe ehrlich gegönnt, weil du wusstest, wie schön es ist, verliebt und glücklich in den Armen eines Mannes über das Parkett zu gleiten?

Ich war mir völlig sicher, in Boris den Mann meines Lebens gefunden zu haben. Wir verlobten uns und wollten irgendwann in Buenos Aires unser gemeinsames Leben beginnen. Ich hatte das Gefühl, dass du dir schon ausmaltest, wie schön es sein würde, wenn du uns dann besuchen oder gar zu uns ziehen würdest. Du würdest auch eine Äquatortaufe erleben wie die, von der dein Vater Richard immer noch schwärmte!

Als Boris' Vater von den Ausschweifungen seines Sprösslings und von der Verlobung mit mir erfuhr, sperrte er ihm das Geld und zitierte ihn zurück nach Argentinien. Warum bin ich ihm nicht sofort nachgefahren? Ich glaube, ich spürte auch damals schon, dass er doch nicht der Richtige für mich war. Allerdings brauchte ich noch ein ganzes Jahr, das ich in den USA und in Spanien verlebte, bis ich ihm den Abschiedsbrief schrieb. Ich denke, du warst erleichtert. Unbewusst hatte ich wahrscheinlich in Boris einen Partner gesucht, der dem Modell deines leichtlebigen, erotischen, abenteuerlustigen Vaters entsprach. Dennoch, deine Warnungen vor einem solchen Mann, wie du sie selbst schon von deiner Mutter gehört hattest, kamen bei mir an.

Wieder in Berlin, begann ich mein Studium der Soziologie. Ich nahm mir ein Zimmer in der Nähe der Uni, besuchte euch aber trotzdem an jedem Wochenende in Spandau. Noch waren du und ich ein Herz und eine Seele. Ein Foto von uns beiden auf einer gemeinsamen Reise zeigt dies besonders schön.

Käthe und Marianne, 1960

Mein zweites Semester war gerade zu Ende, da traf uns Berliner wieder ein schwerer Schlag: In der Nacht auf den 13. August 1961 begannen Bautrupps unter strengster Bewachung von Volkspolizisten, eine Betonmauer mitten durch Berlin zu errichten. Man hatte schon lange damit gerechnet, dass die Regierung der DDR irgendetwas unternehmen würde, um den gewaltigen Flüchtlingsstrom aus der DDR – manchmal waren es mehrere Tausend am Tag – zu stoppen. Doch als die Mauer stand, wollten wir es nicht glauben.

Nun konntest du deinen Vater nicht mehr beliebig besuchen, denn niemand durfte vom einen in den anderen Teil Berlins. Erst Ende 1963 wurde ein Passierscheinabkommen abgeschlossen, das West-Berlinern Kurzaufenthalte von 24 Stunden im Ostteil der Stadt gestattete. Wer wegen familiärer Ereignisse wie Hochzeit oder Beerdigung nach Ost-Berlin oder in die DDR reisen wollte, musste Anträge stellen, die oftmals nicht bewilligt wurden. Ost-Berliner durften überhaupt nicht in den Westen reisen. Nur für Rentnerinnen und Rentner gab es erleichterte Besuchsmöglichkeiten oder sogar eine Übersiedlungserlaubnis, wohl weil sie als Arbeitskräfte nicht mehr gebraucht wurden.

Dein Vater war 78, seine vierte Frau, Anni, war 72 Jahre alt. Beide hätten die Möglichkeit gehabt, nach West-Berlin überzusiedeln. Doch es ging ihnen in Ost-Berlin nicht schlecht, sie waren gesund und dazu vermögend. Dein Vater wollte seinen Besitz nicht zurücklassen. Wie ihre Geschichte später weiterging, werde ich noch erzählen.

Käthe am Steuer ihres Autos, Ende der 60er Jahre

1962 hast du mit 51 Jahren deinen Führerschein gemacht. Eine erstaunliche Leistung, vor allem, weil du Emil nichts davon erzähltest, auch nicht, als du die Fahrprüfung nach mehreren Anläufen endlich bestanden hattest. Grund für deine Heimlichtuerei war Emils Abneigung gegen Autos. Er meinte, eure Fahrräder und sein Moped, mit dem er zum Dienst fuhr, seien genug, um innerhalb Berlins beweglich zu sein. Du aber wolltest mehr, und ich unterstützte dich darin. Auch ich hatte gerade noch einige Fahrstunden genommen, um meinen im Ausland erworbenen Führerschein in Deutschland anerkannt zu bekommen. Nach der bestandenen Fahrprüfung kauftest du dir im Januar 1963 einen kleinen gebrauchten Fiat. Deinen nichtsahnenden Hans führtest du vors Gartentor und zeigtest ihm dein neues Auto. Er begriff erst gar nichts und war dann, wie du befürchtet hattest, ärgerlich auf dich und deine Überrumpelung. Um ihn umzustimmen, brachtest du ihn jeden Tag zum Dienst, auch wenn er zur Frühschicht um 5 Uhr aus dem Haus musste, und holtest ihn von Siemens wieder ab, wenn nach Mitternacht die Nachtschicht zu Ende war. Zu deiner großen Genugtuung gab er irgendwann zu, dass deine Initiative, das Auto zu kaufen, richtig gewesen sei.

Nun begann eure Zeit der Reisen: nach Westdeutschland und bald auch ins Ausland. Da Emil nie seinen Auto-Führerschein machte, saßt du immer am Steuer, er ließ sich von dir kutschieren. Euer geselliges Leben nahm zu, mit dem Auto konntet ihr leichter eure Freunde in Berlin und Westdeutschland besuchen. Es war ein wichtiger Schritt für dich, mit dem du dir noch einmal eine neue Freiheit erobertest. Du wurdest eine begeisterte Autofahrerin.

Ich kann mich nicht mehr daran erinnern, wann genau ich aufhörte, dich »Mutti« zu nennen, was für mich bis dahin, auch wenn ich zu anderen Menschen über dich sprach, die einzige Bezeichnung war, die ich verwendete. »Mutter« klang mir viel zu hart. Irgendwann während meiner Studienzeit begann ich, zunächst mehr spielerisch, dich mit deinem Vornamen anzureden. Dir gefiel das. Ich glaube, du meintest, nun in deiner Tochter so etwas wie eine Schwester gefunden zu haben, die du selbst ja nie hattest. Vor allem wollten wir damit zum Ausdruck bringen, dass wir nun gleichrangige Erwachsene seien. – Wie sehr wir uns darin täuschten, sollte sich bald herausstellen.

Das große Zerwürfnis

Endlich begann nun auch für euch das »Wirtschaftswunder«. Ihr konntet zwar immer noch keine großen Sprünge machen, doch fühltet ihr euch nicht mehr als arme Leute. Ihr konntet euch sehr viel mehr leisten als früher. Dir gab das Auto ein Gefühl der Freiheit und des Wohlstands.

Und auch auf uns, deine Töchter, konntest du stolz sein. Beide hatten wir ein Studium begonnen: Tina wollte Goldschmiedin werden und war an der Hochschule für das Kunsthandwerk in Berlin eingeschrieben, ich studierte Soziologie und Psychologie an der Freien Universität. Und, so schien es, beide nahmen wir zielstrebig und sicher unser Leben in eigene Hände. Doch dann brach deine heile Welt wieder einmal wie ein Kartenhaus zusammen. Du hast sie bis zu deinem Tod nicht wieder aufbauen können.

Gleich zu Beginn meines Studiums im Wintersemester 1960/61 mietete ich mir ein Zimmer in Zehlendorf in der Nähe der FU und kam nur noch zu Besuch nach Spandau. Ich blieb manchmal über Nacht, dann schlief ich auf dem Wohnzimmer-Sofa. Ich berichtete von meinen Reisen, von meinen Jobs als Dolmetscherin, doch nicht über die Inhalte meines Studiums. Ich kann mich auch nicht erinnern, dir meine Referate zu lesen gegeben zu haben.

Soziologie und Psychologie waren dir als Fachgebiete nicht nur fremd, sondern äußerst suspekt. Denn hier wurde Kritik geübt, wurden zwischenmenschliche Verhältnisse und Zusammenhänge aufgedeckt, von denen du nichts wissen wolltest. Mit »Bildung« verknüpfte sich für dich der Aufstieg ins Bildungsbürgertum, die Anerkennung durch Menschen wie deine jugendbewegten Freunde und ihre Familien, nicht aber die Kritik an eben diesem Bürgertum und an den verborgenen Abgründen in der Psyche der Menschen.

Du wolltest gar nicht so genau wissen, was ich da trieb, wahrscheinlich spürtest du mit feiner Intuition, dass dieses Studium für dich und meine Beziehung zu dir eine Gefahr darstellte. Ich ahnte am Anfang meines Studiums noch nicht, wie weit ich mich dadurch innerlich von dir entfernen würde. Ich hatte diese Fächer gewählt, weil sie meinen bisherigen Interessen entsprachen und auch meinem Wunsch entgegenkamen, gleich nach dem Examen wieder ins Ausland zu gehen.

Es war die Zeit vor der APO, der Außerparlamentarischen Opposition, an den West-Berliner Hochschulen. Noch gab es keine Demonstrationen oder offene Protestkundgebungen der Studierenden, aber in den Fächern, die ich studierte, verkündeten die Professoren in ihren Vorlesungen und Seminaren bereits die Revolution. Wir lasen Karl Marx und Friedrich Engels, die Psychoanalyse lernten wir durch Herbert Marcuse, Theodor W. Adorno und Wilhelm Reich kennen. Die autoritäre Familie, so erfuhr ich, war das Übel, das den Faschismus ermöglicht hatte. Es war die Aufgabe unserer Generation, die Fehler aufzudecken, die unsere Eltern und Großeltern gemacht hatten. Meine Auseinandersetzung mit dem Judentum, mit der Frage von Schuld und Sühne von uns Deutschen, gehörte in diese frühe Phase meines Studiums. Ich fuhr nach Israel, arbeitete in einem Kibbuz und suchte die Begegnung mit Überlebenden der Vernichtungslager.

Doch das Erkennen der Zusammenhänge war noch nicht genug. Wir mussten unseren Eltern und Großeltern die Masken herunterreißen, hinter denen sie die Wahrheit ihres Versagens und ihrer Schuld im Dritten Reich zu verbergen suchten. Wir mussten sie zwingen, sich schuldig zu bekennen, so glaubten wir. Die Politisierung an den Hochschulen begann. Rudi Dutschke, der später als führende Person der APO und durch das Attentat auf ihn berühmt wurde, studierte mit mir und agitierte bereits innerhalb der Universität. Mit glühenden Augen und demagogischer Stimme trug er in einem Seminar über politische Soziologie ein Referat vor, das mich zwar beeindruckte, seine darin entwickelten Thesen erschienen mir jedoch viel zu radikal.

Denn ich engagierte mich damals noch nicht politisch, gehörte keiner Studentengruppe an, sondern war eine angepasste, fleißige Studentin in dunkelblauem Kostümchen oder weitem Rock mit Twin-Set, die Füße in hochhackigen Schuhen mit Pfennigabsätzen. Man siezte sich noch untereinander und selbstverständlich mit den Dozenten. Aus dem Rahmen fiel ich nur durch meinen Motorroller, mit dem ich zur Uni brauste und in der Stadt herumfuhr. Später war es ein »Schneewittchen-Sarg«, ein Messerschmidt-Kabinenroller mit seitwärts hochklappbarem Plastikdach, der den Namen »Oskar« bekam.

Mein Freundeskreis war groß, wir feierten Feste, verbrachten Nächte in der »Eierschale«, einem Jazz-Keller am Breitenbachplatz, doch einen richtigen Freund fand ich nicht. Einen, mit dem ich mir anfangs sogar eine Ehe vorgestellt hatte, schickte ich davon, weil er mir zu langweilig war und mich in seiner Treuherzigkeit zu sehr an meinen Vater erinnerte. Ich suchte einen Partner, wie du ihn dir wahrscheinlich auch gewünscht hattest: lebhaft, anregend, erotisch, aber selbstverständlich mir in Treue und Liebe zugetan. Ich fand ihn nicht, denn Männer, die mir gefielen, hatten entweder an mir kein Interesse oder sie waren unzuverlässige Hallodris wie Boris. Wenige Tage nachdem ich dem besagten Freund den Laufpass gab, hatte ich mit »Oskar« einen Auffahrunfall und kam mit einem von Glassplittern zerschnittenen Gesicht – zum Glück ohne Augenverletzungen – und einem Totalschaden am Auto noch glimpflich davon. Ich fühlte, dass zwischen beiden Ereignissen ein Zusammenhang bestand, wusste aber nicht, was es war.

Ich wohnte damals in einer Zweier-Wohngemeinschaft mit Eva Krüll, die wie ich Soziologie studierte und später meine Schwägerin wurde. Sie kam aus einer großen Familie mit insgesamt sieben Kindern. Gemeinsam »psychologisierten« wir über die Probleme, die sie mit Eltern und Geschwistern hatte. Wir sparten nicht mit »guten Ratschlägen«, die wir vor allem ihrem liebsten Bruder Helmut per Telefon und in Briefen zuteil werden ließen.

Auch unsere Studienfreundinnen und -freunde blieben von unseren psychologischen Analysen und Deutungen ihrer Probleme nicht verschont. Ich muss zugeben, dass ich dabei noch um einiges radikaler war als Eva. In heißen Gesprächen schaukelten wir uns gegenseitig hoch. Und wenn wir es geschafft hatten, dass der eine oder die andere nach unseren Psycho-Attacken ziemlich am Boden zerstört zurückblieb, waren wir besonders stolz.

Wir meinten, die Befreiung von allen Zwängen erreichen zu können, wenn wir die Zusammenhänge, die zu ihrer Entstehung führten, durchschauten; wir meinten, dass das Aussprechen von Gefühlen, gerade wenn es sich um Aggression oder Wut handelte, befreiend sei, während Gefühlsunterdrückung böse Folgen im Unterbewussten habe; wir meinten vor allen Dingen, den Durchblick zu haben und die »wahre Wahrheit« zu erkennen. Nun ging es darum, alle Menschen in unserem Umfeld davon zu überzeugen, ob sie es wollten oder nicht, denn sie würden es später selbst erkennen, wie sehr sie davon profitierten. Wenn man etwas erkannt hatte, musste man es laut sagen, koste es, was es wolle.

Unsere Devise war: Haut allen, die euch etwas angetan haben, vor allem natürlich euren Eltern, aufs »Weiche«, das hieß, entlarvt ihre Schwachpunkte und Fehler, mit denen sie euch unterdrücken. Es war unsere eigene Version von »Macht kaputt, was euch kaputt macht«, wie der Slogan dann in der APO-Zeit hieß.

Mein Autounfall war mir ein Zeichen, dass ich nun selbst an der Reihe war, mich zu analysieren. Es brauchte allerdings noch einen Anlass, der dann die Schleusen öffnete und einen unerwartet heftigen Schwall von vergessenen und verdrängten Gefühlen in mir auslöste. Dieser Anlass war ein Besuch von Willis Frau, deiner »Erzfeindin« Luzie, die Anfang November 1963 Eva und mich in unserer Studentenwohnung aufsuchte.

Die verwandtschaftlichen Kontakte zwischen beiden Familien hatten sich Ende der fünfziger und Anfang der sechziger Jahre ein wenig gebessert. Emil wurde Pate des zweiten Sohnes von Willi und Luzie, und ich übernahm die Patenschaft für den dritten Sohn. Die Taufen wurden als Familienfeste gefeiert. Es gab auch andere Anlässe für Besuche, so half Willi mit seinen Söhnen beim Ausbau eures Hauses in der Dyrotzer Straße. Luzie gegenüber bliebst du distanziert.

Was Luzie bewog, Eva und mich zu besuchen, ist schwer zu sagen. Sie hatte sich bei uns angekündigt mit dem Vorschlag, uns einmal ihre Lebensgeschichte zu erzählen, die, so meinte sie, für uns als angehende Soziologinnen interessant sein könnte. Vielleicht hatte sie aber im Unbewussten auch noch andere, tiefere Gründe, mich zu besuchen. Auf keinen Fall konnten sie oder ich voraussehen, welche Lawine von Emotionen ihr Besuch bei mir auslösen würde.

Es waren spannende und anrührende Geschichten aus ihrer Kindheit, die sie uns erzählte. Auch von ihrer ersten Ehe berichtete sie, von der schweren Zeit während des Krieges und danach, als sie mit ihrer Tochter allein war. Die Geschichte des Todes dieses Kindes erfuhr ich zum erstenmal, auch wusste ich bis dahin nicht, wie sehr ihr Willi damals geholfen hatte, diesen grausamen Verlust zu ertragen. Mit keinem Wort erwähnte sie dich oder das, was zwischen dir, Willi und ihr im Winter 1948/1949 vor sich gegangen war.

Nachdem sie sich verabschiedet hatte, brach es aus mir heraus. Ich erinnerte mich an meine eigene Kindheit, vor allem an die Szene, als ich dich mit Willi im Bett überrascht hatte. Dieses Erlebnis war mir bis dahin niemals wieder ins

Gedächtnis zurückgekehrt, ich hatte es vollkommen verdrängt. Eva half mir, die Erinnerungen zu sortieren und Verbindungen zu meinen aktuellen Lebensproblemen, auch zu meinem Autounfall und meinen misslungenen Männerbeziehungen herzustellen.

Und da kam eine große Wut auf dich in mir hoch. Alles, was in meinem Leben schief gelaufen war, meinte ich, dir ankreiden zu müssen: Du hattest mich missbraucht, indem du mich symbiotisch an dich gekettet hattest, so dass ich stellvertretend für dich dein Leben führen musste. Deine unerfüllten Wünsche hatte ich für dich zu leben versucht. Plötzlich erschien mir alles klar: Weil du meinen Vater nicht »richtig« liebtest und dir einen anderen Mann – Willi oder Kurt Lessig – zum Partner wünschtest, hatte auch ich vergeblich nach einem Idealmann gesucht, der deinem Bild entsprach!

Was ich bis dahin nur theoretisch betrachtet oder mit Eva an unseren Freunden analysiert hatte, jetzt glaubte ich, es endlich auch bei mir verstanden zu haben. Und nun musste ich, getreu meiner Theorie, dich offen zur Rede stellen und dir alles ungeschminkt ins Gesicht sagen, dir »aufs Weiche hauen«. Was dabei herauskommen sollte? Die Wahrheit, natürlich! Eine Wahrheit, die dich und mich befreien würde von unserer Lebenslüge, und dann würden wir alle glücklich werden, so dachte ich.

Marianne als Studentin, 1964

Ich muss zugeben, dass ich große Mühe habe, mich in diese siebenundzwanzigjährige Marianne von damals zurückzuversetzen. Es ging mir doch überhaupt nicht schlecht, ich hatte gar keinen Grund, mit meinem Leben unzufrieden zu sein, noch weniger, dir meine Probleme mit Männern in die Schuhe zu schieben. Warum genügte es nicht, mir klar zu machen, dass du mich zwar als Kind in deine Probleme hineingezogen hattest, dass ich mich aber nun von deinem mütterlichen Einfluss befreien und mein Leben selbst in die Hand nehmen wollte? Warum musste ich dich quälen und terrorisieren mit – in meiner heutigen Sicht – völlig unsinnigen Forderungen?

Meine erste große Aussprache mit dir, die ich sofort nach Luzies Besuch und dem Gespräch mit Eva erzwang, war allerdings wohl für mich notwendig, um eine Bestätigung zu haben, dass meine Erinnerung keine Täuschung war. Ich rief dich sofort an, um mich in Spandau anzukündigen. Wahrscheinlich erkanntest du schon an meiner Stimme, dass es kein normaler Besuch sein würde. Und als du mich fragtest, worum es ginge, konnte ich mich nicht zurückhalten, dir zu eröffnen, dass ich mit dir über Vergangenes reden wollte und dass Luzie bei mir gewesen sei.

Du warst also vorgewarnt, als ich am Tag darauf zu dir fuhr. Emil war im Dienst, wir beide waren allein. Ich glaube, ich überfiel dich sofort mit dem Hauptpunkt meiner Anklage: Du hast deinen Mann, meinen Vater, nicht geliebt! Natürlich hast du diese Behauptung sofort voller Empörung von dir gewiesen und mir entgegengehalten, dass eure Ehe gut sei. Meinungsverschiedenheiten gäbe es überall, die Basis zwischen euch sei aber immer Liebe gewesen. Hatte ich wirklich geglaubt, von dir ein Bekenntnis zu erlangen, dass eure Liebe in »Wahrheit« Heuchelei oder Selbstbetrug war?

Kathe, ca. 1963

Ich zog das nächste Register: Du hast nach anderen Männern Ausschau gehalten! Wieder war deine Reaktion ein heftiges Aufbegehren und Verneinen. Da brachte ich deine Affäre mit Willi ins Spiel: Du hast Willi geliebt! Deine Rückfrage war: »Wer hat dir das gesagt, etwa Luzie?« Ich konnte ehrlich sagen: »Nein! Ich selbst habe euch zusammen im Bett gesehen.« Ich hatte einen Aufschrei deinerseits erwartet und war sehr erstaunt, dass du ganz kühl zugabst, diesen »Fehltritt« begangen zu haben. Das könnte jedem einmal passieren, du hättest alles sehr bereut und dich ja auch sofort um eine Wohnung für Willi bemüht.

Ich hatte dich immer noch nicht gepackt, hatte immer noch kein »Eingeständnis deiner Fehler«, deiner »Lebenslüge« von dir bekommen. Doch dann erwähnte ich Kurt Lessig und behauptete, ihn hättest du auf jeden Fall lieber gehabt als meinen Vater. – Da schlugst du mir ins Gesicht!

Ich glaube, wir waren beide gleichermaßen erschrocken. Ich aber triumphierte, denn nun hatte ich dich ertappt. Die Ohrfeige war für mich der »schlagende« Beweis für die Richtigkeit meiner Vorwürfe. Du dagegen gerietst in Panik. Du riefst bei Lessigs an. Seine Frau war am Telefon. Du fragtest sie, ob Kurt ein Verhältnis mit dir gehabt hätte, und gabst mir dann den Hörer in die Hand. Sie versicherte mir in verblüffender Offenheit, dass ihr Mann »nur etwas mit einer Sekretärin hatte, die in ihn verliebt war.« Ich versuchte, ihr zu erklären, dass alles nur eine

Auseinandersetzung zwischen dir, Käthe, und mir sei und dass sie mit allem nichts zu tun habe. – Es war eine absurde Situation. Was du doch gerade vermeiden wolltest, dass diese intimen Dinge nach außen dringen würden, nun hattest du selbst dazu beigetragen!

Ich fuhr nach Zehlendorf zurück und berichtete Eva von meinem Triumph. Wie dir zumute war, kann ich mir lebhaft vorstellen: Es war eine Wiederholung dessen, was du vierzehn Jahre zuvor bei Willis Weggang erlebt hattest. Diesmal war es deine liebste Tochter, die dir so weh tat. Und wieder, so sahst du es, war Luzie die Böse, die dir dein Glück zerstörte. Denn sie und Eva, so meintest du, hatten mich gegen dich aufgehetzt. Du hofftest nur, dass ich bald wieder zur Vernunft käme und alles nur ein böser Traum gewesen sein würde.

Mit diesem bühnenreifen Auftritt hätte ich es genug sein lassen können. Dein Verhalten hatte mir die Bestätigung geliefert, die ich brauchte. Und nun hätten wir langsam und vorsichtig unsere Beziehung neu aufbauen können: Ich hätte lernen müssen, mich nicht mehr für dein Wohlergehen verantwortlich zu fühlen, sondern unabhängig von dir mein eigenes Leben zu führen und mich meinem Studium, meinen Freunden zu widmen; du hättest lernen müssen, mich und mein Leben aus größerer Distanz zu verfolgen und ansonsten deine vielen Hobbys mit und ohne deinen Hans weiter zu entwickeln. Ich glaube zwar, dass du noch weiter versucht hättest, mich in die Symbiose zurückzuholen, und auch ich hätte wahrscheinlich noch lange gebraucht, um mein Gefühl von Verantwortung für dein Glück loszuwerden, und vielleicht hätte es auch noch mehrmals heftige Szenen zwischen uns gegeben, doch irgendwann, spätestens mit meiner Heirat oder der Geburt meiner Kinder, hätten wir uns versöhnen können.

Aber ich war wie verbohrt und ließ nicht locker. Die folgenden Wochen und Monate waren die reinste Hölle für dich: Täglich rief ich dich an, du solltest die »Wahrheit« bekennen, solltest zugeben, dass du deinen Mann nicht genug liebtest. Du solltest mit Willi und Luzie reden, um reinen Tisch zu machen. Luzie kam selbst zu euch nach Spandau und versuchte zu vermitteln, zu erklären, machte aber für dich alles noch schlimmer. Auch Willi besuchte euch. In Emils Kalender lese ich: »O Schrecken: Willi war da.« Außerdem notierte er den Ausspruch seines Bruders: »Es gibt glücklichere Ehen als eure!«

Ich hatte mich hoffnungslos verrannt. Was ich mit meiner Konfrontation bezweckt hatte: Einsicht bei dir, Verständnis für meine Sichtweise, Harmonie und Glück für uns alle – nichts davon hatte ich erreicht. Im Gegenteil, ich hatte einen Scherbenhaufen hinterlassen. Doch ich konnte und wollte nicht aufhören. Einen Monat nach der großen Auseinandersetzung schrieb ich dir einen achtseitigen, eng getippten Brief, um meine Argumente auch noch schriftlich festzuhalten. Heute muss ich mich geradezu zwingen, diese Seiten zu lesen – was du mir übrigens in deinem Antwortbrief prophezeit hattest: »Du wirst beim Wiederlesen deines Briefes schamrot werden über die ungeheuerliche Anmaßung und Lebensfremdheit deiner Behauptungen.«

Diesen und deinen Antwortbrief fand ich erstaunlicherweise erst 34 Jahre später beim Sichten von Stößen alter Briefe. Ähnlich wie sich mein Vetter nicht mehr an die Briefe seines Vaters in der Holztruhe neben seinem Bett erinnerte, hatte auch ich deinen und meinen Brief völlig vergessen. Es ist schon seltsam, wie gut uns unser Gedächtnis vor unangenehmen Erinnerungen schützt! Nun sind mir beide Briefe eine wichtige Quelle, um diesen schwierigsten Teil unserer gemeinsamen Geschichte zu rekonstruieren und aufzuschreiben.

In meinem Brief vom November 1963 versuchte ich, dir zu erklären, weshalb ich so große Probleme hatte, mich von dir zu lösen. Ich schrieb: »Ich hatte ja im Grunde schon seit vielen Jahren das Bedürfnis, mich von Zuhause zu lösen. Sicher waren meine Reiselust, mein Wunsch ein eigenes Zimmer zu haben, der Beginn meines Studiums usw. nur Zeichen dafür, dass ich sehr wohl spürte, ich müsste eigene Wege gehen. Ich konnte diese Lösung nicht eher vollziehen, weil ich immer glaubte, ich dürfte mich Dir nicht entziehen, weil Du eben so sehr an mir hingst und kein Äquivalent dafür finden konntest. Eben das aber glaube ich nun nicht mehr. Denn es gibt für Dich ein Äquivalent für den Verlust, den Du durch mein Erwachsenwerden erleidest (es ist ja auch im Grunde gar kein Verlust) – nämlich eine wirkliche Anerkennung dessen, was Dein Mann Dir bedeuten kann.«

Erst beim Wiederlesen bemerkte ich, dass ich hier, ohne mir dessen bewusst gewesen zu sein, die Ursache für das Scheitern meines Aufstands gegen dich erkannt hatte: In der Vergangenheit hatte ich nicht gewagt, mich von dir zu trennen, also erwachsen zu werden, weil du – so glaubte ich – ohne mich einsam und allein geblieben wärst. Nun war ich entschlossen zu gehen, glaubte aber immer noch in kindlichem Größenwahn, dass nur ich dich glücklich machen könnte und dass ich für dein Glück verantwortlich sei. Gleichzeitig hatte ich aber offenbar ein schlechtes Gewissen, dich in deinem Lebensunglück allein zu lassen. Denn ich meinte, dir ein »Äquivalent« für dein Glück mit mir suchen zu müssen – und fand es in Emil, deinem Hans, meinem Vater! Da ich mir meine Freiheit nur vorstellen konnte, wenn du glücklich wärst, beschwor ich dich, mit deinem Hans glücklich zu werden, und gab dir auch noch gute Ratschläge, wie du das bewerkstelligen solltest: »Wenn Du in ihn Vertrauen setzt, wird er nämlich durch dieses Vertrauen wachsen und erstarken. Warum bist Du so sicher, dass nur Du die richtigen Entscheidungen treffen kannst? Diskutiert doch einmal gemeinsam Probleme, und achte Du darauf, ob der Vater nicht manchmal dieselben Ideen hat wie Du oder sogar noch bessere. Unternehmt doch die Dinge in echter Gemeinschaft, gib Deinen Ehrgeiz auf, immer Recht haben zu müssen. Ihr dürft nicht mehr nebeneinander her leben, jeder für sich und meist sogar in Opposition gegeneinander. Du wirst durch eine veränderte Haltung dem Vater gegenüber ganz bestimmt gewinnen, der Vater wird froh werden, seine Rolle als Mann zu übernehmen, und für unsere ganze Familie kann durch eine Änderung Eures Verhältnisses echte und dankbare Freude erwachsen.«

Welche Anmaßung! Völlig zu Recht schriebst du als Antwort: »Was mein Mann mir bedeutet, ist für Dich ein Buch mit Siegeln. Du bist kein Gesprächspartner für mich, solange Du ohne Qualifikation über Probleme einer Ehe diskutierst. Es steht Dir einfach in der Form nicht zu.«

Ich gab dir nicht nur »gute Ratschläge« für deine Ehe, ich drohte dir auch noch mit schwerwiegenden Konsequenzen, wenn du nicht entsprechend handeln würdest: »Es wird dann zwischen Dir und mir niemals wieder zu einem schönen Verhältnis kommen. Du selbst wirst bis an Dein Lebensende unzufrieden, gehetzt, unglücklich sein. Der Vater wird weiterhin, um des lieben Friedens willen, von einem harmonischen Tag auf den anderen hoffen, sonst aber sich immer mehr in sich selbst verschließen.«

Glaubte ich wirklich, dich mit dieser Drohung zu beeindrucken? Ich befand mich in einer vertrackten Situation: Ich wollte meinen eigenen Weg unabhängig von dir gehen, blieb jedoch fixiert auf dich, gerade dadurch, dass ich dich in meinem Größenwahn zu deinem »Glück« zwingen wollte. Durch meine unglaubliche Rigidität und durch die Anmaßung, dir die Liebe zu deinem Mann vorschreiben zu wollen, war ich gefangen und versperrte mir den Weg zurück. Ich musste weiter opponieren, und das hieß, ich blieb an dich gebunden, denn Opposition ist immer Bindung oder sogar Abhängigkeit von einem Gegenüber.

Am Schluss meines Briefes schrieb ich: »Siehst Du jetzt ein, Mutti, dass ich Dir keine Schuld, keine Verfehlung vorwerfe, sondern Dir nur aufzeigen möchte, wo Du in Deinem Leben Fehler gemacht hast, warum Du diese Fehler machtest, und vor allem, warum Du sie noch heute machst. Ich will kein Zerwürfnis mit Dir, ich will Dir helfen und bringe Dir so viel Verständnis entgegen. Ich wünsche nichts sehnlicher, als dass Du in Deinem Leben das Glück findest, was Du bislang vergeblich gesucht hast.«

Ich wollte keine Richterin sein, doch das war ich; ich wollte dir keine Schuldvorwürfe machen, doch genau das tat ich; ich wollte kein Zerwürfnis mit dir, sondern deine Retterin sein, doch ich zerschlug alles – auch das Glück, das ich dir so sehnlichst wünschte.

Es ist für mich heute unfassbar, dass ich damals tatsächlich erwartete, du würdest mir nach diesem Brief um den Hals fallen und mir gestehen, dass ich ja in allem so Recht hätte! Ging es mir also ums Rechthaben? Gewiss, aber ebenso wichtig war mir, für dich und dein Glück zu sorgen, weil ich dich liebte. Nur dann, glaubte ich, ohne Schuldgefühle gehen zu können.

Was hätte ich, die siebenundzwanzigjährige Marianne, damals von dir gebraucht? Nicht das, was du mir in deinem Antwortbrief schriebst. Du gabst ihn mir erst ein Jahr später im Dezember 1964, als ich meine Verlobung mit Helmut bei euch in Spandau feierte. Du hast dich verteidigt, gerechtfertigt, mich beschimpft, mir meine Vorwürfe zurückgegeben. Du spieltest auch ein Machtspiel ums Rechthaben, das für dich genauso wenig zu gewinnen war wie für mich. So kam es und kommt es auch heute noch bei mir an. Hier ein paar Auszüge aus deinem Antwortbrief an mich: »Mein Mann, Dein Vater hat nicht, wie Du es so schreibst, ›die schlimmsten Demütigungen‹ erlitten in unserer Ehe, ich weiß es besser, ebenso mindestens hat er viel Liebe erfahren, Du ahnungsloser Engel Du. Aber das zeigt so deutlich wie unbedarft Du in Wirklichkeit bist. Dass Vati mich noch netter haben möchte, ist sein gutes Recht. Doch wer möchte das nicht. Engel, auch männliche, sind zu selten.

Ich betrachte es als eine Frechheit von Dir zu schreiben, ich hätte Vati nie geliebt und täte es auch heute nicht genug. Solange Du diesen, als unrecht bewiesenen Quatsch nicht ehrlich dementierst, nehme ich Dich nur als gestörten, erkrankten Menschen zur Kenntnis, in der Hoffnung, dass Du aufwachen mögest. Bist Du denn vernagelt, dass ich Vati negativ einschätzen soll!! Er ist anders, aber erstens ein Mann und zweitens eben von anderer Zusammensetzung, glücklicherweise.

Du machst Dich immer wieder lächerlich mit so festen Formulierungen, die ich einer 17-Jährigen durchgehen ließe, nur nie einer ›28-jährigen Soziologin‹. Es ist eine taktlose Borniertheit, unsere Liebe und Ehe zu kommentieren.

Für wie dumm oder einfältig hältst Du überhaupt Deine Mutter, Deinen Vater, Du grünschnäbliges Mädchen! Sieh zu, dass Du nun mit Liebe Deinen Zukünftigen zu dem Bilde formst, das Du Dir erträumst. Der ist zu bedauern, der meint, ein Wesen verändern zu können. Weder mit Liebe noch mit Macht.

Hast Du so wenig Takt, Herz, Güte und so viel Kälte, Berechnung und Herzlosigkeit, Deine Gedanken mir zu unterstellen? Was nützt Dir Dein Studium Psychologie etc., wenn Du die primitivsten Gesetze des menschlichen Zusammenlebens nicht achtest? Du machst mir Vorwürfe über Verfehlungen? Mit welchem Recht? Wozu führen Dich diese Erkenntnisse Deines Studiums? Zu Fehldiagnosen auf Grund von Indizien und überheblichem Besserwissertums.

Du bezichtigst mich in Deinem so überaus frechen Brief als Lügnerin, als eine unglückliche Frau, der alles daneben gegangen ist? Marianne, verstehst Du überhaupt immer noch nicht meinen unerschütterlichen Glauben an eine Pubertätserscheinung und vorübergehende Krankheit bei Dir? Ich bin nun beinahe der Ansicht, dass Du einen Seelenarzt benötigst.

Du hattest nie einen Vater? Du Ungeheuer! Unmenschlich so etwas einem schriftlich zu geben! Und weißt gar nicht, was Du da sagst. Wie weh tust Du (ohne Nötigung) ungefragt ihm. Gutmachen kannst Du diese Ergüsse nie, denn die Enttäuschung, dass Du das Produkt unserer Erziehung bist, ist unauslöschlich. Du hattest alle Möglichkeiten offen. Was hast Du daraus gemacht??? Dass Du Dein

Loslösen von der Familie in dieser Form vollzogen hast und auch nach einem Jahr Zeit zum Überlegen es nicht korrigiertest, beweist mir nur, dass Schulwissen, besser akademische Bildung, nicht mit Weisheit gleichzustellen sind.«

Dein Brief endete – ohne Unterschrift: »Schade Marianne, und lerne an dem, was Du Deiner Mutter und Deiner Familie (Du betonst zwar stets, sie gälte Dir nichts) angetan hast, wie man es nicht tun darf, auch dem ungeschicktesten, ungelehrtesten Menschen gegenüber! Viel weniger in seinem eigenen (gar nicht so schlechten) Nest.«

Wenn ich mich richtig erinnere, habe ich, als ich diesen Brief las, nur wieder von oben herab und naserümpfend gemeint, du hättest eben noch immer nichts begriffen. Doch in der Tiefe meiner Seele war ich betroffen. Ich spürte, dass ich mich verrannt hatte, durfte das aber nicht einmal vor mir selbst zugeben.

Und dennoch: Auch wenn ich mich in der Form der Auseinandersetzung vergriffen hatte, auch wenn ich von meinen Allmachts- und Rettungsfantasien noch immer nicht frei war – es war gut für mich, dass ich den Mut fand, dich mit meiner Wut und Aggression zu konfrontieren, die, bis dahin unerkannt, in mir rumorten. Meine Beziehung zu dir war immer schon ambivalent wie auch die deine zu deiner Mutter. Anders als ich hast du jedoch deine Mutter nie offen mit deinen negativen Gefühlen konfrontiert, sondern bist nur gelegentlich und meist bei unpassenden Gelegenheiten »geplatzt«.

Ich stehe dazu, dir meinen Wutausbruch zugemutet zu haben. Auch als mir bewusst wurde, dass du meinen Angriffen gar nicht gewachsen warst, sondern in Verzweiflung und Trauer versankst, habe ich nicht »klein beigegeben«, sondern weiter meine Forderungen an dich gestellt. Das war nicht nur sture Borniertheit, sondern auch Stärke. Vor allem: Es war mein Weg. Ich kannte keinen anderen.

Wenn du nicht so früh gestorben wärst, hätten wir – da bin ich ganz sicher – einen Weg aus der Sackgasse, in die wir uns verrannt hatten, herausgefunden. Während unserer Kontroverse gab es noch keine Frauenbewegung, der ich mich dann einige Jahre nach deinem Tod zuwandte. Da erst erkannte ich, dass unser Konflikt auch noch in einem viel größeren Zusammenhang stand und dass unsere ambivalente Mutter-Tochter-Beziehung ein sehr verbreitetes Muster in patriarchalen Gesellschaften darstellt.

Ja, wir hätten beide damals eine kluge, feministische Freundin, Ratgeberin oder Therapeutin gebraucht, die uns geholfen hätte zu erkennen, dass das »Private politisch« ist – wie der Slogan später hieß. Diese Person hätte dann allerdings auch Emil, deinen Hans, nicht vergessen dürfen. Denn er hatte, so scheint es mir, in unserem Zerwürfnis eine Schlüsselrolle inne, die wir beide nicht erkannten: Er stand zwar ganz auf deiner Seite und fand meinen »Überfall« genauso unmöglich wie du. Andererseits konnte Emil insgeheim triumphieren, dass dein mütterlicher Ehrgeiz doch nicht die von dir erhofften Früchte getragen und ich eine so massive Kritik an deinen Erziehungsmethoden geübt hatte. Warum habe ich meinen Vater aus unserer Auseinandersetzung herausgehalten und nur dich angegriffen? Warum habe ich immer nur von dir verlangt, dich zu ändern, ohne auf die Idee zu kommen, dass auch er sich hätte verändern können? Denn er hatte schließlich an euren Ehekonflikten seinen gehörigen Anteil.

Meine heutige Antwort darauf ist, dass ich eben damals vollkommen unreflektiert eine Tochter des patriarchalen Systems war. Auch heute stehe ich nicht draußen, aber mein Blickwinkel hat sich verändert und ich kann deshalb die Männerzentriertheit meiner Welt nicht mehr ignorieren. – Ich wünschte, du hättest diese Entwicklung noch miterlebt.

Und wie ging die Geschichte weiter? Heiligabend 1963 verbrachte ich bei Willi und Luzie, die Jahreswende in Evas Familie in Essen, die nun für dich, ähnlich wie Luzie, zu deiner Feindin wurde. In Essen lernte ich Helmut, Evas Bruder, kennen. Wir verlobten uns ein Jahr später und heirateten kurz darauf.

Mutter Annas Tod

Zur selben Zeit, als ich gegen dich kämpfte, begann die Krankheit deiner Mutter. Ich weiß nicht, wie weit sie über das Zerwürfnis zwischen uns Bescheid wusste. Ich denke, du hast ihr, wenn überhaupt, dann nur beiläufig von deinen Sorgen mit mir erzählt. In meiner Wahrnehmung war dir deine Mutter keine Vertraute und du sahst auf sie herab wegen ihrer schlichten Lebensführung und ihrer wenig differenzierten Weltsicht. Aber vielleicht täusche ich mich. Vielleicht hattet ihr unter vier Augen doch sehr viel mehr Vertrautheit, als ich es jemals erlebte. Vielleicht war deine treue Fürsorglichkeit, die du deiner Mutter bis zum Schluss bewiesen hast, doch mehr als nur Mitleid und Pflichterfüllung.

Von außen betrachtet schien es, dass du in der Beziehung zu deiner Mutter die Gebende, die Starke warst und dich auch so empfandst. Auch ich sah meine Großmutter mit deinen Augen. »Omi« war eine herzensgute Frau, über deren fromm-naive Beschränktheit wir lächeln mussten. Ich denke heute, dass wir ihr Unrecht taten. Mit ihrer Einfachheit besaß sie einen bewundernswerten Seelenfrieden. Sie war mit ihrem Herrgott verbunden, ihm vertraute sie sich an. Der »himmlische Vater sorgt für mich Tag und Nacht«, »er führet immer alles wohl«, täglich wurde ihr »Gottes reicher Segen« bewiesen, so schrieb sie in Briefen an ihre Nichte Meta, die ich aus deren Nachlass erhielt.

Mutter Anna Schiddel, ca. 1959

Diese Briefe, zwischen 1950 und 1964 geschrieben, sind ein rührendes Zeugnis für Annas bescheidenes Leben in ihren letzten Lebensjahren. Sie lebte von einer kleinen Rente, im Jahre 1960 waren es nur 88 DM monatlich. Das war auch der Mietpreis für ihre Drei-Zimmer-Wohnung in der Zweibrücker Straße in Spandau. Um mit ihrem Geld auszukommen, vermietete sie eines der Zimmer möbliert, am liebsten an berufstätige »Herren«, für die sie dann auch kochte.

Niemals hat sie sich wieder einem Mann zugewendet, sie war mit ihrem Leben zufrieden. Von deiner Tante Emma erfuhr ich, dass dein Vater vor seiner dritten Ehe bereit gewesen wäre, mit deiner Mutter »wieder zusammenzugehen«, dass Anna aber nicht wollte. Sie habe gesagt: »Jetzt kann ich es auch nicht mehr, ich soll bloß die Strümpfe für ihn stopfen, die Käthe nicht stopfen will.« Sie durchschaute Richard genau, der es ja tatsächlich sehr gut verstand, Frauen auszunutzen, und verständlicherweise hatte sie kein Verlangen danach, die Rolle der den Mann bedienenden Ehefrau wieder einzunehmen.

Vielleicht ist mir meine Großmutter gerade in diesem Punkt bis heute weitaus mehr ein Vorbild, als ich es mir über Jahrzehnte hinweg eingestehen wollte: Auch ich lebe sehr gern allein und bin dabei nicht einsam. Wie wäre es wohl für dich gewesen? Ob du jemals einen solchen Wunsch hattest?

Deine Mutter hatte viel Halt bei dir und deiner Familie, die sie als ihre eigene betrachtete. Sie sprach von »unseren Kindern«, wenn sie ihre Enkelkinder, also meine Schwester und mich, meinte. Nachdem ihr in die Dyrotzer Straße gezogen wart, konnte sie nicht mehr so häufig auf dem Weg in die Stadt »mal eben vorbeischauen« wie früher. Die hohen Feiertage verbrachte sie jedoch immer mit uns. Am Heiligen Abend gingen wir mit ihr in die Kirche, danach gab es die Bescherung und bald danach ging sie wieder nach Hause. Ihre Geschenke waren bescheiden: Seife, Kölnisch Wasser, Schokolade oder Apfelsinen, doch belasteten sie ihren kleinen Geldbeutel viel zu sehr. Das ausgegebene Geld bekam sie als Geschenk von dir wieder zurück.

An anderen Feiertagen und besonders zu ihrem Geburtstag im August erwartete sie von uns, dass wir sie besuchten, was für uns alle, auch für dich, eine leidige Pflicht war. Manchmal kamen noch andere Gäste aus ihrer Verwandtschaft dazu, so dass sie für eine größere Runde kochen konnte. Wir saßen im Zimmer ihres Untermieters, der an diesem Tag nicht da sein durfte. Sie war stolz auf ihre Kochkünste: Kohlrouladen, Sauerbraten, Kassler-Braten mit Gemüse und Kartoffeln aus dem Garten, am Schluss ein selbstgekochtes Kompott als Nachtisch. Nichts war ihr wichtiger, als dass es uns mundete und wir sie lobten. Sie selbst stand die meiste Zeit in der Küche und setzte sich erst zum Nachtisch zu uns an den Tisch, um zu plaudern. Danach brachen ihre Gäste dann schon bald wieder auf. Es ist schade, dass wir alle nicht in der Lage waren, deiner Mutter den ernsthaften Respekt zu erweisen, den sie verdiente. Vielleicht hätte sie dann noch ganz andere Seiten ihrer Person entwickeln können.

Ihr Gemüse- und Blumengarten in dem Freigelände zwischen den Wohnblocks war ihr ganzes Glück. Sie liebte die Gartenarbeit und stand im Sommer wochenlang in der Küche, um Vorräte für den Winter einzuwecken. Sie war in ihrem Herzen die Bauerstochter geblieben, die ihren kleinen Garten mit gleicher Liebe versorgte wie ihre Mutter Elisabeth den großen Bauerngarten in Maust. Es war für deine Mutter sehr bitter, ihren geliebten Garten 1955 aufgeben zu müssen, als zwischen den Wohnblocks, wie auf dem Kleingartengelände unserer Kolonie Tsingtau, Häuser gebaut wurden. Danach blieb ihr nur noch der Balkon, auf dem sie mit Hingabe ihre Blumen pflegte.

Omis weiteres gärtnerisches Betätigungsfeld war der Spandauer Friedhof »In den Kisseln«, der zu Fuß eine halbe Stunde von ihrer Wohnung entfernt war. Sie pflegte viele Gräber von Bekannten, deren Hinterbliebene ihr den Auftrag gaben, die Pflanzen zu versorgen. In trockenen Sommern ging sie täglich zum Gießen auf den Friedhof. Sie nahm die Mühen gerne auf sich, denn sie wusste, »der liebe Herrgott« würde es ihr lohnen.

Ob Winter oder Sommer, ob es stürmte oder schneite, am Sonntag ging Anna in die Kirche. Es war für sie der schönste Tag der Woche. Mit schriller, lauter Stimme, aber aus tiefster Seele sang sie die Kirchenlieder und schloss uns in ihre Gebete und Fürbitten ein. Sie war überzeugt, dass wir nur ihrer Gebete wegen von unseren Reisen heil zurückkamen. Zweimal in der Woche traf sie sich mit den Frauen aus dem Kreis der »Evangelischen Frauenhilfe« zum Kaffeekränzchen.

Außer zu uns hielt deine Mutter Kontakt zu ihren noch lebenden Geschwistern: Bruder Reinhold, der den Hof in Maust führte, kam manchmal nach Spandau. Zu seiner Beerdigung im August 1957 war Anna zum letzten Mal in ihrer Heimat. Schwester Lina, die als Bäuerin auf einem Hof in Gräningen westlich von Berlin mit ihren Töchtern lebte, besuchte Anna. Auch Emma, die jüngste Schwester deiner Mutter, die als Hebamme in der Nähe von Cottbus mit ihrer Familie lebte, kam zu Besuch. Nach dem Bau der Mauer durch Berlin waren solche Verwandtenbesuche aus der DDR allerdings nicht mehr möglich. Annas Schwestern durften nicht einmal zu ihrer Beerdigung kommen.

Andere Kontakte bestanden vor allem zu ihren Nichten Meta, Else und Lotte aus der Schiddelschen Linie, die in West-Berlin wohnten und häufig mit ihren Familien zu »Tante Annchen« nach Spandau zu Besuch kamen. Man tauschte Briefe und Karten aus – ein Telefon hatte deine Mutter nie – und hielt sich über die Familienneuigkeiten auf dem Laufenden.

In ihren letzten Briefen an ihre Nichte Meta, ein halbes Jahr vor ihrem Tod, schrieb deine Mutter: »Seit dem ganzen Dezember komme ich nicht raus, es sitzt im Rachen und im Kopf. Vermietet habe ich auch seit Dezember nicht, ich muss mich sehr pflegen, dass ich wieder als Mensch leben kann. Käthe kommt fast jeden Tag mich besuchen und meine Nachbarin besorgt das Einholen. Kohlen bringt mir der Emil immer schön herauf. Die Nächte sind nicht schön, trotzdem ich zweimal lüfte, so dass ich Sauerstoff habe. Tausend herzliche Grüße von uns allen von Tante Anna und Familie Höppner. Alles Gott befohlen.«

Du hast deine Mutter umsorgt. War es dir wirklich nur eine lästige Pflicht, wie ich immer annahm, oder doch liebevolle Verbundenheit?

Am 16. März 1964 gratulierte sie Meta zur Hochzeit ihres Sohnes. Sie bedauerte sehr, ihm nicht »die Hand drücken« zu können, und schrieb: »Gott der Herr möge Euch Eltern und Kindern recht viel Glück und Freude schenken im ganzen Leben und seine Segenswünsche. Ich kann nicht mehr so viel schreiben an Euch alle. Es dauert noch lange mit mir. Die Schwäche ist noch zu groß, möchte lieber ins Krankenhaus, dort habe ich Pflege.«

Noch zwei Monate blieb sie in ihrer Wohnung, dann sorgtest du dafür, dass sie ins Krankenhaus kam. Die Diagnose lautete auf Magenkrebs in fortgeschrittenem Stadium. Du besuchtest sie täglich. Als du zu Pfingsten 1964 mit Emil eine kurze Erholungsreise machen wolltest, übernahm ich es trotz unseres Zerwürfnisses, während eurer Abwesenheit deine Mutter im Krankenhaus zu besuchen.

Ich saß an ihrem Bett und konnte miterleben, wie gelassen, ja geradezu fröhlich meine kleine Omi ihrem Tod entgegensah. Sie war sehr abgemagert und sah mich wie ein Kind mit großen Augen an. Wenn man die Bettdecke aufhob, sah man ihren durch die Krebsgeschwulst hoch aufgewölbten Leib. Sie hatte keine Schmerzen und war klar im Kopf. Einmal meinte sie, dass 78 Jahre doch ein langes Leben seien. Sie hatte dieses Alter fast erreicht. Von ihrem Bett konnte sie durch ein Fenster nach draußen schauen. Jedes Mal, wenn die kleine Meise wieder auf dem Baum vor dem offenen Fenster saß und zwitscherte, machte sie mich darauf aufmerksam.

Sie konnte nur noch sehr wenig essen. Bei einem meiner Besuche wünschte sie sich Malzbier. Ich besorgte eine Flasche und sie strahlte glücklich. Aber von den wenigen Schlucken, die sie zu sich nahm, wurde ihr schwindlig. Ich war sehr erschrocken und rief die Krankenschwester, die mich vorwurfsvoll zurechtwies. Jetzt freue ich mich, dass ich meiner Omi noch diese kleine Freude bereitet habe.

Bei jedem meiner Besuche fragte sie, wann denn Käthe wiederkäme. Mir war, als wartete sie auf dich, um sterben zu können. Und so war es dann auch: Zwei Tage nach deiner Rückkehr starb deine Mutter am 2. Juni 1964. Ich denke, es war ein friedlicher Tod.

Zur Beerdigung kamen Meta, Lotte und Else, deine Kusinen. Auch deinen Onkel Paul, den Bruder deines Vaters, hattest du eingeladen. Er hatte damals bei der Scheidung auf Richards Seite gestanden, weshalb Anna zu ihm keinen Kontakt gehalten hatte. Seine Bemerkung, dass Anna ja früher eine »flotte Person« gewesen sei, erstaunte mich, denn so hatte ich mir damals meine Omi noch nie vorgestellt. Ich nahm auch wahr, dass du Onkel Paul mahnend zurechtwiest, offenbar, weil du eine solche Bemerkung unpassend fandst.

Hast du in Erwägung gezogen, deinen Vater zur Beerdigung seiner ehemaligen Frau einzuladen? Du tatst es nicht und bliebst damit die loyale Tochter deiner Mutter auch über ihren Tod hinaus. Doch mit der Einladung von Onkel Paul hast du dir und deinen Schiddel-Verwandten ein Zeichen gesetzt, dass nach dem Tod deiner Mutter nun der Weg zu deinem Vater frei war.

Omi wurde auf dem Friedhof »In den Kisseln« in Spandau begraben, wo sie über Jahre hinweg so viele Gräber gepflegt hatte. Du hast ihr Grab sicherlich nicht mit der Hingabe versorgt, wie sie es für andere getan hatte, doch so, dass sie mit dir zufrieden gewesen wäre. Ich habe ihr Grab nie wieder besucht. Es ist inzwischen eingeebnet worden.

Deine Mutter starb, wie sie gelebt hatte, mit sich und ihrem Herrgott versöhnt. Hast du dich nach ihrem Tod auch mit ihr versöhnt gefühlt? Äußerlich wirktest du auf mich ungerührt. Ich habe dich nicht weinen gesehen. Doch es kann gut sein, dass du nur in Gegenwart deiner aufmüpfigen Tochter keine Trauer aufkommen lassen konntest oder wolltest.

Denn ich stand immer noch wie eine Richterin vor dir. Ich fand, dass du nicht hättest verreisen dürfen, als deine Mutter im Krankenhaus lag. Das erschien mir wie eine Flucht vor ihr. Auch hatte ich den Eindruck, dass du geradezu erleichtert warst, den Druck, den sie auf dich ausgeübt hatte, nun endlich los zu sein. Ich hing fest in meiner unerbittlichen Vorwurfshaltung, konnte daher nicht wahrnehmen, was du wirklich fühltest.

Denn ganz gewiss warst du traurig, deine Mutter verloren zu haben, auch wenn du es mit ihr nicht leicht hattest. Vielleicht war da auch ein Gefühl, etwas verpasst zu haben. Denn ich frage mich, ob es noch eine Aussprache zwischen euch gegeben hat. Hast du spüren können, dass sie dir, vielleicht ohne Worte, für die

Opfer dankte, die du ihr in deinem ganzen Leben gebracht hast? Hat Anna dir vergeben, deinen Vater wiedergesehen zu haben? – Ich glaube, die Antwort auf diese Frage lautet leider: Nein.

Schwiegersohn und Enkeltöchter

Im Frühjahr 1964 bereitete ich mich zusammen mit Eva in unserer gemeinsamen Wohnung auf mein Examen vor. Während wir unsere Diplomarbeiten schrieben und für Prüfungen büffelten, besuchte uns Evas Bruder Helmut in Berlin. Helmut und ich flirteten ein wenig miteinander, doch der Funke sprang erst über, als ich ihn auf Evas Hochzeit im Sommer 1964 wiedersah. Im Herbst verlobten wir uns.

Ich kann mich nicht mehr daran erinnern, wie ich euch meine Verlobung mitteilte. Offensichtlich fühltest du dich erneut verletzt, denn in deinem Taschenkalender vermerktest du im November 1964: »Ich glaube, dass es mit Marianne nie wieder gut wird.« Während des ganzen Jahres hatte ich dich mit Anrufen und Besuchen terrorisiert. Ich blieb bei meinen Anschuldigungen und Bekehrungsversuchen, du bei deiner empörten Abwehr meiner Zumutungen. Deshalb verstehe ich heute nicht mehr, warum ich dennoch meine offizielle Verlobung mit Familienfeier und Ringe-Tausch unterm Weihnachtsbaum bei euch in Spandau feiern wollte. Hoffte ich doch insgeheim, genau wie du, auf eine Versöhnung?

Ich glaube, du warst Helmut gegenüber misstrauisch, noch bevor du ihn kennen gelernt hattest. Denn als Evas Bruder sahst du ihn vermutlich sofort auf der Seite deiner Widersacher. So war zu erwarten, was dann auch tatsächlich eintrat: Die Verlobungsfeier wurde eine Katastrophe. Helmuts gehbehinderte Mutter hatte mit Evas Begleitung die Strapazen einer Reise aus dem Ruhrgebiet nach Berlin auf sich genommen. Beide wohnten in einem Hotel, Helmut bei mir in meiner Studienwohnung. Helmut und ich kamen fast eine Stunde zu spät nach Spandau, damit wollte ich dich bewusst provozieren. Aber auch du hattest dir keine Mühe gegeben, eine nette Feier zu gestalten. Ganz gegen deine sonstige Gewohnheit, wenn du Gäste hattest, war das Essen lieblos hergerichtet. Du warst abweisend, bis an die Grenze der Unhöflichkeit. Während einer Gesprächspause kam von dir die

Aufforderung: »Nun macht mal Konversation!« Doch Helmut war nicht weniger unfreundlich, denn als du die Lichter am Weihnachtsbaum anzündetest, kommentierte er: »Achtung, jetzt gibt's Stimmung!«

Nach der Feier machte ich mich mit Helmut und Eva über dich lustig. Mitleidslos haben wir dich und dein Verhalten zerpflückt, uns selbst aber von jeder Kritik ausgenommen. Obwohl ich merkte, dass ich in der Tiefe mit dir fühlte und mit dir litt, ließ ich einen solchen Gedanken nicht zu.

Gleich nach meinem Examen im Februar 1965 zog ich zu Helmut nach Soest, wo er studierte, und dort heirateten wir bereits am 23. Februar. Zehn Tage vorher bekamt ihr von mir lediglich eine lapidare Ankündigung unserer Hochzeit ohne eine Einladung nach Soest, während wir Helmuts Eltern als Trauzeugen gewählt hatten, vorgeblich, weil sie nahe bei Soest lebten. Doch es war allen klar: Ihr solltet ausgeschlossen bleiben. Emil schrieb uns als »Glückwunsch«: »Liebe Marianne, lieber Helmut! Da habt Ihr Euch also schnell und kurz entschlossen – was natürlich nicht besagt, dass es eine Kurzschlusshandlung ist – in den heiligen Stand der Ehe zu treten. Lasst mich Euch zu diesem Schritt herzlichst gratulieren und Euch alles Gute wünschen.« Und sein Brief endete mit den Worten: »Abschließend möchte ich noch sagen – Helmut sagt vielleicht, jetzt gibt es Stimmung –, ich hoffe und wünsche so sehr, dass Ihr nie, nimmer und niemals diesen Schritt bereut; und nach Jahrzehnten noch sagen könnt, wie es in der ollen Schnulze dennoch so schön heißt: ›Ich glaube, dann entschied ich mich nochmal, nochmal für dich!‹ Herzlichst Euer Vater.«

Und du schriebst: »Ihr lieben Beiden! Zu Eurem Hochzeitstag kommen auch von mir herzliche Wünsche für all Eure Vorhaben des gemeinsamen Lebens. Dir, meine Nanni, wünsche ich noch besonders, dass Du nach 30 Jahren Ehe mit dem guten Gewissen, wie ich es in mir trage, die Kritik Deiner Kinder erträgst. In der festen Gewissheit, dass diese letzten eineinhalb Jahre sich irgendwie umwerten, bleibt wie immer in Liebe Deine Mutter.«

Ihr habt euch bemüht, eure Enttäuschung und euren Schmerz zu verbergen, erst in deinem nachfolgenden Brief hast du deine Gefühle deutlich ausgesprochen: »Ich glaube, es wird noch eine lange Zeit dauern, ehe wir, Vati und ich, es ohne traurig zu werden, ertragen, an Deinen Hochzeitstag zu denken. Das alles ist also nötig, damit Du glücklich bist! Manchmal hoffe ich, dass ich einfach aufwache, und ich habe die letzten eineinhalb Jahre nur böse geträumt.«

Am Schluss dieses Briefe erzähltest du von einem Schneetreiben in Berlin mit starken Verkehrsbehinderungen, und in einer seltsam abrupten Gedankenassoziation erinnertest du dich an meinen Unfall mit »Oskar«: »Ich denke noch mit Schrecken an Deinen Unfall und wie es haarscharf für Dich zum Guten ausging! Ich bin Fatalist (was ich gar nicht bisher von mir wusste) und wenn eben was Menschliches passieren sollte, hat es eben sollen sein.«

Dieser Brief ist zerrissen und mit Klebestreifen wieder zusammengeklebt. Beim Wiederlesen erinnerte ich mich, wie sehr mich diese letzte Bemerkung getroffen hatte und ich deshalb den Brief zerriss. Ich hatte sie als Ausdruck deines unbewussten Wunsches verstanden, dass ich damals bei jenem Unfall hätte sterben sollen, denn dann wäre dir der Kummer mit mir erspart geblieben! Hattest du diesen Wunsch oder habe ich nur fantasiert?

Im Frühjahr 1965 löste ich zusammen mit Helmut meine Zehlendorfer Studienwohnung auf. Getreu meiner Devise, dass man, um autonom zu werden, mit der eigenen Vergangenheit brechen muss, sortierte ich sämtliche Briefe, Tagebücher, Fotos, auch die von meinen vielen Reisen, aus, um sie zu vernichten. Gemeinsam mit Helmut stopfte ich Berge von Papier in den Heizungsofen im Keller des Hauses, in dem ich wohnte. Obwohl es mir fast das Herz zerriss, warf ich auch meinen geliebten kleinen Teddy, den ich von meiner Patentante Gertrud kurz nach meiner Geburt geschenkt bekommen hatte und der mich über die vielen Jahre auf allen meinen Reisen begleitet hatte, in die Flammen.

Ich wünschte, ich könnte der 29-jährigen Marianne noch in den Arm fallen und sie bei ihrer Vernichtungsaktion stoppen. Was gäbe ich darum, diese Schätze aus meiner Jugendzeit noch zu besitzen, nicht zuletzt, um sie hier verwerten zu können. Doch damals meinte ich, einen Schlussstrich ziehen zu müssen, um frei zu sein für mein Leben mit Helmut. Ich glaube, ich wollte beweisen, dass ich auch mir selbst gegenüber hart bleiben konnte.

Es ließ sich allerdings nicht alles verbrennen, außerdem war der Ofen für so viel Papier nicht geeignet. Ich packte ganze Ordner mit Briefen, Fotoalben und Aufzeichnungen in Kisten und transportierte sie zu euch nach Spandau, nicht um sie in eurem größeren Ofen eigenhändig zu verbrennen, nein, ich bat euch, die Sachen – ungelesen – zu vernichten. Was für eine Zumutung! Denn es befanden sich darunter auch Briefe von Eva, Luzie und anderen aus der Zeit unseres Zerwürfnisses. Als du sie in die Hand nahmst, um sie zu verbrennen, konntest du dich nicht zurückhalten, doch darin zu lesen, was ich wahrscheinlich geahnt und somit wohl auch provoziert hatte. Du warst entsetzt, wie ich dann viele Jahre später in deinem Notizkalender lesen konnte. – Zum Glück hast du entgegen meinem Auftrag auch noch vieles aus meinen Kisten gerettet. Darüber bin ich heute froh.

Helmut und ich zogen nach Dortmund, wo ich eine Anstellung gefunden hatte, dann nach Bonn, wo er Arbeit fand und unsere Kinder geboren wurden. Es gab nur noch wenig Kontakt zwischen dir und mir. In deinen Briefen machtest du immer wieder Versuche, in die alte Vertraulichkeit mit mir zurückzufinden, doch ich stieß dich jedes Mal zurück. Von einer Autoreise mit Emil schriebst du mir einen seitenlangen, ausführlichen Bericht. Ich erklärte dir am Telefon, mich würden solche »Banalitäten« nicht interessieren. Während meiner ersten Schwangerschaft war ich dienstlich in Berlin, besuchte aber nicht euch, sondern Willi und Luzie. Du erfuhrst davon über Dritte und warst in Tränen aufgelöst, wie mir meine Schwester berichtete.

Es fällt mir nicht leicht, mich an diese Zeiten zu erinnern. Mir ist, als ob ich über eine andere Person schreibe, so fremd ist mir die Marianne, die ich damals war. Ich kann mir mein unnötig verletzendes Verhalten nur so erklären, dass ich im Grunde genommen Angst davor hatte, die Selbstzweifel, die mich schon längst beschlichen hatten, mir selbst und vor allem dir gegenüber einzugestehen. Da half nur noch stärkerer Gegendruck, meinte ich.

Und leider warst auch du nicht in der Lage, uns eine Brücke zu bauen, sondern hast nur zurückgeschossen, wie ich fand. Kurz vor der Geburt unserer ersten Tochter schriebst du mir: »Wenn Du im Ernst immer noch findest, dass Familie überflüssig (wenn nicht gar noch schädlich) für Euch Junge ist, bleibst Du mir auch weiterhin ein Weltwunder an Ungeschicktheit. Sieh mal, Du warst in Berlin, und wie dringend war da ein Gespräch für Dich? Überflüssig sogar. Mach Dir und uns nichts vor, sondern nimm ruhig zur Kenntnis, dass auch Euer Baby für uns kein Grund ist, nun mit fliegenden Fahnen Sympathie zu heucheln. Da Du es bisher nicht verstanden hast, Frieden mit uns zu machen, müssen wir warten, bis Du wirklich Lust hast, uns Dein Kind und auch Deinen Mann in Freundschaft und Liebe zuzuführen. Warten werden wir immer darauf, das müsstest Du aus der Erinnerung an gehabte Zeiten schon noch wissen. Doch ebenso haben wir Geduld, bis es soweit ist, mein liebes Kind.«

Marianne, Sibylle und Helmut, 1966

Nach der Geburt unserer ersten Tochter Sibylle am 19. Mai 1966 habt ihr euch um ein liebevolles Verhältnis zu uns bemüht. Ihr habt uns mit Geld unterstützt, du hast fürsorglich-beratende Briefe über Baby-Pflege geschrieben und hast mir, auf meinen Wunsch, das *Nanni-Buch* »als Leihgabe fürs Leben« geschickt. In deinem Begleitbrief schriebst du: »Es ist mit Liebe notiert und ich hoffe, Du siehst es nun mit den Augen einer Mutti an und nicht ausschließlich als ein Beweisstück egozentrischer Mutter-Autorität. Gerade weil ich über vieles selbst lächle, als ein bisschen albern, gibt man so etwas nur in wohlmeinende Hände. Bitte enttäusche mich nicht immer wieder.«

Du wärst enttäuscht gewesen, wenn du mitbekommen hättest, wie ich in erster Linie darin nach deinen Erziehungsfehlern suchte – jetzt allerdings unter dem neuen Aspekt, eine bessere Mutter werden zu wollen als du. Und dazu war es, so meine feste Überzeugung, absolut notwendig, zu dir Distanz zu halten. Helmut »unterstützte« mich dabei, da auch er der Meinung war, dass dein Einfluss auf mich in meiner neuen Mutterrolle nur negativ sein würde.

Käthe mit Enkeltochter Sibylle, 1966

Erst Ende September, vier Monate nach ihrer Geburt, habt ihr eure Enkeltochter zum erstenmal gesehen. Ich stillte sie noch. An dem Tag, als ihr bei uns ankamt, hatte ich keine Milch. Für mich war dies ein klarer Beweis für die Notwendigkeit, dich von mir fernzuhalten. Bei einer anderen Gelegenheit hielt ich meine kleine Tochter zärtlich im Arm und sagte laut und deutlich »Mutti« zu ihr. Mein Erschrecken war riesengroß. Da spuktest du also immer noch in mir herum und wolltest mich einfangen! Ich schloss daraus, noch mehr Anstrengungen machen zu müssen, um Distanz zu dir zu halten.

Heute deute ich diese und andere Erlebnisse meiner frühen Mutterschaft umgekehrt: Mein Unbewusstes riet mir, wieder die Nähe zu dir zu suchen, gerade jetzt als Mutter. Ein Traum, den ich in jener Zeit wiederholt träumte, wies auch in diese Richtung: Ich hetzte im Taxi und zu Fuß durch eine Stadt zum Bahnhof, kam aber zu spät und sah nur noch die roten Schlusslichter des Zuges nach Berlin, den ich erreichen wollte. Im Traum wusste ich, dass es noch einen späteren Zug nach Berlin gab, was mich beruhigte.

Ja, ich wollte nach Berlin, das heißt, zu dir zurück, doch es ging nicht, der Zug war abgefahren. Meine Seele tröstete mich jedoch: Es würde später noch einen anderen Zug nach Berlin – den Weg zu dir – geben. Wenn ich hätte voraussehen können, dass du nur noch wenige Jahre zu leben hattest, hätte ich nicht so lange auf »den nächsten Zug« gewartet, sondern viel früher eine Versöhnung mit dir gesucht.

Auch die Geburt unserer zweiten Tochter Juliane eineinhalb Jahre später, am 23. Oktober 1967 änderte nichts an meinem zerbrochenen Verhältnis zu dir. Wie unser erstes Kind sahst du sie erst, als sie schon mehrere Monate alt war.

Nein, Freude durftest du an deinen Enkeltöchtern nicht haben, ich ließ es nicht zu. Die Folge war, dass du deinerseits Probleme hattest, unsere Kinder liebenswert zu finden. Dass beide einen Schnuller im Mund hatten, dass sie frech waren und nicht gehorchten, wenn Erwachsene etwas von ihnen verlangten, dass Billa dir einmal die Zunge herausstreckte, dies alles missfiel dir sehr. Sie waren nicht so, wie die Enkelkinder deiner jugendbewegten Freunde, von denen du mir vorschwärmtest. Du hattest auch Schwierigkeiten, nun eine »Oma« zu sein. Zum mindesten sollten unsere Kinder dich nicht »Oma« nennen. »Großmutti« hätte dir noch gefallen, aber es blieb bei gar keinem Namen für dich, denn wir sahen uns ja kaum.

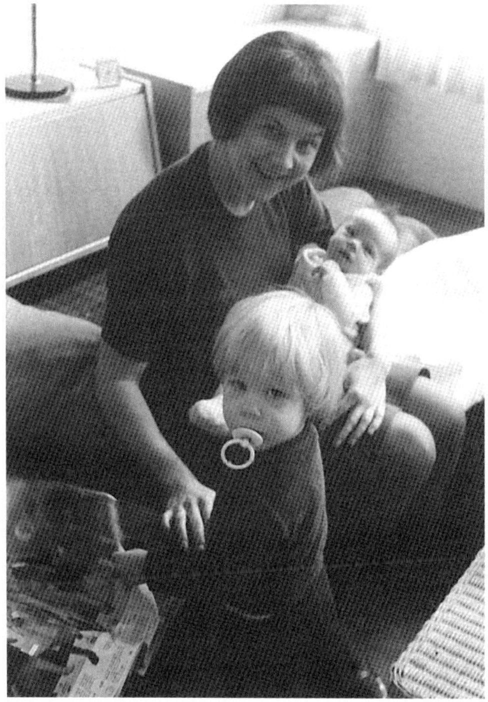

Marianne mit ihren Töchtern Sibylle und Juliane, 1967

Dein Leben in diesen Jahren war nun aber nicht nur vom Kummer über mich erfüllt, es gab sehr viele andere Dinge, die dir Freude machten. Ihr wart beide noch berufstätig. Du hattest wieder eine feste Halbtagsstelle als technische Zeichnerin und Bürokraft, Emil arbeitete wie eh und je in Früh- und Spätschicht bei Siemens; du chauffiertest ihn mit dem Auto hin und zurück. In der Freizeit habt ihr viel unternommen. Euer Freundeskreis war größer geworden, ihr hattet oft Besuch und traft euch mit Bekannten, wie ich aus den Taschenkalendern sehe. Ihr tratet einem Chor bei, die Proben und Aufführungen nahmen viel Zeit in Anspruch.

Vor allem aber waren dies für euch Jahre des Reisens: Spanien, Frankreich, Italien, Norwegen, Holland, Österreich und immer wieder neue Gegenden in Deutschland habt ihr gemeinsam entdeckt. Wie in eurer Jugend ging es auch jetzt wieder »auf Fahrt«, nicht mehr auf Schusters Rappen, auch nicht mit Drahteseln, sondern bequem in eurer »Kutsche«. Erst war es ein kleiner Fiat, dann ein DAF. Du hast auf diesen Reisen sehr viel Schwung und Energie entwickelt. Immer ging die Initiative von dir aus. Du warst glücklich hinterm Steuerrad, Emil als Beifahrer nicht immer, denn deine Reiselust wurde ihm manchmal zu viel. Deshalb hast du einige große Touren allein unternommen und deine Freiheit sehr genossen. – Ein- bis zweimal im Jahr seid ihr zu uns nach Bonn gekommen, habt auch 1972 das Weihnachtsfest bei uns verbracht.

Vater Richards letzte Jahre

Vor der Errichtung der Mauer durch Berlin im August 1961 hast du deinen Vater zwar auch nicht oft besucht, denn der Weg von Spandau nach Pankow war vor allem wegen der Grenzkontrollen umständlich. Doch zu Fest- und Geburtstagen saht ihr euch, und auch er kam gelegentlich zu euch. Nach dem Mauerbau konntet ihr euch mehr als zwei Jahre lang überhaupt nicht sehen, denn erst 1963 gab es für West-Berliner Passierscheine nach Ost-Berlin. Telefonieren war auch unmöglich, weil die Leitungen von östlicher Seite gekappt worden waren. Es blieb nur die Post, um eure Verbindung aufrechtzuerhalten. Die Briefe und Postkarten deines Vaters hast du aufbewahrt. Sie sind für mich die einzige authentische Quelle, um deine Beziehung zu ihm zu rekonstruieren. Deine Briefe an ihn sind leider nicht erhalten. Da ich in diesen Jahren wegen meiner Reisen und dann wegen des Studiums nur selten bei euch war, aber auch, weil mich mein Großvater eigentlich sehr wenig interessierte, habe ich kaum konkrete Erinnerungen an unsere seltenen Familienbesuche bei ihm. Meine Schwester, die in jener Zeit noch bei euch lebte, hat versucht, sich zu erinnern, doch auch gemeinsam gelingt es uns nicht, uns ein klares Bild von deinem Verhältnis zu ihm zu machen.

Wenn wir zu ihm kamen, wurden wir immer mit großer Herzlichkeit empfangen. Dein Vater überschlug sich, um uns mit seinen Kochkünsten zu verwöhnen. Der Tisch wurde mit dem edlen Porzellan, den Silberbestecken und Kristallgläsern aus dem Erbe seiner dritten Frau gedeckt, wobei er betonte, dass dies alles einmal dir gehören würde. Es war eine warme, fröhliche Atmosphäre bei ihm. Wir spielten Skat und meist wurde ziemlich viel Alkohol getrunken.

Es war offensichtlich, dass er stolz auf dich, seine einzige Tochter, war. Er fand es gut, dass du es mit Fleiß und Energie weit gebracht hattest, dass du in einer guten Ehe lebtest und dass deine Töchter studierten und in der Welt herumreisten.

Und dennoch, die Liebe, die dein Vater dir zeigte, hatte in meinen Augen etwas Unverbindliches. Ich bin davon überzeugt, dass er nicht gelitten hätte, wenn euer Kontakt wie damals in den 20 Jahren eurer Trennung wieder abgebrochen wäre. Nicht er hatte schließlich die Verbindung zu dir wieder aufgenommen, sondern du musstest die Initiative ergreifen.

Und was empfandst du, wenn du mit ihm zusammen warst? Ich glaube, dir tat es gut, seine Anerkennung zu bekommen und seinen Stolz auf dich und deine Leistungen zu spüren. Ich glaube, du mochtest auch seine sprühende Lebensfreude, seine Munterkeit, seine Naturverbundenheit, seine Liebe für die Gartenarbeit, die du mit ihm teiltest.

Andererseits gab es auch vieles, was dich an ihm störte: Seine Weltanschauung fandst du abstoßend, seine ständig wiederholten Sprüche nervten dich, sein Humor mit den häufigen sexuellen Anzüglichkeiten war dir zuwider. Ich glaube, du mochtest auch sein Äußeres nicht, Richard war klein und dabei ziemlich dick mit einem Spitzbauch. Seine vierte Frau, Anna, verwitwete Korsch, wir nannten sie Anni, war dir unsympathisch. Du mokiertest dich darüber, dass sie zwar von ihrem feinen Leben in früheren Zeiten schwärmte, sich aber nun im Alter gehen ließ und tagsüber in Unterkleidung herumlief.

Ich bin nicht sicher, ob du deinen Vater wirklich liebtest. Und auch meine Schwester meint, es war eher ein schwankendes, ambivalentes Gefühl zwischen Zuneigung und Enttäuschung, das du für ihn empfandst. Ich glaube, du hattest dir mehr von ihm erhofft, als du ihn nach fast 20 Jahren der Trennung wieder aufsuchtest. Wünschtest du dir einen besseren Vater als den, der dich in deiner Kindheit verlassen hatte? Und entpuppte er sich nicht leider doch wieder als der selbstbezogene, nur an sein eigenes Fortkommen denkende Mann, der sich eigentlich gar nicht für dich und dein Leben interessierte? Denn das geht aus seinen Briefen an dich deutlich hervor. Ihr wart euch nahe und dennoch fremd. Eine Mauer blieb zwischen euch bestehen.

Aber da war dieser Reichtum, der deinem Vater so völlig unerwartet zugefallen war, und du solltest alles von ihm haben, das schrieb er dir fast in jedem seiner Briefe. Bei aller Ambivalenz deiner Gefühle für deinen Vater, ich glaube, die Aussicht, von ihm Geschenke oder gar das ganze Erbe zu bekommen, war vermutlich für dich sehr verlockend.

Richard und Anni lebten noch mehrere Jahre in der Villa der verstorbenen Anna, obwohl er dieses Haus schon 1954 verkauft hatte und nur noch zur Miete darin wohnte. Er verkaufte das Haus weit unter Preis, wie ich aus den Gerichtsakten ersehen konnte. Ich vermute, dass er mit dem Käufer unter einer Decke steckte und in Wirklichkeit mehr Geld bekam. Denn so gelang es ihm ein weiteres Mal, die Miterben der Anna Bleck zu benachteiligen und sich selbst mehr als die ihm zustehende Hälfte des Erbes anzueignen. Hat er dir irgendwann einmal von seinen »geschickten« Schachzügen im Verlauf seiner Prozesse erzählt? Erkanntest du sie als Betrügereien?

Für das Geld kaufte er sich ein Sechs-Parteien-Miethaus in der Augustastraße in Pankow, von dem noch die Rede sein wird. Dieses Haus brachte ihm Mieteinnahmen, was für ihn trotz des häufigen Ärgers mit den Mietern günstig war.

1965 zog er mit Anni dort ein. Den Umzug scheint er mit seinen 81 Jahren noch weitgehend allein bewältigt zu haben, denn in einem Brief fand ich seinen Bericht darüber. Anni war in dem Haus nicht zufrieden. Die Erdgeschoss-Wohnung war ihr zu klein und zu dunkel. Dein Vater aber war glücklich, aus der Hintertür in den Garten gehen zu können, in dem er mit großer Begeisterung Obst und Gemüse anbaute. Es gibt keinen Brief, in dem er nicht berichtete, was er, je nach Jahreszeit, im Garten getan hatte. Einmal schrieb er, dass er von 7 bis 17 Uhr in der Küche gestanden hatte, um Obst einzuwecken.

Du schicktest ihm Päckchen, wie das so viele Menschen im Westen taten, um »unseren Brüdern und Schwestern im Osten« eine Freude zu machen. Obwohl Richard und Anni reich waren und sich alles leisten konnten, freuten sie sich über deine Päckchen, denn in der DDR gab es viele Dinge nicht oder nur in schlechter Qualität zu kaufen: Kaffee, Nivea-Creme, Kakao, Schokolade, nicht zu vergessen die Samen, die er im Frühjahr für seinen Garten erbat.

Ebenfalls fand ich in fast jedem seiner Briefe irgendeine Bemerkung über das Erbe, das er dir gern schon zu seinen Lebzeiten vermachen wollte. Vor allem das Haus war ihm eine Last. Doch als West-Berlinerin durftest du zwar ein Haus in der DDR besitzen, hättest aber daraus keinen Nutzen ziehen können. Denn Geld durfte nicht in den Westen gebracht werden. Eine Eigentumsübertragung hätte daher keinen Sinn gemacht. Und Wertsachen durften generell nicht aus der DDR ausgeführt werden.

Als ab 1963 die Mauer ein wenig durchlässiger wurde und West-Berliner für Kurzbesuche Passierscheine beantragen durften, wuchs eure Hoffnung, dass dein Vater vielleicht doch eine Erlaubnis erhalten würde, dir Teile aus seinem Besitz, also vor allem aus seiner wertvollen Wohnungseinrichtung, zu schenken. 1967 versuchte er es mit einem offiziellen Ausfuhrantrag für einen »chinesischen Lackschrank mit Perlmutt-Intarsien« als Geschenk für dich. Doch von der zuständigen Behörde, so schrieb er dir, erhielt er die Nachricht, dass aufgrund der »Geschenkverordnung« und der Zollgesetze keine Ausfuhrgenehmigungen für Geschenke erteilt würden.

Ich weiß, dass du mit deinem Vater oft darüber geredet und überlegt hast, wie man illegal einige der Wertgegenstände herausbringen könnte. In seinen Briefen ist davon natürlich nicht die Rede, denn Briefe wurden häufig kontrolliert. Ich glaube, es ist ihm geglückt, einige Stücke für Westgeld zu verkaufen. Dir gelang es, ein paar Schmuckstücke herauszuschmuggeln. Die kleine goldene Uhr und den Ring mit Brillanten und Saphiren hat mir Emil nach deinem Tod gegeben. Doch einmal bist du auf dem Rückweg geschnappt worden. Ich fand ein Protokoll darüber, dass man dir eine Tasche aus Krokodilleder, zwei Spitzendeckchen und drei Porzellanschälchen an der Grenze abnahm.

Dass Richard und Anni ein Testament aufgesetzt hatten, in dem sie sich gegenseitig als Alleinerben bestimmten, wobei du in einem Zusatz als Nacherbin eingesetzt wurdest, war mir bekannt, denn schließlich war dieses Testament für meine Schwester und mich später ein wichtiges Dokument. Doch erst im Zusammenhang mit meinen Recherchen fiel mir auf, dass dieses Testament das Datum des 30.11.1964 trägt und der Zusatz erst vier Jahre später, am 22.11.1968, also wenige Monate vor Richards Tod, hinzugefügt worden war. Ohne diesen Zusatz wärst du in dem Fall, dass dein Vater als erster gestorben wäre, was dann ja auch eintraf, benachteiligt gewesen. Denn da Anni keine Kinder hatte, hättest du die Hälfte des Erbes mit ihren Verwandten teilen müssen. Es wäre dieselbe Situation gewesen, wie Richard sie nach dem Tod seiner dritten Frau erlebt hatte. Warum haben dein Vater und deine Stiefmutter im November 1964 ein Testament zu deinen Ungunsten verfasst?

In einem seiner Briefe von Anfang November 1964 berichtete Richard dir von einem Besuch, den ich bei ihm in Pankow gemacht hatte. Ich hatte keine Erinnerung mehr daran, dass ich in meiner »Revoluzzer-Zeit« auch bei meinem Großvater einen Rundumschlag vollführt hatte. Offenbar fühlte ich mich als deine Rächerin: Wenn du schon nicht selbst mit deinem Vater offen und ungeschminkt reden konntest, dann musste ich es für dich tun! Wie Richard dir schrieb, warf ich ihm seinen Antisemitismus vor: »Nanni hat mir erzählt, sie wäre studienhalber in Israel gewesen und hatte gesehen, wie fleißig die Juden sind, sie würde sogar einen Juden heiraten!!! Dieses klang dahinaus, ich wäre ein Antisemit, und sie wollte mich bekehren. Ich glaube an keine Semiten, da ich das Märchen von Noah mit Semm, Hamm und Jafit nicht für möglich halte.«

Vor allem aber scheine ich ihn wegen seines Fehlverhaltens als Vater und Ehemann in deiner Kindheit beschuldigt zu haben. Er schrieb dir: »Auch sagte sie zu mir, ich hätte mich gegen Deine Mutter sehr schlecht benommen.«

Er verteidigte sich: »Ich habe eine Aufklärung mit Dir vermieden, weil ich Dir die Mutter nicht nehmen wollte. Das Furchtbare was ich seit dem Hochzeittage an verbringen musste, ist so erniedrigend dass ich keine Worte dafür habe.«

Ich habe Mühe, heute zu verstehen, was ich mit meinen Vorwürfen damals bezweckte. Was sollte dabei herauskommen? Das habe ich mir, glaube ich, nicht einmal überlegt. Ob dein Vater wütend auf mich war, kann man aus seinem Kommentar nicht ersehen: »Aus Nanni bin ich nicht klug geworden. Mich mit ihr zu streiten habe ich für zwecklos gehalten, weil, wie sie mir erklärte, die Rassenfrage sei ihr Studiengebiet, und ich wollte sie in der Examenszeit nicht wirre machen. Dass Nanni sich mit meiner Weltanschauung in Widerspruch setzen wollte, kann sie doch nur von dritter Stelle beeinflusst worden sein. Denn wir haben uns immer sehr gefreut, wenn wir zusammen kamen.«

Dich wollte er beruhigen: »Nun liebes Käthchen, es ändert sich nichts in unserem Verhältnis, denn alle Störungen können mir nichts anhaben. Nanni geht es wohl nicht sehr gut. Hauptsache ist, dass ich noch alles für Dich erhalten kann, bis auf ein frohes Wiedersehen. Es grüßt Euch recht herzlich Vati und Tante Anni.«

Erst im Zusammenhang mit meiner Spurensuche fiel mir auf, dass Richard und Anni dieses Testament, in welchem sie sich gegenseitig als Alleinerben bestimmten, nur wenige Tage nach meinem »Überfall« in Pankow aufsetzten. Hatte Richard, obwohl er beteuerte, dass sich an eurem Verhältnis »nichts ändern« würde, vielleicht doch das Bedürfnis, dich für das Verhalten deiner Tochter zu bestrafen? Oder hatte er Furcht, dass du nach seinem Tod die Herausgabe deines Teils des Erbes von Anni fordern würdest? Vielleicht war aber auch Anni diejenige, die sich absichern wollte für den Fall, dass Richard vor ihr starb. Wusstest du von der Existenz dieses Testaments? Und wenn ja, warst du dir über seine Konsequenzen für dich im Klaren?

Erst mit dem nur wenige Monate vor Richards Tod verfassten Zusatz unter dieses Testament war sichergestellt, dass du, auch wenn dein Vater vor Anni sterben würde, was ja dann auch eintraf, alles erben würdest. Wahrscheinlich haben sie diesen Zusatz in deiner Gegenwart geschrieben, denn aus deinem Kalender sehe ich, dass du an diesem Tag in Pankow bei ihnen warst. Was gäbe ich darum, dabei gewesen zu sein und mitgehört zu haben, was ihr besprochen habt.

Ich vermute nämlich, dass ihr beredet habt, ob und wie dein Vater und deine Stiefmutter nach West-Berlin übersiedeln könnten. Schon im Sommer 1968 schrieb er dir: »Ein Bekannter von uns sagt, wir würden 700 bis 800 Mark Rente bei euch bekommen, außerdem könnten wir außer den Ölbildern, alles mitbringen, den Muschelschrank, die kleine Kredenz, Silberschrank usw. Wir brauchen nur eine Wohnung, und Du musst für uns gut sagen. Aber deshalb brauchst Du keine Besorgnis haben, dass wir Euch irgendwie zur Last fallen wollen. Bitte erkundige Dich, ob es stimmt. Das übrige kommt von selber.«

Warum wurde nichts aus diesem Plan? Meine Schwester erinnert sich, dass sie mit dir mehrere Wohnungen besichtigte. Hat Richard es sich dann doch wieder anders überlegt? In einem Brief flehte dich Anni an, deinen Vater zu überreden, denn ihr lag offenbar viel daran, in den Westen zu kommen. Wären sie gekommen, wenn du energischer die Initiative ergriffen hättest, wie Anni es empfahl?

Oder wolltest du Vater und Stiefmutter vielleicht gar nicht in deiner Nähe haben? Fürchtetest du die große Belastung, die damit auf dich zugekommen wäre? Hattest du vielleicht sogar tief versteckt in deinem Herzen das Gefühl, dass dein Vater, der dich als Kind verlassen hatte, deine fürsorgliche Pflege im Alter nicht verdiente, so wie du sie deiner Mutter zukommen ließest? Wie auch immer, du hast dich mit der Aussicht, die Wertgegenstände deines Vaters in den Westen zu bekommen, nicht bestechen lassen. Du warst eben doch nicht so materialistisch, wie ich es dir vorgeworfen hatte.

Zu Weihnachten fuhrst du nicht nach Pankow. Erst zur Nachfeier des 86. Geburtstags deines Vaters am 15. Februar 1969 warst du mit Emil noch einmal bei ihm. Seinen wahrscheinlich letzten Brief schrieb Richard am 1. März an seinen Schwiegersohn: »Zu Deinem Geburtstag wünschen wir Dir und Deinen Lieben frohe Stunden, Gesundheit, dass alle Eure Hoffnungen in Erfüllung gehen, das Füllhorn des Glückes möge seine guten Gaben, Freude, Zufriedenheit für Euern ferneren Lebensweg über Euch beiden ausschütten.«

Das letzte Foto von Vater Richard, 1967

Auf der Rückseite des Briefbogens malte er ein Füllhorn, aus dem »Gesundheit, Freude, Liebe, Glück, Zufriedenheit« herausflossen und darunter vier Köpfe, die wahrscheinlich unsere Familie darstellen sollten. Er schrieb daneben: »Es hat nicht geklappt«. Offenbar wollte er damit zum Ausdruck bringen, dass es ihm nicht gelungen sei, das Füllhorn seines Reichtums über uns auszuschütten.

Zehn Tage später, am 11. März 1969, war er tot. Ohne Krankheit, ohne Siechtum starb er ganz plötzlich an einem Schlaganfall. Aus seiner Wohnung wurde er noch ins Krankenhaus gebracht, doch man konnte ihn nicht wiederbeleben.

Das Nicht-Erbe

Du hättest deinen Vater vielleicht noch lebend angetroffen, wenn du auf der Ost-Seite der Mauer gelebt hättest. Doch so erfuhrst du erst am nächsten Tag durch Annis Telegramm von seinem Tod. Du bekamst einen Passierschein mit eintägiger Gültigkeit und fuhrst am folgenden Tag mit deinem Auto nach Pankow. Deine Stiefmutter war nicht in der Wohnung in der Augustastraße. Von Nachbarn erfuhrst du, dass ein Bekannter deines Vaters, Erich Neu, die weinende Anni zu sich nach Hause genommen hatte.

Es kann sein, dass du ihn schon vorher einmal während einer deiner Besuche kennen gelernt hattest, denn Erich Neu hatte auf dem Grundstück deines Vaters im Hinterhaus einen Raum als Lager oder als Werkstatt gemietet. Vielleicht wusstest du auch, dass er mit deinem Vater Geschäfte gemacht hatte. Seine Wohnung und sein Malerbetrieb lagen nicht weit entfernt.

Du fuhrst zu ihm und fandst deine Stiefmutter im Bett liegend, in Tränen aufgelöst. Erich Neu und seine Frau überzeugten dich, dass Anni nicht allein in der Augustastraße hätte bleiben können und auch besser noch einige Tage von ihnen versorgt würde. Du warst ihnen dankbar dafür. Nicht den geringsten Verdacht hattest du gegen ihn. Auch Anni hatte offenbar keine Einwände gegen diese Lösung.

Eine Woche später war die Beerdigung auf dem Pankower Friedhof. Wieder kamst du, diesmal in Begleitung von Emil und Tina, mit einem Passierschein nach Ost-Berlin. Ich war nicht aus Bonn angereist. Mein Verhältnis zu dir war noch immer sehr gespannt und zu meinem Großvater hatte ich ja nie eine enge Beziehung gehabt. Wie ich von dir in einem Brief erfuhr, waren dein Onkel Paul, der auch aus West-Berlin eingereist war, sowie Marta, die Tochter der einzigen Schwester deines Vaters aus der DDR, die zu ihrem Onkel Richard einen losen Kontakt gehalten hatte, zur Beerdigung gekommen.

Ich habe das Grab meines Großvaters erst besucht, als es schon eingeebnet war. Ich bedaure es sehr, dass ich mich nicht gleich nach der Wende, als der Grabstein noch stand, darum gekümmert habe, die Frist zu verlängern. Man zeigte mir die Stelle auf dem Pankower Friedhof. Ich habe dort einen Blumenstrauß hingelegt. Was magst du bei der Beerdigung am Grab deines Vaters gefühlt haben? Hattest du deinen Frieden mit ihm gefunden?

Deine Stiefmutter Anni schien Richards Tod sehr schlecht zu verkraften und mit der Erledigung der Formalitäten völlig überfordert zu sein. Das meinte jedenfalls Erich Neu. Er bot an, sich um alles zu kümmern, weil du ja von West-Berlin aus nicht dazu in der Lage warst. Du wurdest auch nicht misstrauisch, als er dir ein von Anni handschriftlich verfasstes, als »Testament« überschriebenes Dokument zeigte, in dem du zwar wieder als Nacherbin von Anni aufgeführt warst, was dich beruhigte, in dem jedoch er, Erich Neu, zum »Nachlassverwalter mit uneingeschränkter Vollmacht« eingesetzt war.

Ich weiß nicht, ob du am Tag der Beerdigung überhaupt ein vertrauliches Gespräch mit Anni geführt hast. Da dein Verhältnis zu ihr niemals besonders gut war, besprachst du möglicherweise alles nur mit Erich Neu. Ihm vertrautest du und warst dankbar dafür, dass er sich, so schien es dir, nicht nur fürsorglich um Anni kümmerte, sondern auch die Erbangelegenheiten zu regeln versprach.

Und so schriebst du ihm eine Vollmacht, durch die er vollends freie Hand bekam: »Hiermit beauftrage ich Herrn Erich Neu meine sämtlichen Rechte zu vertreten. Durch den Erbanspruch an den Werten, die durch den Tod meines Vaters Richard Schiddel einmal an mich übergehen sollen, war es der ausdrückliche Wunsch meines Vaters, dass ich an allem teilhaben soll, was seine Frau Anna, meine Stiefmutter, nicht mehr benötigt. Ich bitte daher gut für meine Stiefmutter zu sorgen und darüber hinaus die Werte pfleglich und sinnvoll später für mich zu verwalten. Berlin-Spandau, den 19.3.69. Käthe Höppner.«

Wie man an deinen unsicheren Formulierungen in dieser Vollmacht deutlich erkennen kann, hattest du in solchen Dingen keine Erfahrung, hättest also unbedingt eine fachliche Beratung gebraucht, am besten von einem Rechtsanwalt, der dich wahrscheinlich vor diesem Betrüger gewarnt hätte. Möglicherweise hättest du ja sogar auf legalem Wege noch Erbgut deines Vaters nach West-Berlin ausführen können. Denn Erich Neu scheint dich mit dem Versprechen eingefangen zu haben, wie schon für deinen Vater nun auch für dich »Sachen herausholen«, das heißt illegal nach West-Berlin schaffen zu können.

Mit Annis neuverfasstem Testament und deiner Vollmacht konnte Erich Neu in den folgenden Wochen und Monaten wertvolle Teile aus Richards Nachlass in seinen Besitz bringen. Er ließ auch sämtliche Konten auf seinen Namen überschreiben und räumte sie leer. Die Mieter forderte er auf, ihre Mietzahlungen auf sein Konto zu überweisen. Du ahntest nichts davon.

Später hast du dies und alles, was danach auf dich zukam, in seitenlangen Protokollen festgehalten. Erst im Zusammenhang mit meinen Recherchen habe ich mich mühsam durch diese Aufzeichnungen und die Akten gekämpft und dabei begriffen, wie sehr du in diesen Jahren gelitten hast. Es war, glaube ich, nicht nur der Schmerz um den Verlust der materiellen Dinge, der dir weh tat, sondern die schamvolle Pein, so arglos und vertrauensselig gewesen zu sein. Ja, du warst einem Betrüger aufgesessen, im Nachhinein war es dir klar, doch es dauerte sehr lange, bis du es begriffen hattest.

Du hörtest nicht auf die warnenden Worte deiner Kusine Marta, die als DDR-Bürgerin hin und wieder nach Pankow fuhr und dir schon im Frühjahr 1969 in einem Brief Andeutungen machte, dass Erich Neu Annis und dein Erbe nicht korrekt verwaltete. Warum hast du deiner Kusine nicht geglaubt? Ich glaube, dass dich hier wieder die Vergangenheit einholte: Marta war nämlich eine Schiddel-Kusine von »der anderen Seite«, du kanntest sie kaum und hattest wahrscheinlich deshalb kein Vertrauen zu ihr.

Als Marta erfuhr, dass Erich Neu deine Stiefmutter zum Verkauf des Hauses zu überreden versuchte, informierte sie dich mit einem vorsichtig-warnenden Brief. Doch anstatt sofort zu Anni zu fahren und nach dem Rechten zu sehen, schriebst du an Erich Neu. Er beschwichtigte dich in seinem Antwortbrief, mehr noch, er intrigierte zwischen Anni und dir: Dir schrieb er, dass Anni nichts mehr von dir wissen wolle. Umgekehrt erzählte er Anni hässliche Dinge über dich, so dass auch sie nichts mehr von dir wissen wollte. Später, als alles schon verloren war, hat dir Marta alle Einzelheiten dieses Intrigenspiels aufgedeckt.

Und so gelang es Erich Neu, dich von deiner Stiefmutter, die dir immerhin ihr ganzes Erbe vermachen wollte, zu trennen und dich vom Ort seiner verbrecherischen Machenschaften zu entfernen. Zum Glück ließ sich Anni jedoch nicht überreden, das Haus zu verkaufen, und änderte auch nicht noch einmal ihr Testament. Der Zusatz, dass du ihre Alleinerbin sein würdest, blieb gültig.

Du hast deine Stiefmutter nicht mehr lebend gesehen. Während des ganzen Jahres 1969 bist du nicht nach Pankow gefahren, und nicht einmal zu Weihnachten hast du sie besucht. Habt ihr wenigstens noch brieflich Kontakt gehalten? Ich fand in deinen Unterlagen keinen Brief von ihr aus dieser Zeit.

Anfang 1970 bekamst du von deiner Kusine Marta einen Brief mit dem dringenden Rat, baldmöglichst einmal nach Pankow zu kommen, bei Anni sei eingebrochen worden, jemand wolle das Haus kaufen, Herr Neu habe Möbel aus der Wohnung geholt, er besäße inzwischen zwei Autos und eine »Datsche«, ein Ferienhaus, in Thüringen. Du fuhrst nicht sofort, vielleicht weil du so schnell keinen Passierschein bekamst. Erst als Marta dir am 20. März eine Eilpostkarte schickte mit der Nachricht, dass Anni im Krankenhaus läge, sie habe einen Schlaganfall erlitten und es ginge ihr sehr schlecht, bekamst du zum 25. März einen Passierschein. Doch es war zu spät. Im Krankenhaus teilte man dir mit, dass Anni am Abend zuvor gestorben sei. Der Mann, der sich angeblich so fürsorglich um deine Stiefmutter bekümmerte, hatte dir keine Mitteilung von ihrer Erkrankung geschickt. Ohne Martas Nachricht wärst du nicht einmal am Tag ihres Todes nach Ost-Berlin gekommen. Vielleicht wäre noch vieles zwischen euch geklärt worden, wenn du von Anni hättest Abschied nehmen können.

Vom Krankenhaus fuhrst du in die Wohnung in der Augustastraße, und dort trafst du Erich Neu, der Gegenstände aus den Schränken in Kisten packte! Du stelltest ihn zur Rede, aber er schaffte es immer noch, dich zu beschwichtigen: Die Sachen müssten für den Nachlasspfleger verpackt werden. Er besaß sogar die Unverfrorenheit, dir in seiner Wohnung die Ölgemälde zu zeigen, die er angeblich dort »sichergestellt« hatte, um sie illegal für dich verkaufen zu können. Darunter befand sich auch das Gemälde »Bethseba im Bade«, von dem du wusstest, dass es 20 000 Westmark wert war – dein Vater hatte einmal ein Wertgutachten anfertigen lassen und dir davon erzählt.

Dein Passierschein war nur bis Mitternacht gültig. Du musstest zurück nach West-Berlin. In panischer Aufregung fuhrst du nach Hause. Nun warst du aufgewacht und suchtest dir endlich einen Anwalt, dem du den Fall übergabst. Er beantragte den Erbschein für dich und schrieb einen Brief an Erich Neu mit der Aufforderung, alle Unterlagen vorzulegen, um den Verdacht der Veruntreuung deines Erbes zu entkräften.

Du aber schriebst noch immer freundliche Briefe an Erich Neu und batst ihn höflich darum, für eine »angemessene Ausschmückung der Urnenbeisetzung« zu sorgen. An der kleinen Feier in der Friedhofskapelle nahmen Marta und ihre Tochter, auch einige Nachbarn aus der Augustastraße teil und natürlich Erich Neu. Annis Urne wurde neben der von Richard beigesetzt.

Nach dem Begräbnis gab es eine große Aussprache zwischen dir, Marta und Erich Neu in der Augustastraße. Dir gingen die Augen auf: Was du bisher nicht wahrhaben wolltest, dass Neu dich nach Strich und Faden betrogen hatte, dass er es schon vor dem Tod deines Vaters darauf abgesehen hatte, sich die Wertsachen anzueignen, dass er die Konten geräumt hatte – Marta hielt nichts mehr zurück. Sie würde vor Gericht gegen ihn aussagen. Sie habe genügend Beweise.

Doch nun geschah das Ungeheuerliche: Erich Neu drehte den Spieß um und erhob Anklage gegen dich! Die Vorladung zum Gerichtstermin im Dezember 1970 hattest du offenbar nicht genau gelesen, denn du warst fest davon überzeugt, dass es sich dabei um ein Verfahren gegen Neu handele und er »gerichtet« werden würde, wie du in einem Brief schriebst. Ich glaube, du hast erst im Gerichtssaal begriffen: Nicht Neu, sondern du musstest auf die Anklagebank! In einem Brief an eine Bekannte schriebst du hinterher: »Also der Termin war ja eine Klage gegen mich!! Und ich Schaf dachte, es ginge gegen Neus!«

Ein Urteil wurde nicht ausgesprochen, weil nicht genügend Beweismittel vorlagen. Doch nichts von dem, was du gegen Neu vorzubringen hattest, kam zur Sprache. Du musstest froh sein, ungeschoren davongekommen zu sein.

Aus den Unterlagen, die ich habe, ist nicht zu ersehen, ob es zu einem weiteren Gerichtstermin kam. Vermutlich zog Erich Neu die Klage zurück. Er hatte ja genug »abgesahnt«. Von einem Nachlassverwalter wurden die verbliebenen Gegenstände weit unter ihrem tatsächlichen Wert verkauft oder versteigert und der Erlös auf ein

Sperrkonto eingezahlt, von dem du Gebühren und Gerichtskosten in Ost-Berlin bezahlen durftest. Es verblieben dir ungefähr 5 000 Ostmark, für die Emil nach der Wende 2 000 DM ausgezahlt bekam. Das war alles, was von den beweglichen Besitztümern deines Vaters und deiner Stiefmutter übriggeblieben war!

Das Haus in der Augustastraße blieb zwar dein Eigentum und wurde von einer staatlichen Wohnungsgesellschaft verwaltet, doch du hattest nichts davon. Denn die Mieteinkünfte reichten nicht einmal für die laufenden Instandhaltungsarbeiten. Es wurden Hypotheken auf das Haus aufgenommen, und als diese eine bestimmte Höhe überschritten, wurde das Haus in Staatseigentum überführt. – Das hast du nicht mehr erlebt, auch nicht, was nach der Wende geschah. Diese Geschichte wird noch zu erzählen sein.

Im Dezember 1971 hast du einen Antrag auf Entschädigung nach dem Lastenausgleichsgesetz gestellt. Personen, die durch die direkten Kriegsfolgen oder durch die Teilung Deutschlands Eigentum verloren hatten oder nicht darüber verfügen konnten, hatten Anspruch auf Ausgleichszahlungen. Dein Antrag wurde bewilligt, doch als das Geld kam, warst du schon tot. Du starbst in dem Bewusstsein, nichts von deinem Vater bekommen zu haben.

An die Sachbearbeiterin im Spandauer Lastenausgleichsamt, die offenbar Mitgefühl für dich gezeigt hatte, schriebst du einen Brief, der mich sehr berührt hat. Ich zitiere daraus, weil er deinen Seelenzustand am Ende dieser traurigen Geschichte deines Nicht-Erbes in deinen eigenen Worten wiedergibt: »Meine Eltern waren geschieden und ich blieb bei meiner Mutter. Mein Vater schätzte mich und liebte seine Enkelkinder, doch musste ich sehr diplomatisch leben, um kein Elternteil zu verletzen oder wehe zu tun. Nach der Wiederverheiratung meines Vaters war ich gern und oft in Ostberlin zu Besuch, solange es möglich war, doch die geschäftlichen Dinge habe ich erst ab 1956 von ihm zum Teil erfahren. Seit dem 70. Lebensjahr meiner Eltern in Ostberlin habe ich meiner Tochterpflicht gern und ständig genügt. Es waren 16 lange Jahre mit Opfern und Wiedersehensfreude und Abschiedsschmerz. Wie gerne hätte mein Vater seine Werte mir dafür übergeben, doch es blieb beim einseitigen Schenken-Können meinerseits, wie Sie ja wissen. Alle Kostbarkeiten der Wohnung, Gemälde, kostbare Kristallsammlungen, Porzellane, Antiquitäten, Guthaben etc. sind vom Nachlasspfleger versteigert worden, wie ich erfuhr. So wäre es für meine Familie, die mich fast schon belächelt, wenn ich noch immer die Hoffnung habe, etwas von meinem Erbe zu erhalten, wie ein Wunder, wenn wir im Alter jetzt unser Rentendasein durch den Lastenausgleich etwas verschönern könnten.«

Fassungslose Verständnislosigkeit über das Unrecht, das dir geschah, und tiefe Resignation lese ich darin. Nur ein »Wunder« könnte dir noch »etwas« von deinem Erbe zurückbringen, alle »Kostbarkeiten« aber waren verloren. Und die Betonung, dass du deiner »Tochterpflicht gern und ständig genügt« und sechzehn Jahre lang deinem Vater »Opfer« brachtest, lese ich als ein ungewolltes Eingeständnis deiner ambivalenten Gefühle für deinen Vater: Du warst dir seiner Liebe nicht sicher, hast »Opfer« gebracht, um wenigstens die »Werte« von ihm zu bekommen. Glaubtest du gar, dein Vater habe dir nur wegen deiner Opfer seine »Kostbarkeiten« vererben wollen?

Ich frage mich aber auch, ob du in der Tiefe das Gefühl hattest, dass dir dieses Erbe eigentlich nicht zustand, weil du wusstest oder ahntest, dass dein Vater Schuld auf sich geladen hatte, als er seine dritte Frau beerbte. Ich glaube, deine Haltung wäre eine andere gewesen, wenn es sich um ein wirkliches Familienerbe gehandelt hätte, also um »Werte« und »Kostbarkeiten«, die von deinen Eltern durch eigene Arbeit erworben oder die ihnen aus ihren Herkunftsfamilien vererbt worden wären.

Käthe, ca. 1969

Und so wiederholte sich noch einmal die Geschichte deiner Kindheit: Ohnmächtig musstest du mit ansehen, wie dein Vater wegging. Du konntest ihn nicht halten, nichts von ihm behalten, du bliebst mit leeren Händen traurig zurück.

Leider stimmte auch, wie du in dem Brief schriebst, dass deine Familie, also deine Töchter und auch dein Ehemann, dich insgeheim belächelten. Du hattest in uns keine moralische Stütze. Soweit ich überhaupt etwas davon mitbekam, empfand ich deine Aufregung und Verzweiflung als übertrieben. – Und dein Hans? Ich stelle mir vor, dass er Mitleid mit dir hatte und dich tröstete, wenn du völlig verzweifelt warst. Aber bekamst du von ihm Rat und Unterstützung, hast du ihn überhaupt in allen Fragen ins Vertrauen gezogen? Ich glaube, er stand, wie immer, allem ziemlich skeptisch gegenüber, so dass du dich, als alles schiefgelaufen war, auch vor ihm rechtfertigen und deinen Schmerz verbergen musstest.

Doch in dieser Zeit des Kummers um das »Nicht-Erbe« deines Vaters und deiner Stiefmutter gelang es dir, noch einmal deine Kräfte für einen Neubeginn zu sammeln, den letzten in deinem Leben.

Im letzten Haus

Kurz nachdem dein Vater im März 1969 gestorben war, hast du beschlossen, schon mit 60 Jahren, also zwei Jahre später, »in Rente« zu gehen, um zusammen mit deinem Hans euer gemeinsames Rentnerleben zu beginnen. Da du in jedem Fall nur eine minimale Rente beanspruchen konntest, weil du so viele Jahre als Heimarbeiterin oder mit Schwarzarbeit Geld verdient und daher kaum Beiträge in die Rentenversicherung gezahlt hattest, machte es finanziell keinen Unterschied für dich, vorzeitig aus dem Erwerbsleben auszusteigen.

Emil wartete sehnsüchtig darauf, endlich bei Siemens aufhören zu können. In seinem Kalender zählte er schon Monate vorher die Tage bis zum 1. April 1971, an dem er endlich »frei« sein würde. Ich glaube, er freute sich auf die Ruhe und das Nichtstun, das Nicht-mehr-arbeiten-Müssen. Doch du hattest andere Pläne.

Wie mehrere eurer jugendbewegten Freunde wolltest auch du ein Haus auf dem Land als »Alterssitz« haben. Im Mai 1970, kurz nach dem Tod und der Beerdigung von Anni, als du gerade das ganze Ausmaß der Pankower Betrugsgeschichte erfasst hattest, habt ihr Freunde im Bayerischen Wald besucht, die dort ein Haus gekauft hatten. Danach saht ihr euch mehrere zum Kauf angebotene Häuser an. Auch in Berlin habt ihr Immobilienangebote studiert. Aber alles hatte ja noch viel Zeit.

Doch dann fandet ihr ganz plötzlich euer Traum-Haus, im Norden, in Schleswig-Holstein, fast an der dänischen Grenze. Das Angebot kam von einem Berliner Makler, Fotos lagen bei, der Preis stimmte. Kurzentschlossen seid ihr am 27. Juni hingefahren, habt sofort ein Kaufangebot gemacht und am 6. Juli 1970 wart ihr Eigentümer eures Hauses in Ekenis. Den Kaufpreis von 42 000 DM habt ihr in mehreren Raten aus euren Ersparnissen bar bezahlt.

Ich glaube, diesmal musstest du deinen Hans nicht überreden, auch er war, genau wie du, sofort in dieses hübsche Anwesen verliebt. Es war ein einsames Gehöft, ehemals eine kleinbäuerliche Landwirtschaft mit vielen Nebengebäuden, einer Räucherkammer, einer Waschküche, Kleintierställen mit großem Heuboden darüber und lag idyllisch zwischen den welligen Feldern Angelns in der Nähe der Schlei. Der Vorbesitzer, ein Tischler, war gerade gestorben und seine Witwe wollte dort nicht mehr allein leben. Die Tischlerwerkstatt war komplett eingerichtet, so als wartete sie auf Emil, der sofort wieder zu arbeiten begann. Der alte, mit niedrigen Buchsbaumhecken eingefasste Blumengarten vor dem Haus entzückte dich. Deine Stauden und Blütenpflanzen aus der Dyrotzer Straße konntest du hier gleich wieder einsetzen. Hinter dem Haus befand sich ein Gemüsegarten mit unglaublich fruchtbarem Boden. Überall standen alte Obstbäume. Als ihr das Haus zum erstenmal besichtigt habt, waren die Apfelbäume gerade in voller Blüte. Mehrere mächtige Eichen- und Lindenbäume umgrenzten das Grundstück.

Vor allem war da Natur, Stille, ein klarer Sternenhimmel in der Nacht. Du freutest dich über das Reh, das regelmäßig frühmorgens einen Besuch bei euch abstattete, um die Leckerbissen abzuholen, die du hinstelltest. Das morgendliche Vogelkonzert beglückte dich. Voller Begeisterung stelltest du gleich bei der ersten Besichtigung fest, dass man aus den oberen Fenstern des Wohnhauses die Segelboote auf der Schlei sehen konnte. Die Schlei, ein Ostsee-Meeresarm, der sich wie ein Fluss weit ins Land hineinzieht, war in wenigen Minuten zu Fuß zu erreichen. Auch die Ostsee mit vielen Strandbädern war nicht weit.

Ja, ihr hattet ein Paradies gefunden, früher als beabsichtigt, denn Emil musste noch einige Monate bei Siemens ausharren. Jede Gelegenheit habt ihr genutzt, um im Urlaub, über ein verlängertes Wochenende und dann zu Weihnachten 1970 in eurem neuen Haus zu sein. Aller Kummer und alle Sorgen wegen deines Erbes in Berlin fielen von dir ab, wenn du in Ekenis warst.

Und dann war es so weit: Zu Ostern 1971 konntet ihr einziehen. Emil musste zwar noch einmal ein Bad einbauen, denn auch in Ekenis gab es wieder nur ein Klohäuschen im Hof. Doch Nachbarn, die Handwerker waren, halfen, so dass das Bad schon am 25. Mai zu deinem Geburtstag fertig war. Du hattest noch viele Pläne für Umbauten im Haus: Der große Heuboden sollte irgendwann einmal eine

»Halle« werden, in der Lesungen, Musikabende, Gesangstreffen für eure Freunde aus dem Freideutschen Kreis stattfinden sollten. Diese Idee hattest du von Freunden, die in Berlin einen großen Raum in ihrem Haus für kulturelle Veranstaltungen bereitstellten. Doch dazu kam es nicht mehr. Nur die Treppe nach oben wurde fertig. Emil hatte nicht viel Lust, gleich wieder ununterbrochen arbeiten zu müssen. Du aber wolltest alles möglichst schnell schön haben.

Emil und Käthe vor ihrem letzten Haus, 1973

In eurem neuen Umfeld warst du sofort wieder sehr aktiv. Noch nach fünfundzwanzig Jahren, schwärmten die inzwischen erwachsenen Kinder des Bauern auf dem Nachbarhof vom Flötenunterricht, den du ihnen gabst. Sogar der Pastor nahm bei dir Klavierunterricht. Beide wurdet ihr Mitglieder im Borener Kirchenchor; mit euren musikalischen Kenntnissen, vor allem mit Emils volltönendem Bass, wurdet ihr sogleich zu Stützen des Chors. Mit Nachbarinnen tauschtest du Strick- und Häkelmuster aus. Bei einer Künstlerin nahmst du Mal- und Töpferkurse. – Wenn ich deinen und Emils Taschenkalender von 1970 und 1971 durchblättere, bin ich erstaunt, wie viele Einladungen zu Geburtstagsfeiern ihr bekamt und wie oft ihr schon bald nach eurer Ankunft in Ekenis Einkaufsfahrten oder Ausflüge mit euren Nachbarn unternommen habt. Ihr hattet sehr schnell neue Freunde gewonnen, weil ihr gesellig und offen wart und euren Nachbarn zur Hand gingt, wenn sie Hilfe brauchten bei Handwerksarbeiten und auch bei der Ernte. Dazu kam, dass das schleswigholsteinsche Plattdeutsch dem pommerschen Platt, das Emil sprechen konnte, ziemlich ähnlich war. Er konnte mit den Einheimischen sogar »Platt snaken«.

In Ekenis bekam Emil übrigens noch einmal einen neuen Namen: Hans-Emil. Von ihm kam diese Idee sicher nicht, vielleicht von dir, wahrscheinlich aber beschlossen eure neuen Freunde, ihn mit diesem Doppelnamen anzureden. Für mich ist es ein schönes Zeichen dafür, dass er nun im Alter sozusagen beide Seiten seiner Person, die eine, die du ihm zugedacht hattest, und die andere, die er aus seiner Kindheit und Jugend mitbrachte, vereinen konnte.

Ihr habt euer altes Faltboot wieder flott gemacht und seid damit auf der Schlei gepaddelt. Die Nähe des Wassers war für euch beide, glaube ich, nicht nur eine

Anknüpfung an die schöne Zeit vor und während eurer Ehe, als ihr euch mit dem Paddelboot auf den Berliner Havelseen vergnügt habt, sondern auch an eure Kindheit. Emil, der an der Oder groß geworden war, liebte das Wasser sehr. Und dich erinnerte die Schlei vielleicht an deine Kindheit in Maust im Spreewald, der seenreichen Heimat deiner Mutter, wo du als Kind so glückliche Ferien verlebtest. Mit dem Auto habt ihr die schöne Landschaft zwischen Ostsee und Nordsee erkundet. Wenn Hans-Emil allein fort wollte, fuhr er mit dem Fahrrad oder mit einem Moped, das er sich angeschafft hatte. Die Berliner Freunde kamen zu Besuch und waren begeistert von eurem neuen Domizil.

Auch wir sind im Sommer 1971 mit den Kindern bei euch gewesen. Ich mochte das Haus nicht. Von außen fand ich es hübsch, aber innen war mir alles viel zu eng. Außerdem hing in allen Räumen ein muffiger Geruch, der noch tagelang später nicht aus der Kleidung wich. Ich fand auch die Lage viel zu einsam und isoliert. Ich konnte mir nicht vorstellen, dass ihr es dort lange aushalten würdet.

Deshalb fand ich die Entscheidung, euer Berliner Haus in der Dyrotzer Straße zu verkaufen, falsch. Zunächst hattet ihr es nur vermietet. Doch als es Ärger mit den Mietern gab, habt ihr es 1972 kurz entschlossen verkauft. Ich kritisierte dich dafür, weil ich von meiner Schwester erfuhr, dass sie gern in das Haus eingezogen wäre und auch Emil nicht für den übereilten Verkauf war. Doch letztlich war mir alles, was euch betraf, ziemlich egal. Ich kann mich nicht erinnern, mit dir über diese Dinge überhaupt am Telefon gesprochen zu haben.

Das Weihnachtsfest 1972 verbrachtet ihr bei uns in Bonn. Ihr habt uns und die Kinder liebevoll beschenkt, auch wir hatten Geschenke für euch. Aber zwischen uns war Eiseskälte. Ich zwang mich, meine Abwehrhaltung aufrechtzuerhalten, und du warst traurig. Wir waren beide gefangen in den Mauern, die jede um sich herum aufgerichtet hatte. Wie gut wäre es gewesen, wenn du nach all den Kämpfen um dein Erbe nun durch den Neubeginn in Ekenis die Kraft hättest schöpfen können, mich am Heiligen Abend ganz einfach mütterlich in den Arm zu nehmen; oder wenn ich die Stärke gehabt hätte, dich unterm Weihnachtsbaum zu umarmen und dir zu sagen: Es tut mir leid. – Ich glaube, dass unsere Mauern im Nu geschmolzen wären.

Wenn ich die Fotos von dir aus dieser Zeit betrachte, sehe ich ein Gesicht ohne Ausstrahlung mit trüben Augen und herabgezogenen Mundwinkeln. So habe ich dich von den letzten Malen, die wir uns gesehen haben, in Erinnerung. Ich weiß nicht, ob die Einsamkeit, Hoffnungslosigkeit und Traurigkeit, die ich darin erblicke, deinen damaligen allgemeinen Seelenzustand widerspiegeln, ob du also trotz des Neubeginns in Ekenis kein Lebensglück mehr empfandst, weil sich so viele deiner Träume in deinem Leben nicht verwirklicht hatten. War es so? Oder waren dies nur meine Deutungen, die ich wegen meiner Schuldgefühle nach deinem Tod entwickelte?

Käthes Tod

Im Sommer 1973, zehn Jahre nach unserem Zerwürfnis, wagten wir einen vorsichtigen Annäherungsversuch. Ihr besuchtet uns für ein paar Tage in unserem gemieteten Ferienhaus in der Lüneburger Heide. Mit den Kindern gingen wir ins Schwimmbad, machten Ausflüge in deinem Auto, die gemeinsamen Mahlzeiten auf der Terrasse verliefen harmonisch. Ich glaube, auch du schöpftest Hoffnung, dass nun allmählich eine Besserung unserer Beziehung eintreten würde. – Es war das letzte Mal, dass wir uns sahen.

Einen geplanten Familienbesuch im Sommer 1974 bei euch sagte ich ab, denn für mich hatte im Frühling 1974 ein neuer Lebensabschnitt begonnen. Nach achtjähriger »Baby-Pause«, war ich glücklich, endlich wieder ins Berufsleben zurückzukehren. An der Universität Bonn hatte man mir eine Stelle als wissenschaftliche Assistentin am Seminar für Soziologie angeboten, und ich stürzte mich mit Begeisterung und Feuereifer in meine neuen Aufgaben.

Auch in Tinas Leben hatte sich vieles verändert. Sie hatte ein Pädagogik-Studium abgeschlossen und war Lehrerin an einer Berliner Schule. Im Oktober 1973 heiratete sie einen Mann, der dir noch weniger gefiel als dein erster Schwiegersohn, denn er hatte ein abenteuerliches Leben hinter sich und nicht einmal einen »richtigen« Beruf. Er handelte mit Antiquitäten und fuhr ein Harley-Davidson-Motorrad. Ich glaube, du machtest dir Sorgen um Tina, warst aber vor allem enttäuscht, dass auch deine zweite Tochter sich nun von dir abwandte. Ihr wurdet nicht zur Hochzeit eingeladen. In deinem Kalender vermerktest du traurig: »Hochzeit Tina. Wie Marianne auch ohne uns.«

Als Tina mit ihrem Mann und mehreren Freunden aus Berlin im Juli 1974 bei euch in Ekenis ein paar Tage Urlaub machte, kam es zu einem Eklat. Du mochtest diese Menschen nicht, sie waren dir zu flippig und zu laut. Du warst abweisend und feindselig, lehntest jegliches Gespräch ab und liefst weinend herum, wie mir Tina schilderte. Sie versuchte zu vermitteln, doch du gingst nicht darauf ein, sondern warst noch mehr gekränkt, was wiederum Tina verletzte. So brachen sie und ihre Freunde ihren Urlaub bei euch ab. Beim Abschied fragtest du Tina unter Tränen: »Jetzt bist du ganz von mir enttäuscht, nicht?« Tina versuchte, dich zu beschwichtigen, doch innerlich stimmte sie dir zu.

Ein Graben hatte sich zwischen dir und deiner Tochter aufgetan. Ich glaube, du hattest das Gefühl, nun auch Tina endgültig verloren zu haben. Deine Töchter lebten ihr Leben und du hattest keinen Anteil mehr daran. Alle Hoffnungen, die du in uns gesetzt hattest, waren zerstoben, da war nur noch bittere Enttäuschung. – Du sahst Tina nicht wieder, doch eine Woche vor deinem Tod erfuhrst du von ihr, dass sie schwanger war. »Tina Babyankündigung« schriebst du in deinen Notizkalender.

Wenige Tage nach Tinas abrupter Abreise bekamst du »eine Herzmacke«, wie du mir auf deiner Postkarte vom 7. August 1974, der letzten, die ich erhielt, schriebst. Du meintest aber auch: »Es geht jetzt wieder aufwärts.« Wie sich später herausstellte, war die »Herzmacke« ein Schlaganfall, der von deinem Hausarzt nicht erkannt wurde. Er verschrieb dir Medikamente gegen deine Schmerzen, die er auf eine Entzündung in der Rippengegend zurückführte. In deinem Kalender notiertest du später, dass er dir »falsche Pillen« verschrieben hatte. Obwohl du dich krank fühltest und ständig kalte Füße hattest, riet er dir von einer geplanten Paris-Reise mit Emil im September nicht ab. Es wurde eine entsetzliche Qual für dich. Vor Schmerzen in den Füßen konntest du kaum laufen. Die letzten Besichtigungen unternahm Emil allein. Du fühltest dich »völlig down« und notiertest am Ende der Reise, dass es ein »Fiasco« gewesen sei.

Wieder daheim, wurde es immer schlimmer, du konntest nichts mehr essen, nahmst in wenigen Tagen zehn Kilo ab. Wie furchtbar müssen diese Wochen für dich gewesen sein! Vor allem war da niemand, der dich ernst nahm in deiner Angst und Not. Alle redeten dir nur gut zu und versuchten, dich zu beschwichtigen. Auch dein Hans ließ dich allein. Warum sagte er eine geplante Reise nicht ab, sondern fuhr Ende September für eine Woche nach Polen, um seine alte Heimatstadt Greifenhagen wiederzusehen? Als er zurückkam, hattest du »Bronchialbeschwerden« und deine Füße schwollen an, du hattest »wehe Beine«, bekamst Spritzen, die dir »ein wenig Erleichterung« verschafften.

Ich glaube, du ahntest, wie es um dich stand, hattest aber nicht die Kraft, dich gegen die ärztlichen Autoritäten durchzusetzen und um dein Leben zu kämpfen. Von deinem Hausarzt hast du dich sogar beschimpfen lassen, weil er dich offensichtlich für eine hysterische und hypochondrische Patientin hielt: Er, der nicht nur eine falsche Diagnose gestellt und dich falsch behandelt hatte, forderte von dir, dich »mehr zusammenzunehmen«, wurde auch noch »böse mit ungeduldiger Patientin«, wie du notiertest. Wenn ich diese Eintragungen lese, packt mich noch heute die Wut, denn ich bin davon überzeugt, dass du eine Chance gehabt hättest, den Schlaganfall zu überleben, wenn du von einem kompetenten Arzt behandelt worden wärst.

Am 13. Oktober, eine Woche vor deinem Tod, haben wir zum letzten Mal miteinander telefoniert. Du hast es in deinem Kalender notiert. Ich erinnere mich, wie bedrückt und besorgt deine Stimme klang, als du von der missglückten Paris-Reise erzähltest und mir deine vielen Beschwerden beschriebst. Ich sprach dir Trost zu und bestärkte dich in deiner Hoffnung, dass du bald wieder gesund werden würdest. Innerlich war ich fest davon überzeugt, dass deine Symptome psychosomatischer Herkunft seien und mit deiner Enttäuschung über uns, deine Töchter, zusammenhingen. Mit meinem Mann sprach ich darüber, dass deine Beschwerden nun vielleicht für dich ein Anstoß sein könnten, deine »Lebenslüge« zu erkennen und dich zu ändern. Nicht im entferntesten dachte ich daran, dass es sich um eine lebensbedrohende Erkrankung handeln könnte.

Erst am 15. Oktober hast du dann endlich einen anderen Arzt konsultiert, der deine sofortige Einweisung in ein Krankenhaus verordnete. Allerdings hielt man auch im Krankenhaus Eckernförde deinen Zustand nicht für lebensbedrohlich: Da für dich kein Bett frei war, schickte man dich wieder nach Hause und vertröstete dich auf den 17. Oktober.

Deine letzten, zittrigen Eintragungen in deinem Kalender sind: »17.10. Uwe (ein Nachbar) fährt uns 8 Uhr Dr. Hartsch Eckernförder Kreiskrankenhaus!! EKG. Abends weniger essen! 18.10. 9 Uhr Röntgen. Herzspritze. EKG. Darf alleine!«

Die letzten beiden Worte »Darf alleine!« – es waren vermutlich überhaupt die letzten, die du in deinem Leben schriebst – hast du durchgestrichen. Du durftest also irgendetwas nicht allein machen. Was es war, wird niemand mehr erfahren.

Als ich gleich nach deinem Tod diese Kalendereintragungen las, gab es mir einen Stich ins Herz. Mir war, als ob diese beiden Worte und die Tatsache, dass du sie durchgestrichen hattest, so etwas wie ein Fazit deines Lebens waren: »Allein« oder frei wolltest du dein Leben führen, doch das »durftest« du nicht, du musstest durch- oder ausstreichen, was du dir eigentlich wünschtest, was du aber nicht einmal benennen konntest.

Emil besuchte dich nicht am nächsten Tag in der Klinik, sondern half den Nachbarn bei der Rübenernte und ging nachmittags zum Frisör. Als er am darauffolgenden Tag, dem 19. Oktober, ins Krankenhaus kam, warst du schon »nicht mehr ansprechbar«, wie er in seinem Kalender vermerkte. Er blieb nicht bei dir, sondern fuhr nach Hause und erhielt am Abend vom Arzt den Anruf: »Es geht zu Ende!« Auch nach dieser Nachricht fuhr er nicht sofort zu dir ins Krankenhaus.

Ich habe ihn nie gefragt, weshalb er nicht bei dir blieb und ihm die Mithilfe bei der Rübenernte oder der Gang zum Frisör wichtiger waren, als dir nahe zu sein. Ich will ihm zugestehen, dass er, genau wie du, am ersten Tag den Ernst der Situation nicht erkannte und sich von den Ärzten beruhigen ließ, dass du in besten Händen seist. Allerdings kann ich nicht verstehen, weshalb er am nächsten Tag nicht sofort ins Krankenhaus eilte, als er erfuhr, dass es mit dir »zu Ende ging«. Wäre dein Sterben leichter gewesen, wenn er dir die Hand gehalten hätte? Was ging in ihm wohl vor? Floh er vor dir, weil er sich der Begegnung mit deinem so plötzlichen Tod nicht gewachsen fühlte? Es war so vieles ungesagt und ungelöst zwischen euch. Ich frage mich, ob es euch gelungen wäre, die vielen Wunden, die ihr euch in den vierzig Jahren eurer Ehe geschlagen hattet, zu einer Heilung zu bringen, wenn du nicht so schnell gestorben wärst und ihr mehr Zeit fürs Abschiednehmen gehabt hättet. Ehrlich gesagt, glaube ich nicht daran.

Auch uns benachrichtigte Emil nicht. Erst nachdem er am Abend des 19. Oktober vom Klinikarzt erfuhr, dass dein Ende bevorstand, rief er Tina und mich an. Ich wusste also noch nicht einmal, dass du ins Krankenhaus eingeliefert worden warst; so traf mich die Nachricht wie ein Schlag. Nachdem ich den Hörer aufgelegt hatte, sagte ich in panischer Angst zu Helmut: »Wenn sie jetzt stirbt, ist der Preis für meine Freiheit zu hoch.« – Ich fühlte mich unendlich schuldig, weil ich sicher war, dass dein Herz wegen unseres Zerwürfnisses zerbrochen war.

Doch noch lebtest du. Ich wollte zu dir, wollte dir sagen, wie leid es mir tat, dass wir uns so zerstritten hatten. Ich versuchte, telefonisch zu dir auf die Intensiv-Station durchzudringen, aber die Krankenschwester ließ mich wissen, dass das nicht ginge. Ich bat sie, dir zu sagen, dass ich am nächsten Tag kommen würde. Und sie sollte dir bestellen, dass ich, deine Nanni, dich sehr lieb habe. Hast du das noch aufnehmen können? – Hinterher machte ich mir Vorwürfe, nicht noch in der Nacht nach Eckernförde gefahren zu sein, um von dir Abschied zu nehmen. Ich hätte es schaffen können, dich lebend anzutreffen, und sei es, dass ich, da wir kein Auto hatten, mit einem Taxi von Bonn nach Eckernförde gefahren wäre.

Es erstaunt mich heute sehr, dass ich auch später meinem Vater keinen Vorwurf machte, mich nicht zeitig genug benachrichtigt zu haben, so dass ich dich noch lebend hätte antreffen können. Denn kurz bevor ich am nächsten Morgen, dem 20. Oktober 1974, einem Sonntag, in Bonn aus dem Haus ging, kam der Anruf meines Vaters. Du warst um 9.30 Uhr gestorben. Man hatte ihm aus dem Krankenhaus gerade die Nachricht durchgegeben. Während meiner Fahrt weinte ich ununterbrochen. Am Bahnhof holte mich mein Vater mit denselben Nachbarn ab, die dich drei Tage vorher ins Krankenhaus gefahren hatten. Kurz darauf traf Tina aus Berlin ein. Wir alle weinten fassungslos.

Emil hatte dich noch im Krankenhaus gesehen. Inzwischen warst du vom Bestattungsunternehmer abgeholt worden. Der fragte mich, ob auch ich dich noch einmal sehen wollte. Ich lehnte ab. Warum? Ich glaube, ich hatte Angst davor, dich als Tote zu sehen. – Heute wünschte ich, den Mut gehabt zu haben. Wie magst du als Tote ausgesehen haben? War dein Gesichtsausdruck vielleicht sogar friedlich und nicht vom Todeskampf gezeichnet wie in meiner Vorstellung, die mich von nun an als Wach-Alptraum quälte?

Als Todesursache hatte man »Herzversagen, ausgelöst durch eine akut eingetretene Lungenembolie« festgestellt. In meiner Fantasie stellte ich mir vor, dass du unter grausamen Qualen erstickt seist. Mich verfolgte das Bild deines sich aufbäumenden Körpers, ich meinte, den Ton deines röchelnden Atems im verzweifelten Kampf um die lebenspendende Luft zu hören. Atemnot kanntest du zwar durch dein langjähriges Asthma-Leiden, doch diese Erstickungsangst, die du nun hattest, als man dich auf die Intensivstation verlegte, so meinte ich, musste unvergleichlich schrecklicher gewesen sein, so dass du in Panik gerietst. Deine letzten Gedanken, als dir klar wurde, dass es nun zu Ende ging, stellte ich mir als einen verzweifelten, stummen Aufschrei vor: »Das kann doch nicht alles gewesen sein!« oder: »Ich will jetzt noch nicht sterben!«

War es so? Warum habe ich nicht in der Klinik nachgefragt, mit den behandelnden Ärzten, dem Pflegepersonal gesprochen, um von ihnen zu erfahren, wie du gestorben bist? Es war mein Schuldgefühl, das mich zwang, an diesen Schreckensbildern festzuhalten.

Eine befreundete Ärztin versuchte, mich zu beruhigen: Lungenembolie sei meist mit Bewusstlosigkeit verbunden. Wahrscheinlich hast du also, als man dich auf die Intensivstation verlegte, schon nichts mehr wahrgenommen, hast nicht mehr gegen den Tod gekämpft. Doch das Horrorbild von deinem Sterben blieb weiter eine Fantasie, die mich nicht losließ. Denn, so sagte ich mir, bekanntlich spüren Menschen, die im Koma liegen, noch sehr viel. Also blieb ich dabei: Auch du hast trotz deiner Bewusstlosigkeit bis zuletzt gelitten.

Vor allem plagte mich der Gedanke, dass dein Sterben leichter gewesen wäre, wenn ich noch in der Nacht zu dir gekommen wäre und dich um Vergebung hätte bitten können für den Schmerz, den ich dir mit meinen Vorwürfen angetan hatte. Ich, die ich doch meinte, alles richtig zu erkennen, hatte versagt: Ich hatte nicht nur deine Erkrankung falsch eingeschätzt, sondern auch noch diese letzte Chance zu einer Versöhnung mit dir verpasst. Mein großartiges, aufgeblähtes Selbstbild fiel vollkommen in sich zusammen. Ich war nur noch Selbstanklage, Verzweiflung und Traurigkeit.

Diese Selbstbezichtigungen – so sehe ich es heute – stammten allerdings immer noch aus meiner Allmachtsfantasie, dich retten zu können. Woher nahm ich die Sicherheit, dass du weitergelebt hättest, wenn du mit mir versöhnt gewesen wärst? Wieso glaubte ich, dass du an der Verzweiflung über unser Zerwürfnis gestorben warst? Erst viele Jahre später konnte ich akzeptieren, dass dein Tod dir gehörte, dass er die Vollendung deines ganzen Lebens war, in dem ich, deine Tochter, nur einen kleinen Part hatte.

Uns alle, Emil, Tina und unsere Freunde und Verwandten, quälte jedoch die Vermutung, nein, es war unsere Überzeugung, dass du wegen der falschen Diagnose und Behandlung deines Hausarztes und auch der Klinikärzte sterben musstest. Nach einem Schlaganfall ist Ruhe und Schonung angesagt, niemals hättest du die Anstrengungen der Paris-Reise auf dich nehmen dürfen. Ein halbes Jahr nach deinem Tod verlangte Emil von dem behandelnden Arzt im Eckernförder Krankenhaus eine genaue Darstellung der Todesursache. Die Antwort lautete: »Zu Ihrem Schreiben vom 24.3.75 kann ich Ihnen nach Durchsicht der Krankenunterlagen folgendes mitteilen. Wie Ihnen bereits bekannt ist, verstarb Ihre Gattin am akuten Herzversagen. Dieses Herzversagen wurde ausgelöst durch eine akut eingetretene ausgeprägte Lungenembolie. Es handelt sich hierbei um losgerissene Blutgerinnsel, die einen mehr oder weniger großen Teil der Lungenstrombahn verlegen und dadurch in vielen Fällen zu einer akut eintretenden mäßigen Belastung des Herzens führen. Ein bereits durch Krankheit vorgeschädigtes Herz ist dieser plötzlich eintretenden Belastung oft nicht gewachsen, so dass es dann zum Herzversagen kommt.«

Dass dein Herz »vorgeschädigt« war, also dein Hausarzt dich falsch behandelt hatte, war damit bestätigt. Aber hatte man möglicherweise auch in der Klinik einen Fehler begangen und dir Medikamente gegeben, mit denen das Blutgerinnsel in die Lunge geriet? Ein medizinisch bewanderter Freund meinte, du hättest durch eine Amputation beider Beine noch gerettet werden können. Erschreckender Gedanke! Wärst du damit einverstanden gewesen, wenn Aussicht bestanden hätte, dadurch dein Leben zu verlängern?

Emil, Tina und ich haben überlegt, ob wir gegen die Ärzte vorgehen sollten, die dich falsch behandelten, ob wir vor allem deinen Hausarzt wegen Fahrlässigkeit anklagen sollten. Aber wie das dann so geht: Die Wut und der Zorn lassen allmählich nach. Du warst ja auch nicht wieder lebendig zu machen. – Wie oft mögen die »Kunstfehler« von Ärzten, die zum Tod von Patienten führten, aus ähnlichen Gründen nicht zur Anklage gebracht werden. Die Hinterbliebenen scheuen die unangenehme Auseinandersetzung. Vor allem aber sind sie fast immer befangen in eigenen Schuldgefühlen, so wie wir. Wie konnte ich den Ärzten ihre Schuld an deinem frühen Tod nachzuweisen versuchen, wenn ich selbst meinen Schuldanteil als sehr viel größer einschätzte?

In den Tagen nach deinem Tod mussten die technischen Dinge der Beerdigung mit dem Bestattungsinstitut geregelt werden. Der Text der Traueranzeige war festzulegen, die Adressen zusammenzusuchen, um die Anzeigen zu verschicken. Auf dem schönen alten Dorffriedhof von Boren suchten wir deine Grabstelle aus. Der Friedhof mit der Kirche in der Mitte, in der du fast jeden Sonntag mit deinem Hans-Emil im Chor gesungen hattest, liegt auf einer kleinen Anhöhe mit weitem Blick über die hügelige Landschaft. In vorchristlichen Zeiten war dies ein heiliger Ort und Ritualplatz. Heute ist er umgeben von einem Kreis hoher, alter Eichen. Als ich einmal, Jahre später, an einem sonnigen Spätsommerabend, kurz nach einem Regenschauer dein Grab besuchte, stand über der Kirche und dem Grab ein herrlicher doppelter Regenbogen, der sogar noch die Kronen der Eichen überwölbte. – Ich bin froh, dass du dort begraben bist. Auf einem der letzten Fotos von dir, das euch mit den Mitgliedern des Kirchenchors vor der Borener Kirche zeigt, sitzt du vorn, Emil steht hinter dir und – ich habe es erst jetzt wahrgenommen – in gerader Linie hinter euch, neben der Zypresse befindet sich das Grab, in dem ihr nun zusammen ruht.

Am Tag deiner Beerdigung, am 27. Oktober, war es kalt und nass. Wir fuhren in mehreren Autos die kurze Strecke zum Borener Friedhof. Ich hatte den Arm meines Vaters eingehakt, als wir in die Kirche gingen. Wir saßen in der ersten Reihe, Tina an seiner anderen Seite neben ihm. Vor uns stand der mit wunderschönen Herbstblumen geschmückte Sarg, umgeben von großen Kränzen mit Schleifen, auf denen unsere Namen und die von Nachbarn und Freunden standen. Auf hohen Ständern brannten Kerzen. Ich war wie versteinert. Auch als wir saßen, drückte ich den Arm meines Vaters fest an mich. Hielt ich mich an ihm fest oder gab ich ihm Halt?

Käthe und Emil (in der Mitte) mit Chormitgliedern, ca. 1972

In dem Bündel von Kondolenzbriefen, die Emil aufbewahrt hatte, fand ich eine Ton-Cassette. Es ist eine Aufzeichnung deiner Begräbnisfeier, die der Bestattungsunternehmer aufgenommen hatte. Als ich sie zum erstenmal abhörte, kamen mir die Tränen. Da läuten die Glocken, da spielt die Orgel, da singen die Anwesenden den Choral »Wer nur den lieben Gott lässt walten«. Die schlichte, sehr persönliche Ansprache des Pastors, in der er dich als »quicklebendige Frau« bezeichnete und auch erwähnte, dass du ihm noch wenige Wochen vor deinem Tod Klavierunterricht gegeben hattest, rührte mich sehr. Ich bin dankbar, dass ich mich durch diese Cassette noch einmal in diese Stunde des Abschieds von dir zurückversetzen kann.

Mit dem Gesang des Chors »So nimm denn meine Hände« trugen sechs Männer aus der Nachbarschaft dich in deinem Sarg aus der Kirche. Wir liefen als erste direkt hinterher. Ich schaute niemanden an. Am Grab warf ich ein Sträußchen Rosen aus deinem Garten auf den Sarg hinunter. Ich weinte nicht.

Anschließend saßen wir mit den Freunden und Verwandten, die aus Berlin gekommen waren, zusammen. Tina und ihr Mann hatten Emils Schwester Lene mitgebracht. Erika, deine liebste Freundin aus der späteren Zeit der Jugendbewegung, war mit einem Ehepaar aus dem Freideutschen Kreis angereist. Kurt Lessig hatte abgesagt. Seine Frau war vor wenigen Monaten gestorben, er fühlte sich nicht fähig, zu deinem Begräbnis zu kommen.

Und auch Willi war nicht gekommen. Er schrieb seinem Bruder nicht einmal einen Brief, sondern schickte nur eine Beileidskarte mit seiner Unterschrift. Er war offenbar noch immer verletzt, dass ihr nicht zur Beisetzung seiner Frau Luzie, die im Jahre 1971 an Krebs gestorben war, gekommen wart. Du hattest Luzie nicht verziehen, das große Zerwürfnis zwischen uns ausgelöst zu haben. Emil hielt zu dir und fuhr nicht allein zur Beerdigung nach Berlin. Nach deinem Tod versöhnten sich Emil und Willi aber bald wieder.

Nachdem die Gäste abgereist waren, musste auch ich wieder zurück nach Bonn. Mein Vater begleitete mich zum Bahnhof. Als der Zug schon einfuhr, sagte er zu mir: »Weißt du, eigentlich bin ich richtig erleichtert.« – Ich kann mich nicht mehr erinnern, wie ich reagierte. Ich glaube, ich fand keine Worte und starrte ihn nur völlig überrascht an. Mein Vater, dein Hans, gestand mir, dass er dich, seine Käthe, als eine Last empfunden hatte! Und zwar nicht, weil er dich über eine lange Zeit hinweg hatte pflegen oder aus anderen Gründen hatte um dich besorgt sein müssen, sondern du, die Gefährtin seines Lebens, die zu lieben er doch immer vorgegeben hatte, du gabst ihm das Gefühl der Erleichterung, als du völlig unerwartet von seiner Seite gerissen wurdest! Als erstes stellte ich mir vor, was du wohl empfunden hättest, wenn du diesen Satz noch hättest hören können. Und ich war sicher: Du wärst schockiert und tief betroffen gewesen. So wenig liebte dich also dein Hans? So wenig warst du ihm wert? Doch ich gebe zu, dass ich meinen Vater auch verstehen konnte und seine Bemerkung sehr ehrlich und vertrauensvoll mir gegenüber fand. Nur hätte ich erwartet, dass er selbst über sein Geständnis erstaunt oder erschreckt gewesen wäre, was aber nicht der Fall war.

In mir war vor allem so etwas wie ein trauriger Triumph: Ich hatte also doch Recht behalten mit meinen Vorwürfen damals vor zehn Jahren. Du hättest auf mich hören müssen, hättest Emil entweder verlassen oder aber eure Liebe wiederbeleben müssen. Dass auch Emil zu einer solchen Klärung eurer Beziehung hätte beitragen können, kam mir auch zu diesem Zeitpunkt nicht in den Kopf. Immer noch schob ich dir die Verantwortung für das Scheitern eurer Ehe zu, so wie ich mir die Verantwortung auflud, dich nicht zu einer Einsicht über diese Zusammenhänge gebracht zu haben.

Nun warst du tot. Meine Allwissens- und Allmachtsfantasien lösten sich in bohrenden, weil schuldbeladenen Schmerz auf. Ja, ich hatte in der Nacht deines Todes genau die Worte gefunden für mein Gefühl, das mich von nun an über Jahre hinweg peinigte: Dein Tod war ein zu hoher Preis für meine Freiheit!

Mariannes Aufarbeitung

Es war schwer für mich, dieses Gefühl der Schuld an deinem Tod allmählich zu überwinden. In den ersten Jahren quälten mich meine Selbstvorwürfe: Wenn ich nicht so hart mit dir ins Gericht gegangen wäre, wenn ich nicht so stur meine Opposition aufrechterhalten hätte, wenn es zwischen uns noch zu einer Versöhnung gekommen wäre, wenn …, dann wärst du vielleicht noch am Leben. Mein Verstand sagte mir zwar, dass ich dich nicht »umgebracht« hatte, doch in meiner Seele hatte ich keine Ruhe. Ich blieb davon überzeugt, dass unser Zerwürfnis die Ursache deines Todes war.

Vor allem war ich, ohne es mir offen einzugestehen, innerlich sehr verunsichert. Dein Tod hatte mir gezeigt, wie wenig meine Theorie wert war, von der ich doch so fest überzeugt gewesen war. »Macht kaputt, was euch kaputt macht!« hatte für mich zu keiner Zeit impliziert, dass ein Mensch – am wenigsten du! – tatsächlich »kaputt« gehen, also sterben könnte.

Es wäre sehr hilfreich gewesen, wenn ich in diesen Jahren professionelle therapeutische Hilfe gesucht hätte, um meine Familie, vor allem unsere Kinder, nicht mit meinem Schuldgefühl zu belasten, das wie ein Schatten über mir hing. Doch äußerlich ging es mir gut. Mein Leben in Familie, Beruf, im Freundeskreis war reich und schön. Ich fühlte mich keineswegs hilfsbedürftig. Meine Unsicherheit und Orientierungslosigkeit verdrängte ich und kompensierte sie durch besonders sicheres und bestimmtes Auftreten und durch einen unbändigen Drang, Familienzusammenhänge zu erforschen.

Schon vor deinem Tod hatte ich mich in meinen wissenschaftlichen Forschungen und meiner akademischen Lehre an der Universität Bonn auf Familiensoziologie und Theorien der Sozialisation spezialisiert. Wie besessen las ich Bücher über Familienkonstellationen, gestörte Kommunikation in Familien, Verstrickungen über mehrere Generationen. Besonders fruchtbar waren für mich meine Kontakte zu Familientherapeuten, vor allem im Institut für Familientherapie in Heidelberg, wo ich an Tagungen und Seminaren teilnahm. Die Ergebnisse dieser Forschungen gingen ein in mein erstes Buch über die Dynamik in Familien Schizophrener. – Doch auf mich selbst und meine Beziehung zu dir konnte oder wollte ich meine neugewonnenen Erkenntnisse noch nicht anwenden.

Als ich meine Studie über Sigmund Freud und seinen Vater begann – es war kurz nach deinem Tod, war mir allerdings klar, dass es hier viele Parallelen zu unserer Geschichte gab: Denn im Zusammenhang mit dem Tod seines Vaters Jakob hatte der damals vierzigjährige Freud Geschichten aus seiner Kindheit wieder erinnert, die mit dem Thema Schuld zu tun hatten. Dieser Blick in seine Vergangenheit, der sich ihm vor allem durch seine Träume erschloss, zwang ihn zu einer radikalen theoretischen Wende, die zur Formulierung der Ödipus-Theorie und damit der Entstehung der Psychoanalyse führte. In meinem Buch ging ich dem Realitätsgehalt dieser alten Geschichten in Freuds Herkunftsfamilie nach und machte erstaunliche Entdeckungen über die direkten Verbindungen zwischen Freuds Kindheitserlebnissen und seiner späteren Theorie.

Nachdem mein Freud-Buch 1979 erschienen war, beschloss ich, nun auch einmal in meiner eigenen Herkunftsfamilie Forschungen zu betreiben. Ich besuchte deine Tante Emma in der DDR, befragte deinen Onkel Paul, stöberte in Ekenis in sämtlichen Schränken, um Briefe oder Aufzeichnungen von dir zu finden, und sichtete die vielen Fotoalben aus eurer Jugendzeit. Mein Vater begegnete mir mit Misstrauen. Er fürchtete offensichtlich, dass ich herumschnüffelte, um wieder Fehler und Versäumnisse in eurer Vergangenheit zu entdecken. Auf meine Fragen antwortete er ausweichend oder abweisend. Immerhin gelang es mir, große Familien-Stammbäume der Perkos, Schiddels, Höppners und Wolffs zusammenzustellen, wozu mir viele Verwandte, die ich teilweise nicht einmal persönlich kannte, Informationen lieferten.

Ich hatte damals noch nicht die Absicht, deine Geschichte aufzuschreiben. Es ging mir darum, meine eigenen Erinnerungen auf ihren Wahrheitsgehalt zu überprüfen, und ich war meinen Verwandten dankbar, dass sie mir viele Geschichten, die ich nur andeutungsweise kannte, bestätigten. Vor allem aber erfuhr ich viel Neues über dich und deinen Hans, was mein Bild von euch stark veränderte.

Diese Arbeit bereitete den Weg, nun endlich auch die Klärung meiner Beziehung zu dir zu suchen. Ab 1980 stieg ich hinab in meine inneren »Abgründe« und konfrontierte mich mit dir als meiner »Mutter in mir«. Ich fühlte mich besonders zu allen Formen von Trance-Therapie hingezogen, weil ich spürte, dass die symbolische Arbeit in tiefer Regression mir einen sehr direkten, wirksamen Zugang zu meinem Unbewussten bot. Mehrmals durchlebte ich meine Geburt in Trance, wie ich bereits schilderte. In einer anderen Trance half mir die Therapeutin, die Nabelschnur, die mich mit dir verband, zu durchtrennen. Obwohl ich still auf einem Stuhl saß, und sich das Geschehen nur in meiner Fantasie abspielte, litt ich physische Qualen, als ich mit einer imaginierten Schere unsere Verbindung zerschnitt. Einmal befand ich mich während der Trance in einer menschenleeren Stadt und suchte dich, kam aber nicht in die versperrten Häuser hinein, bis ich dich auf einem hohen Berg entdeckte. Doch du klagtest mich an und wandtest dich von mir ab.

Sehr wichtig und bahnbrechend war die Fantasiereise an dein Sterbebett im Eckernförder Krankenhaus. Ich saß dort neben dir und stellte mir vor, was ich gefühlt, gesagt, wahrgenommen hätte, wenn ich noch hingekommen wäre. In einem Rollentausch legte ich mich an deine Stelle in das Bett und betrachtete von dort aus mich selbst, wie ich vor dir saß, und sagte mir selbst die Abschiedsworte, die ich von dir so gern in Wirklichkeit noch gehört hätte. Es war ein aufwühlendes Erlebnis, an das ich mich noch heute erinnere, als wäre es Realität gewesen.

Den Abschluss dieser etwa dreijährigen Phase markierte eine ebenfalls für mich höchst eindrückliche Trance: Du erschienst mir auf einem kahlen Berg. Du warst in ein Tuch oder eine Decke gehüllt, ich sah nicht dein Gesicht, nur deine hockende Gestalt. Ich wollte ins Tal hinuntersteigen, wagte aber nicht, dich dort oben allein zu lassen. Auf irgendeine Weise machtest du mir unter deinen Verhüllungen klar, dass ich gehen dürfe. Ich lief ein paar Schritte, schaute mich wieder um, du nicktest oder machtest eine Bewegung, die mir erlaubte weiterzugehen. Und da konnte ich auf einmal fliegen! Ich hob ab, kreiste mehrmals um den Berg herum, auf dem du immer noch als graue Gestalt hocktest, und flog dann weit hinaus in die Ebene, die sich in Richtung Westen bis zum Meer hin erstreckte, das im goldenen Glanz der untergehenden Sonne erstrahlte.

Dieser Zeit der Wendung nach innen folgte eine sehr aktive politische und kreative Phase in meinem Leben, so als hätte die Versöhnung mit der »Mutter in mir« neue, ungeahnte Kräfte geweckt. Ich begann, mich in der Frauenbewegung zu engagieren, was geradezu umwälzende Veränderungen in meiner wissenschaftlichen, aber auch persönlichen Orientierung mit sich brachte.

In meinem Vorwort zur englischen Ausgabe des Freud-Buches von 1986 formulierte ich es so: »Ich würde dieses Buch heute anders schreiben, denn ... ich war mir 1979 noch nicht einmal bewusst, dass ich mein Buch aus einer Frauenperspektive schrieb. Heute ... bin ich ... davon überzeugt, dass mein Versuch, mich in den kleinen Sigmund hineinzuversetzen und die Welt mit seinen Augen zu betrachten, die Sicht einer feministischen Forscherin ist. Ohne es damals zu wissen, war ich beim Schreiben dieses Buches bemüht, patriarchale Denkmuster zu überwinden, nach denen es verboten ist, die Größe eines (männlichen) Menschen auf seine Kindheitserfahrungen zurückzuführen.«

Und dann beschrieb ich, am Beispiel von Sigmund Freud und mir, die völlig unterschiedlichen Arbeitsbedingungen von wissenschaftlich oder sonst wie kreativ tätigen Frauen im Gegensatz zu unseren männlichen Kollegen: »Freud ... konnte in seinen Arbeitsräumen ungestört tätig sein, brauchte sich nicht darum zu kümmern, was im ›Reich der Frauen und Kinder‹ auf der anderen Seite des Flurs geschah. Niemand durfte ihn stören, er brauchte nur hinüberzugehen, wenn die Mahlzeiten bereitstanden oder es Zeit zum Schlafengehen war. Für alles übrige sorgte Martha, seine Frau ... Meine Situation war völlig anders: Ich musste als Mutter, Ehefrau und Hausfrau für eine Familie mit zwei heranwachsenden Töchtern sorgen mit allen damit verbundenen, Zeit und Energie beanspruchenden Aktivitäten. Dazu war ich als Universitätsdozentin voll berufstätig. Obwohl ich mit meinem Ehemann die Haushalts- und Kinderversorgungsaufgaben teilte, war meine Situation im Vergleich zu Freuds idealen Arbeitsbedingungen weitaus schlechter. Beim Schreiben hatte ich ständig das Gefühl, mir Zeit von meinen anderen, ›eigentlichen‹ Aufgaben als Frau stehlen zu müssen, und war immer bereit, meinen Schreibtisch zu verlassen, wenn die Familie mich rief.«

Ob du wohl meinem nun folgenden flammenden Plädoyer gegen die Benachteiligung von uns Frauen zugestimmt hättest, wenn du es von mir noch hättest hören oder lesen können? Ich schrieb: »Ich habe seitdem gelernt, dass dies nicht etwa nur meine persönliche, private Erfahrung ist, sondern dass es allen Berufsfrauen so geht: Wir sind entweder vollkommen mit Beruf und Familie überlastet oder müssen auf Ehe und Kinder verzichten, wenn wir eine Karriere machen wollen. Männer fördern ihre Karriere am besten dadurch, dass sie heiraten, weil sie sich dann auf ihre Ehefrau verlassen können, die für ihre alltäglichen Bedürfnisse sorgt. Sie könnten sich ohne Skrupel auf Kosten ihrer Ehefrauen dem beruflichen Lebensbereich widmen, wofür sie auch noch gesellschaftliche Anerkennung erlangen. Ihnen wird sogar zugestanden, auf ihre weniger erfolgreichen Ehefrauen herabzusehen!«

Mir war bewusst, dass mein feministisches Engagement auch eine Form der Versöhnung mit dir war, nämlich eine Umwandlung meiner Schuldgefühle in politische Aktion für Frauen. Unsere Kontroverse sah ich nun auch in einem gänzlich anderen Licht: Es war keine Einzelgeschichte, die nur uns betraf, sondern ein typisches Muster von Mutter-Tochter-Beziehungen in patriarchalen Gesellschaften. Mit meiner Anklage gegen dich hatte ich die weitverbreitete »Mütter-Schelte« betrieben, mit der man den Müttern alle Schuld an den Missständen in der Familie zuschreibt, die Väter aber vergisst oder sogar – wie ich es tat – in rosigem Licht erscheinen lässt. Auch wurde mir nun erst bewusst, wie sehr ich dich mit meinem Drängen, deinen Hans »richtig« zu lieben, in das patriarchale Rollenmuster »starker Mann – liebend-unterwürfige Frau« zu pressen suchte, anstatt mit dir gemeinsam gegen das Patriarchat zu kämpfen. Wenn du nicht so früh gestorben wärst, hättest du mich vielleicht sogar auf Frauen-Demos begleitet, wie ich es bei einigen meiner Freundinnen erlebte, die sich auch früher mit ihren Müttern überworfen hatten.

Trotz der Behinderungen durch meine Doppel- oder Dreifachbelastung in Beruf und Familie gelang es mir, in den achtziger Jahren noch einmal zeitlich parallel zwei Bücher zu schreiben. Wie ich das schaffte? Ich glaube, es war der enorme Energieschub, der mich nach der Befreiung von der Last meiner Schuldgefühle beflügelte.

In »Die Geburt ist nicht der Anfang« ging es um die Beschreibung des vorgeburtlichen Lebens, das jede und jeder von uns im Bauch unserer Mutter verbracht hat, sodann um die Erfahrung, geboren zu werden, und schließlich darum, wie wir in den ersten Wochen und Monaten die andere Welt außerhalb des mütterlichen Körpers entdeckten. Obwohl es sich um ein wissenschaftliches, auf umfangreichen Forschungen basierendes Werk handelt, ist es, wie sollte es bei diesem Thema anders sein, unter vielem anderen auch eine Verarbeitung der Beziehung zwischen dir und mir.

In meinem anderen Buch über die Familie von Heinrich und Thomas Mann »Im Netz der Zauberer« standst du ebenfalls als ungenannte Figur im Hintergrund. Denn in Julia, der Mutter der beiden Dichter, entdeckte ich viele Ähnlichkeiten mit dir: Auch sie wurde von ihrem Vater verlassen und verraten, auch sie heiratete aus Vernunftgründen und sehnte sich nach einem anderen Mann. Doch im Gegensatz zu dir hatte sie zwei Söhne, die weltberühmt wurden und ihr alles bedeuteten. Ihre beiden Töchter allerdings scheiterten und nahmen sich das Leben. Ich schrieb dieses Buch, um diese und andere Frauen in der Familie Mann aus dem Schatten, den der Glanz der berühmten Männer auf sie warf, hervorzuholen und ihnen ihre Würde und den ihnen gebührenden Platz im gesamten Familiennetz zurückzugeben. Indirekt wollte ich damit aber auch dir Gerechtigkeit widerfahren lassen.

Ja, mit meinen Büchern habe ich es geschafft, »draußen« in der Welt Erfolg zu haben und Anerkennung zu bekommen, so wie du es dir immer von deiner Tochter gewünscht hast. Du trautest mir zu, etwas Gutes aus meinem Leben zu machen. Jetzt wärst du stolz auf mich.

Mir ist inzwischen klar geworden, dass die Trauer um deinen Tod und die Umwandlung meiner Schuldgefühle in kreative Energie mir die dafür notwendige Kraft gaben, die Themen meiner Bücher aufzugreifen, über Jahre hinweg zu bearbeiten und sie dann »zur Welt zu bringen.« Schöner und besser wäre es allerdings gewesen, wenn ich diese Kraft aus dem direkten und intensiven Austausch mit dir als meiner lebenden Mutter hätte schöpfen können. Wie hätten meine Bücher dann wohl ausgesehen?

Anstatt wie damals, als du starbst, zu sagen: »Dein Tod war ein zu hoher Preis für meine Freiheit«, sage ich heute mit den Worten des bekannten Gruppentherapeuten Bert Hellinger, der mir in späterer Zeit noch über so manche Hürden half: »Liebe Mutti, du hattest dein Leben. Nun bist du tot. Ich bin noch da und genieße mein Leben in seiner ganzen Fülle – und dann sterbe ich auch!«

Es gab noch viele andere Ereignisse in meinem Leben dieser Jahre, die dazu beitrugen, den Umwandlungsprozess meiner Beziehung zu dir voranzutreiben. Um die betroffenen Personen zu schützen, will ich davon jedoch nichts berichten, obwohl diese Zusammenhänge in vieler Weise wichtiger für mich waren als manches, was ich hier dargestellt habe.

Eigentlich könnte mein Buch hier enden. Es ist mir jedoch ein Bedürfnis, noch einige Geschichten zu erzählen, die über deinen Tod hinausreichen. Vor allem geht es mir darum, Emils weiteres Leben und sein Sterben zu schildern, weil diese Geschichte für mich, eure Tochter, untrennbar mit der deinen verknüpft ist. Und schließlich ist da noch ein Ereignis, das ich ebenfalls nicht für mich behalten möchte, weil es so etwas wie eine Abrundung eines deiner Lebensthemen, des »Nicht-Erbes« deines Vaters, darstellt.

Emils »Zweiter Frühling«

Nach deinem Tod machte ich mir Sorgen um meinen Vater. Es war mir unvorstellbar, dass er das Leben ohne dich meistern könnte. Ich fürchtete, er würde nun auch bald sterben. Doch zu meiner großen Überraschung kam es ganz anders: Schon sehr bald nachdem du gestorben warst, begann dein Hans, sich im Freundeskreis nach alleinlebenden Frauen umzuschauen und sie nach Ekenis einzuladen. Äußerlich trauerte er um dich, pflegte dein Grab, und über Monate hinweg gedachte er deines Todestages an jedem 20. Doch nur wenige Wochen nach deinem Tod machte er deiner Tante Emma, die mit ihm gleichaltrig war, in einem Brief den Antrag, zu ihm zu ziehen. Sie lehnte freundlich dankend ab. Danach kam deine Kusine Else zu Besuch nach Ekenis und er wohnte während seiner Besuche in Berlin bei ihr. Und es gab auch noch mehrere alleinstehende Frauen in der Nachbarschaft, mit denen er sich traf.

Doch vor allem war da Grete Bauer, das »Meisterstöchterlein« aus Bahn, seine Jugendliebe, zu der er vier Monate nach deinem Tod den Kontakt wieder aufnahm. Als ich davon erfuhr, war ich sehr verblüfft, denn ich hatte nichts von ihrer Existenz gewusst. Erst nach Emils Tod fand ich die Briefe, die sie ihm schrieb und die er sorgfältig aufbewahrt hatte, so dass ich sowohl die frühe Geschichte aus den zwanziger Jahren als auch ihre Fortsetzung fünfzig Jahre später rekonstruieren konnte.

Was magst du von Grete gewusst haben? Ich stelle mir vor, dass Emil dir von ihr erzählte, nachdem ihr euch kennen gelernt hattet. Und auch, dass er in all den Jahren einen losen Briefkontakt mit ihr unterhielt, war für dich kein Geheimnis. Denn ich fand mehrere Briefe, in denen sie dich »unbekannterweise« grüßte. Spürtest du, dass dein Hans diese Frau immer noch liebte, oder hat er seine heimliche Sehnsucht vor dir versteckt? Mein Gefühl sagt mir, dass du nichts wusstest oder dass du diese Jugendliebe deines Mannes nicht wirklich ernst nahmst, jedenfalls nicht in euren Ehejahren. Aber vielleicht warst du doch gekränkt.

Nach Kriegsende lebte Grete mit ihrer Mutter in der DDR. In ihren Briefen berichtete sie ihm von ihrem Leben, ihrem Beruf, ihren Reisen. Sie ließ ihn wissen, dass sie unverheiratet geblieben war. Emil scheint sie auch mit Ereignissen aus seinem Leben auf dem Laufenden gehalten zu haben.

Und nun, im März 1975, erhielt Grete einen Brief, in dem Emil ihr von deinem Tod berichtete und am Ende schrieb: »Nun lebe ich hier in dem großen Haus allein. Einsamkeit ist sehr schön, aber zu zweien!« Und er schlug ihr vor: »Wie wär's einmal mit einer Reise zu mir, hierher in den ›hohen Norden‹? Ich würde mich freuen und Dir auch alle Reisekosten ersetzen. Überleg Dir das mal gründlich. Ich grüße Dich und Deine Familie sehr herzlich und verbleibe mit allen guten Wünschen, Dein Emil.«

Grete brauchte nicht lange zu überlegen, sondern schrieb ihm postwendend, dass sie sich sehr freue, ihn wiederzusehen. Mit einer Besuchserlaubnis kam sie im Mai 1975 für drei Wochen zu ihm. Für sie muss es die Erfüllung aller ihrer Wünsche gewesen sein. Ihr Brief, den sie ihm nach ihrer Heimreise schrieb, ist ein einziger Jubelruf: »Ach mein Lieber, wie nett war immer unser Plauderstündchen beim Frühstück. Du warst so ein lieber, netter Gesellschafter und mit Dir konnte man sich einfach über alle Dinge unterhalten, ohne Hemmungen zu haben. Ich vermisse Dich ja so sehr.«

Ihrer Schwester hatte sie sogleich gestanden, was sie mit ihm plante. In ihrem Brief schrieb sie ihm: »Meine Schwester fragte mich, ob ich gerne zu Dir gehen würde und als ich ihr sagte, sehr, sehr gerne, sagte sie weiter nichts. Sie muss sich wohl auch erst mit diesem Gedanken vertraut machen. Drücke mir nur die Daumen recht fest. Jetzt werde ich aber um mein Glück kämpfen und nur dabei an uns beide denken. Wie denkst Du darüber, mein lieber Schatz?«

Ja, wie dachte Emil darüber? Wollte er wirklich mit Grete zusammenleben? In ihrem Brief ist an dieser und an anderen Stellen das Wort »Schatz« von ihm durchgestrichen worden.

Ich vermute, er war schon nach ihrem ersten Besuch überzeugt, dass Grete für ihn nicht die richtige Partnerin war. Auch wenn er sich gewiss gern in der Rolle des angebeteten, wiedergefundenen Geliebten sonnte, als Basis für ein Zusammenleben reichte es ihm nicht. Er suchte eine Frau, die ihn ver- und umsorgte, wie du es getan hattest. Vielleicht erkannte er auch in Gegenwart von Grete zum erstenmal, was er an dir verloren hatte, und war nicht mehr nur »erleichtert«.

Doch er hatte Grete gerufen und konnte sie nicht gleich wieder fortschicken, wusste er doch, welch große Hoffnungen er in ihr geweckt hatte. In ihrem nächsten Brief fragte sie vorsichtig nach, ob er sich schon bei den Behörden wegen ihres Umzugs in die Bundesrepublik erkundigt habe. Emil scheint sich nicht darum gekümmert zu haben, jedenfalls erwähnte sie dieses Thema in den Briefen, die ich in Händen habe, nicht wieder.

Vier Jahre lang hielt er die Beziehung zu ihr aufrecht. Sie besuchte ihn hin und wieder, er fuhr zu ihr in die DDR und sie unternahmen auch sie gemeinsame Reisen. Doch Grete musste sich immer mehr bescheiden. Als DDR-Bürgerin konnte sie sich nicht einfach in einen Zug setzen und zu ihm fahren. Reisen in die Bundesrepublik waren auch für Rentnerinnen und Rentner nur auf Antrag möglich und zeitlich begrenzt. Man durfte nur insgesamt 30 Tage pro Jahr ausreisen, die auf mehrere Reisen aufgeteilt werden konnten, und musste im Westen eine Einladung haben. Von beiden Seiten waren daher genaue Absprachen nötig, die Emil aber offenbar absichtlich nicht in die Wege leitete.

In ihren Briefen spürt man, welch verzweifelte Anstrengungen sie machte, ihn doch noch zu gewinnen. Sie strickte Pullover, die ihm nicht gefielen, er ließ sie auf die Beantwortung ihrer Briefe warten oder beschwerte sich, dass sie zu lang seien. Sie reagierte darauf mit Entschuldigungen, fragte sogar nach »Frau Else«, deiner Kusine, von deren Besuch bei ihm er ihr offenbar berichtet hatte.

Ich glaube, er hoffte insgeheim, dass sie sich durch sein abweisendes Verhalten enttäuscht von ihm abwenden würde. Doch Grete gab nicht auf. Sie »kämpfte um ihr Glück«, wie sie nach ihrem ersten Besuch bei ihm geschrieben hatte, allerdings musste sie anders kämpfen, als sie es sich gedacht hatte: Nicht bei Mutter und Schwester musste sie sich durchsetzen, um zu ihrem Glück zu kommen, sondern bei ihrem Emil selbst, der nicht mehr ihr Schatz sein wollte, ja nicht einmal mehr etwas von ihr wissen wollte! In späteren Briefen nannte sie ihn nie mehr »Schatz«.

1978 durfte sie ihn noch einmal zum Weihnachtsfest in Ekenis besuchen. – Wie ich anhand seines Taschenkalenders feststellte, war der Hintergrund für diese Einladung die Tatsache, dass deine Kusine Else ihn »ausgeladen« hatte. – Es wurde ein ungewöhnlicher Aufenthalt, denn am Heiligabend hatte es in Schleswig-Holstein zu schneien begonnen und am 27. Dezember lag der Schnee so hoch, dass das ganze Land zum Notstandsgebiet erklärt wurde. Emil war mit seiner Grete von der Welt abgeschnitten. Erst am 10. Januar war die Straße von den Schneemassen, die sich bis zu vier Metern hoch aufgetürmt hatten, freigeschaufelt, und Grete konnte, oder musste, wieder nach Hause fahren.

Doch danach musste Grete ihren Emil aufgeben, denn nun war deine Kusine Meta für ihn wichtig geworden. Meta hatte Emil im Frühjahr 1979 in Ekenis besucht und bereits im Sommer scheinen beide sich klargeworden zu sein, dass sie sehr gut zueinander passten.

Allerdings ließ Emil auch Grete noch einmal anreisen und schrieb ihr erst im Sommer 1980 seinen Abschiedsbrief. Er hat ihn nicht aufgehoben, doch in seinem Kalender versah er die Eintragung »Brief an Grete« mit drei Kreuzchen. Wie schon damals vor fünfzig Jahren wandte sich Emil einer anderen Frau zu und ließ Grete zurück. Danach gab es nur noch Postkartengrüße und Päckchen zu Weihnachten. Von Grete fand ich einen großen Stoß Postkarten aus den Jahren nach 1980 mit nichtssagenden Mitteilungen, die Emil aufbewahrt hatte. Ihren Todestag, den 12. Mai 1988, umrahmte er in seinem Kalender schwarz und setzte ein Kreuz neben die Eintragung.

Als ich diese Briefe Gretes im Nachlass meines Vaters fand und die Geschichte ihrer Wiederbegegnung rekonstruiert hatte, empfand ich großes Mitleid mit dieser Frau. Gewiss, für Emil war sie nicht die richtige Partnerin. Doch warum hat er ihr einerseits immer wieder Hoffnungen gemacht, sie andererseits aber in ziemlich herzloser Weise zurückgestoßen? War er selbst in seinen Gefühlen so schwankend oder war es seine Unfähigkeit, wirklich offen mit Grete zu reden? Ich glaube, er wählte den für ihn einfachsten Weg, alles laufen zu lassen, und betrachtete ihre verzweifelten Bemühungen, doch noch seine Liebe zu gewinnen, vielleicht mit schlechtem Gewissen, aber letztlich doch ohne Skrupel als ihr Problem.

Während seiner letzten vierzehn Lebensjahre war also deine Kusine Meta die Lebensgefährtin deines Hans, wie auch sie ihn nannte. Meta sagte mir später, dass sie sich richtig in ihn verliebt hatte. Sie war damals fast 70 Jahre, er war 73. Du hast Meta immer gern gemocht. Noch wenige Wochen vor deinem Tod schriebst du ihr einen liebevollen Brief, in dem du ihr Mut zusprachst, ihre Krebserkrankung – Meta musste sich die Brust amputieren lassen – tapfer zu ertragen.

Meta hatte ein schweres Leben hinter sich, um so bewundernswerter war ihr Lebensmut, ihr Humor und ihre Fröhlichkeit. Sie war die Tochter von Richards Bruder Oswald Schiddel, der 1919 aus Westpreußen ausgewiesen wurde. Wie ich schon erzählte, blieb die zehnjährige Meta für einige Zeit bei ihrem Onkel Richard und ihrer Tante Anna in der Gervinusstraße in Berlin-Charlottenburg. In dieser Zeit war sie für dich so etwas wie eine Schwester. Als deine Eltern sich trennten, stand Meta auf der Seite ihrer Tante Anna, zu der sie auch in späteren Jahren bis zu Annas Tod regelmäßigen Kontakt hielt. Aus den Briefen deiner Mutter an ihr »liebes Nichtchen Meta« habe ich schon zitiert.

Wenn Meta während des Krieges oder in den Nachkriegsjahren ihre Tante Anna in Spandau besuchte, kam sie immer auch bei uns vorbei. So war mir »Tante Meta« schon in meiner Kindheit wohlbekannt. Als sie sich Emil zuwandte, war sie seit vier Jahren zum zweiten Mal Witwe.

Mit Meta hatte Emil die richtige Frau gefunden. Ihre mitreißende Energie und Fröhlichkeit, ihre unermüdliche Fürsorglichkeit und ihr praktischer Sinn waren ihm eine Wohltat. Aber auch Meta war, wie sie mir später versicherte, mit ihm sehr glücklich. Sie war eine jener Frauen, die sich fraglos und kritiklos in der Rolle der Versorgerin wohlfühlen und ihre ganze Identität darauf aufbauen. Emil und auch wir, seine Töchter, profitierten davon.

In den ersten Jahren reisten sie viel. Meta hatte ihre Wohnung in Berlin nicht aufgegeben, so verbrachten sie jeweils mehrere Monate in Berlin, wo sie ihre vielen Freunde aus ihrem gemeinsamen und den jeweils anderen Bekanntenkreisen trafen. Bei ihm in Ekenis blieb sie meist länger, denn sie liebte das Landleben, das ihr ja aus ihrer Kindheit vertraut war. Meta war dir in vieler Weise ähnlich. So wie du war auch sie in Ekenis sofort bei allen Menschen beliebt. Sie wurde als »lustiges Huhn« und hilfsbereite Nachbarin hochgeschätzt. Sie brachte Stimmung in so manche Geburtstags- oder Festtagsgesellschaft. Wenn sie Gäste hatte, überschlug sie sich vor Eifer, ihre Kochkünste vorzuführen. Wo immer sie zusammen auftraten, Meta und ihr Hans waren ein beliebtes Paar. Auch auf ihren gemeinsamen Reisen verstanden sie sich gut. Er zeigte ihr Länder, die du mit ihm schon bereist hattest, sie besuchten Metas Verwandte in mehreren Gegenden Deutschlands. Nur eines vermisste Emil: Meta fuhr nicht Auto wie du und er hatte es ja nicht gelernt, so dass sie immer mit Bahn oder Bus reisen mussten.

Vielleicht gelang ihr Zusammenleben auch deshalb so gut, weil sie finanziell voneinander unabhängig waren, beide bezogen eine ausreichende Rente. Auch gaben sie ihren jeweils eigenen Wohnsitz nicht auf. Obwohl sie am Schluss kaum noch nach Berlin fuhr, empfand Meta ihre Berliner Wohnung als ihr »eigentliches« Zuhause. Beide behielten auf diese Weise ihre Selbständigkeit.

Meta änderte fast nichts an der Wohnungseinrichtung in Ekenis. Die Gardinen, die Bilder an den Wänden, die Möbeleinrichtung: Alles blieb, wie du es zurückgelassen hattest. Ich glaube, es war ihre Form, dich zu ehren. Auch dein Grab auf dem Friedhof pflegte sie hingebungsvoll.

Bis Meta die Lebensgefährtin meines Vaters wurde, war mein Verhältnis zu ihm schwierig. Es waren für mich die Jahre, in denen meine Schuldgefühle dir gegenüber noch immer riesengroß waren. Ich weiß, dass ich es ihm doch ins Geheim übel nahm, über deinen Tod »erleichtert« gewesen zu sein und sich so schnell mit Grete und anderen Frauen getröstet zu haben, obwohl ich ihm vom Verstand her sein neues Leben gönnte. Und auch für meinen Vater blieb ich noch lange die »böse« Tochter. Sein Misstrauen mir gegenüber verlor sich nie. Er verzieh mir nicht, dass ich mich 1963 so brutal von euch getrennt und behauptet hatte, keinen Vater gehabt zu haben. Sah er vielleicht aber auch in mir so etwas wie eine Verkörperung von dir, seiner Käthe, die ihn vorwurfsvoll kritisierte, so schnell nach Ersatz gesucht zu haben?

Denn wie hättest du über deinen Hans gedacht, der sich unmittelbar nach deinem Tod nicht nur einer, sondern gleich mehreren Frauen zuwendete? Wie hättest du dich verhalten, wenn er vor dir gestorben wäre? Hättest du auch versucht, deine alte Jugendliebe, Kurt Lessig, wiederzugewinnen? Hättest du mit ihm – anders als Emil mit seiner Grete – noch eine späte Erfüllung deiner Sehnsucht gefunden? Wahrscheinlicher erscheint mir, dass du allein geblieben wärst wie die meisten Frauen, die nach langen Ehejahren froh sind, keinem Mann mehr »die Strümpfe stopfen« zu müssen, wie es deine Mutter einmal formulierte.

Emil dagegen hatte mit Meta eine Frau gesucht und gefunden, die ihm nicht nur die Strümpfe stopfte, sondern ihn in selbstloser Hingabe umsorgte und damit der traditionellen Frauenrolle genau entsprach. Er konnte sich bequem zurücklehnen und sich endlich als »richtiger« Mann fühlen. Ich gönne meinem Vater diese für ihn schönen Jahre in seinem Alter. Doch ich sehe auch, dass sie nur möglich waren durch die aufopfernde Fürsorge von Frauen – und durch deinen frühen Tod.

Als Meta als deine Nachfolgerin in das Leben meines Vaters trat, verbesserte sich mein Verhältnis zu ihm ein wenig, doch wir blieben uns fremd. Wenn ich ihn zu seinem Geburtstag oder zu einem Feiertag besuchte, unterhielt ich mich meist nur mit Meta, während er Zeitung lesend oder fernsehend im Wohnzimmer saß oder draußen werkelte. Umso glücklicher bin ich, dass es mir kurz vor seinem Tod doch noch gelang, mit meinem Vater Frieden zu schließen. – Ich schaffte es allerdings nie, meine Abneigung gegen das Haus in Ekenis zu überwinden, das für mich der Ort blieb, von dem man dich zum Sterben abgeholt hatte.

Emils Tod

Noch mit 80 Jahren fuhr Emil mit seinem Moped zum Einkaufen oder zum Schwimmen nach Eckernförde. Er kletterte in die Bäume in seinem Garten, um Äpfel zu pflücken. Mit Meta pendelte er zwei- bis dreimal im Jahr zwischen Ekenis und Berlin hin und her. Oft blieb er auch mehrere Wochen allein in seinem Haus. Es ging ihm rundum gut.

Doch im Mai 1987 entdeckte man einen Prostata-Krebs, er wurde im August in Berlin operiert. Als ich ihn kurz darauf wiedersah, fand ich ihn sehr gealtert. Er war ein Greis, der sich nur noch mit schleppenden Schritten vorwärtsbewegte. Auf einem Spaziergang fragte ich ihn, wie er sich fühle. Unwirsch meinte er, dass er ja nun nach der Operation kein Mann mehr sei. Ich versuchte, ihn zu trösten, indem ich ihn an Metas Brustamputation erinnerte, die für sie sicher damals auch mit dem Gefühl verbunden war, keine richtige Frau mehr zu sein, und wie sie trotzdem ihre Freude am Leben behalten hatte. Er schwieg. Und ich verstand, dass es für ihn – anders als für Meta, die damals erst Mitte sechzig gewesen war – jetzt darum ging, sich auf seinen Tod einzustellen. Ich fühlte seine Traurigkeit, Abschied von diesem schönen Leben nehmen zu müssen. Er konnte darüber nicht sprechen, doch in seinen verbitterten Gesichtszügen, in seiner gekrümmten Körperhaltung war alles zu lesen.

Aber er fing sich wieder. Er fuhr weiter Moped, arbeitete im Garten. Viermal war er 1988 mit Meta in Berlin. Ein schwerer Schlag war für ihn der plötzliche Tod seines Bruders Willi im Juli 1988. Wenige Tage vorher hatten sie noch fröhlich in Metas Garten gesessen. Dass gerade Willi, der jüngste der vier Geschwister, als erster sterben musste, erschütterte ihn und seine beiden Schwestern sehr.

Im Winter 1989/1990 nahmen Emils Beschwerden beim Wasserlassen zu. Meta hatte es äußerst schwer mit seiner Versorgung, ständig gab es Missgeschicke. Im April musste er wegen akuter Darmbeschwerden ins Krankenhaus. Mit dem Tag seiner Einweisung, dem 28. April 1990, endeten seine Eintragungen im Kalender. Obwohl er noch drei Jahre lebte, scheint er sich zu diesem Zeitpunkt bereits aufgegeben zu haben. Wenn Meta nicht für ihn gesorgt und seine Lebensgeister immer wieder wachgerüttelt hätte, wäre er, so glaube ich, schon damals bald gestorben.

Im November 1990 wurde ihm ein künstlicher Blasenausgang gelegt. Es war zwar eine große Erleichterung, dass er nun nicht mehr zum Wasserlassen aufstehen musste, doch passierten ständig »Unfälle«. Der Schlauch löste sich, die Öffnung in der Bauchdecke entzündete sich, nur durch Metas Aufmerksamkeit und Sorgfalt wurde Schlimmeres verhindert. Besonders schlimm war das Einkoten. Obwohl er nachts eine Windel trug, wurde oft genug beim Wechseln das Bettzeug beschmutzt. Eigentlich durfte sich Meta die schwere Arbeit seiner Pflege gar nicht aufbürden. Sie war schließlich auch schon über achtzig Jahre alt, dazu stark gehbehindert. Sie hatte allerdings Hilfe: Die Gemeinde-Krankenschwester kam jeden Tag, um Emil zu versorgen. Außerdem wurde Meta von ihrem Sohn und ihrer Schwiegertochter unterstützt, die in die Nähe gezogen waren, nicht zuletzt, um ihr beizustehen.

Immer wieder fragten wir sie, ob es nicht zu viel für sie sei. Wir hätten unseren Vater dann in einem Heim untergebracht. Auch darum hatte sich Meta schon gekümmert und zusammen mit Emil einige Heime besichtigt. Aber solange es ging, wollte sie ihn weiter pflegen. Sie versicherte uns, dass sie diese Aufgabe brauche, um einen Sinn im Leben zu haben. Wenn sie niemanden zu versorgen hätte, wäre sie schon tot wie ihre Schwestern, meinte sie.

Obwohl du im Unterschied zu Meta deinen Lebenssinn nicht primär in der Versorgung anderer sahst, also nicht so stark in der traditionellen Frauenrolle lebtest wie sie, hättest du wahrscheinlich die gleiche Aufopferungsbereitschaft aufgebracht für deinen Hans, auch wenn es dir vielleicht schwerer gefallen wäre als ihr. Und was wäre gewesen, wenn du krank geworden wärest? Hätte Emil dich gepflegt? Niemand, auch nicht wir Töchter, hätten es von ihm mit der gleichen Selbstverständlichkeit erwartet wie von dir. Wahrscheinlich wären Tina und ich dann eingesprungen.

Emil schlief viel und wenn er wach war, schien er abwesend zu sein. Er begriff oft nicht, was Meta oder die Krankenschwester von ihm wollten, und wurde dann wütend und beschimpfte sie. Einmal, als ich dabei war, hatte ich allerdings den Eindruck, dass er in seinem Zorn völlig klar bei Bewusstsein war und seine traurige Situation erfasste; dass seine ärgerliche Reaktion Ausdruck seiner Verzweiflung war, sich wie ein hilfloser Säugling von Frauen behandeln lassen zu müssen und seine Männlichkeit gänzlich verloren zu haben. Vielleicht schützte ihn sein sonst vorherrschender Dämmerzustand davor, diese für ihn unerträgliche Situation wahrnehmen zu müssen. Andererseits war er oft in seinen hellen Momenten sehr lieb und dankte Meta für ihre Fürsorglichkeit oder entschuldigte sich für seine Wutausbrüche.

Emil konnte auch noch ziemlich lange mit einer Geh-Stütze herumlaufen, später setzte er sich mit Metas Hilfe in einen Rollstuhl und sie schob ihn ins Wohnzimmer oder in den Garten, wenn die Sonne schien. Am wohlsten aber war ihm im Bett. Wie ein kleines Kind kuschelte er sich in die Kissen und lächelte selig.

Zu seinem Glück hatte Emil bis zuletzt keine Schmerzen. Ich stelle mir vor, dass er ein schwieriger Patient gewesen wäre, wenn er physisch hätte leiden müssen. Und ebenfalls zu seinem Glück schmeckte ihm bis zuletzt das Essen, fast immer hatte er Appetit. Die Lust am Leben hatte sich für ihn auf die Lust am Essen reduziert. Und da Meta stolz auf ihre Kochkünste war und selbst gern aß, hatten sie beide noch etwas Gemeinsames.

Im März 1993 musste Meta dringend nach Berlin. Sie hatte dafür gesorgt, dass Emil in einem Krankenhaus in Kappeln ein Bett bekam, obwohl er keiner stationären Behandlung bedurfte. Ich übernahm es, meinen Vater ins Krankenhaus zu begleiten, und saß dann in den folgenden Tagen mehrere Stunden täglich an seinem Bett. Anders als Meta hatte ich keine Verantwortung für seine Pflege, sondern bekam noch einmal die Gelegenheit, mich ganz auf meinen Vater einzustellen. Es war nicht leicht für mich. Ich hätte mit ihm zu gern noch »klärende« Gespräche geführt – über seine Kindheit, seine Jugend, über sein Verhältnis zu dir, zu mir. Doch das ging nicht mehr. Wenn ich ihn ansprach, antwortete er nur mit einem einfachen Satz oder Wort und war dann gleich wieder »abwesend«.

Nach einigen Tagen kam mir die Idee, meine Gefühle und Beobachtungen aufzuschreiben. Dadurch fand ich meine innere Ruhe. Diese Aufzeichnungen helfen mir jetzt, mich an die letzten Tage und Stunden, die ich mit meinem Vater verbrachte, zu erinnern.

Er schlief viel und auch während der Phasen des Wachseins dämmerte er meist vor sich hin. Er musste gefüttert werden. Wenn ich ihn fragte, ob er Hunger habe, sagte er jedes Mal: Nein. Doch wenn ich den Löffel zu seinem Mund hob, öffnete er ihn und schluckte. Er aß erstaunlich viel. Einmal wollte er sich aufrichten, wohl um aufzustehen. Ich sagte: »Du musst im Bett bleiben, kannst nicht mehr aufstehen.« Darauf erwiderte er: »Ist ja furchtbar!« Einmal spürte er Harndrang, obwohl er ja nicht mehr normal Wasser lassen konnte. »Mensch, ick muss pullern«, entfuhr es ihm in der Sprache seiner Kindheit. Als ich ihm den Mund abputzte, dankte er mir: »Ach Nanniken, dass du mich so verwöhnst!« Er bemerkte das Notizheft auf meinem Schoß und fragte: »Hast du ein Buch mit zum Lesen?« Ich war gerührt: Mein Vater zeigte Interesse für mich.

Ich beobachtete ihn: Wenn er sein Gebiss herausgenommen hatte, waren seine Gesichtszüge wegen der eingefallenen Wangen furchtbar entstellt. Sein rechtes Bein war angeschwollen und fast doppelt so dick wie das andere. Seine Haut war überall durchsichtig wie Pergament. Gegen Ende seines Krankenhausaufenthalts war sein Rücken an mehreren Stellen wund, was ich zu spät bemerkte, weil ich immer aus dem Zimmer ging, wenn die Schwestern ihn versorgten. Zu Hause war das nicht vorgekommen, denn Meta und die Gemeindekrankenschwester hatten immer sorgfältig darauf geachtet, dass er eingekremt wurde. Ich machte mir Vorwürfe, nicht besser aufgepasst zu haben. Als er daheim war, heilten diese Wunden jedoch wieder.

Und dann erlebte ich seinen Zorn und seine angstvolle Wut, als man ihm Schmerz zufügte, er aber nicht verstand, weshalb. Er musste eine Infusion bekommen, der Einstich tat ihm weh er wollte die Nadel herausreißen. Ich redete auf ihn ein, er schaute mich verständnislos an und versuchte weiter, sich von dem lästigen Gegenstand zu befreien. Man band seinen Arm am Gitter des Bettes fest und bat mich, seine Hand auf das Kissen zu drücken, bis die Infusionsflasche leer war. Er bäumte sich gegen die Fesseln und meine Hand auf, brüllte mehrmals laut. Meine Erklärungen erreichten ihn nicht. Mit einer tiefen senkrechten Zornesfalte auf der Stirn starrte er mich an, sein zahnloses, verzerrtes Gesicht war schrecklich anzusehen. Ich versuchte, ihn mit der anderen Hand über den Kopf zu streicheln, er wandte sich mit einem Ruck ab.

Ich litt mit ihm, aber da war auch ein Gefühl von Vorwurf, dass er sich so würdelos verhielt. Ich wünschte mir einen Vater, der seinem bevorstehenden Ende mutig entgegensah und sich nicht wie ein Kleinkind benahm.

Doch plötzlich war mein Zorn verflogen. Ich fühlte, dass seine Wut ein Zeichen seiner verbliebenen Lebenskraft war. Bäumte er sich vielleicht gegen mich auf, weil ihm meine Geste wie eine würdelose Behandlung seiner Person erschien? Wollte er von mir nicht gestreichelt werden, weil das für ihn bedeutete, schwach zu sein? Und war sein Wutausbruch nicht vielleicht sogar eine Reaktion auf meine Enttäuschung und Wut, die er in meinem Gesicht gelesen hatte? Ich bemerkte plötzlich, dass ich meine Lippen genauso zusammengepresst hielt wie er! War ich mit meinem Zorn mehr Tochter meines Vaters als ich mir selbst eingestehen wollte?

Ich hielt noch immer seine Hand fest, während er sich dagegen wehrte. Da fand ich auf einmal Worte, so als wären sie mir eingegeben worden: »Es ist hell und warm, die Sonne scheint (sie schien tatsächlich auf sein Bett) – die Vögel zwitschern (man hörte die Spatzen draußen) – Vögelchen unter dem Flügel der Mutter – die Mutter wartet auf dich – die Arbeit ist getan.«

Es war verblüffend zu beobachten, wie er auf einmal ruhig wurde, sich zurücklehnte und ermattet die Augen schloss. Ich fuhr fort: »Die Sonne sinkt – die Schatten kommen – du gehst langsam (seine Beine ruckten) – du siehst (seine Augäpfel bewegten sich unter den geschlossenen Lidern) – du riechst (er schreckte auf, ich vermute, weil eine Geruchserinnerung in ihm ein Erlebnis zurückrief) – da ist ein Haus – du kommst nach Haus – das Bett – warm – schlafen – ganz tief.«

Ich konnte es nicht fassen: Bei diesen letzten Worten schnarchte er! Als man die Tropf-Nadel entfernte, wachte er nicht auf.

Ich hatte entdeckt, wie ich mich meinem Vater verständlich machen konnte und sogar nonverbale »Antworten« von ihm bekam. Während der restlichen Tage an seinem Bett nutzte ich jede Gelegenheit, um ihm im Schlaf mit leiser, aber eindringlicher Stimme einfache Worte und Sätze zu sagen, die ihm den Abschied vom Leben erleichtern konnten. Was ich in Trance- und Hypnose-Workshops gelernt hatte, konnte ich hier bei meinem eigenen Vater anwenden: Ich achtete auf den Rhythmus seines Atems, sprach, wenn er ein- oder ausatmete, und machte lange Pausen zwischen jedem Satz oder einzelnen Worten. Wenn er aus dem Schlaf auftauchte, redete ich normal mit ihm, gab ihm etwas zu trinken, zeigte auf Gegenstände im Raum. Aber sobald er wieder einschlief, fuhr ich fort, suggestive Worte zu sprechen: »Feierabend – ausruhen – Arbeit ist getan – es ist genug – aus – ausruhen – vorbei – lass los – Ende – endlich – gut – es wird dunkel – die Augen zu – weich – warm – liegen im Bett – Stille – so schön – das Ganze – alles – war gut (er stöhnte auf) – schön, reich, gut – Freude (er knurrte) – du darfst – endlich – schlafen – müde – heilen – Heiland – Ruhe – Frieden – schlafen – tiefer.«

Obwohl er nicht erkältet war, hustete er viel während meiner Worte. Bezeichnenderweise musste ich dabei auch husten. Es war wie ein Zeichen unserer tiefen Verbundenheit. Eine mich völlig überraschende und zugleich amüsierende Reaktion kam von ihm auf das Wort »Liebe«: Er gab einen lauten Wind von sich und ruckte heftig mit dem ganzen Körper!

Am Abend rief ich meine Schwester an und berichtete ihr von meiner erstaunlichen Entdeckung. Ich besprach mit ihr, ob ich auch das Wort »sterben« oder »Tod« sagen dürfte, denn das hatte ich bislang vermieden. Sie bestärkte mich darin, es zu wagen. Und so wiederholte ich ab dem nächsten Tag in ständiger Folge: »Müssen Abschied nehmen – wenn du willst, kannst du sterben – ich bin die Nanni, dein Nanniken, ich hab dich lieb (Tränen bei mir) – alle haben dich lieb, Tina, Meta – Käthe ist schon gestorben – alle müssen wir sterben – traurig, aber es muss sein – du willst nicht mehr – du willst sterben (er hustete, stöhnte) – alle wollten was von dir – aber jetzt ist es vorbei – du bist woanders – wo es hell ist – warm – es hat keinen Sinn mehr – es ist besser, wenn du stirbst – wir sind da – wenn du willst – wenn du bleiben willst, sind wir auch da – es wird schlimmer – immer weniger – du bist sehr alt – es wird jetzt ernst – Meta kann auch nicht mehr – und alles, das ganze Leben hat Sinn – du verstehst es – es wird dunkel, Nacht – das Ende vom Leben – dankbar – heilen.«

Zu meiner Überraschung sagte er an dieser Stelle ganz laut: »Das schöne Gebäude.« Ich griff das Bild auf und fuhr fort: »Guck's dir an – kannst reingehen – innen – wo's schön ist – das Leben von Anfang bis Ende – die Jahre – gesund und heil – einschlafen – leicht – wie sterben – in Ruhe lassen – loslassen – haste gut gemacht – nun ist es fertig – nun ist es aus.«

Da kreuzte er seine Arme über der Brust, legte die Hände oben an seinen Hals. Ich hatte den Eindruck, als wollte er sich mit dieser unbewussten Geste vor mir schützen. Ich war offenbar zu weit gegangen, er konnte den Gedanken an den Tod so direkt noch nicht zulassen. Doch sein Gesicht war gelöst und entspannt, die Stirnfalte verschwunden. Seine gekreuzten Hände zitterten leicht. Er hustete, stöhnte und wachte dann auf.

Während der Tage, die ich bei ihm zubrachte, waren meine Gedanken ständig bei dir. Wie schön wäre es gewesen, wenn ich auch von dir so gut Abschied hätte nehmen können wie von ihm. Zwar hatte ich Jahre nach deinem Tod Frieden mit dir machen können, doch wie viel heilsamer wäre es gewesen, wenn wir es zu deinen Lebzeiten geschafft hätten. Warum konntest du nicht bleiben, bis ich so weit war, fragte ich mich traurig. Denn ich war sicher: Selbst wenn dein Tod nicht so plötzlich gekommen wäre, hätte ich damals nicht die Kraft gehabt, dich zu begleiten, wie es mir bei meinem Vater gelang. Meine Schuldgefühle standen mir noch im Weg. Und da war es ein tröstlicher Gedanke, mir klarzumachen, dass meine Trauerarbeit um deinen Tod – also indirekt du selbst – mir die Kraft gab, meinem Vater, deinem Hans, bei seinem Sterben beizustehen.

Einen Tag nach meiner Abreise kam Meta aus Berlin zurück und nahm ihren Hans wieder mit nach Hause. Sechs Wochen später, am 13. Mai 1993 starb er. Am Abend hatte er noch mit Appetit gegessen, am Morgen begann sein Atem schwer zu werden. Meta benachrichtigte uns telefonisch, dass es zu Ende ginge. Um 17 Uhr war er tot. Sie hatte bei geöffneter Tür im Zimmer nebenan gesessen, hatte selbst ein wenig geschlafen und war aufgewacht mit dem Gefühl, dass etwas nicht stimmte: Das in den letzten Stunden röchelnde Geräusch seines Atems war nicht mehr zu hören gewesen.

Meine Schwester und ich waren am nächsten Tag in Ekenis. Meta empfing mich mit verweinten Augen. Dennoch hatte sie, fürsorglich wie immer, für unser leibliches Wohl gesorgt: Ein Eintopf stand bereits auf dem Herd. Während ich die Linsensuppe löffelte, erzählte sie mir Einzelheiten über Emils Sterben: Nach dem Krankenhausaufenthalt hatte er in den ersten Tagen eine Zeit lang geschrien, aber nicht aus Schmerz, das konnte sie erkennen. »Es war so, als ob ein Tier brüllt«, sagte sie. Als er einmal gar nicht aufhören wollte, hatte sie in gleicher Lautstärke zurückgeschrien. Da sei er verstummt. Nach zwei oder drei Tagen sei er wieder friedlich gewesen. Ich erzählte Meta nichts von meinen »Gesprächen« mit ihm während meines letzten Besuches. Doch mir erschien dieses Schreien wie eine verspätete Antwort auf meine Worte, so, als habe er tief in seiner Seele erst Tage später verstanden, dass er nun sterben musste.

Mit Tina fuhr ich zur Leichenhalle neben dem Friedhof. Sie hatte unseren Vater schon aufgebahrt gesehen und wollte nicht noch einmal mitkommen. Ich ging allein in den winzigen Raum, in dessen Mitte der offene Sarg stand. Meta hatte dafür gesorgt, dass er kein Leichenhemd, sondern seinen besten Anzug trug. Sie hatte mitgeholfen, ihn anzuziehen, bevor er aus dem Haus geholt worden war, sogar einen Schlips hatte sie ihm umgebunden. Ich war ihr dankbar dafür, denn so erschien er mir auch im Tod überhaupt nicht fremd.

Sein Kopf auf dem weißen, glänzenden Kissen war ein wenig hochgehoben, so dass ich ihm direkt ins Gesicht sehen konnte. Er wirkte auf mich unverändert, so wie ich ihn beim letzten Mal im Schlaf gesehen hatte. Keine Verklärung, kein Lächeln, nur eben sein vertrautes Gesicht. – Aber nein, es war doch anders: Nichts bewegte sich, kein Atem, kein Vibrieren der Augenlider. Ich ging um das Kopfende des Sarges herum und berührte von oben seine Stirn. Wie erschreckend kalt sie war! Das hatte ich nicht erwartet. Sie fühlte sich an wie Eis. Ich betrachtete seine Hände, die man übereinandergelegt hatte. Die gekrümmten Finger rührten mich. Seine Tischlerfinger, die schon früh in seinem Leben verletzt wurden und dann verkrüppelt blieben, würde er nie wieder gebrauchen.

Ich weinte nicht, weil ich zu sehr damit beschäftigt war, alles wahrzunehmen. »Leb wohl«, flüsterte ich leise, korrigierte mich dann aber und sagte: »Adieu.« – Erst nachher flossen meine Tränen. Ich dachte auch erst später daran, dass du ja in demselben Raum gelegen hattest wie er und ich damals leider nicht den Mut fand, so von dir Abschied zu nehmen wie von meinem Vater.

Zur Beerdigungsfeier kamen beide Schwestern Emils. Lene war schon 89, Frieda 80 Jahre alt. Willis drei Söhne waren auch gekommen, um ihren vor fünf Jahren verstorbenen Vater zu vertreten, aber auch, um ihrem Onkel Emil eine letzte Ehre zu erweisen. Wieder saßen wir in der Borener Kirche, die Orgel spielte. Seit deinem Tod hatte ich die Kirche nicht mehr betreten. Diesmal hatten Tina und ich Meta in unsere Mitte genommen. Es war ein strahlender Mai-Tag, die Sonne schien, als Emils Sarg in das offene Grab neben dir hinuntergelassen wurde.

Meta blieb allein in Ekenis. Sie hatte sich auf dem Borener Friedhof ein Grab gekauft, nicht neben deinem und Emils Grab, sondern in einem anderen Teil des Friedhofs. Dort haben wir sie eineinhalb Jahre nach Emils Tod begraben.

Die Schatten der Vergangenheit

Auch die folgenden Geschichten gehören nicht eigentlich zu deiner Geschichte. Dennoch erzähle ich sie hier zum Abschluss, weil ich mir wünsche, du hättest sie noch erleben können, denn sie hätten dich, dessen bin ich sicher, sehr froh gemacht.

Am 9. November 1989, wenig mehr als drei Jahre vor Emils Tod, fiel die Mauer zwischen Ost und West. Wenige Tage danach feierte Meta ihren achtzigsten Geburtstag in Berlin in einem großen Kreis von Verwandten und Freunden, darunter entfernte Verwandte aus Rostock, die ihren ersten Aufenthalt im Westen mit einem Besuch auf Metas Fest verbanden. Ich war aus Bonn angereist und wir witzelten, dass Gorbatschow ihr den Fall der Mauer als persönliches Geburtstagsgeschenk zugedacht habe. Obwohl Emil damals nur noch wenig Interesse an der großen Politik hatte, war auch seine Freude über dieses unglaubliche, von niemandem erwartete Ereignis riesengroß. »Die Mauer bröckelt!«, notierte er in seinem Taschenkalender. Wie hättest auch du dich gefreut.

Anfangs begriffen wir noch nicht, was die Wende für uns persönlich bedeutete. Aber bald war uns klar, dass wir auf das Haus deines Vaters in Pankow einen Anspruch erheben konnten. Im Januar 1990, als ich erneut in Berlin war, fuhren Tina und ich in die Augustastraße und sahen uns das Haus an. Es war bewohnt, doch sein baulicher Zustand war äußerst schlecht. Kurz nachdem Emil, der ja zunächst dein Erbe war, den Antrag auf »Rückübertragung« gestellt hatte, überschrieb er Tina und mir den Besitz, weil er nichts damit zu tun haben wollte: »Es ist ja doch alles für euch«, meinte er. Erst 1996, also sechs Jahre nach der Antragsstellung – Emil war schon fast drei Jahre tot und auch Meta hatten wir zu Grabe getragen –, erhielten wir den definitiven Bescheid, dass uns jetzt das Haus gehörte.

Wir fragten uns, was wir tun sollten: Es behalten und sanieren? Erfahrene Freunde rieten zum Verkauf: Ein altes Haus in Stand zu setzen, verursacht viel Stress und kostet viel Geld, wir sollten uns besser von dem Kauferlös ein schönes Leben gönnen, meinten sie.

Doch genau zwei Monate vor der offiziellen Übergabe wurde eine Wohnung im Erdgeschoss frei – es war diejenige, in der dein Vater mit Anni, seiner letzten Frau, gelebt hatte! Wir nahmen es als ein Zeichen, das Haus zu behalten und auch die Wohnung nicht wieder zu vermieten, sondern sie selbst zu nutzen. Wir hatten das Gefühl, dass auch du so entschieden hättest.

Mit einigen eurer Möbel und Gegenständen aus dem aufgelösten Haushalt in Ekenis richteten wir unsere neue Wohnung ein, so dass ich nun Geschirr, Besteck, kleine Dinge, die du so liebtest, benutze, wenn ich während meiner Berlin-Aufenthalte in der Augustastraße wohne. Sogar eine kleine Schale aus Richards Erbe, die du damals nach West-Berlin geschmuggelt hattest, kehrte in seine letzte Wohnung zurück – für mich ein Symbol für die alptraumartigen Erlebnisse, die du mit Erich Neu und dem von ihm veruntreuten Inventar in dieser Wohnung hattest.

Hier verbrachte ich zwischen 1996 und 1998 viele Wochen, um die Bauarbeiten im und am Haus zu beaufsichtigen. Die Warnungen vor dem Stress und den Belastungen durch ein solches Unternehmen waren leider mehr als berechtigt! Und hier in dieser Wohnung schrieb ich an deiner Geschichte weiter, die ich kurz zuvor begonnen hatte. Das Zimmer, in dem dein Vater starb, wurde mein Arbeitszimmer. Fotos von dir und deinem Vater standen vor mir. Ich schaute euch an und mir war, als ob ihr über mich und mein Schreiben wachtet.

Ich fühlte mich in dieser Wohnung sehr wohl und schrieb ein Kapitel nach dem anderen. Vor Ort zu sein, war nützlich, denn ich konnte auf Ämtern, in Archiven und bei Berliner Verwandten weitere Nachforschungen betreiben. Von hier aus fuhr ich nach Polen, um Schulitz, den Geburtsort deines Vaters, kennen zu lernen, ebenso nach

Maust, wo ich mir den Hof deiner Großeltern Perko anschaute. Auch meine Fahrt nach Greifenhagen, Emils Geburtsstadt, begann in Pankow. Ich unternahm Tagesausflüge zu all den Orten rund um Berlin, die ich von euch nur dem Namen nach kannte, weil sie vor der Wende in einem »fernen Land« gelegen hatten.

Auch Ost-Berlin war für mich zunächst eine fremde Stadt, denn vor dem Mauerbau war ich selten »im Osten« gewesen und danach nur zu Kurzbesuchen. Noch immer ist es für mich ein aufregendes Abenteuer, in meiner alt-neuen Heimatstadt auf Entdeckungsreise zu gehen, vor allem, da sie jetzt als neu-alte Bundeshauptstadt eine große Anziehungs- und Ausstrahlungskraft hat.

Und hier in Pankow, in der Augustastraße, in Richards Haus, in seiner Wohnung, in dem Zimmer, in dem er gestorben war, führte ich das erste Telefongespräch mit Ulrich Adalberts und erfuhr von ihm die andere Geschichte über die reiche Erbschaft deines Vaters vor mehr als 45 Jahren, von der ich bereits berichtet habe. Ich frage mich, was wohl deine Gefühle gewesen wären, wenn du diese Geschichte mit mir zusammen entdeckt hättest. Wärst du genau so überrascht gewesen wie ich?

Ich sehe uns, wie wir beide zusammen, so wie ich wenige Tage später allein, Ulrich Adalberts besucht hätten und du deinen Stief-Stief-Bruder kennen gelernt hättest, denn so könnte man wohl den Stiefsohn der dritten Frau deines Vaters in Bezug auf dich bezeichnen. Wir hätten zusammen die Dokumente und Fotos studiert, die er hervorholte, und du hättest mit mir auf den Fotos die Möbel, Kunstgegenstände und Bilder wiederentdeckt, um die dich Erich Neu betrogen hatte. Ich war verblüfft, sogar das Gemälde »Bethseba im Bade«, um das du so gekämpft hättest, auf einem Foto zu erkennen.

Vor allem aber wärst du sicher wie ich geschockt gewesen, die Geschichte von dem Testament, das dein Vater vernichtet hatte, zu hören. Zwar hatte Ulrich Adalberts versäumt, schon in früheren Jahren von seiner Stiefmutter zu verlangen, dass sie ihm sein Pflichtteil aus dem Erbe seines Vaters auszahlte. Er hätte es deshalb schwer gehabt, seinen Anspruch juristisch durchzusetzen. Dennoch, wenn dein Vater nicht so geldgierig gewesen wäre, hätte er von sich aus mit Ulrich Adalberts das Erbe teilen müssen, weil dieser einen sehr viel größeren Anspruch darauf hatte als er.

Ich fragte Ulrich Adalberts, ob er nicht verbittert sei über das Unrecht, das ihm angetan worden war. Er meinte, dass es damals vor über vierzig Jahren für ihn sehr schwer gewesen sei, dass aber jetzt für ihn alles Vergangenheit sei. Besitz sei ja nicht alles, was im Leben zähle. Selbst wenn er wüsste, dass er noch einen Prozess gewinnen könnte, würde er nichts mehr unternehmen. »Vergangenes soll man ruhen lassen«, sagte er.

Bei meinem zweiten Besuch fragte ich ihn, was mein Auftauchen in seinem Leben für ihn bedeute, ob er nicht jetzt das Gefühl habe, dass ich als Enkelin von Richard Schiddel ihm gegenüber noch etwas gutmachen müsste. »Aber wieso denn«, meinte er gelassen und ohne ein Schwanken in der Stimme. »Das ist Vergangenheit. Dass Sie jetzt hier sind, dass Sie mich gefunden haben, das ist wunderbar! Schreiben Sie Ihr Buch – das ist für mich genug!«

Inzwischen duzen wir uns. Wir telefonieren und er freut sich über meine Postkarten von meinen Reisen. Wenn ich in Berlin bin, besuche ich ihn. – Und so schließt sich der Kreis: Was du von deinem Vater nicht nehmen konntest, das dürfen wir, deine Töchter, dankbar genießen.

Ausblick

Dies ist also die Geschichte meiner Mutter Käthe, genauer gesagt, die Geschichte, die ich, ihre Tochter, zum jetzigen Zeitpunkt meines Lebens über sie erzählen kann. Zu anderen Zeiten, etwa kurz nach ihrem Tod, aber auch noch vor dem Aufschreiben wäre es eine andere Geschichte geworden. Und sie wird sich auch in Zukunft weiter verändern, so wie ich mich verändern werde. Denn ihre Geschichte ist ein Teil von mir, ist »die Mutter in mir«.

Wenn ich in den letzten Jahren mit Freundinnen oder auch in der Öffentlichkeit darüber sprach, dass ich mich mit der Geschichte meiner Mutter befasste, stieß ich fast immer auf lebhaftes Interesse. Frauen begannen meist sofort, mir von ihrer eigenen Mutterbeziehung zu erzählen, und fast ausnahmslos waren es Schreckensgeschichten von Müttern, die mehr oder weniger als Versagerinnen in ihrer Mutterrolle dargestellt wurden. Dabei variierten die Beschreibungen ihres Versagens enorm: Die Mütter wurden als egoistisch oder überfürsorglich, zu berufsbezogen oder nicht eigenständig genug, lieblos oder erdrückend beschrieben. Unabhängig von konkreten Inhalten, so scheint es, ist das vorherrschende Muster für die Mutterbeziehung aus der Sicht der Töchter die Mütter-Schelte.

Und auch die Mütter beklagen sich über ihre Töchter, wobei der Ton allerdings ein anderer ist: Mütter fragen sich sehr viel häufiger selbst, was sie denn nur falsch gemacht hätten, oft beschuldigen sie auch andere, einen »schlechten Einfluss« auf die Tochter ausgeübt zu haben. Immer spüre ich bei den Töchtern wie bei den Müttern Traurigkeit, manchmal sogar Verzweiflung, dass es nicht gelingt, mit der anderen wieder in Harmonie zu leben. Jede ist der Meinung, alles versucht zu haben, um die andere »zur Vernunft« zu bringen, und beide sind davon überzeugt, dass es an der Uneinsichtigkeit, Sturheit, an irgendwelchen Charaktereigenschaften der anderen liegt, dass sie sich nicht verstehen.

Doch das ist ein Irrtum! Meine eigene Erfahrung aus vielen Gesprächen mit Frauen in meinem Freundinnenkreis oder in meinen Mutter-Tochter-Seminaren hat mir gezeigt, dass keine noch so erstarrte Mutter-Tochter-Beziehung in einer Verhärtung stecken bleiben muss, sondern dass es immer für beide einen Weg gibt, die Liebe, die sie trotz allem füreinander empfinden und die sich in ihrem

Wunsch nach Verbesserung ihrer gestörten Beziehung ausdrückt, wieder zum Fließen zu bringen.

Jede kann den Anfang machen, um den Versöhnungsprozess in Gang zu bringen. Ich habe es mit meiner Mutter nicht mehr zu ihren Lebzeiten geschafft und wünsche deshalb jeder Frau, dass sie als Tochter oder Mutter den Mut und die Überwindung aufbringt, um sich der anderen wieder zu nähern. Obwohl jede Mutter-Tochter-Geschichte eine andere ist, glaube ich, dass bestimmte Schritte immer oder grundsätzlich für eine solche Hinwendung notwendig sind. Ich beginne mit der Tochter, zum einen, weil ich hier in meinem Buch diese Sichtweise eingenommen habe, zum anderen, weil nicht alle Frauen Töchter haben, wir aber alle Töchter sind.

Als erstes muss sich die Tochter auf den Weg machen, ihre eigene Geschichte zu finden. Ich habe diesen Weg schon während meines Studiums, dann aber vor allem nach meinem Schock über den plötzlichen Tod meiner Mutter gesucht. Auch bei anderen Frauen ist es meist ein einschneidendes Lebensereignis, das ihnen den Anstoß gibt, einmal in ihre Kindheit hinabzutauchen. Bei schweren Traumatisierungen ist ein solcher Weg nur mit therapeutischer Hilfe möglich. Und auch in weniger belasteten Kindheitsgeschichten ist eine stützende Begleitung hilfreich. Ich bin im übrigen der Meinung, dass Frauen, auch wenn sie keine professionellen Expertinnen sind, für einander oft eine sehr gute Stütze sind.

Es geht darum, sich der Gefühle wieder bewusst zu werden, die wir als Kind für unsere Mutter empfanden. Vieles, was zu schmerzhaft war, Verrat und Verstoßung, körperlicher oder seelischer Missbrauch, wurde verdrängt und muss mühsam erinnert werden. Manchmal gilt es aber auch, positive Gefühle zur Mutter wieder zu entdecken, die aus unterschiedlichsten Gründen der Verdrängung anheim fielen. Die Vielfalt dessen, was wir als Kinder nicht wahrhaben durften oder wollten und deshalb ins Unbewusste verdrängen mussten, ist so reich wie das Leben selbst.

Wenn es uns gelingt, in einem solchen Prozess den Kontakt zu dem Kind, das wir einmal waren, wieder herzustellen, kann das zu einer gewaltigen Gefühlsexplosion führen. Oft ist Wut die erste Reaktion, aber auch Trauer, Schmerz und immer wieder Sehnsucht und Liebe.

Und nun sollte der zweite Schritt folgen: Wir konfrontieren unsere Mutter mit der Erkenntnis, in welcher Weise sie an unserem Leiden beteiligt war. So war es bei mir, nachdem ich mit 27 Jahren zum erstenmal eine Verbindung zwischen meinen damaligen aktuellen Partnerproblemen und meiner Mutterbindung herstellte. Es war für mich außerordentlich wichtig, meiner Mutter jene heftige Auseinandersetzung zugemutet zu haben. Und ich bin ihr dankbar dafür, dass sie damals, wenn auch äußerst widerwillig und mit großen Schmerzen, meine Angriffe aushielt.

Ich meine, dass jede Frau das Recht hat, ihrer Mutter zuzumuten, sich ihre Geschichte anzuhören. Wir können von unserer Mutter verlangen, dass sie sich vor Augen führt, wie wir uns von ihr verletzt, verlassen, überfordert, gefesselt fühlten oder was auch immer unsere Vorwürfe sind. Auch wenn sie nichts dafür konnte, auch wenn sie unsere Beschuldigungen für ungerecht oder falsch hält – wir sind berechtigt, unsere andere Sicht dagegenzusetzen.

Bis zu diesem Punkt kommen viele von uns. Doch wenn wir als Töchter auf dieser Stufe stehen bleiben und es nicht schaffen, aus der Vorwurfshaltung herauszukommen, sondern – so wie ich – fortfahren, die Mutter wegen ihrer »Fehler« und »Mängel« zu beschuldigen, dann bleiben wir Gefangene unserer Vergangenheit und kommen nicht weiter. Ich blieb mit meiner Mutter verstrickt, solange ich versuchte, sie zu retten, oder von ihr verlangte, dass sie sich ändere. Denn dahinter stand mein sehnlicher, aber unerfüllbarer Wunsch, in der Kindheit eine »bessere Mutter« gehabt zu haben. Ich wollte nicht wahrhaben, dass die Vergangenheit nicht rückgängig gemacht werden kann.

Wir müssen den nächsten, dritten Schritt tun, ohne den Versöhnung nicht möglich ist. Er führt zur Mutter zurück, nicht zur Mutter unserer Kindheit, nicht zur Mutter der Gegenwart, sondern zu einer Frau, die eine Geschichte hatte, von der wir als Tochter meist sehr wenig wissen. Es geht darum, die Mutter als ganze Person mit ihren Stärken und Schwächen, ihren hellen und dunklen, ihren heilenden und zerstörerischen Seiten kennen zu lernen und zu akzeptieren. Wenn wir uns bis dahin darauf fixiert haben, sie unter dem engen Blickwinkel der vorwurfsvollen Tochter zu betrachten, steht jetzt an, sozusagen auf ihre Seite überzuwechseln und die Welt mit ihren Augen zu betrachten, einschließlich unserer eigenen Person, ihrer Tochter. Das heißt, dass wir die Lebensauffassung der Mutter ernst nehmen und respektieren, im Grunde genommen also das tun, was wir uns selbst, bezogen auf unsere Anschauungen, von ihr wünschen. Wenn wir schon über lange

Zeit unserer Mutter nur mit Vorwürfen begegnet sind, wird uns dieser Schritt nicht leicht fallen. Viele Frauen glauben auch, dass es sinnlos sei, einen solchen Versuch zu unternehmen, weil sie davon überzeugt sind, dass die Mutter zu keiner Einsicht bereit sei und sich der Tochter gegenüber vollkommen verschließe.

Aus meiner eigenen Erfahrung kann ich dazu nichts sagen, denn meine Mutter starb, bevor ich einen ernsthaften Versuch machen konnte, mich auf ihre Geschichte einzulassen. Jetzt nach ihrem Tod war es zwar mühsam, ihr Leben zu rekonstruieren, weil ich so wenig Material hatte und sie nicht mehr selbst befragen konnte, doch ich brauchte mich auch nicht mit ihren Widerständen auseinander zu setzen, die sie sicher gehabt hätte. Dennoch habe ich bei Freundinnen und Teilnehmerinnen meiner Seminare erlebt, dass es möglich ist, sogar in extrem verhärteten Mutter-Tochter-Beziehungen einen Zugang zum Herzen der Mutter zu finden.

Die Tochter braucht viel Geduld und Einfühlung angesichts der Empfindlichkeit der Mutter. Die Unterstützung von anderen Frauen, die mit ihrer Mutter einen ähnlichen Weg gehen oder gegangen sind, ist dabei hilfreich. Bücher, in denen Mutter-Tochter-Geschichten beschrieben werden, können beiden anregende und stärkende Impulse vermitteln. Unabdingbar ist eine Grundhaltung der Ehrlichkeit und Offenheit seitens der Tochter. Wenn sie mit ihren Fragen immer noch beabsichtigt, der Mutter eine Äußerung zu entlocken, die sie ihr später vorwerfen kann, wird die Mutter sich zu Recht verweigern. Jede Mutter spürt aber sofort, so denke ich, wenn die Tochter ein ehrliches Interesse an ihrer Geschichte hat, und ist dann bereit, sich ihr zuzuwenden.

Familienfotos oder Filmaufzeichnungen sind oft ein hervorragender Zugang zu einem Gespräch. Auch wenn wir die Bilder gut kennen, können wir der Mutter vorschlagen, uns noch einmal die dazugehörigen Geschichten zu erzählen. Vielleicht holen wir eine Freundin dazu und bitten die Mutter, ihr aus der Vergangenheit zu berichten. Achten wir auf Themen und Vorkommnisse, die sich in den verschiedenen Generationen wiederholen, wie in der Familie meiner Mutter das Thema des eigenen Hauses, und fragen nach, wo wir etwas Neues hören.

Zeichnen wir mit der Mutter eine Familientafel und lassen uns zu jeder Person nicht nur die genauen Daten nennen, sondern auch alle Geschichten erzählen, die sie erinnert. Achten wir darauf, welche Geschichten sie auslässt und fragen wir behutsam nach, weshalb sie dazu nichts sagt. Vielleicht geht es um ein Tabu, von dem sie nicht sprechen darf, vielleicht aber hat sie sich selbst noch nie die Frage gestellt, weshalb es in ihrem Wissen über manche Personen ihrer Familie Lücken gibt. Wenn sie bereit ist, können wir gemeinsam auf die Spurensuche gehen und vielleicht verborgene Schätze oder aber auch dunkle Geheimnisse ans Licht holen.

Der gemeinsame Besuch der Stätten ihrer Kindheit, und zwar der Orte, wo die Mutter Kind war, ebenso wie der, in denen die Tochter ihre Kindheit mit der Mutter verlebte, kann für beide eine bewegende und verbindende Erfahrung sein. Ebenso kann die Begegnung mit Verwandten, Bekannten, Freunden und Freundinnen aus diesen frühen Zeiten, um von ihnen neue oder alte Geschichten zu hören, zu veränderten Sichtweisen und damit zur Öffnung verschlossener Türen führen.

Während ich diese Empfehlungen für uns Töchter hier notiere, fühle ich eine tiefe Traurigkeit, dass ich selbst es versäumte, diesen Weg mit meiner Mutter zu gehen. Nicht nur, weil ich dann eine ganz andere, lebendigere und farbigere Geschichte über sie hätte schreiben können, sondern vor allem, weil wir eine gemeinsame Geschichte gewonnen hätten, die noch weiter in unsere Zukunft hätte fortgeschrieben werden können bis zu ihrem, bis zu meinem Tod. Es war unangemessene Überheblichkeit von mir zu glauben, ich könnte meine Mutter »retten«, doch ohne Zweifel wäre ein gemeinsames Neu-Schreiben unserer Geschichte heilend für sie und mich gewesen.

Denn Ziel eines solchen Prozesses ist es, dass wir, Tochter und Mutter, eine gemeinsame Geschichte finden, die unser beider Leben als eng miteinander verbunden beschreibt, ohne die Unterschiede zwischen uns zu verwischen. Nicht die Loslösung, die Trennung von der Mutter, wie die meisten, von Männern entwickelten psychologischen Theorien behaupten, ist in meinen Augen der Weg zu unserer Befreiung, sondern die Rückkehr zu unseren Wurzeln in der Verbundenheit mit der Mutter, wie wir sie von Anbeginn unseres Lebens, auch schon vor unserer Geburt in ihrem Bauch erlebten.

Im Gegensatz zu der Vorstellung, dass wir uns als Töchter von unserer Mutter trennen oder ablösen müssten, was im übrigen ja nie gelingen kann, bedeutet dieses Finden unserer gemeinsamen Geschichte eine lebenslange Suche, die, wenn eine der beiden schon gestorben ist, auch für die Überlebende nicht aufhört. Ich erfahre ständig, wie meine Mutter als Stimme, als Gefühl oder als Bild in mir auftaucht und ich mich erneut mit ihr auseinandersetzen muss. Als ich begann, ihre Geschichte für eine Öffentlichkeit aufzuschreiben, war diese Auseinandersetzung besonders heftig. Immer wieder musste ich mit der »Mutter in mir« ringen, bis ich eine gemeinsame Geschichte fand, mit der ich weitergehen konnte. – Mit der lebenden Mutter ist ein solcher Prozess ein anderer. Denn die gemeinsame Geschichte wird von Mutter und Tochter gelebt, also in einer sehr viel intensiveren Form zwischen ihnen ausgetauscht, so dass Veränderungen zu ständig neuer Praxis führen. Ob dies leichter oder schwerer ist, vermag ich nicht zu entscheiden. Auf jeden Fall aber kann das Finden einer gemeinsamen Geschichte das Vergangene in Kraft für die Gegenwart umwandeln, die für die Gestaltung der Zukunft wirken kann.

An dieser Stelle frage ich mich nun auch, was meine Mutter zu unserer Versöhnung hätte beitragen können. Und das ist zugleich eine Frage an mich und an alle Frauen, die nicht nur Tochter, sondern auch Mutter einer Tochter sind: Wie sollen wir mit unseren widerspenstigen, anklagenden Töchtern umgehen, wie können wir unseren Schmerz, unsere Trauer, Verzweiflung oder auch Resignation über ihr Verhalten verkraften?

Ich glaube, als Mütter müssen wir zu allererst anerkennen, dass unsere Töchter in ihrer Kindheit unter uns und unserer Unzulänglichkeit gelitten haben. Ihre von uns verursachten Schmerzen gilt es zu respektieren, auch wenn wir wissen, dass wir nichts Böses gemeint oder gewollt haben. Der Versuch einer Rechtfertigung, dass wir damals aus verschiedensten Gründen nicht anders konnten, führt nicht weiter, auch nicht das Jammern darüber, dass wir damals so viele Fehler gemacht haben. Denn unsere Kinder wollen von uns keine Entschuldigungen oder Selbstanklagen hören, sondern brauchen zunächst einmal nichts weiter als eine Anerkennung ihrer damaligen Gefühle.

Anstatt uns gegen ihre Anschuldigungen zu verteidigen, gilt es also, unserer Tochter zuzugestehen oder sie sogar zu ermutigen, dass sie uns mit ihrer anderen Sicht der Vergangenheit konfrontiert. Gewiss, es ist nicht leicht, die Schläge auszuhalten, doch wenn wir es schaffen, dann braucht es meist nicht lange, bis wir sie bitten können, sich nun der Gegenwart und Zukunft zuzuwenden, um sie dann zu fragen: »Und was brauchst du jetzt noch von mir?« Ich habe die

Erfahrung gemacht, dass die Tochter auf diese Frage meist keine Antwort weiß, weil sie in der Gegenwart gar keine Ansprüche mehr an die Mutter hat, dass also die Vorwürfe tatsächlich nur auf die Vergangenheit bezogen waren.

Wenn wir als Mutter das Ziel im Auge behalten, dass wir mit unserer Tochter eine Versöhnung wollen, und wenn wir darauf vertrauen, dass unsere Tochter, selbst wenn sie sich noch so aggressiv gegen uns verhält, immer auch eine Versöhnung mit uns will, dann kann es gelingen, mit ihr gemeinsam unsere Geschichte neu zu schreiben. Wer eine solche Erfahrung mit der eigenen Tochter machen konnte oder bei anderen Frauen miterleben durfte, wie beglückend es für Mutter und Tochter ist, wenn sie sich endlich wiederfinden, kann ermessen, welche Energiequellen erschließbar wären, wenn alle Mütter einen solchen Weg mit ihren Töchtern gehen könnten.

Bis hierhin habe ich den Prozess der Versöhnung zwischen Tochter und Mutter bewusst so beschrieben, als lebten wir in einer Welt ohne andere Menschen, vor allem ohne Männer. Wir Frauen haben jedoch Väter, Partner, Brüder, Großväter, Onkel, die als Männer in unseren Familien einen maßgeblichen Einfluss hatten und haben. Vor allem wird Männern in unserer patriarchalen Gesellschaft generell mehr Ansehen, Macht und Status zugebilligt als den Frauen.

Der vierte und wichtigste Schritt im Mutter-Tochter-Versöhnungsprozess, der auch die anderen Stufen duchzieht, besteht daher meiner Ansicht nach darin, zunächst die gesellschaftlichen Bedingungen zu erkennen und zu thematisieren, in denen wir als Frauen und Männer zusammenleben. Auch mir ist, wie vielen anderen Frauen erst durch die Frauenbewegung der Blick dafür geöffnet worden, dass gerade wir Mütter in dieser männerzentrierten Gesellschaft zwar die wichtigsten, weil Leben erhaltenden Aufgaben erfüllen, dafür jedoch kaum gesellschaftliche Anerkennung erhalten. In einer vom Geld regierten Welt bekommen wir für unsere Leistungen des Kinderkriegens und -versorgens, der Aufrechterhaltung des Familienlebens, der Pflege vieler lebenswichtiger Beziehungsnetze nicht nur keine Entlohnung, sondern werden auch noch mit Nicht- oder Verachtung gestraft und im Alter an den Rand der Gesellschaft gedrängt. Gerade Töchter, die ihrer Mutter vorhalten, Fehler gemacht zu haben und nicht dabei bedenken, dass, wie ich schon an anderer Stelle dargestellt habe, in unserer von Männern bestimmten

Gesellschaften die Mutterrolle für jede Frau unauflösbare Widersprüche enthält, tun ihrer Mutter und damit sich selbst Unrecht an. Denn sie versperren sich den Blick dafür, dass auch sie als Mutter mit den Schwierigkeiten dieser Rolle zu kämpfen haben werden.

Diese so verbreitete »Mütter-Schelte« bei gleichzeitiger Schonung der Väter oder der anderen Familien-Männer ist ein sehr verbreitetes Muster in nicht von Frauen geprägten Gesellschaften. Sogar in Fällen von sexueller Gewalt des Vaters oder anderer Männer in der Familie beschuldigen häufig die Töchter ihre Mütter mehr als die Täter-Männer. Ich glaube deshalb, dass es ganz besonderer Anstrengungen bedarf, um diese tief in uns eingeprägten patriarchalen Rollenmuster wahrzunehmen und dann umzuwandeln.

In meiner eigenen Familie waren in mehreren Generationen die traditionellen Rollen von Frau und Mann scheinbar umgedreht: Väter waren »schwach« und Frauen hatten »die Hosen« an. Doch die patriarchalen Rollenbilder waren auch bei uns wirksam, und zwar in Bildern und Vorstellungen vom »richtigen« Frau- und Mann-Sein, die wir verinnerlicht hatten.

Es war für mich erschreckend wahrzunehmen, dass auch ich in meiner rebellierenden Auseinandersetzung mit meiner Mutter diese Rollenbilder zum Maßstab nahm und meine Mutter für ihre »Dominanz« kritisierte, während ich meinem Vater vorwarf, sich ihr gegenüber nicht »männlich« genug zu zeigen. Paradoxerweise verlangte ich aber dennoch von meiner Mutter, dass sie die Initiative und Verantwortung für eine solche Veränderung ihrer Ehebeziehung übernehmen müsse, was wiederum der traditionellen Frauenrolle entspricht, nach der sie für die »Beziehungsarbeit« zuständig zu sein hat. Den Widerspruch in diesen Rollenanforderungen und damit auch in meinen Erwartungen an meine Mutter bemerkte ich nicht. Ich nahm auch nicht wahr, dass ich die Kommunikations- und Beziehungsunfähigkeit meines Vaters häufig nicht als »Schwäche«, sondern sogar positiv, z.B. als »Geduld«, bewertete. Auch würdigte ich die Leben erhaltenden Leistungen der Frauen in meiner Familie, wie etwa die meiner beiden Großmütter oder auch meiner Mutter, nicht in gebührendem Maße, beschrieb jedoch meinen Großvater Richard, aber auch meinen Vater als bewundernswert, obwohl sie Frauen und die Arbeit von Frauen bedenkenlos für sich vereinnahmten.

Dass es 1963 noch keine Frauenbewegung gab, mag ich als Entschuldigung für die junge Marianne gelten lassen. Doch ich ertappte mich dabei, dass ich auch in den ersten, ab 1996 entstandenen Versionen meines Manuskripts die traditionellen frauenfeindlichen Rollenbilder in den Text einfließen ließ. Die Überwindung patriarchaler Strukturen zu fordern ist leicht, sie in der eigenen Familie wahrzunehmen und neu zu denken ist dagegen sehr schwer, denn hier erscheinen sie uns oft so selbstverständlich, weil sie Teil des eigenen Selbstbildes geworden sind.

Deshalb ist es so wichtig, dass wir uns auf den Weg machen zu unseren mütterlichen Wurzeln, um uns andere, frauenfreundliche Bilder von den Frauen in unserem Leben und deren Beziehungen in Familie und Gesellschaft zu machen. Mit einem solchen weiblichen Blick brauchen wir nicht mehr nach den Fehlern unserer Mütter, Großmütter und aller anderen Frauen, die für uns eine Bedeutung hatten, zu suchen, sondern lernen zu begreifen, welche Kraft sie entwickeln mussten, um in noch viel frauenfeindlicheren Zeiten als heute ihr Leben zu meistern. Wir hören auf, sie zu kritisieren und zu beschuldigen und können ihre Erfahrungen nutzen, um unseren eigenen Weg zu gehen. Nach meiner Erfahrung ist es dann möglich, nun auch alle anderen Frauen, die uns nahe stehen oder die wir von fern beobachten, mit diesem weiblichen Blick zu betrachten und grundsätzlich danach zu forschen, wie jede von ihnen zu der Frau geworden ist, die sie jetzt ist. Das heißt keineswegs, dass wir dann alle Frauen lieben, aber dass wir ihnen mehr Gerechtigkeit widerfahren lassen, weil wir sie als »eine von uns« erkennen können.

Ich bin mit vielen Frauen davon überzeugt, dass nur die Versöhnung mit den Müttern und Vor-Müttern in unserer eigenen Familie eine tragende Basis liefern kann für eine Solidarität unter Frauen. Diese brauchen wir dringend, um auch gesamtgesellschaftlich die Wiederentdeckung, Stärkung und Fortentwicklung nicht-patriarchaler Lebensformen zu fördern. So können wir dazu beitragen, dass sich die heilsame Wirkung des »Prinzips Mütterlichkeit« für alle Menschen, für Frauen ebenso wie für Männer, entfalten kann.

Ich danke dir, Käthe, »Mutter in mir«, dass du mir die Kraft, den Mut und die Liebe mit auf den Weg gabst, deine Geschichte als meine Geschichte zu erzählen. Möge sie nun ein Teil der Geschichte anderer Frauen werden.

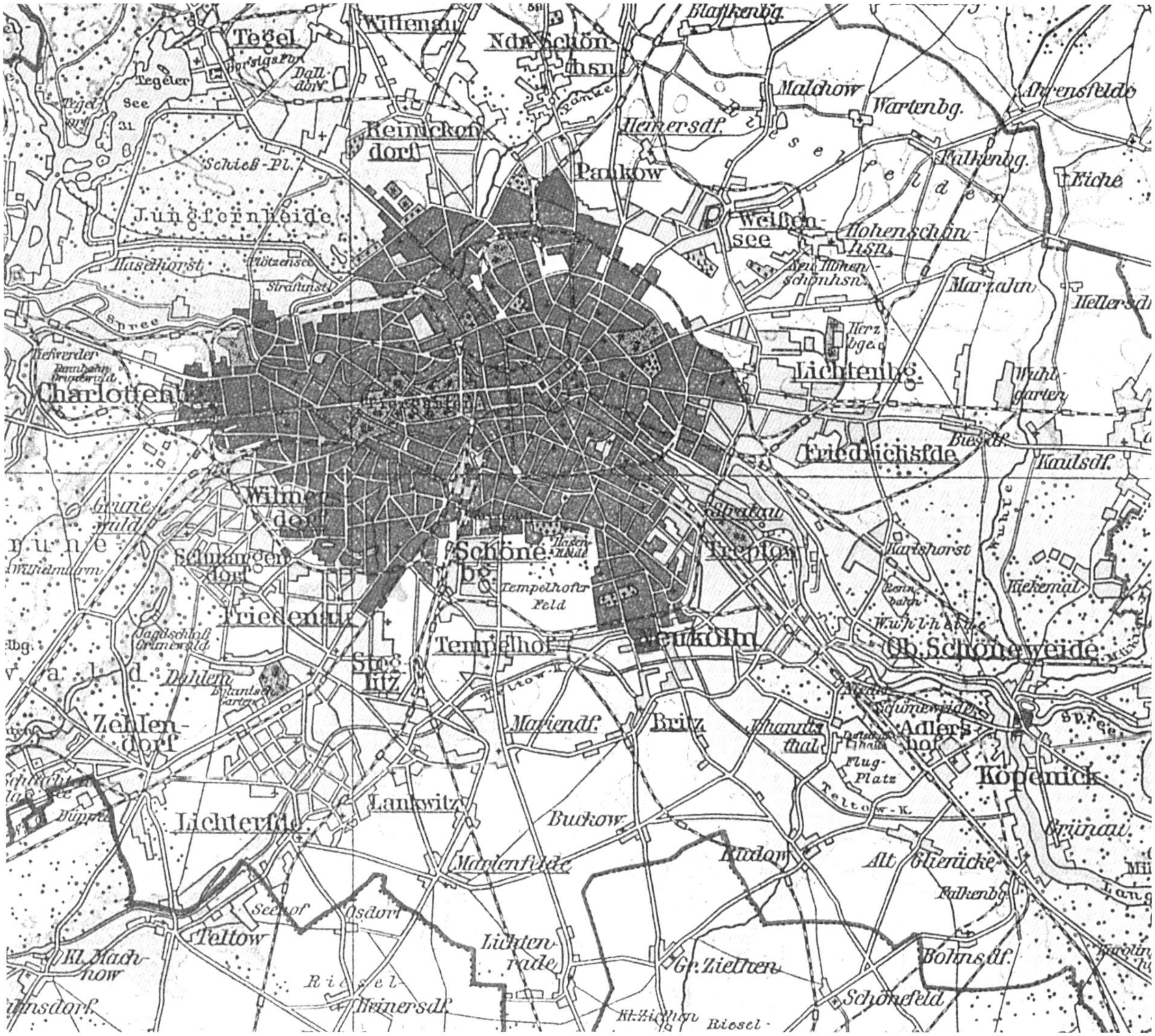

Berlin und Umgebung
(Aus dem Diercke Schulatlas von 1927)

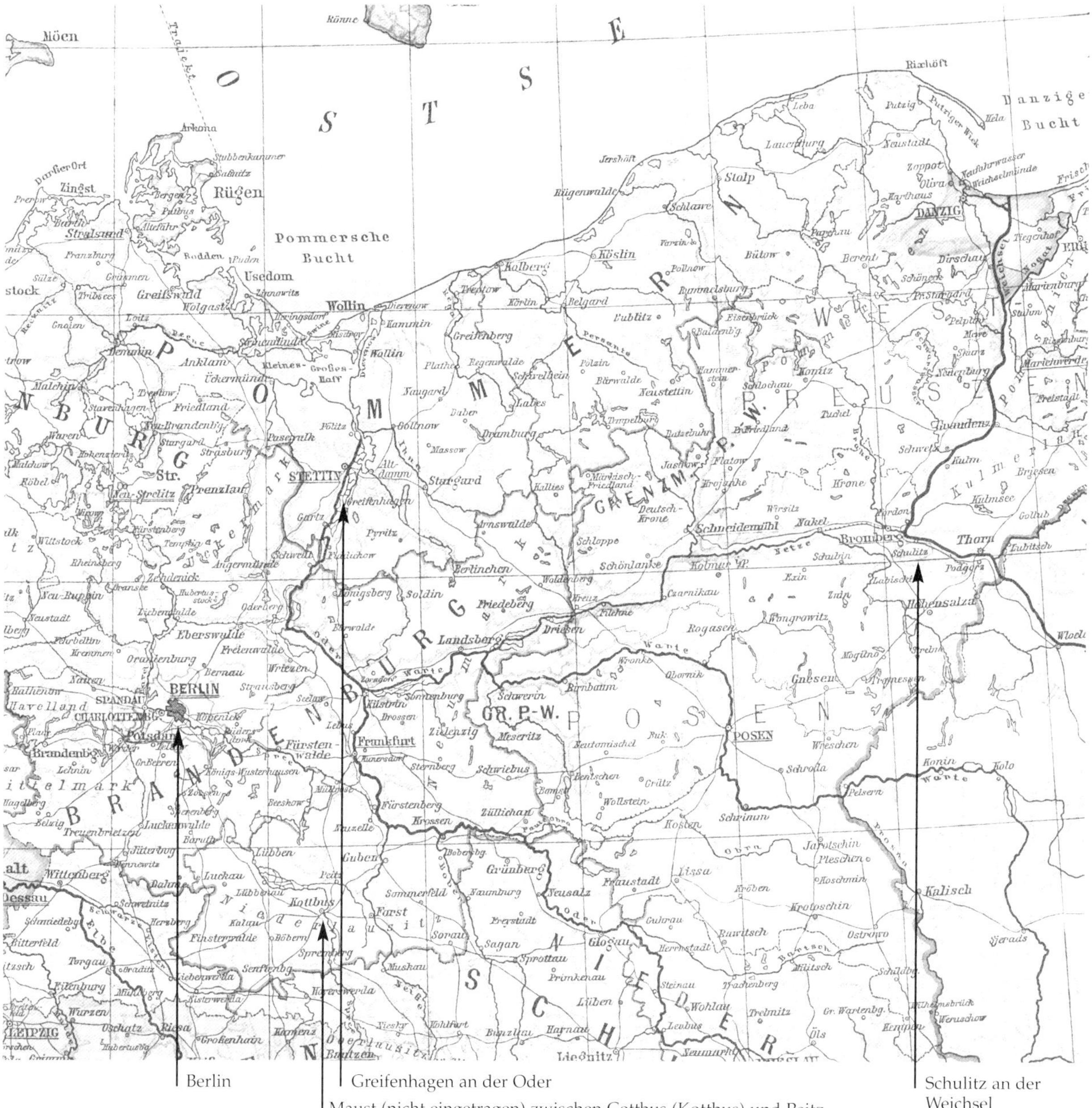

Das Gebiet zwischen Berlin und Westpreußen

(Teil einer Deutschlandkarte aus dem Diercke Schulatlas von 1927)

1. Familientafel Perko / Lehnig / Gutke
(Großeltern, Eltern, Geschwister der Mutter von Käthe Schiddel)

Hans Gutke, geb.1819 Maust, gest.1861 Maust oo *1.Ehe 1846* oo Elisabeth (Elise) Bramke, geb.1823 Saspow, gest.1870 Maust oo *2.Ehe 1861/62* oo Mathäus Lehnig, geb.1830 Saspow, gest.1881 Dissenchen

Elisabeth Loewe (wendisch Lewa), geb.1807, gest.1878 oo *verh. 1838 Dissenchen* oo Mathäus Perko, geb.1809, gest.1889, Hüfner und Schneidermeister

1. Martin G., geb.1847
2. Anna G., geb.1849
3. Maria G., geb.1852, gest.1853
4. Hans Gutke, geb.1854 (Hoferbe)
5. Friedrich G., geb.1858
6. Maria G., geb.1860

2./8. Mathäus L., geb.u.gest. 1865
3./9. Christiane L., geb.u.gest. 1867

1. Martin Perko, geb.1839 (Lehrer in Berlin, Tochter "Mariechen" Schmidt)
2. Mathäus P., geb.1841
3. Maria P., geb.1844
4. Christian P., geb.1846
5. Anna P., geb.1849
7. Johann P., geb.1857

1./7. Elisabeth Lehnig, geb.7.10.1862 Maust, gest.26.5.1925 Maust (Grippeinfektion) oo *verheiratet mit 17.10.1879 in Dissenchen, ab ca.1881 Hofbesitzer in Maust* oo 6. Friedrich Perko, geb.24.9.1853 in Dissenchen, gest.25.9.1931 Maust, Maurer, Land- und Gastwirt

1. Marie Perko, geb.12.10.1880 Dissenchen, gest.1932 Dissenchen, verh.1905 August Derdulla, 5 Kinder, 3 Stiefkinder
2. Friedrich Perko, geb.22.8.1882 Maust, gest.7.8.1938 Maust, verh.1907 Marie Szonn, gesch.1927, 1 Tochter, als Kind gest.
3. Elisabeth Perko, geb.7.10.1884 Maust, gest.1937 Berlin, verh. Otto Krause, gesch. ca. 1918, 1 Tochter
4. **Anna Perko**, geb.11.8.1886 Maust, gest.2.6.1964 Berlin, verh.23.9.1910 Richard Schiddel, gesch.1939 (Trennung 1926)
5. Luise Perko, geb.20.12.1887 Maust, gest.15.5.1889 Maust (Lungenentzündung)
6. Christiane Perko, geb. 20.3.1890 Maust, gest.19.4.1950 Dissenchen, verh.1921 Martin Paprosch, 1 Sohn 4 Stiefkinder
7. Martin Perko, geb.23.8.1891 Maust, gest.11.7.1916 als Soldat in Russland
8. Reinhold Perko, geb.16.2.1894 Maust, gest. August 1957 Maust, verh.1921 Marie Mattig, Hoferbe in Maust, 1 Sohn, Stiefsohn (Maries) unehel. Kind
9. Wilhelm Perko, geb.12.9.1896 Maust, gest.10.6.1917 als Soldat in Frankreich
10. Pauline Perko, geb.10.11.1897 Maust, gest.1995, verh. Willi Berg, Landwirt, Gräningen, 2 Töchter
11. Emma Perko, geb.20.7.1905 Maust, gest.8.3.1986 Cottbus, verh.1933 Gustav Bram, gesch.1948, 2 Söhne

Tochter Käthe Schiddel, geb. 25.5.1911 Berlin, verh. 1934 Emil Höppner

Marianne Höppner, geb. 11.6.1936, verh. 23.2.1965 Helmut Krüll (geschieden)

Christine Höppner, geb. 20.3.1942 Berlin, verh. 31.5.1973 Peter Meinel (geschieden)

Sibylle Krüll, geb. 19.5.1966 Bonn

Juliane Krüll, geb. 23.10.1967 Bonn, verh. 31.5.1994 Sven Aden

Charlotte Aden, geb. 18.10.1999 Berlin

Till Meinel, geb. 28.5.1975 Berlin

2. Familientafel Schiddel / Lüdtke
(Großeltern, Eltern, Geschwister des Vaters von Käthe Schiddel)

Jakob Schiddel oo *verh.1828* oo Johanna May
geb.1802 geb. 1805
gest.1862 gest. 1863
Schafmeister

Elisabeth Lüdtke
Vater: Renz
(unehelich)

Wilhelm August Hanna Henriette Karoline Fritz

Emma Marohn oo *1. Ehe 1869* oo Karl Schiddel oo *2. Ehe 29.2.1872* oo Emilie Lüdtke

Emma Marohn
geb.23.9.1847
Mamlik
gest.13.7.1871
Groß-Dombrowo

Karl Schiddel
geb.18.3.1838
Kl.Dombrowo
gest.12.2.1917
Schulitz
Gastwirt, Fleischer,
Trichinenbeschauer

Emilie Lüdtke
geb.10.7.1850
Kl.Dombrowo
gest.10.10.1919
Schulitz

Hille
(Schwester von Emilie)

1. Olga Schiddel,
geb.28.6.1870 Crossen
gest.14.6.1941
verh. Julius Beyer
1 Tochter, 3 Söhne
(darunter Otto)

1./2. Oswald Schiddel, Landwirt, Flößer
geb.10.12.1872 Elsendorf/Bromberg, gest.1948 bei Osnabrück
verh.1903 Line Dietrich
3 Söhne, 6 Töchter (darunter Meta)

2./3. Sohn
gest. mit 5-6 Jahren, ertrunken

3./4. Sohn
gest. mit 5-6 Jahren, ertrunken

4./5. Gustav Schiddel, Frisör
geb.18.7.1877, gest.22.6.1933 Berlin
verh.1904 Emma Briese
1 Sohn: Willi, 2 Töchter: Else, Lotte

5./6. Karl Schiddel, Fleischer
geb.9.5.1879 Riwoschewo, gest.1980 in Finkenkrug
verh.1907 Alwine Lange
1 Sohn: Hans

6./7. Martha Schiddel, Erbin des Hofes in Schulitz
geb.23.2.1881 Crossen , gest.18.3.1949 Finkenkrug
verh.1903 Hermann Lau
3 Töchter (darunter Marta), 4 Söhne

7./8. Richard Schiddel, Fleischer
geb.11.2.1883 Crossen (Vw.Dombrowo), gest.11.3.1969 Berlin
1.Ehe 1910 Anna Perko, Tochter Käthe Schiddel, geb. 1911 oo *verh. 1.10.1934 Berlin* oo Emil Höppner
2.Ehe 1944 Klara Wittstock
3.Ehe 1952 Anna Bleck
4.Ehe 1952 Anna Steger

Emil Höppner
geb. 7.3.1906
gest. 13.5.1993

Marianne Höppner
geb. 11.6.1936 Berlin
verh. 1965 Helmut Krüll
geschieden

Christine Höppner
geb. 20.3.1942 Berlin
verh. 1973 Peter Meinel
geschieden

Sibylle Krüll
geb. 19.5.1966

Juliane Krüll
geb. 23.10.1967
verh. 1994 Sven Aden
Tochter Charlotte Aden

Till Meinel
geb. 28.5.1975

8./9. Max Schiddel, Zugführer (Eisenbahn)
geb.1888 in Vorw.Dombrowo (Crossen), gest.23.11.1959 Berlin
verh. Clara Brettin
1 Tochter: Käte

9./10. Paul Schiddel, Frisör
geb.26.2.1890 Schulitz, gest.1987 Berlin
verh. Margarete Hippke
1 Sohn, 1 Tochter

3. Familientafel Höppner / Wolff
(Großeltern, Eltern, Geschwister von Emil Höppner)

Wilhelmine Schulz
geb.24.5.1850
Kronheide
gest.3.10.1914
Greifenhagen

oo *verh.1874* oo
Klein-Möllen

Gottfried Höppner
geb.11.6.1848
Klein-Schönfeld
gest.19.3.1923 Greifenhagen
Landarbeiter

Alwine Wolff (Kusine)
geb.12.6.1854
gest.27.1.1929 Wintersfelde

oo *verh.* oo

August Wolff (Kusin)
geb.29.11.1850
gest.16.7.1928 Wintersfelde

1.
Emilie Höppner
geb. März 1874
gest. 1951
verh. Karl Wolter
Kinder: Ida, Lene

2.
Christian H.
geb. 1875
gest. 1968
verh. Anna Maybaum
Kinder: Erich, Walter

4.
Wilhelmine (Miner) H.
geb. 1882
gest. 1964
verh. Fritz Retzlaff
(Nach USA ausgewandert)
Kinder: Charly, William

2.
Emilie Wolff
geb. 1885
gest. 1959
verh. Fritz Bensow
Kinder: Erna, Frieda, Erich

3.
Berta W.
geb. 1888
gest. ?
verh.Schreiber (Geiger) Breslau
Söhne: Werner, Heinz

4.
Emma W.
geb. 1889
gest. 1973
verh. Gustav Beirow
Sohn: Fritz

5.
Marie W.
geb. 1893
(Zwilling)
gest.1967
verh. Rudolf Kratz
Söhne: Ernst, Rudolf

6.
Alwine W.
geb. 1893
(Zwilling)
gest. 1984
unverh.

7.
Minna W.
geb. 1895
gest. 1979
verh.Otto Köhler
Kinder: Elfriede, Fritz

8.
Ernst W.
geb.?
gest.?
(lebte noch 1914 -1915 epileptische Anfälle)

9.
Fritz W.
geb.?
gest.?
an Lungenentzündung

3.
Gottfried Höppner
geb.28.9.1877
Klein-Möllen
gest.9.6.1946
Tantow

oo *verh.* oo
Januar 1904

1.
Anna Wolff
geb.7.2.1881
Wintersfelde
gest.4.12.1945
Tantow

1.
Helene Höppner
geb.9.6.1904 Greifenhagen
unverheiratet

2.
Emil Höppner
geb.7.3.1906 Greifenhagen
gest 13.5.1993 Ekcnis
verh. 1.10.1934 Berlin
Käthe Schiddel
(geb.1911, gest.1974)

3.
Frieda Höppner
geb.28.2.1913 Greifenhagen
1. Ehe 1935 Reinhold Hanke
(vermisst im 2. Weltkrieg)
Söhne: Manfred (1936), Bernd (1943)
2. Ehe 1955 Fritz Steinert

4.
Willi Höppner
geb.30.9.1917 Greifenhagen
gest.15.8.1988 Berlin
verh.20.5.1950 Luzie Bitling, geb. Schwaiger
(geb. 1917, gest.1970
Tochter Angelika aus Luzies 1. Ehe geb.1943, gest.1950)
Söhne: Michael (1951), Thomas (1952), Gregor (1959)

1.
Marianne Höppner
geb.11.6.1936 Berlin
verh. Krüll, gesch.

2.
Christine Höppner
geb. 20.3.1942 Berlin
verh. Meinel, gesch.

Sibylle Krüll
geb. 19.5.1966 Bonn

Juliane Krüll
geb. 23.10.1967 Bonn
verh. 31.5.1994
Sven Aden

Charlotte Aden
geb. 18.10.1999 Berlin

Till Meinel
geb. 28.5.1975 Berlin

Über die Autorin

Dr. Marianne Krüll, geb. 1936 in Berlin, Schriftstellerin und ehemals akademische Rätin am Seminar für Soziologie der Universität Bonn, forscht in den Grenzgebieten zwischen Psychologie und Soziologie und arbeitet als feministische Wissenschaftlerin. Sie ist Mutter von zwei erwachsenen Töchtern und lebt in Bonn.

Bisherige Veröffentlichungen:

Im Netz der Zauberer – Eine andere Geschichte der Familie Mann. Zürich 1991, Frankfurt/Main 1993 (übersetzt in vier Sprachen).
Die Geburt ist nicht der Anfang. Die ersten Kapitel unseres Lebens – neu erzählt. Stuttgart 1989, 1991, 1997.
Freud und sein Vater. Die Entstehung der Psychoanalyse und Freuds ungelöste Vaterbindung. München 1979, Frankfurt/Main 1992 (übersetzt in vier Sprachen).
Schizophrenie und Gesellschaft. Das Menschenbild in Psychiatrie und Soziologie. München 1977, Frankfurt/Main 1986.
Feministische Soziologie – eine Einführung (Mitautorin). Frankfurt/Main 1992, 1997.
Wege aus der männlichen Wissenschaft (Herausgeberin). Pfaffenweiler 1990.
Viele Artikel in Sammelbänden und Zeitschriften.

Ausführlichere Informationen über die Autorin, ihre Werke und ihre Aktivitäten finden Sie im Internet unter: www.mariannekruell.de

Weitere Titel im Christel Göttert Verlag

Die Psychoanalytikerin Sabina Spielrein Teil 1 von Renate Höfer
ISBN 3-922499-41-4, Mai 2000, Br., 252 Seiten

Ich möchte die Welt hinreißen ... Ilse Langner 1899 - 1987 Ein Porträt von Birgitta M. Schulte
ISBN 3-922499-35-X, August 1999, schw./w. Abb., Br., 332 Seiten

Nachts auf der Brücke Literatur zur Zeitgeschichte - Politeia 2000 hrsg. von Anne Jüssen
ISBN 3-922499-48-1, Oktober 2000, Br., 184 Seiten

Mit Mut und Phantasie Frauen suchen ihre verlorene Geschichte hrsg. von Helma Mirus und Erika Wisselinck
ISBN 3-922499-37-6, Oktober 1999, zahlreiche Abb., Br., 336 Seiten

Buch der 1000 Frauen Das Frauen-Gedenk-Labyrinth hrsg. von Dagmar von Garnier
ISBN 3-922499-45-7, Juni 2000, zahlreiche Abb., Br., 211 Seiten

Sie war umhüllt vom Duft wilder Nelken Mein Pyrenäenbuch von Angela Monika Auerbach
ISBN 3-922499-47-3, Oktober 2000, farbige Abb., Gb., 200 Seiten

Der weibliche Faden - Geschichte weitergereicht von Birgitta M. Schulte
ISBN 3-922499-23-6, Oktober 1995, farb- und schw./w.-Abb., Gb., 212 Seiten

Die Menge im Herzen von Luisa Muraro
ISBN 3-922499-53-8, März 2001, Br., 204 Seiten

Das Patriarchat ist zu Ende von Libreria delle donne di Milano
ISBN 3-922499-28-7, Oktober 1996, deutsch-italienisch, Br., 124 Seiten

Der Atem von Frauen Luce Irigaray präsentiert weibliche Credos
ISBN 3-922499-30-9, September 1997, Br., 248 Seiten

Weitere Informationen über den Verlag, das Programm und die Autorinnen finden Sie im Internet unter www.christel-goettert-verlag.de
Wir senden Ihnen aber auch gerne unseren Gesamtkatalog zu.

Christel Göttert Verlag, Virchowstr. 21, D-65428 Rüsselsheim
Telefon und Fax: 06142/59844, e-mail: info@christel-goettert-verlag.de